Musil anders

MUSILIANA

Herausgegeben von
Marie-Louise Roth und Annette Daigger

Band 11

PETER LANG

Bern · Berlin · Bruxelles · Frankfurt am Main · New York · Oxford · Wien

Musil anders

Neue Erkundungen eines Autors zwischen den Diskursen

Herausgegeben von
Gunther Martens, Clemens Ruthner und Jaak De Vos

PETER LANG

Bern · Berlin · Bruxelles · Frankfurt am Main · New York · Oxford · Wien

Bibliografische Information Der Deutschen Bibliothek
Die Deutsche Bibliothek verzeichnet diese Publikation in der Deutschen
Nationalbibliografie; detaillierte bibliografische Daten sind im Internet
über ‹http://dnb.ddb.de› abrufbar.

Gedruckt mit Unterstützung des Fachbereichs Deutsch der Universität Gent
(Belgien), des BM:BWK-Wien (Österreich) und des Fonds für Wissenschaftliche Forschung – Flandern (Belgien)

ISSN 1424-7658
ISBN 3-03910-641-4

© Peter Lang AG, Europäischer Verlag der Wissenschaften, 2005
Hochfeldstrasse 32, Postfach 746, CH-3000 Bern 9
info@peterlang.com, www.peterlang.com, www.peterlang.net

Printed in Germany

Inhaltsverzeichnis

Vorwort

Die Entstehungsgeschichte des vorliegenden Bandes geht auf ein dem österreichischen Schriftsteller Robert Musil (1888–1942) gewidmetes Kolloquium zurück, das am 25. und 26. März 2002 anlässlich des sechzigsten Todestages des Autors an der Universität Gent (Belgien) stattfand. Unter den TeilnehmerInnen dieser internationalen Tagung waren ForscherInnen aus Belgien, Deutschland, Österreich, Frankreich, der Schweiz und Australien.

Die Konferenz hatte es sich zum Ziel gesetzt, anhand von „anderen" und in ihrer Ausrichtung voneinander abweichenden Lektüren die zahlreichen und höchst unterschiedlichen Methodologien, die sich zurzeit mit dem Werk Musils beschäftigen (Rhetorik, Narratologie, Cultural Studies, Ideen- und Geistesgeschichte, Medienwissenschaft, Editionskritik, Kulturgeschichte und -philosophie, etc.) miteinander zu konfrontieren. Angesichts der inhärenten Interdisziplinarität und Interdiskursivität des Oeuvres kann Musil als exemplarischer Testfall für eine in ihrem Objektbereich und in ihrer (methodologischen) Orientierung einmal mehr verunsicherte Literaturwissenschaft betrachtet werden. Der vorliegende Band will daher vor allem eine (kritische) Bestandsaufnahme der aktuellen Forschung sein und eine Gelegenheit bieten, die vielen methodologischen Ansätze, die sich zur Zeit – in einer fast explosionsartig angestiegenen Flut von neuen Veröffentlichungen – auf Musil beziehen, direkter zu diskutieren.

Ein konstitutives Dilemma für die derzeitige literatur- und kulturtheoretische Debatte ist die Art und Weise, wie Texte mit Theorien und extra-fiktionalen Wissensformationen verknüpft werden. Diese Theoriefreudigkeit gilt zwar für den Umgang mit vielen Autoren, in besonderem Maße jedoch auch für Robert Musils Werk. Die unaufhaltsamen Versuche zur Historisierung (z.B. Rußegger 1996 im Rahmen einer Archäologie der Medienkonkurrenz) sowie zur Aktualisierung (z.B. Döring 1999 im Rahmen von Musils postmoderner Ethik), die man als wichtige Triebfedern bei der Produktion von „anderen" Lektüren betrachten kann, führen dazu, dass ein klassischer Autor wie Musil immer wieder als historischer Exponent beziehungsweise prophetische Antizipation eines (zeitgenössischen oder aktuellen) Ideenkorpus gesehen wird. Meistens gelingt es dem jeweiligen Interpreten dann, eine Auswahl von Signifikanten innerhalb eines bestimmten Bedeutungshorizontes zu verorten, aber die spezifische Einschreibung in literarische und nicht-literarische Textstrategien (Essay, Ironie, …) scheint indes häufig weniger zur Sache zu tun.[1]

Die Themenstellung forderte daher die ReferentInnen aus diversen Zweigen der neueren und neuesten Musil-Forschung heraus, ihren Zugang zu und Kontextualisierung von Musils Werk in der Konfrontation mit anderen Perspektiven, Methoden, usw. zu reflektieren. Musils Oeuvre ist in diesem Sinne ein außerordentlich interessantes, was Interdiskursivität und interne Interdisziplinarität betrifft außerordentlich heterogenes und komplexes Objekt.

Somit fokussiert der vorliegende Band auf eine Erkundung von Formen der Offenheit und Geschlossenheit literarischer Texte, ihre „Anschlussfähigkeit" (Luhmann), Relationalität und Kontextualisierbarkeit. Der Ausgangspunkt ist dabei die Feststellung, dass offenbar ein einziger Autor innerhalb von höchst heterogenen, manchmal sogar gegensätzlichen (theoretischen) Paradigmen situiert werden konnte (so galt Musil z.B. etwa ungefähr von 1960 bis 1980 als Sprachrohr der Kritischen Theorie und Ideologiekritik, während er in den Neunzigern als Vertreter einer „affirmativen" Systemtheorie neu entdeckt wurde. Diese *proteische* Qualität des Musil'schen Oeuvres wird im Folgenden zur Diskussion gestellt.

Konkret werden in drei Abteilungen mit unterschiedlicher methodologischer Prägung folgende Themen behandelt: Zunächst

---

1   Walter Fanta bewertet in einer Rezension die Forschungslage folgendermaßen: „zur Interpretation des ,Mann ohne Eigenschaften' erscheinen Jahr für Jahr dicke akademische Abhandlungen, die zu erfassen ein Bibliograf kaum nachkommt [...]. ,Der Mann ohne Eigenschaften' ist ein Bassin für Schwimmkurse angehender Schriftgelehrter an den geisteswissenschaftlichen Fakultäten. Das Strickmuster der fussnotenreichen [sic] Traktate bleibt sich mit wenigen Ausnahmen gleich: ein Philosoph, ein Theoretiker, eine Theorie, ein Programm, eine Methode, eine Methodologie, eine neue Mode wird an den Roman herangetragen und dessen Text wird zum Zweck der Identifizierung mit der jeweiligen Theorie oder Methode bis zur Unkenntlichkeit ausgeweidet." (Fanta 2002).

wird *Musil zwischen den Diskursen* situiert, worunter philosophische, wissenschaftliche, zeitgeschichtliche und politische Diskurse verstanden werden. Zweitens gilt das Augenmerk der *Arbeit am Text*, deren sich unterschiedliche Vertreter der „radical philology" und Textedition, Stilistik, Rhetorik annehmen. In der dritten und letzten Abteilung wird Musils Oeuvre *postkolonial* vermessen und einem kulturwissenschaftlichen „thick reading" unterzogen.

Die Abteilung *Musil zwischen den Diskursen* eröffnen drei Beiträge, die Musil mit einem spezifisch philosophisch-theoretischen Interesse analysieren.

Arno Rußegger unternimmt ausgehend von Musils Theaterposse *Vinzenz und die Freundin bedeutender Männer* eine Neubestimmung von Musils Theaterästhetik. Im Rahmen des zeitgenössischen (inter-) medialen Konkurrenzverhältnisses von Literatur und Film ziele das Theaterstück nicht länger auf Mimesis ab, sondern lasse sich auf die (als selbstironisch umschriebene) Aufgabe ein, die geltenden Theaterkonventionen und Wirklichkeit überhaupt als Zeichensysteme sichtbar zu machen. In der Analyse wird daher die Hauptfigur Vinzenz als „Allegorie zentraler filmischer Funktionen gelesen".

Roland Duhamel geht der Frage nach, ob der Mann ohne Eigenschaften als ein Nihilist betrachtet werden könnte. Seine Lektüre sammelt mögliche Anknüpfungspunkte und geht dabei wohl nicht zufällig sehr stark auch auf die sich im Nachlass befindlichen Vorstufen ein. Duhamel gelangt dabei zu einem Urteil, das nicht unwidersprochen bleiben wird.

Auf die Verwandtschaft von Musil und Niklas Luhmann ist schon häufig hingewiesen worden. Es sind aber – abgesehen von der in der Zwischenzeit vorgelegten Studie von Berger (2004) – bislang erst wenige Arbeiten erschienen, die den beiden gemeinsamen Bezügen, Homologien und Analysen im Einzelnen nachgehen. *Tim Mehigan* setzt es sich in seinem Aufsatz zum Ziel, diesem Konnex auf den Grund zu gehen. Er geht dabei vom Begriff der Komplexität aus und untersucht die Beziehungen zwischen Luhmann und Musil am Begriff des Vertrauens. In diesem Zusammenhang fasst er vor allem die für Musils Gesellschaftskritik ausschlaggebende Faszination für das Nichtsystematisierbare ins Auge, und gelangt auf diese Weise zu

einem umsichtigen Urteil hinsichtlich der Bejahung oder Ablehnung
von Funktionalismus bei Musil.

Die zwei folgenden Beiträge gehen verstärkt auf den zeitgeschicht-
lichen Kontext von Musils Kurzprosa und Essayistik ein.

Im Beitrag „Allegorien der Geschichte, Reportagen aus der
Gesellschaft" liest *Herbert Kraft* die teilweise bereits in den
zwanziger Jahren entstandene Kurzprosa aus dem *Nachlaß zu
Lebzeiten* als historische Vorausdeutung der späteren deutschen
Geschichte des Grauens. Der potentielle allegorische Gehalt (man
möchte fast sagen: die Allegorisierbarkeit) von Musils Texten wird
mit starker Suggestivität und mit vielfältigen Verweisen erkundet.
Krafts Überlegungen sind Teil einer Gesamtdarstellung von Musils
Leben und Werk, die inzwischen bereits erschienen ist (Kraft 2003).

Annette Daigger widmet sich der Entstehungsgeschichte von
Musils Vortrag auf dem *Ersten Internationalen Schriftstellerkongress
zur Verteidigung der Kultur.* Sie erörtert Musils Standort im
damaligen literarischen und politischen Leben; Zitate aus bisher
unveröffentlichten Quellen und Briefkorrespondenzen rücken dabei
seine nuanciert zu betrachtende Sonderposition in ein neues Licht.

Die sechs nachfolgenden Texte können auf den gemeinsamen Nenner
einer *Arbeit am Text* gebracht werden, sei diese im Einzelnen nun
rhetorisch-narratologisch, editionskritisch oder textlinguistisch.

Christoph Leitgeb beschreibt Ironie nicht nur als metasprachliches,
sondern auch als antimythisches Verfahren. Er macht am Motiv der
Fliege die kritische Befragung der Referenz von Sprachlichkeit fest.
Die an ausgewählten Autoren der österreichischen Literatur eruierten
Verweise auf das Thema der Schrift lassen auf eine verborgene Geschichte literarischer Selbstbezüglichkeit schließen, die an konkreten
rhetorischen Strukturen und Textphänomenen (allen voran an
Metaphern und Metonymien) dingfest gemacht wird. Die so beschriebene Entwicklungsgeschichte der Ironie am Leitfaden der Fliege führt
schließlich zur These, das Motiv bedeute auch bei Musil mehr als die
Befreiung aus der Erstarrung von Konventionen.

Der Aufsatz von *Walter Fanta* schlägt eine Brücke zwischen
Textedition und Interpretationspraxis. Fanta zeigt nicht nur, wie eine
textgenetische Interpretation zur Ausgabe des Nachlasses beitragen
kann, sondern legt auch umgekehrt dar, wie neue elektronische

Editionsmethoden dazu angewandt werden können, um die Ergebnisse einer sich notgedrungen oft auf schwer zugängliche Manuskripte konzentrierenden textgenetischen Forschung in adäquater Weise einem breiteren Publikum zugänglich zu machen. Die Frage nach der Geltung der unterschiedlichen Vorstufen (zwischen Notiz und Reinschrift), nach dem Grad ihrer „Autorisierung", wird feinstens differenziert. In einem Anhang wird exemplarisch ein einzelnes Nachlasskapitel innerhalb der vorgestellten Neu-Edition situiert und präsentiert, obwohl natürlich erst die Hypertext-Umgebung selbst einen vollständigen Eindruck der Vernetzung von Kommentaren und Vorstufen wird vermitteln können.

Gesine Schiewer bezieht Musils poetologisch-sprachtheoretische Reflexion vor dem Hintergrund der als *tertium comparationis* verwendeten Gestalttheorie auf das Denken des Prager Frühstrukturalisten Mukařovský. Innerhalb dieses Rahmens lotet sie dann die Implikationen für die konkrete sprachliche Umsetzung von Musils Stil und Sprachgebrauch aus.

Auf methodologisch ganz andersartige Weise schreitet *Benjamin Biebuyck* Musils Stilspektrum ab. Während Schiewer den in der Forschung vorherrschenden Eindruck einer „Absolutheit" der Bildlichkeit aus Musils Poetik ableitet und bestätigt, wendet Biebuyck sich entschieden dagegen, Musils Bildlichkeit anhand seiner eigenen expliziten poetologischen Überlegungen zu untersuchen. Biebuyck bringt dazu ein narratologisch-rhetorisches Instrumentarium zum Einsatz. Er untersucht die erzählstrategische Valenz rhetorischer Figuren (allem voran der Metonymie und der Metapher) und bringt so Musils bisher unbemerkt und unerforscht gebliebene Vorliebe für Verbalmetaphern mit explizitem wie-Vergleich ans Licht. Die Analyse erörtert, wie diese erweiterte Verbalmetaphorik zu der narrativen Codierung des Textes beiträgt, und führt zum Befund einer „Kolonisierung des Textes durch die wuchernde Bildsprache". Biebuyck vermutet darin eine Möglichkeit, den Faden der Erzählung zwar heterogen zu machen, aber nicht auf ihn zu verzichten.

Ebenfalls auf die Erzähldynamik von Musils Roman hebt *Kordula Glanders* Aufsatz ab. Mit narratologischen Kriterien untersucht sie die im *Mann ohne Eigenschaften* erfolgende Derealisierung. Glander zufolge führen metafiktionale Momente im Text zu einer Desillusionierung für den Rezipienten. Die häufigen Erzählerreflexionen, deren

Eigenständigkeit fortwährend in der Schwebe gelassen wird, erzeugen eine Spannung zwischen iterativem und singulativem Erzählen. Die aktive Tätigkeit des Aussparens, Verschweigens und Zusammenfassens betrachtet Glander als eine Form der Selbstbezüglichkeit, die zur Reflexion auf die Selbstverständlichkeit von Gesprächs- und Erzählkonventionen auffordere.

Der Beitrag von *Gunther Martens* schließlich kann als eine Entgegnung auf die Texte von Kraft und Mehigan betrachtet werden. Martens beschreibt die literarische Epistemologie, die Musil im Kurzprosa-Text *Triëdere* anwendet, in ihrer rhetorischen und erzähltechnischen Dimension. Methodologisch wird dazu nicht in erster Linie ideen- oder mentalitätsgeschichtlich, sondern narratologisch und überwiegend textimmanent vorgegangen.

Mit den Beiträgen von Honold, Reber und Müller-Funk wird in der dritten und letzten Sektion *Musil postkolonial* erstmals das kulturwissenschaftliche Forschungsparadigma systematisch auf Musils Texte angewendet.

Alexander Honold widmet sich einem Dilemma, das sich bei einer postkolonialen Lektüre des Musil'schen Romans aufdrängt, nämlich dem Befund, dass man, so sehr Musil auch mit der Darstellung einzelner Nebenfiguren hinter dem Ethos der Postkolonialität zurückfalle, doch umgekehrt auch entscheidende Anstöße für die multikulturalistische Theoriebildung aus seinem Werk ableiten könne.

Ihrerseits nimmt *Usha Reber* die bekannte Dichotomie von „Geist und Seele" zum Anlass, eine kontrastive Analyse durchzuführen, die Nietzsche-Ideen auf Musils *Mann ohne Eigenschaften* bezieht. Somit wird das ‚neue' postkoloniale Paradigma gleichsam sofort wieder historisiert – eine Bewegung, die sich ebenfalls in Honolds Text bemerkbar macht.

Die Alteritätskomponente bei Musil erfährt beim letzten Referenten eine methodologisch verwandte, aber im Endergebnis doch ganz andersartige Auslegung. *Wolfgang Müller-Funk* schlägt zunächst eine Schneise durch das Dickicht der kulturwissenschaftlich orientierten Gedächtnistheorien, um vor diesem Hintergrund Musils Großroman als Erinnerungstextur zu beschreiben. Müller-Funks Aufsatz untersucht den *Mann ohne Eigenschaften* auf das soziokulturelle, faktisch-biographische Residuum hin und siedelt den

Roman im Spannungsfeld von „Kosmopolitismus der Herrn" einerseits und „Nationalismus des Volkes" andererseits an. Musil arbeite mit einem Herrschaftsdiskurs dem wahrgenommenen Zerfall der paternalistischen Herrschaftsformen entgegen.

Der etwas anspruchsvoll klingende Titel „Musil anders" zielt vor allem darauf ab, die einzelnen Teilnehmer ihren eigenen methodologischen Zugang zu Musil mehr oder weniger kompromisslos vertreten zu lassen. Ob daraus ‚andere' Lektüren hervorgegangen sind, möge jeder an diesem oder jenem Aspekt Interessierte selbst beurteilen. Obwohl die Beiträge des vorliegenden Sammelbandes eine große Bandbreite an Themen und Forschungsansätzen bieten, sind natürlich noch andere möglich. Was dabei unberücksichtigt geblieben ist, mag Anlass oder Anstoß für weiterführende Forschung bilden.

Abschließend danken die Herausgeber allen Institutionen und Personen, die die Veranstaltung des internationalen Musil-Kolloquiums in materieller und ideeller Hinsicht gefördert haben: dem Kulturforum an der Österreichischen Botschaft Brüssel (und hier insbesondere Mag. Erika Bernhard), der Philosophischen Fakultät der Universität Gent, dem Fonds voor Wetenschappelijk Onderzoek – Vlaanderen (FWO) und der Robert-Musil-Gesellschaft (und hier insbesondere den Vorstandsmitgliedern Prof. Dr. Marie-Louise Roth, Dr. Annette Daigger und Pieter Martens) sowie dem Österreich-Zentrum OCTANT der Universität Antwerpen. Die Drucklegung des vorliegenden Sammelbandes wurde großzügig vom Österreichischen Bundesministerium für Bildung, Wissenschaft und Kultur und vom Fachbereich Deutsch der Universität Gent unterstützt. An dieser Stelle sei auch den *peer reviewers* Prof. Dr. René Dirven (Universität Duisburg), Prof. Dr. Vivian Liska (Universität Antwerpen), Dr. Stéphane Gödicke (Universität Paris-III Sorbonne Nouvelle), Dr. Dirk Van Hulle (Universität Antwerpen), Dr. Florence Vatan (University of Wisconsin), Prof. Dr. Hans-Georg Pott (Universität Düsseldorf), Prof. Dr. Matthias Luserke-Jaqui (Universität Darmstadt), Dr. Hans Vandevoorde (Universität Gent), Dr. Ralph Bisschops (CVO-KHNB Brüssel) sowie den weiteren anonymen Gutachtern Dank gesagt, die die Texte schon vor der Publikation einem *peer review*-Verfahren unterzogen haben. Ein Dankeschön gebührt auch Frau Brigitte Baumann des Peter Lang-Verlages. Nicht zuletzt aber möchten wir allen BeiträgerInnen danken. Ohne sie alle wäre die Durchführung dieses Projektes nicht möglich gewesen.

Die Herausgeber

Jaak De Vos
Fachbereich Deutsch, Universität Gent, Belgien

Gunther Martens
FWO-Flandern / Universität Gent, Belgien

Clemens Ruthner
University of Alberta, Canada
Österreichzentrum OCTANT, Antwerpen, Belgien

Arno Rußegger (Klagenfurt)

„Und was gewöhnlich in der Wirklichkeit geschieht, gehört bestenfalls ins Kino."
Theater anders in Robert Musils *Vinzenz und die Freundin bedeutender Männer*

> [...] ich würde mich nachzuweisen getrauen, dass vieles [...] ganz anders aussehen könnte, wenn nicht die überlebte Katastrophentechnik des europäischen Theaters, sein kitschiger Bedarf an Aktschlüssen und Abgängen, seine falsche Heldendynamik und seine lächerlichen Vorstellungen von dem, was handeln heißt und Größe ist, sich in die Köpfe eingefressen hätten. (GW 9: 1526)[1]

Kaum hat sich der Vorhang über der Szene von Robert Musils *Vinzenz und die Freundin bedeutender* Männer (1924; GW 6: 409–452) gehoben, besteht Großkaufmann Bärli schon lautstark darauf, dass „das ein Ende haben [muss]" (GW 6: 410). Damit wird für die Struktur des gesamten, vom Autor selbst als „Posse" (GW 6: 409) bezeichneten Theaterstücks ein durchgängiges Muster vorgegeben, und zwar eine affirmative Setzung und gleichzeitige Demontage der traditionellen Bauelemente eines Dramas.[2] Konsequent entzieht der Autor den Darstellungsmitteln, sobald sie exponiert worden sind und – im Sinne des Bühnenhandwerks – zur Durchführung gelangen müssten, gleich wieder den Boden; er karikiert jede der auftretenden Figuren, macht dramaturgische Kunstgriffe als hohlen Theaterzauber durchschaubar und sich einen Spaß daraus, herkömmliche Erwartungen und ein naiv aufs Mimetische erpichtes Vorverständnis bzw. „Vorurteil" (GW 9: 1718) von Seiten des Publikums ad absurdum zu führen. Denn Theater müsse in erster Linie Dichtung sein, kein „Lebensersatz [...], sondern Sinngebung, Ausdeutung des Lebens und Menschendienst" (GW 9: 1528).

---

1 Zur Zitierweise der Werke Musils, siehe das Siglenverzeichnis in der Gesamtbibliographie, S. 327.

2 An einer Stelle spricht übrigens der Protagonist selbst explizit davon, dass es auf das Gleiche hinauslaufe, Prinzipien zu befolgen oder radikal umzukehren; vgl. GW 6: 431.

Das groteske Werk rund um ein halbes Dutzend höhnisch so apostrophierter „bedeutender Männer", die Alpha freien wollen, ihre allen gemeinsame Muse, wurde in der Forschung in Zusammenhang gebracht mit der Nonsense-Ästhetik des Dadaismus der Zwanziger- jahre und dem absurden Theater; ebenso kann man Musils gegen die aristotelische Tradition gerichtete Verfremdungseffekte mit Bertolt Brecht vergleichen.[3] Tatsächlich sind die für den Handlungsverlauf typischen und als bloß fingierte Begebnisse herausgestellten Mord- und Selbstmordversuche, die hetero- und homosexuellen Liebes- händel, die selbstbetrügerischen Nötigungen oder das Abfeuern *blinder* Pistolenschüsse (vgl. GW 6: 437) als Symptom einer tiefen persönlichen Erkenntnisskepsis Musils anzusehen; darüber hinaus einer allgemeinen Repräsentationskrise, von der die abendländische Kultur der Moderne zunehmend durchdrungen worden ist. Die Wirk- lichkeit bot nämlich zur Wende vom 19. zum 20. Jahrhundert trotz allen aufklärerischen Fortschritts immer noch keine eindeutigeren Referenzobjekte für die Sprache als jemals zuvor, die sich umso mehr auf sich selbst zu beziehen begann. (Ein analoger Prozess hat sich ja mittlerweile aufgrund der elektronischen Revolution auch in den Bildmedien vollzogen.) Dementsprechend konstatierte Musil in Bezug auf die Bühne das Vorhandensein eines Fundus gebrauchsfertiger Veranschaulichungs- und Erlebnisformen, die sich verselbständigt hatten. Seine Diagnosen erinnern an das Motiv des „Seinesgleichen geschieht" (GW 1: 81) aus dem Roman *Der Mann ohne Eigenschaften* und lassen das gängige Dramenpersonal wie Kolporteure bloß vermeintlich eigener Affekte erscheinen:

> Welches ist nun das Element des Schauspielers? Man schließt logisch: das Schau-
> Spiel. Der Schauspieler will Gelegenheit finden, sein vehementes Scheinleben auf
> der Bühne zu entfalten. Er will sich gebärden, schluchzen, schreien, herumfahren,

---

3 Vgl. Strutz/Strutz 1985. Brechts negative Einschätzung des *Vinzenz* übrigens wird von Carl Zuckmayer überliefert: „Da ich Prosa von Musil mit Bewunderung gelesen hatte […], begann ich die Lektüre des Stücks voller Respekt, fand es aber geschraubt und geschwätzig. Ich hinterlegte das Manuskript […] für Brecht und bat ihn um seine Meinung. Am nächsten Tag fand ich es wieder, er hatte diagonal über den Umschlag mit Bleistift ‚Scheiße' geschrieben. Das war eine unserer intensivsten dramaturgischen Bemühungen, sie hatte uns für einige Zeit ermüdet." (In: Zuckmayer 1997, S. 458).

in fremde Gestalten hinein- und aus seinem bürgerlichen Ich herausfahren können. [...] es ergibt sich, daß er weder sich selbst spielt, noch irgend etwas, das er je frei herumlaufen gesehen hat, sondern Rollen des Dichters, das heißt das, was andere Schauspieler gespielt haben, weil es andere Dichter geschrieben hatten, die es geschrieben haben, weil es andere Schauspieler gespielt gehabt hatten. Man spielt Kettenauffassungen und Effekttraditionen. Die Schauspieler ahmen nicht das Leben nach oder die Dichtung, sondern einander und das Publikum. Sie spielen nicht Leidenschaften, sondern Leidenschaften spielende Schauspieler, nicht Menschen, sondern Spiegelmenschen und die Magie eines Panoptikums vom Hörensagen. (GW 9: 1610f.)

Wie immer reflektierte Musil die Voraussetzungen des Mediums, dessen er sich bediente, sehr genau. Unbestechlich legte er die Schwachstellen des Theaters bloß: dessen Abhängigkeit von Kommerz[4] und momentanem Erfolg (vgl. GW 8: 1118); die Anpassung an einen „konfektionsmäßigen" Durchschnittsgeschmack (vgl. GW 9: 1718), der sich in einer schematisierten Gesellschaft am leichtesten befriedigen lässt; eine umfassende „Journalisierung" der Bühnenliteratur (GW 8: 1128); den (gerade in Wien) weit verbreiteten Narzissmus der Star-Schauspieler und Regisseure; und Anti-Intellektualismus als Fluchtversuch vor einer unübersichtlich gewordenen, verwirrenden Wirklichkeit. Fazit:

Das Theater ist ein ebenso großartiger wie schwerfälliger Apparat, mit den widersprechendsten daran hängenden Interessen und einem einschüchternden wirtschaftlichen Risiko; daraus folgt, dass es bis zur Erstarrung konservativ ist. (GW 9: 1717)

Die auftretenden *bedeutenden Männer* – der Gelehrte, der Musiker, der Politiker, der Reformer, ein junger Mann – sind typische (und expressionistisch typisierte) Verkörperungen der von Musil konstatierten „Gefühle[n] zum Quadrat" und „artifiziellen Gefühlsgefühle[n]" (GW 8: 1096; vgl. oben). Sie werden als Ergebnis jener in Konventionen des Faktischen leerlaufenden Welt entlarvt, die keine sozialen Gegenstände wie eine historisch-spezifische Subjektivität mehr hervorbringt (was auch eines der Kernthemen des Romans *Der Mann ohne Eigenschaften* ist). Anstelle von Anschlüssen oder

---

4 Vgl. Arntzen 1980, S. 123.

Kontaktstellen für kontinuierliche Auseinandersetzungen mit substanziellen Lebensfragen, bildeten sich – Musils Meinung nach – in den meisten Theaterstücken kontraproduktive Kontinuitäten im formalistisch-bühnentechnischen Bereich heraus. In der Schauspielerei zähle nicht das gefühlte Gefühl, sondern nur ein ständig wiederholter Aufguss überkommener Klischees. Der gesamte Bereich des Bühnenexpressionismus (als Stilkonvention) versuche, dem Manko mit unzulänglichen Mitteln beizukommen, und zwar mit einer quantitativen Steigerung des Sentimentalen, des Pathos, des äußerlichen Glanzes, mit exaltierter Talenthaftigkeit und Gedankenfülle, um die zugrunde liegende Ungeistigkeit vergessen zu machen, indem „ein Maximum unbedeutender Einfälle bei einem Minimum bedeutender" (GW 8: 1119) durchmischt werde. Schließlich beschreibt Musil ein Gebilde, in dem die Unterscheidung von Authentizität und Künstlichkeit implodiert ist. Manche seiner Überlegungen klingen wie eine Vorwegnahme von Jean Baudrillards Begriff des *Simulakrums*,[5] eines Kopiengewirks ohne Originalvorlagen:

> Wenn man Ideen so sehr hinter oder in Menschen versteckt, dass sie nur zweideutig aus Wirkungen auf die alltäglichen Einfälle und Gefühle erschlossen werden können, fehlt der Zwang, die Ideen durchzubilden; man braucht nur die Gesten ihres Vorhandenseins, die aber werden bald ungenau wie Kopien von Kopien. (GW 9: 1444)

Neben der Abrechnung mit institutionellen Missständen des Theaters stand Musils Ringen um eine Erneuerung des Dramas aus dem Geiste der Dichtung, der sich „in der zähen, stillen Auseinander- und Ineinssetzung" (GW 9: 1718) mit Erlebnissen und Gefühlen erweist. Erst eine solche „Auseinander- und Ineinssetzung" mache das Wesen des Menschen aus, wobei dieser doppelte Gestus des Geistes zwischen Analyse und Synthese bemerkenswerterweise in die gleiche Richtung zielt, die auch das strukturelle Grundkonzept von *Vinzenz* vorgibt (siehe eingangs).

Für Musil galt das Theater bereits auf Grund von dessen ursprünglich höfischer Herkunft eigentlich als eine Bildungseinrichtung, wenngleich „das Ideal der bürgerlich liberalen Bildung

---

5   Vgl. Baudrillard 1978.

im Verblassen" und die „soziale Grundlage des Theaters unsicher geworden" sei; „und das ist seine Krisis; sie ist bloß eine Teilerscheinung einer viel größeren" (GW 9: 1711). Außerdem würden im Literaturbetrieb Roman und Essay, ja sogar die Lyrik längst „einen weit mächtigeren und ursprünglicheren Einfluß ausüben als das Theater" (GW 9: 1717). Dazu kam noch die Konkurrenz durch Kino oder Massensportveranstaltungen, wo man für wenig Geld eine stärkere Ablenkung vom Alltag bekommen konnte, was Musil übrigens auch selbst ausgiebig nützte.[6] Zwischen Theater und Kinoindustrie ergaben sich damals besonders vielfältige Konflikte, weil in Versuchen, den Film erstmals theoretisch zu fassen bzw. das Theater zu reformieren, die Produktionen beider Institutionen – aus einer wechselseitigen, jedoch uneingestandenen und eifersüchtigen Faszination heraus – meist zu direkt miteinander verglichen wurden. Während in einer heftig geführten Kino-Debatte[7] der Film zunächst als „ein missratenes und verkommenes Kind des Theaters" galt, als „eine verdorbene und verstümmelte Abart" und ein billiger „Theaterersatz, der sich zur echten Bühnenkunst so verhält wie etwa die photographische Reproduktion zum Originalgemälde"[8], finden sich bei Musil weitaus differenziertere Einschätzungen der Kinematographie, ohne ihr von vornherein bzw. in jedem Fall künstlerischen Wert zuzusprechen oder irgendwelchen Moden des Kulturbetriebs aufzusitzen.

Musils frühe Begeisterung für den Film, der in den Zwanzigerjahren eine erste Hochblüte erlebte (übrigens auch in Österreich!)[9], ist dokumentarisch belegt.[10] Den Stummfilm mit seiner Reduktion allen Geschehens „auf bewegte Schatten" brachte Musil in Verbindung mit der Erkenntnis, dass im Grund jede Kunst eine „Abspaltung vom vollen Leben" (GW 8: 1139) sei, sozusagen eine „Abstraktion" dergestalt, dass die „eine Seite der Sache", die dann ausschließliche Berücksichtigung erfährt, zugleich „auch Zusammenfassung zu einem neuen Zusammenhang" bedeute. Durch ein solches „anderes

---

6   Vgl. Corino 1988, S. 488.
7   Kaes 1978.
8   Balázs 1982, S. 58.
9   Vgl. Fritz 1981, S. 96ff.
10 Vgl. Hall 1976.

Verhalten zur Welt", das sich im Film wie in jedem Kunstwerk manifestiere, komme es letztlich zu jenem „lebensverneinenden Charakter" der Kunst generell, der jedoch im allgemeinen „als harmlos hingestellt" (GW 8: 1141) werde. Diese „Gleichgewichtsstörung des Wirklichkeitsbewußtseins" (GW 8: 1140) habe ihre eigentlichen Grundlagen in „sehr alten Kulturzuständen" (GW 8: 1141). Da sowohl das Kunsterlebnis einerseits als auch das Denken der Naturvölker andererseits auf einem besonderen Verhalten gegenüber den Dingen fuße, richtete sich Musils Analyse folgerichtig auf jenes „zum Film gehörende Grunderlebnis" eines „ungewohnten Leben[s], welches die Dinge in der optischen Einsamkeit gewinnen" (GW 8: 1142). Mit der Vorstellung einer „Sprengung des normalen Totalerlebnisses" (GW 8: 1145) in der Kunst verband Musil jedoch keinen „Begriff der zwecklosen Schönheit" (GW 8: 1147). Der andere, *apokryphe* Zusammenhang, der im Kunstwerk hergestellt wird, bildete eben keine „anscheinend unentrinnbare Antithese" (GW 8: 1147) im Gegensatz zum Normalzustand unseres Bewusstseins, sondern stellte „gewissermaßen eine nachgiebige Stelle" (GW8: 1142) darin dar, die aber eine „Rückübersetzung" (GW 8: 1151) der Erlebnisse der Kunst in den Normalzustand erlaube, wobei „dem Übergang in diesen mindestens das gleiche Interesse zu[kommt], wie dem aktuellen Erlebnis selbst" (GW 8: 1151).

Die zivilisatorische Diffusion von Leben und Erleben bildete also den Hintergrund für Musils Theorien, die er vor allem im Rahmen der oben zitierten, unter der Überschrift *Ansätze zu neuer Ästhetik* stehenden Rezension von Béla Balázs' Buch *Der sichtbare Mensch* (1924), aber auch andernorts, formulierte. Die Wirklichkeit bot, seiner Einschätzung nach, der Ich-Bildung des Einzelnen keine Orientierung für den Zusammenhang zwischen Vernunft und Sinnlichkeit, ohne das Subjekt – wie es das Gehabe der *bedeutenden Männer* beweist – in ein reaktionäres Verhältnis zur gegenständlichen, kapitalisierten Welt zu verwickeln. Diese sah Musil in ein kaleidoskopisches System von Zeichen zersplittert, dessen Ordnung sich der allgemeinen Anschauung nicht mehr ohne weiteres erschloss. Sein Œuvre durchzieht deshalb eine spezifische Theorie des Bildes,[11] in der es nicht darum

---

11 Vgl. Rußegger 1996.

geht, eine etwaige verlorene Einheit des Lebens wiederherzustellen, sondern durch etwas anderes zu ersetzen.

Zu Anfang des zwanzigsten Jahrhunderts bot sich der Film als Vergleichsmedium einer bisher nicht gekannten Verknüpfung des Disparaten an. Die von seiner Apparatur hervorgebrachten Projektionen offenbarten – zunächst noch in rätselvollem Schweigen, später audiovisuell – *Geheimnisse*, die – diesseits aller Metaphysik – die jeweils aktuelle Realität transparent machten für die in ihr ebenfalls stets enthaltenen Wünsche, Träume, Hinblicke, Absichten und ungelebten Möglichkeiten einer Gesellschaft als Ganzes bzw. einer spezifischen Gesellschaftsschicht. Mit der vom Film vorangetriebenen Lösung aus der Vorherrschaft einer vornehmlich logozentrierten Fixierung von Sinn und Zweck war die Freisetzung der Produktivkraft der Bilder verbunden: Ihre Wirkung lag nicht in der Einheitlichkeit eines vollkommenen, klassischen Stilideals, sondern in den spontanen, wechselnden Konstellationen fluktuierender Beziehungen, die sie gemäß einer anderen, gleitenden, momentanen Logik miteinander eingingen. Was der begrifflichen Sprache an Sinnstiftung nicht mehr zugetraut wurde, schienen die optischen Phänomene des Lichts, der Linien, der Schatten, (der Farben), der Kontraste, der Ornamente und schönen Oberflächen in Aussicht zu stellen. Die Evidenz der filmischen Bilderschrift wurde als ausdruckskräftig erachtet, auch wenn sie sich auf keinen *höheren* Gehalt bezog. Filmisches Denken erhielt einen Status zwischen Begrifflichkeit und Augenschein, der als symptomatisch für eine neue Qualität lebendigen Erkennens galt (vgl. GW 8: 1051).

Im Kino standen die Dinge den Zeitgenossen mit einer neuen Fremdheit gegenüber. Nichts war mehr ohne Belang, was Musils ästhetischen Überzeugungen entsprach: „Es war nichts für sich zu deuten, eines hing von dem andern ab, man mußte dem Ganzen trauen oder mißtrauen, es lieben oder für Trug halten [...]" (GW 6: 296) Augenblicklich konkretisierten sich auf der Leinwand alltäglichste Eindrücke zu geradezu wunderbaren Emanationen eines (noch) unbekannten, künftigen Sinns. Die Dinge wurden entmaterialisiert, versinnbildlicht, trennten sich von ihren angestammten Bedeutungen und gaben Signale aus einem künstlichen Kosmos, in dem sich Reales und Irreales, das Althergebrachte und das Künftige, das Vertraute und das Außergewöhnliche vermischen. Da stehen Innen und Außen in Korrespondenz, sind Teil eines permanenten Spiels der Fragen, auf die einfallsreiche Antworten erst gefunden werden müssen. Das lässt keinerlei Gemütlichkeit einer prästabilierten Harmonie aufkommen. Allzu oft stößt das Ich gegen eine Realität, die sich von ihm zurückgezogen hat oder aggressiv auf es einstürmt.

Im *Vinzenz* nun finden sich Reflexe auf die oben skizzierten Themen- und Problemfelder. Der Protagonist steht in einer quasi-parasitären Beziehung zur Welt, die ihn umgibt: Er transzendiert sie nicht, sondern invertiert sie, zerlegt ihre Elemente und kombiniert sie neu, um daraus etwas anderes, Ungewöhnliches, Fremdes zu machen. Vinzenz ist beruflich nicht festgelegt und in erster Linie als „Wortemacher" und „Namenmacher" (GW 6: 415) tätig. Er reagiert auf die Absurdität der Umwelt mit einem Hang zur Nicht-Signifikation, das heißt, er begegnet dem allmählichen Verlust sprachlicher Referenzen auf Außersprachliches offensiv, indem er versucht, das Namenlose, Verdrängte, Unsichtbare oder Widersprüchliche zu benennen oder gar umgekehrt mit Namen zu spielen, denen kein Ding und keine Identitäten mehr entsprechen. Nicht nur Alpha selbst, die ehemals „Kathi" (GW 6: 428) hieß, und die Feier ihres Namenstages sind davon betroffen; wollte man psychoanalytisch argumentieren, dann könnte Vinzenz' Sprechen als Zurücknahme, als eine Art Revision der Spaltung in die beiden Bereiche des Lust- und des Realitätsprinzips gedeutet werden, die konstitutiv für die als normal angesehene seelische Entwicklungsgeschichte des Individuums ist. Vinzenz ordnet sich keinem Nützlichkeitsdenken unter, keiner instrumentalisierten Vernunft, die zwar das *Richtige* und *Wahre* anstreben mag, aber völlig lustlos betrieben wird; stattdessen pflegt er das Spielerische und die Tagträumerei. Das Irrwitzige, das seine Auftritte deshalb prägt, wird ihm zu einer phantastischen, zauberischen Sprache, die im Begriff „Kolibri!" (GW 6: 416) ihre zentrale Redefigur erhält. (Auf der Handlungsebene ist es wiederholt die Wendung „mit einemmal", die Geschehnisse auf den Kopf stellt und Impulse gibt, um sie voranzutreiben; vgl. GW 6: 415 oder 422). Bei den besagten „Kolibri"-Worten handle es sich, laut Vinzenz, um die „gebratenen Worte", „die heißfarbigen Worte, die in der flammenden Urwaldsonne herumfliegen." (GW 6: 417)

Diese Rhetorik der Lust arbeitet einer Freiheit von Unterdrückung und Verdrängung zu und korreliert mit einer Sprache der Träume. Auf einen mental längst gleichgeschalteten Wirklichkeitsmenschen wie Bärli wirkt das hingegen wie eine Regression. Ungeachtet der archetypischen Bilder und der vom Realitätsprinzip verdrängten alternativen Möglichkeiten der Erkenntnis, die Vinzenz in die Dialoge einbringt, wendet Bärli ein, sie seien völliger Unsinn. Aber „das Leben fügt ihn [den Unsinn, A. R.] zusammen [...]", erläutert Vinzenz; es gehe um die „wörtliche Zusammengehörigkeit des Unzusammengehörigen", denn man „kann nicht zusammengehörige Stücke so zusammenfügen, bloß mit Worten, daß es kein Mensch merkt" (GW 6: 417). Claude Levi-Strauss hat den Begriff des *Wilden Denkens*[12] eingeführt, um spezifische, in sogenannten primitiven Kulturen aufbewahrte Erkenntnisstrukturen zu charakterisieren: Diese setzen einen globalen, integralen Determinismus voraus, demzufolge alles mit allem auf rational nicht erklärbare Weise in Zusammenhang stehe. Das Entscheidende, Subversive von Seiten Vinzenz' ist jedoch, dass er Unsagbares zum Sprechen bringt, das in einem bestimmten sozialen Kontext steht; seine Phantastik ist lokalisierbar in einem konkreten gesellschaftlichen Umfeld.

Während er sich als „ein vollkommen desequilibrierter Mensch" (GW 6: 440) verhält – als „in seinem seelischen Gleichgewicht gestört"[13], wie Helmut Arntzen das kommentiert hat, als wäre ohnehin klar, was seelisches Gleichgewicht überhaupt bedeutet –, macht Vinzenz' außergewöhnliche Imaginationskraft doch die Basis seiner Verbindung mit Alpha aus. Sie bringt ebenfalls eine im Allgemeinen verdrängte Randperspektive zum Ausdruck, nämlich die weibliche, die von Musil pro forma in den Mittelpunkt versetzt wird. Alpha laviert zwischen den ideologischen Konzepten von Wirklichkeit und den darauf bezogenen Erkenntnisformen, die ihren Möchtegern-Liebhabern zueigen sind. Jeder von ihnen ist zu einer Charaktermaske erstarrt, zu einer Schaubudenfigur ohne Seele, definiert sich in erster Linie über seine Rolle am Arbeitsmarkt und sucht seine Identität, wenn nicht sein Heil, in einer Verabsolutierung einzelner Normen und

---

12 Lévi-Strauss 1982.
13 Arntzen 1980, S. 125.

Werte. Aus Alphas Sicht hingegen relativieren diese einander, weshalb es für alle Beteiligten ein müßiges Unterfangen bleiben muss, Alpha exklusiv erobern zu wollen. Denn sie fungiert als (willige!) *Schnittstelle* für alle Arten von ihr fremdem Gedankengut:

> [Halm:] Da, dem Geschäftselefanten spricht sie von der Musik, den Musiker fragt sie nach der Seeschlacht von Abukir, und dem Historiker liest sie den Kurszettel vor. So macht sie es allen; sie streichelt auf der einen Seite jeden durch ihre Wißbegierde, gibt ihm das Gefühl, daß er ganz einzig ist, und hält ihn auf der andern Seite in Hörigkeit, indem sie ihm das vorwirft, was er nicht ist. (GW 6: 420)

Indem sie sämtliche Sinnstiftungssysteme mit Absolutheitsanspruch der Lächerlichkeit preisgibt, solidarisiert sie sich mit Vinzenz und stellt sich in direkte Opposition zu den *bedeutenden* Männern, die sie im Gegenzug jedoch für das jeweils fehlende Zentrum ihrer korrupten Weltbilder halten zu dürfen meinen. (Der Name *Alpha* steht folglich symbolisch für ein geradezu klassisches Missverständnis des soge-nannten *Ewig-Weiblichen* in einem patriarchalen Kontext.)

Vinzenz radikalisiert die allseits vorhandene Tendenz zur Deperso-nalisierung und inszeniert sich provokativ selbst als Kunstwerk. Er stellt ein episierendes Element im Gesamtgefüge des Stücks dar, thematisiert die Fiktivität des Gezeigten und setzt sie in Szene; er sucht und lebt neue Intensitäten und stilisiert sich als Repräsentanten einer schillernden, potenzierten Welt zweiten Grades, komplementär zu einer als unbefriedigend und trivial verurteilten faktischen *ersten* Realität. Den Wert dieser Gegenwelt und ihre Autonomie trägt er ganz in sich allein; Vinzenz' moralische Exterritorialität ist mit den Mitteln, die den anderen Personen zur Verfügung stehen, nicht dingfest zu machen. Er folgt eigenen Gesetzen und erweitert sie experimentell, indem er in mehreren Anläufen immer neue narrative Strukturen schafft, um die Realität umzudeuten. Einmal erzählt und fügt Vinzenz sie unter der Bedingung eines angeblich von ihm ersonnenen unfehl-baren Systems, alle Spielbanken der Welt zu sprengen und unermess-lich reich zu werden, dann unter der Voraussetzung, eine eigene Filmproduktionsfirma gründen zu wollen. So schafft Vinzenz variable Kontexte, die Bedeutungseinheiten des Stücks modifizieren. Ihm ist letztlich eine Modalisierung aller aus dem Figurenverhalten ableitbaren Aussagen zu verdanken.

Mit Jean-François Lyotard gesprochen,[14] könnte man sagen, dass Vinzenz mit seinen größenwahnsinnigen Geschichten *ex negativo* Illustrationsbeispiele gibt für das Ende der *großen Erzählungen*, der *master narratives*. Denn ganz offensichtlich gelingt es nicht mehr, eine verbindliche Sinnkonstruktion herzustellen, die allen Diskursen eine Finalität und einen gemeinsamen Rahmen bzw. Zusammenhang gäbe. Vinzenz' keineswegs fatalistischer, sondern (selbst)ironischer Umgang mit dieser Existenzlage stempelt ihn zum „Typus eines phantastischen Lügners", wobei lügen für ihn soviel heißt wie von „etwas Wunschenswertem behaupten, es ist der Fall, statt es sollte der Fall sein" (GW 6: 441). Vom Standpunkt desjenigen nämlich, der die Möglichkeiten des vielfach Neuen, Unerwarteten, bislang Marginalisierten und Abgewerteten ernst genug nimmt, vermag „alles zu den Tatsachen" zu passen (GW 6: 441), die nicht ein für allemal zu fassen sind. Vinzenz reklamiert konsequenterweise für sich den Status eines Lügners, „dessen Lügen zu den Tatsachen stimmen!" (GW 6: 441)

Freilich tritt dabei der kommunikative Aspekt zwischen ihm (als einem lebendigen quasi-Kunstwerk, dessen Dasein äußerst interpretationsbedürftig ist) und den im Stück zum dummen Publikum degradierten *bedeutenden Männern* in den Hintergrund: Man hält ihn entweder für verrückt oder gar für einen mehr oder weniger kriminellen Betrüger. Für uns Zuschauer geht von Vinzenz allerdings eine ästhetische Steigerung aus, die die gesamte Lebenswirklichkeit um ihn herum infiltriert: „Die Tatsachen sind nämlich phantastisch." (GW 6: 441), verkündet er und liefert damit einen Schlüssel zum Verständnis von Musils Gesamtwerk. Vinzenz demonstriert, inwiefern die Tatsachen als Zeichensysteme zu lesen sind. In ihm als Figur verschmelzen sozusagen Welt, Welterkenntnis und Erkenntnismedium, weil das vermeintlich Faktische für ihn nicht mehr oder weniger Relevanz hat als persönliche Erinnerungen oder kulturelle, (religiös-)rituelle, politische usw. Traditionen. Texte, Bilder, Stile, ästhetische Verfahren, etablierte Umgangsformen und Machtverhält-

---

14 Vgl. Lyotard 1999.

nisse sind für ihn ebenso verbindlich bzw. unverbindlich wie die so genannte Realität.

Man denke beispielsweise nur an Vinzenz' Dialoge. Wenn er etwa behauptet, nur deshalb zu seiner Jugendliebe Alpha zurückgekehrt zu sein, um ein einst mitten im Satz unterbrochenes Gespräch fortzusetzen, dann implizieren das Selbstzitat und die Erinnerungen an das früher einmal (nicht!) Gesagte bzw. Verrichtete den Verlust jeglicher Unschuld im Umgang mit dem Mitmenschen, die er im Bild des einstigen gemeinsamen *Mädchenseins* mit Alpha beschwört (vgl. GW 6: 427). Alles, „jeder Strauch, jeder kleine bellende Hund gewissermaßen" habe im ursprünglichen, jugendlichen Zustand ihrer noch unerfüllten Liebe „einen Du-Akzent" (GW 6: 428) davon gehabt. Doch ein reines Ereignis ist nicht auszuleben, zumindest nicht auf Dauer: „Mag der Teufel wissen, was für Zustände es sind. Aber eines ist sicher: dass man sie in Stein festhalten kann, [...], oder in Versen, aber nicht im Fleisch und Blut. Wo kommt dieses Unirdische hin?" (GW 6: 428) Vinzenz behauptet, Alpha verlassen zu haben, um die Intensität und das Ereignishafte des Gefühls zu bewahren, bevor es im konkreten Vollzug (und dessen zwangsläufigen Wiederholungen) erkaltet: „Ich bin meiner Liebe nachgereist; im vorhinein sozusagen." (GW 6: 428)

In Analogie zu den autopoetischen Tricks, deren Vinzenz sich bedient, um die *bedeutenden Männer* auf ihrem Weg durch die Kniffe eines konventionellen Melodrams kritisch zu begleiten, ist er in Bezug auf Alpha also selber darauf angewiesen, die intendierte Ver- wirklichung eines gemeinsamen Glücks mit ihr im Zuge einer schein- bar paradoxen Aktion, einer notwendigen Umgestaltung und Gegen- Verwirklichung zu verdoppeln. In postmodernem Jargon könnte Vinzenz als Musils Allegorie dekonstruktiver Verfahrensweisen bezeichnet werden; ich tendiere eher dazu, ihn als eine Allegorie zentraler filmischer Funktionen anzusehen,[15] wie sie Musil im Sinne seiner Rezeption zeitgenössischer Theorien verstand. Es kommt nicht von ungefähr, dass sowohl Vinzenz als auch die übrigen Personen im

---

15 Sogar Vinzenz' *Kolibri*-Worte sind als vom Filmischen inspiriert zu interpre- tieren, wenn man an die Probleme des internationalen Mediums mit Sprach- und Nationalgrenzen bis weit in die Fünfziger- und Sechzigerjahre denkt.

Stück auf eine Weise präsentiert werden, als gingen sie dauernd neben sich einher. Die Unterschiede zwischen ihnen liegen in den jeweils verschiedenen Bewusstseinsgraden, die sie von den Strukturen des Ganzen haben bzw. zum Ausdruck bringen.

Wenn daran etwas komisch ist, dann jenes Übermenschliche im Sinne eines überwundenen Menschentums, das nicht auf Mimesis abzielt oder darauf, von einer verlorenen zu einer wiedergefundenen Identität zu gelangen, sondern von einem durch und durch multiplen, schizoïden Selbstverständnis geprägt ist. Vinzenz macht sich über sich selbst lustig aus Nonkonformismus, während er sich auch zu Lebenslust und Vitalismus bekennt. Bei aller Nähe zu Alpha besteht die Differenz zwischen ihm und ihr darin, dass sie die erkannte Ökonomisierung der zwischenmenschlichen Beziehungen und die zivilisatorische Entfremdung der *bedeutenden Männer* individuell auszugleichen trachtet. Letztere erleiden wie gesagt ihr Dasein unter dem Signum eines Makels und vorgegebener Fremdbestimmung, die sich sogar in ihren persönlichsten Gesten und Verhaltensweisen bemerkbar macht. Das lässt sie (vor allem geistig) so armselig und hilflos werden, aber auch aggressiv und gefährlich. Das Begehren und die Wünsche von Vinzenz hingegen haben und kennen keinen Mangel, es fehlt ihnen an nichts, auch nicht an ihrem Gegenteil. Sie sind nicht abhängig von Erfüllungen, da nur *seinesgleiche* Subjekte (wie die *bedeutenden Männer*) ihre tiefsten Wünsche verfehlen.

Als Paar genommen, im Zustand gegenseitiger Singularisierung und Einzigartigkeit, sind Vinzenz und Alpha keine fixe Größe, sondern fördern in sich jeweils mehrere, widersprüchliche Persönlichkeiten zu Tage. Im Gegensatz zu anderen Personen, auf die das im Sinne der gegebenen Willkür und Inkommensurabilität des Lebens genauso zutrifft, erheben sie diese Disposition zum Programm. Sie entfliehen dem gesellschaftlichen Zwang zur Identität:

> [Alpha:] [...] Weißt Du, ich glaube, ich bin eigentlich eine Anarchistin: Sie [die ‚bedeutenden Männer', A.R.] haben nie in mir die Sehnsucht zum Schweigen gebracht, endlich auf meinen richtigen Platz zu kommen! Und nun hältst Du den Arm um meinen Leib. Und hebst mich auf wie der große Zaubervogel, der wiedergekommen ist. Und wir fliegen ganz hoch hinauf. [...] Mach mit mir, was

du willst...! (GW 6: 432)

[Vinzenz:] Es ist, was ich so meinen Ernst nenne. Findet man sein eigenes Leben nicht, so muß man hinter einem fremden dreingehn. [...] (GW 6: 452)

Nein, Vinzenz ist nicht auf der Suche nach neuer Innerlichkeit. Er hat keinen historischen Zugang zu seiner eigenen Biographie; den Großen Krieg, der zwischen der Trennung von Alpha und ihrem Wiedersehen stattgefunden hat, erwähnt er mit keiner Silbe; auf Entwicklung oder gar Persönlichkeit (in bildungsbürgerlicher Tradition) legt er nicht den geringsten Wert. Vielmehr versucht er sprunghaft und spontan verschiedene Zeitebenen zu überbrücken, ständig unterläuft er die eigene Sehnsucht nach tatsächlicher Wunscherfüllung, sowohl in materieller als auch metaphysischer Hinsicht, indem er sich keinerlei Verlangen nach Macht zugesteht. Hier reicht die Figur des Vinzenz über Vorgaben des Filmischen hinaus, indem er es nicht nur affirmativ umsetzt, sondern durch Über-Affirmation auch ironisiert. Das eröffnet eine utopische Perspektive: Vinzenz will nicht länger begehren, was die Menschen (psychisch oder physisch) beherrscht und ausbeutet; am Ende zieht er sogar die Konsequenz, Diener zu werden, um in subalterner Position endlich jemandem anderen als sich selbst hinterher leben zu können (was auch durch sein Doppelwesen als Figur in einem anderen Stück impliziert wird, nämlich in Hugo von Hofmannsthals *Der Schwierige*).

Zusammenfassend ist in Bezug auf die Theaterkunst Robert Musils anzumerken, dass er sie als Wunschmaschine betreibt, aber ohne zu berücksichtigen, was heute wohl als *Marketingkonzept* bezeichnet würde. Die von ihm mit literarischen Mitteln entworfene Bühnenwirklichkeit spiegelt das Reale (außerhalb der Fiktion) gleichsam als Inkarnation von darin verborgenen Obsessionen, Leidenschaften, Zwängen, Süchten und Manien. Doch Musil lässt gegensätzliche Ideologien nicht in der Weise aufeinanderprallen, dass sie verbindlich ausgefochten würden und er inhaltlich für oder gegen etwas Stellung bezöge. Vinzenz propagiert kein weiteres Alternativprogramm wie „der Reformer" (GW 6: 409); ebenso wenig lässt er sich kritiklos als Identifikationsfigur vereinnahmen. Vinzenz war und ist ein Versuchsmodell im Rahmen des Theaters, um das Denken und Fühlen wieder zum Ereignis zu machen – ein Eklat für die übrigen Figuren, eine

Herausforderung für das Publikum. Denn vermittelte Erlebnisse gibt es nur in reflektierter bzw. (doppelt) gebrochener Form.

In der Minimalvariante zweier Menschen versucht Vinzenz immerhin eine Gesellschaft zu antizipieren, in der es nicht nur auf Gebrauchswerte und ihre Verteilung ankommt, sondern auf die Erfindung von neuen Gefühlen und Wahrnehmungsformen zwischen Frauen, Männern, Frauen und Männern. Dabei wird inszeniert, was ohnehin geschieht, damit es nicht der Gewohnheit anheim fällt, sondern zu neuer Bedeutung kommt. Das entspricht Vinzenz' Konzept, das er für seine geplante Filmgesellschaft mit dem Namen „Licht und Liebe, Gesellschaft zur Herstellung wahrheitsgetreuer Filmaufnahmen im Rahmen der Gesetze" entworfen hat, in der es kein Berufsschauspielertum mehr geben und jeder geringfügigste, nächstbeste „Anlaß zu einer ,Szene' ausgestaltet" werden soll (vgl. GW 6: 447):

> Denn wir benützen nur Szenen, die aus dem Leben selbst hervorgehn; nur die haben volle Natürlichkeit. Wir denken sogar daran, mit unserem Kapital Schicksale so zu beeinflussen, daß wir sie dann aufnehmen können. (GW 6: 447)

Die fiktive *volle Natürlichkeit* des Lebens reicht also gerade noch aus, die Konventionen filmischer Authentizität zu bestätigen. Für sich genommen, bedeutet sie nichts mehr und soll folgerichtig bereits im Hinblick auf ihre spätere kinomäßige Reproduktion *beeinflusst* werden. So bot in Musils Tagen das zeitgenössische Kino als synästhetisches, künstlerisch-technisches Laboratorium eine Fülle von Reflexions- und Anschauungsmaterial für komplexe, soziokulturelle Veränderungen.

Roland Duhamel (Antwerpen)

Ist Musils Mann ohne Eigenschaften ein Nihilist?

Robert Musils (1880–1942) *Der Mann ohne Eigenschaften* (1930–1933) scheint sich immer mehr als das Kultbuch des abgelaufenen Jahrhunderts anzudienen. Es handelt sich um einen kolossalen ätzend-intelligenten Essay-Roman oder Romanessay, an dem der Autor sein Leben lang (ab 1918)[1] weiterschrieb, ohne ihn je abschließen zu können. Er legt – wenn das Paradox erlaubt ist – eine schier endlose Zusammenfassung der nihilistisch anmutenden Denkströmungen seiner Zeit vor und ist infolgedessen in vielerlei (nur nicht stilistischer) Hinsicht mit Hermann Brochs in denselben Jahren entstandenem Klassiker des Nihilismus, *Die Schlafwandler* (1931–32), verwandt. Beide Autoren waren Österreicher und Zeitgenossen; beide Romane sind durch ungewöhnlich umfangreiche Einschübe essayistisch-philosophischer Natur gekennzeichnet. Beide Autoren haben sich zeit ihres Lebens mit einer Art argwöhnischer Bewunderung verfolgt. In einem Schreiben vom 2. September 1933 an Musil dementiert der ewige „Konkurrent"[2] dessen Plagiatsanschuldigung[3]. Nietzsche, diesen anderen Klassiker des Nihilismus, las Musil ab seinem 18. Lebensjahr. Das Tagebuch (1937) räumt „entscheidende[n] Einfluß" ein.[4] Das Erste Buch erzählt, wie im Jahre 1913 eine groß angelegte Aktion vorbereitet wird, die berühmt-berüchtigt gewordene „Parallelaktion", bei der 1918 das siebzigste Regierungs-jubiläum des vor dem Krieg schon uralten österreichischen Kaisers feierlich begangen werden soll. Die Ironie liegt auf der Hand: jedem

---

1 So Arntzen 1993, S. 195.
2 So Musil über Broch in einem Schreiben vom 9. März 1941 an Erwin P. Hexner; vgl. Musil, *Briefe*, S. 1266.
3 Vgl. Broch 1981.
4 Einer Eintragung in das Tagebuch vom 15. Mai 1902 zufolge las Musil Nietzsche ab seinem achtzehnten Lebensjahr. Das Tagebuch von 1937 attestiert „entscheidende[n] Einfluß". Vgl. Hillebrand 1978, S. 140 und 252.

Leser war inzwischen klar, dass weder dem Kaiser Franz Joseph I. (1830–1916) noch der Donaumonarchie selbst die erforderlichen Jahre beschieden sein sollten. Für das grandiose patriotische Fest wird jedenfalls auf den zahllosen Sitzungen des Planungsausschusses nach einer übergreifenden Idee gesucht. Aber alles bleibt umsonst. Auch nach tausend Seiten ist nicht der geringste Fortschritt feststellbar. Die Aktion rührt sich nicht vom Fleck. Im Gegenteil, im Herbst 1914 kommt die groteske Idee einer internationalen Friedenskonferenz auf (1118). Generalsekretär der Aktion jedenfalls ist unser „Mann ohne Eigenschaften" Ulrich, der die ganze Betriebsamkeit allerdings selber als „Unsinn" abstempelt (352).

Wer ist Ulrich? Ein Skeptiker, der an nichts glaubt, weder an Gut noch Böse, nichts für wahr hält (960), nicht einmal die Logik (865). Sein eigentliches Problem besteht darin, dass er keine Beziehung zur *Wirklichkeit* findet. Er lebt am Leben vorbei. Alle Wirklichkeit ist ihm „nichts als eine Hypothese" (250) und höchst abstrakter Natur (69; 1538). Nichts unterscheidet sie von dem, was nicht ist, denn Möglichkeit verbindet schließlich beide (16 f.) In der Wirklichkeit lebt ein unsinniges Verlangen sich aufzuheben (288). Am liebsten möchte er die Wirklichkeit einfach abschaffen (289), was allerdings überflüssig wäre, nachdem sie sich durch Vergänglichkeit selbst auflöst. Die Wirklichkeit hat gar „keinen Sinn" (575). Wo ist sie denn? Sie ist höchstens aus den „paar Dutzend Kuchenformen" zusammengesetzt, mit denen unsere Erfahrung wirtschaftet (591). In ihrer wahren Wirklichkeit kennen wir sie nie (1342). Außerhalb unseres Zeichengebrauchs ist nichts weit und breit. Wir sind wirklichkeitsblind. Oder soll Wirklichkeit vielleicht das „Seinesgleichen" sein, wie es überall im Roman heißt (81; 129; 591; 918; 1209; 1424; 1869) und was uns von allen Seiten widerstandslos überrollt? Die größte Ehre erweist man der Wirklichkeit, indem sie als die unbekannte Instanz definiert wird, die unserem Denken unaufhörlich im Wege ist und Schwierigkeiten bereitet (614). Dass unser Denken auf Hürden stößt, das beweist vielleicht die Wirklichkeit der Wirklichkeit. Ulrich ist in diesem Sinne ein „Möglichkeitsmensch" (16), der unverbindlich (636) und gleichgültig (17; 756) – nicht anders als etwa Brochs Huguenau oder Andreas – durch „die Galerie des Lebens" irrt (648), ohne je seinen Standort zu finden

(649). Dieses und vieles andere kennzeichnet ihn, den angeblich eigenschaftslosen, wie etwa noch eine glänzende Intelligenz oder seine sportlichen Fähigkeiten. Außerdem sieht er fabelhaft aus, eine Art Märchenprinz. Aber die Wirklichkeit interessiert sich nicht für seine Eigenschaften. Er kann sie nicht einsetzen. Eigenschaften sind nämlich alles, was uns wirklichkeitsgerecht macht, was uns für die Wirklichkeit bzw. diese für uns präpariert. Als vielversprechender junger promovierter Mathematiker verzichtet er auf eine Universitätslaufbahn und beschließt, „sich ein Jahr Urlaub von seinem Leben zu nehmen" (47). Sein Jugendfreund Walter stempelt ihn zum „Mann ohne Eigenschaften" (64), weil er „nichts als Leere" (63) an ihm finden kann. Selbstverständlich ist er ein Nietzsche-Schüler (1871), weit mehr als seine extravagant-überspannte Freundin Clarisse, der er die Werke des Meisters schenkt (609).[5]

Damit sind uns einige erste Gegenspieler begegnet: Walter; dessen Frau Clarisse; dann sollten noch genannt werden der Frauenmörder Moosbrugger und, ja, auch eine Nietzsche-ähnliche Gestalt. Im Gegensatz zu Ulrich sind sie alle des Intensiverlebnisses fähig und gehen, jeder auf seine Art, daran zugrunde. Walter vereinsamt zunehmend; Clarisse und Moosbrugger enden, wie Nietzsche (1737), im Wahnsinn. Moosbruggers Verbrechen sind nichts als Versuche, dem luftleeren Raum zu entfliehen, Intensität herbeizuführen und in die Wirklichkeit vorzustoßen. Gesundheit ist „Halbheit" (1737), Leben auf Sparflamme; Normalität das Vorrecht einer erloschenen bzw. inexistenten Wirklichkeit.

Das liest sich nihilistisch. *Ist Ulrich Nihilist?* Im Schlüsselkapitel *Atemzüge eines Sommertags*, an dem Musil sogar noch an seinem Todestag arbeitete, nennt Ulrich sich und seine Schwester Agathe, die „Frau ohne Eigenschaften"[6], tatsächlich „Nihilisten" (1239). Das Abstraktum ‚Nihilismus' kommt nicht in derselben Unmißverständlichkeit vor wie bei Broch; dafür gibt es die Fast-Synonyme „Essayismus" (247; 251; 253; …) bzw. „formlose Gesinnung" (471). Ohne gleich Atheist zu sein, glaubt Ulrich nicht „an Gott oder Seele" (761). Jener ist für ihn eine abgeschlossene „Episode" (1860) der

---

5 Vgl. auch Seidler 1978, S. 160–185, hier S. 163.
6 Vgl. Pott 1984, S. 120.

Geschichte. Das Leben, so Ulrich, habe „viel Erregung und wenig
Sinn" (266), ja es habe einfach „im Ganzen keinen Sinn" (484; vgl.
auch 216). Was wir für gewöhnlich als ‚Sinn' bezeichnen würden, sei
nur der „Durchschnitt der tiefsten Sinnlosigkeit" (488). Er glaubt
weder an das Ich noch an die Persönlichkeit (572) bzw. einen freien
Willen (473; 742; 1421). Jedes Ich sei ein Experiment, ein „Versuch"
bzw. „eine versuchte Gestalt in einer versuchten Gestalt der
Gesamtheit" (1649) – ein Punkt, der gern mit der Philosophie Ernst
Machs in Zusammenhang gebracht wurde, über den Musil 1908
promovierte. Alle Gefühle seien „unecht", sobald sie dauerten (1129).
Die Geschichte führe nirgends hin (234; 272; 360). Ihre
Gesetzmäßigkeit sei die des „Fortwurstelns" (361). Immer wieder
wechsele sie die Seite, auf der sie sich aus dem Loch des Nichts
herauszumanövrieren versuche (1754). Aber auch die werde vom
Zufall bestimmt (1099). Die vielen Jahrhunderte seien vergeblich
gewesen (1413) und seit Jahrhunderttausenden drehe sich die Erde
zwecklos (1414; 1752). Das gilt ebenso für das Denken: wie die
endlosen Labyrinthe der Ulrichschen Monologe beweisen, bewegt es
sich in unausgesetzten Kreisbewegungen, die die außerhalb
befindliche Wirklichkeit nicht tangieren. „Denken [sei] eine
Einrichtung für sich […] das wirkliche Leben eine andere." (274)
Drinnen herrsche Kohärenz (490); jede Ordnung draußen aber diene
ausschließlich der Täuschung um der „Gemütsruhe" (527) willen.
Ordnung in der Welt impliziere längst noch keinen Sinn; im Gegenteil
sei „jede Ordnung […] irgendwie absurd" (1509). *Wahrheit* sei
infolgedessen „völlige Widernatur" (1667) und alle Überzeugungen
seien „unehrlich erworbene" (1872). Jedes Bild, das wir uns von der
Welt entwerfen – so Ulrichs Kritik an Wittgensteins *Tractatus* –, sei
falsch (1309–10; 1364). Wahrheit heiße ja nur, dass auch die
Konsequenzen unseres Bildes immer noch ins Bild passen (1309).
Kohärenz sei folglich das einzige Kriterium. Das ist der nihilistische
Zirkel, auf den wir zurückkommen. Die Wahrheit ist ausschließlich
eine Eigenschaft der Zeichenprozesse. In jeder Wahrnehmung
hingegen stecke bereits der Betrug (1368). Dinge seien im Sinne
Nietzsches „erstarrte" Vorstellungen ihrer Möglichkeiten (1509).
Ebensowenig gebe es eine absolute Moral (251; 748). Es gebe kein
Kriterium (735). Die Moral sei im Grunde „Kampfmittel" (740) und

als solches Ausdruck höchst unmoralischer Beweggründe (748) und
Aktivitäten wie Krieg und Gewalt (1024). „Die Moral selbst ist nicht
moralisch!" (1024; aber ist das nicht ein Nietzsche-Zitat, s. etwa *Der
Wille zur Macht* Nr. 461?)[7] Wie Broch oder Freud sieht Musil
zwischen Gut und Böse nur einen künstlichen Unterschied (770).
Dabei sei das Böse wenigstens das Interessantere, weil es so etwas wie
Gesellschaftskritik beinhalte (959) und mehr Phantasie, ja geradezu
Engagement voraussetze (822 f.). Das letzte Kriterium, das Ulrich hier
gelten lässt, ist reiner, unverfälschter Nietzsche: „Ob ich davon zum
Leben geweckt werde oder nicht" (770). Auch der Philosoph hatte die
Moral definiert als verkrustete Erscheinungsform eines geschwächten,
moribunden Willens zur Macht; in Ulrichs Sprache: „die Altersform
eines Kräftesystems" (251).

Genau in diesem Sinne haben wir an anderer Stelle[8] versucht, den
Nihilismus zu definieren. Den großen Kommentaren Nietzsches und
Brochs entsprechend ist er in den typisch modernen kreisförmigen
Zeichen- und Denkbewegungen zu orten, die nicht auf ein zeichen-
fremdes Ziel bzw. die Wirklichkeit, sondern auf sich selbst fixiert sind
und sich zu festigen suchen. Für solche Prozesse haben wir den bereits
verwendeten Begriff des *nihilistischen Zirkels* eingeführt. Ins Blick-
feld geriet er in der zweiten Hälfte des achtzehnten Jahrhunderts, und
dann wieder und endgültig bei Nietzsche, Broch und im zwanzigsten
Jahrhundert. Broch erkennt den Nihilismus im „gespenstisch tote[n]
Leerlauf"[9] rationalen Denkens, das etwa im Zirkel „Krieg ist Krieg,
l'art pour l'art […], Geschäft ist Geschäft"[10] zum Ausdruck komme.

Ulrichs Zeitkritik zeigt verblüffende Übereinkünfte mit Brochs
Analysen des Nihilismus. Alltagstrott kennzeichne unsere Welt (der
Zweite Teil des Ersten Buches trägt die Überschrift „Seinesgleichen
geschieht") und „Unruhe ohne Sinn" kennzeichne den Trott (1209).
Ulrich nennt sie die „Welt des Seinesgleichen geschieht" (1209). Die
alte Frage nach dem Sinn („wozu wir da sind", 1038) ist müßig
geworden. Typisch sei die „Wüste von Einzelheiten, […] Unruhe,

---

7   Nietzsche, *Nachgelassene Fragmente 1887–1889*. In: *KSA*, Bd. 13, 14 [134] und
    [135].
8   Duhamel 2002.
9   Broch 1978, S. 693.
10 Ebd., S. 496.

Bosheit, Herzensgleichgültigkeit ohnegleichen, Geldsucht, Kälte und Gewalttätigkeit" (40), „wachsende Kompliziertheit" (1522), „Unordnung" (1855). Das alte Bindemittel Gott sei verloren. Die Welt habe sich – hier verwendet Musil eine Metapher aus *Also sprach Zarathustra* – in eine „Wüste" (470; 1092) verwandelt, in „einen Sauhaufen" (374). Die Werte seien untergegangen, ebenso die Ideale, die Moral, die Grundsätze, ja die Lebensfähigkeit (568). Religiöse Erlebnisse seien höchstens als individuelle möglich, nicht als die einer Gemeinde (1735). Es gebe keine Gemeinschaft mehr (1332). Die Fenster des Irrenhauses „seien nichts als Vergrößerungsgläser" auf unsere Zeit (1366; 1369). Moosbrugger sei jedermann (1463) und genießt übrigens allgemeine Sympathie. Denn wer auch immer die Wirklichkeit eines Mitmenschen nicht beachtet, ist ein Mörder (532), was wir in diesem Sinne wohl alle sind.

Wie Hermann Broch übt Ulrich scharfe Kritik an der neueren „Arbeitsteilung" (1193) zwischen Denken und Fühlen. Die alte, noch mittelalterliche „Einheit" (101; 569), die „Synthese Seele-Ratio" (Tb. 582; vgl. CD VII/10/14 und MoE 1795) existiert nicht mehr. Die großen Ideen (so Musils Begriff; Broch spricht hier von „Werten") bildeten kein Zentrum mehr, sondern stünden sich nur noch gegenseitig im Wege (569). Das Detail führe ein Eigenleben (40; 610), was schon Nietzsche als Symptom der Dekadenz definiert hatte. Der Mann ohne Eigenschaften zerfalle (durchaus im Sinne Ernst Machs) in einen Haufen „Eigenschaften ohne Mann" (150; 610). Die Erlebnisse hätten sich von der Person unabhängig gemacht (150). Alles werde anonym (1093). Überall herrsche „allgemeine Zerrissenheit; Extreme ohne Zusammenhang" (197). Wir hätten „immer weniger Ordnung" (379). Für dieses Phänomen verwendet Walter den typischen Broch-Begriff „Zerfall" (63; 610). Ulrich kann sich nicht genugtun, spöttelnd daran zu erinnern, dass die Rettung der Welt einem „Erdensekretariat der Genauigkeit und Seele" (597; 741; 825; 1267; 1414; 1869; 1887) vorbehalten sei, das die Gegensätze wieder zusammenkitte.

Die Ursache der Zersplitterung sei für Musil und Broch in der wachsenden *Rationalität* und Rationalisierung (219) zu suchen. Rationalisierung heißt für Ulrich einem Ideal nachlaufen und die nötigen Mittel dazu aufbringen, ohne dass es allerdings einen „Inhalt"

(1332) hätte bzw. ohne dass der Inhalt von Interesse wäre (1328). Unser Verstand ist – wie bei Broch: seit dem sechzehnten Jahrhundert (301) – so anspruchsvoll und gewissenhaft geworden, dass der andere Pol, der des Gefühls, gewissenlos zurückbleiben musste (204). Die moderne Wissenschaft hat die alten moralischen und metaphysischen Werte „unerträglich" gemacht (46). Wie bei Nietzsche besitze sie eine dämonische „Vorliebe für Desillusion" und Destruktion (304). Sie saugt das Leben aus, um es beherrschen zu können (1092). Die von ihr erzeugten Einsichten sind Ausschnitte, die nie zusammengelegt werden können (1401). Folge der zunehmenden Spezialisation ist die allgemeine Klassifikation und Administration auch noch der Gewissensprobleme. Für jede Tat gibt es die zuständige Rubrik. Der einen Kriegsbefehl weiterleitende Beamte ist kein Mörder, vorausgesetzt er ist beim Ministerium für Landesverteidigung tätig (638). Seele und Moral sind auf diese Weise auseinandergeraten (639). „Die Moral unserer Zeit ist […] die der Leistung" (739). Aber die ganze Leistungskultur ist bereits die Konsequenz der Langeweile und des Nihilismus (741).

Ebensowenig wie Broch zeigt sich Musil bereit, neue zeitgenössische Formen des Seelenkults gelten zu lassen. Seelenspezialisten vom Dienst sind im Roman zwei Karikaturen und „Snobs" (1266f.), die Verliebten (aber nicht Liebespaar, soll doch die Liebe eine rein seelische bleiben) Diotima und Paul Arnheim. Der Letztgenannte schreibt sogar Bücher über „das große Loch" (185) Seele, die sie/es wieder zu Ehren bringen sollen. Er verkündigt die Zusammengehörigkeit aller Menschen, die er dennoch gleichzeitig kapitalistisch ausbeutet. Er will „die Welt von den Ausschreitungen des Rationalismus und Rechentriebs […] befreien" (200). Erfüllung findet er allerdings in den Händen einer Kokotte. Auch der Philosoph-Prophet Meingast wie die rechtsradikale Gruppe um Hans Sepp streben Seelenerneuerung an. Etwa durch den Absprung in die großdeutsche Volksbewegung, wie es später Zacharias in Brochs *Die Schuldlosen* versuchen sollte (555). Dergleichen künstliche Versuche einer Seelenauferweckung in einer seelendürftigen Zeit stempelte Letztgenannter in *Pasenow* zu „Romantik".

Broch nannte Musil wiederholt – wir meinen zu Unrecht – seinen „Gegensatz"[11]. In seinem Rivalen erblickte er einen einseitigen Vertreter der Ratio[12]. Richtig ist jedenfalls, dass Kunst und Literatur bei Musil keineswegs denselben hohen Stellenwert erlangen wie bei Broch. Schreiben sei die krankhafte (634) Jagd auf den Erfolg (433). Es sei „Exhibitionismus" (1746) und außerdem verlogen. Denn wer die verwirrende Ungreifbarkeit des Lebens auf einen eindimensionalen erzählerischen Faden reduziere, auf die perspektivische Verkürzung des Vorher und Nachher, liefere sich der Verblödung und der Blindheit aus (650). Restbestände an Realität seien in der Literatur überflüssige Umwege (868). Diese Kritik am Schreiben findet sich gleichfalls in Brochs *Der Tod des Vergil*, wo allerdings auch ganz andere Töne erklingen. Schreiben sei jedenfalls nichts für Ulrich (650). Am Ende des dritten Teiles (1040) verlässt er die vaterländische Aktion, die außerdem in den ausgebrochenen Kriegswirren versandet. Inzwischen aber wendet er sich einem völlig neuartigen Experiment zu.

Als Ulrich zu Beginn des Zweiten Buches die Hauptstadt verlässt um die Bestattung seines Vaters vorzubereiten, trifft er auf seine seit Jahren aus den Augen verlorene jüngere Schwester Agathe. Sie beschließen zusammenzuziehen und in der Absonderung ihr privates Paradies zu gründen. Sie entdecken „das andere Leben" (1419), das sie den „*anderen Zustand"* (1340 usw.) oder kurz den „Zustand" (1420) nennen wollen. Dieser war Ulrich sofort überkommen, als er das fremd-vertraute Provinzstädtchen betrat, in dem er seine Jugend einmal verbrachte und wo jetzt sein Vater aufgebahrt lag. Plötzlich fühlt er sich von der ihm so abhanden gekommenen Wirklichkeit „umschlossen" (723; 772), von „einer grenzenlosen Gegenwart" (858), „Übergegenwart" (897) oder „Überwirklichkeit" (1429). „Er hatte die Farben der Straßenbahn, der Wagen, Auslagen, Tore, die Formen der Kirchtürme, Gesichter und Hausfronten gesehen [...]"

---

11 Vgl. Brochs Schreiben vom 2. September 1933 an Robert Musil und vom 19. April 1935 an Ruth Norden.
12 Vgl. Brochs Schreiben vom 19. Juli 1931 an Willa Muir und vom 19. April 1935 an Ruth Norden.

(723). Wie bei Ernst Mach brechen alle Dinge und Substanzen auseinander in ihre Elemente. Das war ein vollkommen neues Seins- und Glücksgefühl. Zum erstenmal fühlt sich Ulrich erwachsen; seine gewohnte Gleichgültigkeit verlässt ihn (755 f.). Der „Versuch seines ‚Lebens auf Urlaub‘" (801) scheint zu Ende. Es offenbart sich ihm „das rechte Leben" (1413). Dabei geht es nicht einmal um die Erschließung eines neuen Ich-Gefühls. Sein Wille bleibt nach wie vor „leblos" (1656); das Ich „ein gespenstiger Nebelfaden der Selbst- gewissheit und trüber Selbstliebe" (902). Eben diese Ich-Überwindung ermöglicht die Berührung von „Außen und Innen" (1241). Umgekehrt dämpft, ja löst diese die Anmaßung des kleinen Ich auf. Ein Gefühl – richtiger: eine Extase (1129) – innigsten Verbundenseins mit allem und jedem befällt ihn (751; 762; 802; 1176; 1427), „ein ‚Mitten-inne- Sein‘, ein Zustand der unzerstörten ‚Innigkeit‘ des Lebens" (908). Zwischen Objekt und Subjekt, zwischen den Dingen und mir (1418), zwischen Außen- und Innenwelt fallen im Sinne Ernst Machs die Grenzen (765; 1411): „irgendwie geht alles grenzenlos in dich über" (762). Ohne Ende verschenkt sich das Ich den Dingen (765). Einige Male wird es mit einer die Dinge in ihrem Spiegel tragenden Wasseroberfläche verglichen (764; 807). Die Welt ist zum Bejahen (827; 873; 1241). „Die Straßen kreischten von Vergnügen […]" (873).

    Das ist die Entdeckung der Welt (1090; 1093). Sie beruht weder auf Einsicht noch Rationalität, im Gegenteil (1532). Für das gewöhnliche, instrumentelle Denken ist hier kein Platz mehr (1425). Unser Geist hört auf, „Werkzeug" (1241) zu sein. Der Zustand wird sinnlich und sinnbetäubend vollzogen (1085). Es gibt keine „Theorie des a[nderen] Z[ustandes]" (1856). Dieser verbirgt sich in der verlorengeglaubten „‚Einheit‘ aller Dinge und Seelenkräfte" (753). Es geht um eine *mystische* Erfahrung. Ulrich liest mystische Texte und über Mystiker. Er entdeckt mit Erstaunen die religiösen Dimensionen seines Zustandes. „Gott gar gab sich vielleicht zu fühlen" (1241). Wer weiß, ist Gott sogar wirklich unterwegs (1022)? Er ist größer als mein Ich (1390). Ulrich ist fasziniert aber sträubt sich (im Gegensatz zu Agathe) gegen den Glauben. Wozu wäre Gott nötig? Genügt uns nicht das Erlebnis des Zustandes (873)? Er weist jeden dogmatischen Glauben zurück (755; 1241; „Gott gibt Teillösungen", 1480; „Glaube darf nur eine Stunde alt werden", 1862; 1869) wie auch jede dogmatische Moral (1028): Die hätten nur Kriege gezeitigt (1856). Gott sollte nicht zum moralischen System verkommen (1645). Wie, fällt Ulrich plötzlich ein, „wenn nun gerade dieses Ungöttliche nichts wäre als der zeitgemäße Weg zu Gott?!" (1092) Oder ist Gott das endlich ermittelte „Sein" (1505)? Die wiedergefundene Realität, „Unermesslich als Sein" (872)? Auch wenn sie eine weltliche bleibt, ist sie „höhere [...] Wirklichkeit" (1215). Ulrich ist dabei, „auf einmal wieder Sinn" (1093) und Bedeutung zu erkennen, was ihm wie „das einzige wirkliche Abenteuer" vorkommt (1093). Im anderen Zustand ist die Wahrheit (1414f). Die Wirklichkeit hört auf, sich in den gängigen „Muster[n]" zu zeigen, sondern in ihrer ganzen „Wahrheit" (1656).

Ulrich hofft, auf diese Weise zusammen mit seiner Schwester, die eine ähnliche Wandlung durchmacht (858), ins „Tausendjährige Reich" einzutreten (669; 801; 874; 875; 1029; 1095; 1241; 1416), das „auch das Reich der Liebe genannt" wird (1241). Der Zustand nämlich ist ein schlagartig sich einstellender, aber gleichbleibender Zustand (1342), das einzige Gefühl, das gleichzeitig stabil und „frisch" (1869) bleiben könne. Er kenne weder Erstarrung noch Wachstum, insofern „wohl auch keine Steigerung" (1425), dafür allerdings auch kein Ende (1426).

Der andere Zustand ist nicht das ausschließliche Vorrecht der Geschwister. Er scheint gerade den weniger rational eingestellten, auf den ersten Blick unter negativem Vorzeichen eingeführten Roman-figuren vertraut. Die Metapher beispielsweise der sich im Wasser spiegelnden Dinge wird zum erstenmal im Zusammenhang mit dem Mörder Moosbrugger gebraucht (395). Die kaum weniger verrückte Clarisse scheint ihren Höhepunkt und ihren „Zustand" in Ulrichs Gesellschaft auf der „Insel der Gesundheit" zu erleben (1527), nachdem dieser seinen Idealismus schon wieder aufgegeben hat. Sogar der völkische Hans Sepp scheint den Zustand bereits vor Ulrich (558) zu kennen und zu verkünden. Wollte Musil vom Anfang an Distanz schaffen und seinen Leser auf die Gefahren eines Zustandes aufmerksam machen, der schließlich mit dem Wahnsinn verwandt scheint? Ist auch der Zustand ein irrationales Krisisphänomen wie etwa Brochs „Massenwahn"? Sind alle Versuche, Wirklichkeit zu erleben, gemeingefährlich? Gibt es diese nicht und ist das Erschaffen

einer Wirklichkeit ein Verbrechen? Machen Nichterleben und Gleichgültigkeit nun doch die Normalität aus?

Tatsächlich war alles nur „eine seelisch-optische Täuschung" (1673).
Ulrich und Agathe verlegen ihr Paradies an die italienische Riviera,
um endlich auch dem erotisch-sexuellen Experiment nicht länger aus
dem Wege zu gehen. Aber „Die Reise ins Paradies" – so heißt Kapitel
94 des II. Buches – mündet in Langeweile und furchtbare „Leere".
Der Zustand sei „kein Lebensinhalt" (1673). Zu Ulrichs Verdruss
meint Agathe, dass sie Gott gebraucht hätten (1426). Das Experiment
scheitert (1436; 1932). Es war zu individualistisch, gemeinschafts-
unfähig (1576). Sie lebten genauso zuruckgezogen wie Andreas in
Brochs *Die Schuldlosen*. Das Projekt war rein ästhetischer Natur
(1242). Ulrich fasst Selbstmordpläne oder möchte in den Krieg ziehen
(1932), was auf das Gleiche herauskommt. Er verfällt wieder in seinen
alten Nihilismus. Es ist alles nichts

> anderes als ein Herausklettern aus dem Nichts, jedesmal nach einer anderen Seite
> […] Was ist alles, was wir tun, anderes als eine nervöse Angst, nichts zu sein
> […]: was ist alles das anderes als die Unruhe eines Mannes, der sich bis zu den
> Knien aus einem Grab herausschaufelt, dem er doch niemals entrinnen wird, eines
> Wesens, das niemals ganz dem Nichts entsteigt […] aber […] hinfällig und Nichts
> ist? (1745)

Nach dem Verlust der alten Einheit von Seele und Ratio verfällt
Musils Welt nicht weniger dem Wahnsinn, Kriegschaos und dem
Nihilismus als Hermann Brochs Moselstädtchen in *Huguenau*. Aller
Sinn bleibt in den Leerlauf nicht enden wollender Denkzirkel
eingesperrt, die immer nur sich selbst auf der Spur sind. Ironie und
Postmodernismus sollten uns nicht über den nihilistischen Gesamt-
charakter des Buches hinwegtäuschen.

Tim Mehigan (Melbourne)

Musil mit Luhmann: Das Problem des Vertrauens in Musils *Mann ohne Eigenschaften*

I.

Das moderne Leben geht in technisch hochentwickelten Gesellschaften mit einem beträchtlichen Maß an Komplexität einher. Wie solche hohe Komplexität von Einzelmenschen zu ertragen ist, erscheint in solchen Gesellschaften als immer offensichtlicher werdendes Problem.[1] Der Umgang mit Komplexität kommt Niklas Luhmanns Ansicht zufolge vor allem dem Bereich der Vertrauensbildung zu. Luhmann geht dabei von einem abstrakten Verständnis des Vertrauens aus, das das soziale Interesse moderner Gesellschaften an der Erhaltung und Erhöhung intersubjektiver Toleranz mit den psychologischen Aspekten des von Einzelmenschen freiwillig geleisteten Vertrauens verbindet. Luhmanns Annäherungsweise setzt eine allgemeine Theoriesprache voraus, die das Vertrauen in einen umfassenden Kontext einbindet, der die Begriffe „System", „Umwelt", „Funktion" und „Komplexität" als strukturelle Komponenten einer Theorie der Kommunikation versteht. Nach Luhmanns Auffassung ist Gesellschaft immer schon Kommunikation (und umgekehrt): „Gesellschaft ist nicht ohne Kommunikation zu denken, aber auch Kommunikation nicht ohne Gesellschaft [...] Die Reproduktion von Kommunikationen aus Kommunikationen findet in der Gesellschaft statt".[2] Für eine solche Theorie erscheint die Annahme besonders wichtig, dass – wie für jede Art realer Systeme – die Welt durch übermäßige Komplexität gekennzeichnet ist: „Sie enthält", so

---

1 Luhmann 2000, S. 19. In der Soziologie der jüngsten Zeit wird die Frage des Umgangs mit Komplexität unter dem Leitbegriff des „social capital" intensiv erforscht. Unter zahlreichen Studien dienen als Beispiele: Lin, Cook und Burt 2001; Gittell und Vidal 1998.

2 Luhmann 1997, S. 13.

Luhmann, „mehr Möglichkeiten als die, auf die das System sich erhaltend reagieren kann"[3]. Während ein System sich selektiv auf eine mehr oder weniger autonome „Umwelt" – einen Teilaspekt von Welt – einstellt, wird allein dem Menschen in diesem System die Komplexität der Welt wie auch die Selektivität seiner Umwelt bewusst und dadurch zum „Bezugsproblem seiner Selbsterhaltung"[4].

Diesem „Bezugsproblem" möchte ich im Kontext des Autors Robert Musil und seines Romans *Der Mann ohne Eigenschaften* nun auf den Grund gehen. Dabei berühre ich einen Themenkomplex, der von mehreren Autoren der letzten zweihundert Jahre literarisch vertieft wurde – man denke beispielsweise an Heinrich von Kleist, in dessen Werken – wie die Kleist-Forschung früh erkannt hat[5] – die Ausrichtung auf das Problem des Vertrauens als programmatisches Anliegen erscheint. Während Kleist die sich im Misstrauen äußernden Schwierigkeiten gelingender Kommunikation als ein der Nachaufklärungszeit innewohnendes subjektives Erkenntnisproblem bespricht, geht das Vertrauensproblem für Musil mit dem Aufkommen modernen technokratischen Bewusstseins einher und ist als solches von dessen Entstehungszuständen nicht zu trennen. Ziel dieser Überlegungen ist es, auf die Vorzüge des systemtheoretischen Ansatzes zur Modellierung und zur Präzisierung des Vertrauensproblems im *Mann ohne Eigenschaften* hinzuweisen und damit neue Perspektiven auf Musils Gesellschaftsanalyse zu gewinnen. Zunächst fasse ich die wesentlichen Aspekte der systemtheoretischen Annäherung an das Problem des Vertrauens zusammen, wie diese von Luhmann in der 1968 zuerst erschienenen Abhandlung *Vertrauen: Ein Mechanismus der Reduktion sozialer Komplexität* und dem späteren Hauptwerk *Die Gesellschaft der Gesellschaft* (1997) ihren Niederschlag gefunden haben.

---

3 Luhmann, ebd., S. 5.
4 Luhmann, ebd., S. 6.
5 So zum Beispiel die Befunde von Fricke 1929 und Müller-Seidel 1961.

II.

Der aktuell erlebte Weltentwurf des Einzelmenschen schafft, so Luhmanns grundsätzliche Meinung, keine „Welt", sondern höchstens nur eine eigene „Systemstruktur" und „Verhaltensgrundlage". Diese können für den Einzelnen dadurch erweitert werden, dass auch die Weltentwürfe anderer Menschen als Ausdruck gleichwertig verstandener „Ichhaftigkeiten" identifiziert und mitberücksichtigt werden. Die Potenzierung der Vielfalt der Welt, der diese Erweiterung dient, spielt sich dann auf der sozialen Ebene ab. Für Luhmann gilt als „Attraktor" für gesellschaftliche Evolution der Potenzfaktor höhere Komplexität. Immer mehr Komplexität wird nach Luhmanns Ansicht jedoch mit mehr „Konditionierungen" erkauft.[6] Damit wird der intersubjektive Bereich des Sozialen zum Träger einer überhand nehmenden Komplexität, die das Ich psychischer Belastung und emotionaler Unsicherheit aussetzt. Daher hält Luhmann grundsätzlich fest: „Auf der Grundlage sozial erweiterter Komplexität kann und muß der Mensch wirksamere Formen der Reduktion von Komplexität entwickeln."[7] Praktisch wird solche Komplexitätsreduktion durch jene Mechanismen gesteuert, die die Erlebnismöglichkeiten von Einzelmenschen typisiert. Diese Mechanismen stabilisieren den Handlungsspielraum dieser Menschen bei gleichzeitiger Erhaltung und Erweiterung des Komplexitätspotentials des Systems. So gehören „Erweiterung und Reduktion zusammen als komplementäre Aspekte der Struktur des menschlichen Verhaltens"[8]. Diese Mechanismen haben die doppelte Aufgabe, die Komplexitätsmomente des sozialen Systems auf ein psychisch gesehen erträgliches Maß zu halten, gleichzeitig aber ein Stück „Zukunft" vorwegzunehmen, damit weitere Komplexität verhandelt und in das System einbezogen werden kann. Komplexitätsreduktion sowie -erweiterung erweisen sich von diesem Standpunkt her als Grundelemente hochentwickelter sozialer Systeme.

Das Vertrauen gehört zu den Mechanismen, die diese Funktion der Komplexitätsreduktion für das System gewährleisten. „Wo es Vertrau-

---

6 Luhmann 1997, S. 741.
7 Luhmann 2000, S. 8.
8 Luhmann, ebd., S. 8.

en gibt", so Luhmann, „gibt es mehr Möglichkeiten des Erlebens und Handelns, steigt die Komplexität des sozialen Systems, also die Zahl der Möglichkeiten, die es mit seiner Struktur vereinbaren kann [...]"[9]. Da bei allen Systemen die Tendenz der Ausdifferenzierung des Systems aus der jeweiligen Umwelt auszumachen ist, nimmt die Abhängigkeit eines Systems von den Mechanismen der Erlebnistypisierung wie dem Vertrauen mit der Zeit eher zu als ab. Dabei hebt sich das Vertrauen von instrumentellen Methoden der Ereignisbeherrschung ab, die ebenfalls auf die Zukunft einzuwirken trachten und auch auf Komplexitätsreduktion ausgerichtet sind. Die besondere Funktion, die dem Vertrauen zukommt, lässt sich von dieser Warte aus nicht als Intoleranz gegenüber wachsender Vielfalt – ein Merkmal instrumenteller Machtausübung –, sondern als „Toleranz für Mehrdeutigkeit" verstehen.[10] Das Vertrauen macht die erlebbare Gegenwart einzelner Menschen demgemäß widerstandsfähiger, sensibilisiert diese Menschen für weitere Komplexitätsakzeptanz und ermöglicht es ihnen wie auch ihrer direkten Umwelt gleichzeitig, „mit größerer Komplexität in bezug auf Ereignisse zu leben und zu handeln"[11].

Für Luhmann spielt sich dieser funktionalistische Zugriff auf das Vertrauensproblem keineswegs außerhalb der historischen Zeit ab. Als besonders wichtiges historisches Ereignis, das dem Vertrauensproblem zugrundeliegt, wertet er die cartesianische Wendung der Metaphysik im 17. Jahrhundert, die „die Bewußtheit des an sich selbst denkenden Denkens an jene Stelle [setzt], die vordem das dem Bewußtsein vorliegende Sein des Seienden eingenommen" hatte.[12] Damit wurde die Frage der Selbstbewusstheit des Denkens zu einer Angelegenheit der inneren Erfahrung einzelner Menschen gemacht, aber dort als Frage keinesfalls hinlänglich beantwortet. Mit dieser psychischen Situation von Einzelmenschen an der Schwelle zur Neuzeit kontrastierte die Lage der positiven Wissenschaften. Für diese Wissenschaften wurde, so Luhmann, die „wahrheitsfähige Wahrheit" immer mehr zu einer Frage der Korrespondenz zwischen Wahrneh-

---

9 Luhmann, ebd., S. 8–9.
10 Luhmann, ebd., S. 19.
11 Luhmann, ebd., S. 18.
12 Luhmann, ebd., S. 25.

mung und Begriff. Die Methoden dieser Herangehensweise
rechtfertigten sich durch ihre Erfolge, und auch umgekehrt. Die Frage
der intersubjektiven Gewissheit in anderen Wissensbereichen, und
„welchen Sinn es überhaupt hat, intersubjektive Gewißheit anstelle
der altvertrauten Evidenz zum Wahrheitskriterium zu machen"[13], ist
seither unbeantwortet geblieben. So bieten die positiven Wissenschaften in der schematischen Erfassung der externen Welt für das
reale Problem der intersubjektiven Gewissheit sozusagen nur einen
schwachen Trost – ein Umstand, der Musil spätestens seit seinem
Entschluss, einer wissenschaftlichen Karriere den Rücken zu kehren
und Dichter zu werden, klar geworden sein dürfte. Im Tagebuch-Heft
10 aus den Jahren 1918–1921 berief sich Musil ganz in diesem Sinne
auf Cassirers Platon-Studie, um die Dimensionen des Problems der
Gewissheit seit Descartes zu unterstreichen, die aus der Kluft
zwischen den positiven Wissenschaften und der Lebenswirklichkeit
von Einzelmenschen erwachsen: „Die Welt des Werdens", merkt
Musil im Tagebuch an, „ist keiner wirklichen Gewißheit fähig […]
Das physikal[ische] Wissen bleibt im Kreise der bloßen
Wahrscheinlichkeit […] Die Cartesische Methode schließt dagegen
alle Wahrscheinlichkeiten aus u[nd] beschränkt sich auf das Gebiet
der strengen Gewißheit" (Tb. 525). Die Regelmäßigkeit, die die
positiven Wissenschaften ans Tageslicht bringen, ergebe sich nicht
etwa aus objektiven Prinzipien, sondern aus statistischen Gesetz-
mäßigkeiten, die für die Erfassung des Verhaltens von Einzelmenschen um so verlässlicher sind, je größer die Zahl der Einzel-
individuen ist und je weniger der Aspekt des individuellen Willens ins
Gewicht fällt. Im gleichen Tagebuch-Heft 10 notierte Musil daher,
dass die positiven Wissenschaften nur einen Teilaspekt der erlebten
Wirklichkeit von Einzelmenschen beschreiben. Diese „Kausalwissen-
schaften", wie er sie dort charakterisiert, „bringen nur die Seite der
Wirklichkeit zur Darstellung, welche sich darbietet, wenn die
Beziehung zum stellungnehmenden Willen aufgehoben ist" (Tb. 522).
Diese Wissenschaften seien aber nicht in der Lage, den Menschen ihre
Ziele im Leben zu geben.

---

13 Luhmann, ebd., S. 25.

III.

Vor dem Hintergrund dieser Überlegungen entfaltet Robert Musils Roman *Der Mann ohne Eigenschaften* eine eigene Problematik des Handelns. Dieser sich in der Frage des „rechten Lebens" ausdrücken- den Handlungsproblematik nähert sich Musil zunächst einmal nicht in der Weise des herkömmlichen Erzählens vom Standpunkt der Figuren aus, sondern von der funktionalistischen Betrachtungsweise her. Schon im einführenden Kapitel ist von dem abstrakten Phänomen des Wetters die Rede, bei dem geordnete Zustände – etwa die, die in der Formulierung „ein schöner Augusttag" zum Ausdruck kommen – sich nur punktuell ergeben, sich aber dann wieder verflüchtigen. Dass das statistische Obergesetz dieser in großer Abstraktion gesehenen realen Welt nicht die Tendenz zur Ordnung ist, sondern, im Gegenteil, eine ständige Auflösung geordneter Zustände in ungeordnete Zustände im Sinne der thermodynamischen Lehre Erwin Schrödingers (vgl. Tb. I, 524), geht schon aus dem in diesem Eingangskapitel erzählten Autounfall hervor, der im Kommentar der männlichen Figur als technisch bedingte Störung der Rhythmen zweier Subsysteme – Mensch und Maschine – präsentiert ist: „[Die] schweren Kraftwagen, wie sie hier verwendet werden, haben einen zu langen Bremsweg" (MoE 11). Somit liefert die funktionalistische Betrachtungsweise schon im ersten Kapitel des *Mannes ohne Eigenschaften* den Befund, dass die von Menschen errichteten sozialen Systeme nicht umstandslos in der Lage sind, das Maß an Komplexität, dem sie ständig ausgesetzt sind, zu reduzieren.[14] Zwar können die Rhythmen des Systems durch systemimmanente Beobachtungsmechanismen (etwa durch das Statistikenregister, das die Zahl von Toten und Verletzten in Autounfällen festhält) stabilisiert werden, aber die Gefahr der Überfrachtung des Systems muss als jederzeit vorausgesetzt angesehen werden.

---

14 Auch Dahan-Gaida 1993/94 und Krommel-Kümmel 1993/94 ist die im Eingangskapitel angedeutete entropische Bewegung des *Mannes ohne Eigenschaften* aufgefallen. Zwei wichtige Studien der jüngsten Zeit haben die entropische Bewegung des Romans mit Heisenbergs Komplementaritätsbegriff (Kochs 1996) und Friedrich Kittlers Informationstheorie (Kümmel 2001) in Beziehung gesetzt.

Die Gefahr der Überkomplexität im modernen Leben besteht für Mensch und System gleichermaßen. Bei den Menschen äußert sie sich in der bevorzugten Attitüde, die allgemeine „Richtung des Lebens" (MoE 128) einzuhalten und dabei auch nur die kleinste Bewegung aus dieser Richtung heraus möglichst zu vermeiden. Schon das Gehen nimmt sich in der überspitzten Formulierung des Erzählers im 34. Kapitel als Kraftanstrengung aus, bei der die wenigste Scheu „vor diesem Sich-in-die-Zukunft-Fallenlassen oder bloß Verwunderung darüber" eine Störung in der Gesamthaltung herbeiführen kann und: „[...] man kann nicht mehr aufrecht stehn!" (MoE 128). Die Anstrengung, sich in geordneten Bahnen zu bewegen, absorbiert also einen Großteil der Kraftreserven, die dem Einzelmenschen täglich zur Verfügung stehen. Bereits zu Beginn des Romans lief für Ulrich ein vergleichbarer Aufmerksamskeitsaufwand einer einzelnen Person auf eine Größe hinaus, die die Kraft, die Atlas brauche, um die Welt zu stemmen, wahrscheinlich weit übersteigen würde (MoE 12). So ist es verständlich, wenn die Erfüllung der täglichen Aufgaben des Lebens die Konzentration einzelner Menschen derart an der Oberfläche des Lebens festhält, „daß das Leben, das sie führen, und das sie führt, die Menschen nicht viel, nicht innerlich angeht" (MoE 129).

Das Problem der psychischen Überlastung des Einzelmenschen gehört für Musil daher zu den wesentlichen Erfahrungen des modernen Lebens. Wie diese Gefahr unter den Zuständen steigender Komplexität in der österreichisch-ungarischen Gesellschaft an der Wende zum 20. Jahrhundert gebannt wird und die Lebensmöglichkeiten einzelner Menschen gewährleistet werden können, wird zu einer zentralen Frage des Romans. Die Beantwortung dieser Frage liegt nicht allein in einer Strategie optimaler Komplexitätsreduktion. Auch der Aspekt der Komplexitätserweiterung stellt sich für einzelne Menschen wie auch für das soziale System, in dem sie leben, als Herausforderung und Chance zugleich dar. In diesem Kontext macht sich in Musils Roman eine auffällige Akzentverschiebung bemerkbar. Während der Einzelmensch – an dem Protagonisten Ulrich exemplarisch dargestellt – sich zunehmend mit der Frage der Komplexitäts*erweiterung* beschäftigt, um ein sinnvolleres bzw. das „rechte" Gefühl für sein Leben zu finden, scheint das soziale System, in dem diese exemplarische Sinnsuche stattfindet, allein auf die systemweite

Komplexitäts*bekämpfung* ausgerichtet zu sein. Somit nehmen sich im Roman die beiden Aspekte der Verhandlung von Komplexität nicht als komplementäre Phänomene aus, wie Luhmann sie beschreibt, sondern eher als entgegengesetzte Phänomene, die immer weniger Gemeinsamkeiten aufweisen und sich gegenseitig immer mehr in Frage stellen.

Für die Komplexitätsreduktion als strategische Angelegenheit der österreichisch-ungarischen Gesellschaft werden im Roman unterschiedliche Bezeichnungen gefunden, die dennoch das gleiche soziale Grundphänomen beschreiben. Schon der ironische Name „Kakanien" steht nicht etwa für die ausufernde Komplexität eines Vielvölkerstaats mit komplizierter Regierungs- und Verwaltungsstruktur, sondern im Grunde für recht einfache Verhältnisse: „Es war nach seiner Verfassung liberal, aber es wurde klerikal regiert. Es wurde klerikal regiert, aber man lebte freisinnig" (MoE 33). Auch der Art von Freiheit, die man in diesem Staat praktizierte, unterlag eine allgemeine Beschränkung, denn „man war negativ frei darin, ständig im Gefühl der unzureichenden Gründe der eigenen Existenz und von der großen Phantasie des Nichtgeschehenen [...] umspült [...]" (MoE 35). Den „fortgeschrittenste[n] Staat" (MoE 35) der Welt um die Wende zum 20. Jahrhundert kennzeichnet also nicht die Ereignisfülle, sondern ein Mangel an Ereignissen, ja eine gewisse Ereignislosigkeit, bei der gerade das Nichtgeschehene als typisches Merkmal des Systems auftritt. Dass dieses Nichtgeschehene keineswegs auf eine instrumentelle Beherrschung der Ereignisse zurückgeführt werden kann, sondern als Reaktion auf die äußerste Komplexität, die dem System ausgesetzt ist, unterstreicht die Bezeichnung „Seinesgleichen geschieht", die Überschrift des zweiten Teils des Romans. Denn dass Dinge in diesem Staat geschehen, wird nicht angezweifelt. Die Beziehung „Seinesgleichen geschieht" hebt lediglich hervor, dass die in dem System ablaufenden sozialen Prozesse vor allem den Sinn haben, den programmatischen Ablauf der Dinge zu gewährleisten, wobei die Konzequenzen des sich auf diese Weise ereignenden Geschehens vorher bekannt, daher mitberechnet und schon in technischer Weise in das System aufgenommen worden sind. So tritt an dieser Einverleibung von Geschehnissen in das System nicht der Ereignischarakter des Geschehenen, sondern das Nichtgeschehene am

Geschehen hervor – das, was an den Ereignissen als Bedingung ihrer Aufnahme in das System keine Veränderung im System herbeizuführen vermag. An anderer Stelle wird diese Eigenschaft des kakanischen Systems unter dem „Prinzip des unzureichenden Grundes" referiert (vgl. MoE 133–37). Ein Wesenszug des kakanischen Systems ist es daher, mit technisch verfahrenden Reduktionsstrategien gerade die von außen einwirkende Komplexität zu bekämpfen, die das System sonst überfrachtete.

Der zweite Teil des Romans, betitelt „Seinesgleichen geschieht", erzählt nun, wie diese Strategie der Komplexitätsreduktion im kakanischen System im Einzelnen aussieht. Graf Leinsdorf ist es, der der Strategie ihre entscheidendste Form gibt: „Es war ihm klar, daß etwas geschehen müsse, was Österreich allen voranstellen solle, damit diese ‚glanzvolle Lebenskundgebung Österreichs' für die ganze Welt ‚ein Markstein' sei, somit ihr diene, ihr eigenes wahres Wesen wiederzufinden" (MoE 88). Typisch für diesen Versuch ist der Außenaspekt, der über die innere Gestalt des kakanischen Staates Aufschluss zu geben trachtet, ohne dass grundsätzlich Neues dabei zustande käme. Insofern ist das Kaiserjubiläum, dem diese Aktion dient, kein Versuch, Komplexität systematisch zu erweitern, sondern, umgekehrt, lediglich eine „Parallelaktion", die Verdopplung eines schon im deutschen Staat initiierten Kaiserjubiläums also, das darauf ausgerichtet ist, die Komplexität der Welt vorab gleichsam außer Kraft zu setzen. Gerade darin besteht die paradoxe Gestalt der Parallelaktion: indem sie sich der Weltkomplexität eröffnet, interessiert an dieser Welt nur jener kleine Teil, der es Kakanien erlaubt, die der eigenen Ordnungsbildung innewohnende strukturelle Einfachheit bestätigt zu sehen. Dass sich hinter dieser paradoxen Haltung zur Welt jedoch eine Überlastung des kakanischen Systems sowie eine informationsbedingte Ermüdung von dessen Mitbürgern verbirgt, geht aus einer Passage hervor, in der von einem „Leiden des zeitgenössischen Menschen" die Rede ist, das „Zivilisation" heiße: „Es ist ein hinderlicher Zustand, voll von Seife, drahtlosen Wellen, der anmaßenden Zeichensprache mathematischer und chemischer Formeln, Nationalökonomie, experimenteller Forschung und der Unfähigkeit zu einem einfachen, aber gehobenen Beisammensein der Menschen" (MoE 103). Das ganze Interesse des kakanischen Staates ist es nun, diese überall grassierende Komplexität, die das Zeitalter charakterisiert, „in Einheit mit der Seele zu bringen". So empfindet dieses Zeitalter beispielsweise Diotima, die gebildete Salondame „mit ihren berühmten Gästen", die zum geistigen und lokalen Zentrum der Parallelaktion wird: „Zivilisation war demnach alles, was ihr Geist nicht beherrschen konnte" (MoE 103). Von dieser Warte aus hat die bewusste Strategie der Komplexitätsbekämpfung in Kakanien den Sinn, die sich überschlagende Ereignisfülle, die zu den Grundbedingungen moderner Zivilisation gehört, zu neutralisieren, damit das verloren gegangene „gehobene Beisammensein der Menschen", das nun Diotima beklagt, aufrechterhalten werden kann. Indem das System in Form der Parallelaktion tendenziös ein Stück Weltwirklichkeit kopiert, um den eigenen Strukturen Halt zu geben, verrät es gleichzeitig eine innere Vertrauenskrise, die als Zweifel an der Fähigkeit, Komplexität zu verhandeln und im System verwertbar zu machen, ausgelegt werden kann.

In der kaiserlich und königlichen Donaumonarchie Kakanien drückt sich diese Vertrauenskrise in dem schleichenden Gefühl aus, das den Protagonisten übermannt, nur noch unwahr zu leben. Es entsteht für Ulrich daher „eine nagende Vermutung, daß in dieser Welt die unwahren, achtlosen und persönlich unwichtigen Äußerungen kräftiger widerhallen werden als die eigensten und eigentlichen" (MoE 129). Indem Musil einen überzogenen Rückkopplungseffekt im kakanischen Sozialsystem benennt, nämlich die Tendenz, den „achtlosen und persönlich unwichtigen Äußerungen" im Feedback an einzelne Menschen einen höheren Informationswert zu geben als „die ureigensten", d.h. die Äußerungen, die für das Gruppenverhalten keine Verbindlichkeit aufweisen, weil sie von individueller Erfahrung abhängen, beschreibt er einen wesentlichen Aspekt des kriselnden kakanischen Systems. Einerseits wird den kakanischen Mitbürgern eine Verhaltenstypik ans Herz gelegt, die der systemweiten Komplexitätsreduktion dienen soll, andererseits liegt gerade in diesem schablonisierten Gruppenverhalten die Wurzel der Entindividualisierung, die das Vertrauen in die Strukturen des Systems abschwächt und dieses System in der Folge destabilisiert. Musil übt Kritik an der technischen Qualität dieser Entsprechung von innerer Erfahrung (auf der Empfindungsebene des Subjekts) und äußerer Erfahrung (auf der Objektebene des Systems), weil es mit den nichtsystematisierbaren und damit als genuin empfundenen Aspekten des Lebens völlig zu brechen scheint. Musil vergleicht diese Qualität mit einer „Form, in die das Innere strömt wie das Gas in einen Glasballon", was nach seiner Ansicht „eine Technik des Seins" erzeugt (MoE 131). Diese „Technik des Seins" ist es wiederum, die dem sich an seiner eigenen Erfahrung orientierenden Einzelmenschen das Gefühl gibt, nicht mehr authentisch leben zu können. Für den Erzähler wird das Ich dann „zur fremden Schale", ja zum „Schein-Ich", dem eine „ungefähr passende Gruppenseele eingeschoben" werde, und „wenn man bloß ein bißchen achtgibt, kann man wohl immer in der soeben eingetroffenen letzten Zukunft schon die kommende Alte Zeit sehen" (MoE 132).

IV.

Musils Urteil über die Eigenschaft des kakanischen sozialen Systems, vorgefertigte Verhaltensmodi dem Einzelmenschen so aufzuerlegen, dass die Selektionsfunktion ihre Selektivität einbüßt, geht kritisch auf die Kategorie der Vertrautheit ein, die auch für Luhmann an exponierter Stelle besprochen wird. Musils Gesellschaftskritik suggeriert, dass die Stabilisierungsfunktion der „Vertrautheit", die Luhmann als die „Voraussetzung für Vertrauen" sieht,[15] selbst schon zum Problem geworden ist. In vertrauten Welten, so Luhmann, dominiere die Vergangenheit über Gegenwart und Zukunft: „In der Vergangenheit gibt es keine ‚anderen Möglichkeiten' mehr, sie ist stets schon reduzierte Komplexität"[16]. Wenn die Zukunftserwartung jedoch keine neuen Momente der Lebenserfahrung, sondern nur noch mehr durchlebte Vergangenheit zurückgibt, ist der Sinn des zeitlichen Abflusses, von dem die Erlebnismöglichkeiten abhängen, selbst in Frage gestellt. Das Gefälle zwischen der Fülle von Erlebnismög-lichkeiten jenseits des Systems, derer der Einzelmensch gewahr wird, und den tatsächlich an die Hand gegebenen vorstrukturierten

---

15 Luhmann 2000, S. 22–23.
16 Luhmann, ebd., S. 23.

Verhaltensmöglichkeiten, die im System gruppentechnisch modelliert werden, wird nun so groß, dass nicht Komplexität, sondern erzwungene Einfachheit zum tragenden Moment der Daseinserfahrung des Einzelmenschen wird.

Schon früh im Roman gelangt die Diskrepanz zwischen als übermäßig vertraut empfundener Daseinserfahrung und der Varietät der Erlebnismöglichkeiten, die aus dem kakanischen System ausgeklammert wird, zur Sprache. Während Ulrichs neunundsechzigjähriger Vater sich von seinem Sinn für die Wirklichkeit, d.h. für all das, was die schon eingeschlagene Richtung des Lebens bestätigt, leiten lässt, nimmt Ulrich das, was vertraut und Wirklichkeit geworden ist, nicht ernster als das, was nur gedacht und nicht wirklich ist. Für dieses bloß Gedachte, das dennoch „eine mögliche Wahrheit" in sich enthalten kann, findet Musil die Formel „Möglichkeitssinn". Der auf Möglichkeitssinn vertrauende Einzelmensch wird demnach als ein Mensch definiert, der „in einem Gespinst von Dunst, Einbildung, Träumerei und Konjunktiven" lebt und das noch nicht Verwirklichte nicht nur ertragen, sondern auch als „Aufgabe und Erfindung" in seinem Leben behandeln kann (MoE 16). Eine solche Haltung der Wirklichkeit gegenüber wendet sich kritisch von den tradierten Kategorien der eingeübten Wirklichkeitserfahrung ab und eröffnet sich gleichzeitig spekulativ der Fülle von Möglichkeiten, die aus dem System ausgeschlossen worden ist. Insofern bedeutet Möglichkeitssinn den spekulativen Umgang mit jener Komplexität, auf die das System gleichsam allergisch reagiert hat. Da das kakanische System auf die Komplexitätsreduktion setzt, aber die Komplexitätserweiterung programmatisch unterbunden hat, füllt der Sinn für neue Möglichkeiten des „Möglichkeitsmenschen" einen Raum aus, der tatsächlich jenseits der erlebbaren Wirklichkeit alltäglicher Lebenserfahrung zu verorten ist. Daher bedeutet „Möglichkeitssinn" weit mehr als ein Spiel mit neuen Daseinsformen. Musil macht klar, dass diese Möglichkeiten erst in der Imagination Gestalt gewinnen und – um ein Wort Albrecht Schönes zu gebrauchen[17] – daher nur „konjunktivisch" erlebbar sind.

---

17 Vgl. Schöne 1961.

Die Suche nach Möglichkeiten ist zugleich eine Suche nach Eigenschaften, in die der Einzelmensch Vertrauen setzen kann. Diese Suche verlangt eine Neutralisierung der alltäglichen Wirklichkeitserfahrung, oder zumindest die Fähigkeit, die Wirklichkeit nicht ernster zu nehmen als das, was nicht wirklich ist.[18] Musils Systemkritik nimmt im Roman auf die wesentlichen Momente des Vertrauens Bezug, die auch Niklas Luhmann als funktionale Äquivalente für manche Formen des Vertrauens bespricht, nämlich Geld, Macht und Wahrheit. Für Luhmann handelt es sich bei dem Vertrauen in die politische Macht, in das Geld sowie in die gesellschaftlich geltende Wahrheit um „typisch dezentrale Formen der Komplexitätsreduktion", die den Zwecken „machtgestutzter Vereinfachung" dient und auch

---

18 Der kritische Aspekt dieser Haltung der Wirklichkeit gegenüber, die seit den Arbeiten Laermanns 1970 und Schmidts 1975 unter dem Leitbegriff „Eigenschaftslosigkeit" besprochen worden ist, ist der Forschung allgemein aufgefallen. Mit weniger Einmütigkeit ist dagegen die utopische Ausrichtung der Möglichkeitssuche des Protagonisten aufgenommen worden, besonders in der sozialkritisch ausgerichteten Forschung der 70er und 80er Jahre, denn gerade die eigenschaftslose Grundhaltung Ulrichs erschien den Gesellschaftskritikern dieser Jahre großbürgerlich-kompromittiert und entsprach als solches nicht deren starkem Willen zum Engagement, den sie in der Annäherung an Musil dargestellt wissen wollten (vgl. vor allem: Böhme 1974). Trotzdem hat die sozialkritische Lesart gerade das Moment des fehlenden Vertrauens aufgedeckt, die dem die Welt transzendierenden Klagelied der existentialistisch verfahrenden Interpretation der 50er und 60er Jahre beispielsweise auf weiten Strecken entgangen war. Das Mittelglied zwischen Kritik an der unwahren und nichtauthentischen Wirklichkeitserfahrung, die zum tragenden Element der Forschung der späten 50er und 60er Jahre wurde, und der gesellschaftskritischen Neigung der 70er und 80er Jahre scheint weiterhin auszubleiben und ist auch nicht in den Formversuchen der ästhetischen Annäherungsweise, die sich in der Musilforschung großer Beliebtheit erfreut, hinlänglich behandelt worden (um nur zwei Beispiele zu nennen: Hoffmeister 1965; Wagner-Egelhaaf 1989). Dies hat vielleicht letztlich damit zu tun, dass Musil weder an eine Behebung der Probleme des kakanischen Systems glaubt, noch sich in Phantasievorstellungen ergehen möchte, die im religiösen Gefühl über diese Probleme hinwegsehen (anders urteilt Hüppauf 1971). Im Gegenteil, er redet einer Haltung das Wort, die in der Modellierung von Alternativen zur erlebbaren Wirklichkeit eine neue Wirklichkeit zwar in weiter Ferne sieht, aber durchaus für möglich hält. Musil ist, mit anderen Worten, kein Mystiker, auch wenn ihm gleichzeitig der mystische Aspekt der Betrachtung der noch nicht realisierten Möglichkeiten des Lebens voll bewusst wurde.

dann für „ein Fällen von Entscheidungen" sorgt, wenn es um Entscheidungen geht, die „sich nicht von selbst verstehen, trotzdem aber mit dem Siegel legitimer Verbindlichkeit ausgestattet werden"[19]. Musils Anliegen ist es im Roman dagegen, zu unterstreichen, wie wenig Verbindlichkeit diese funktionalen Äquivalente des Systemvertrauens für einzelne Menschen nachzuweisen vermögen. Verwandelt der Versuch der Parallelaktion, die innere Wahrheit Kakaniens zum Ausdruck zu bringen, in ein Wiederholungsverfahren, bei dem nur bereits vorgefertigte Inhalte eingeübt und damit zur leeren Hülse gemacht werden, ist beispielsweise die in dem Großindustriellen Arnheim verkörperte „Vereinigung von Seele und Wirtschaft oder von Idee und Macht" (MoE 108) dagegen nichts anderes als die „Vorderansicht" der materiellen Ordnung der Dinge, „die Groß-industrie des Geistes": „Es ist natürlich das Leben in seiner heutigen Ausbildung, das zur Großindustrie des Geistes führt, so wie es umgekehrt die Industrie zum Geist, zur Politik, zur Beherrschung des öffentlichen Gewissens drängt; in der Mitte berühren sich beide Erscheinungen" (MoE 429). Dieses Gebärde, das öffentliche Gewissen zu beherrschen, ist es nun, das schon zu Anfang, noch ehe Arnheim den Teilnehmern der Parallelaktion persönlich bekannt ist, das Vertrauen Diotimas erweckt. Statt dem etwas älteren, aber in ihren Augen noch „unreifen" Ulrich, ist es daher Arnheim, dem sie die Führung der Parallelaktion anvertrauen möchte. Ihr Interesse an Arnheim kann deswegen nicht als vorschnelle Vertrauensschenkung kritisiert werden, denn sie setzt nur das Maß an Vertrauen in Arnheim, das das System ohnehin schon reproduziert und im Feedback an seine Bürger zurückgestrahlt hat. Da Arnheims strategisches Interesse am kakanischen System sein persönliches Interesse an Diotima weit übertrifft, ist es nur logisch, dass aus der Liebelei zwischen Diotima und Arnheim keine echte Liebe entsteht.

So lässt sich sagen, das Vertrauen ist ein Intersubjektivitäts-prinzip[20], das vor allem den Sinn hat, die Entscheidungstätigkeit des Systems zu regulieren und nichtverwertbare Komplexität auszusparen. Diese Entlastung des funktionalen Entscheidungsraums setzt,

---

19 Luhmann 2000, S. 69–70.
20 Luhmann, ebd., S. 68.

zuweilen gewaltsam, die Selektivität des Systems durch, von der alle Kommunikation im System abhängt. Gerade an diesem Punkt aber setzt auch Musils Kritik des kakanischen Systems ein, denn Entscheidungen gilt es aus seiner Sicht generell nicht, oder wenigstens nicht für einzelne Menschen, zu vereinfachen, sondern umgekehrt zu erschweren, damit die aus dem System verbannte und von dem System vorsätzlich reduzierte Komplexität im Dienste eines neuen Verständnisses von Leben wieder eingeführt werden kann. Von nichts anderem zeugt die Grundhaltung des Protagonisten Ulrich, nichts anderes meint die Bezeichnung ‚Mann ohne Eigenschaften'. Ein Mann ohne Eigenschaften ist gewiss nicht jemand, der nichts entscheiden, oder nur negativ die Dinge betrachten kann. Ein Mann ohne Eigenschaften opponiert vor allem gegen jene Prozesse, die das Vertrauen in Ordnungsstrukturen stärken, die nichts mit den einzelnen Menschen zu tun haben oder das individuelle Lebensgefühl dieser Menschen nicht unmittelbar berühren. Musils Systemkritik, die in den ersten beiden Teilen des Romans entfaltet wird, folgen daher im idyllisch ausgerichteten dritten Romanteil Überlegungen, die an einzelnen Punkten mit der kakanischen Systemlogik brechen. Vor allem die Testamentsfälschung und Aspekte der Annäherung der beiden Geschwister Ulrich und Agathe aneinander, die von idyllisch anmutender Kommunikation getragen zu sein scheinen, zeigen, wie sehr Musil in dem viel offener konzipierten Schlussteil des Romans mit nichtfunktionalen Äquivalenten des Vertrauens umgegangen war. Ob er die funktionalistische Betrachtungsweise dabei aufgibt, oder aber einem funktionalen Kommunikationsmodell folgt, das die kakanische Komplexitätsreduktion durch ein bewusstes Programm ethischer Komplexitätserweiterung ersetzt, die das Problem ethischen Handelns in technisch hochentwickelten Gesellschaften erhellen soll, muss an anderer Stelle untersucht werden.

Herbert Kraft (Münster)

Allegorien der Geschichte, Reportagen aus der Gesellschaft.
Robert Musils *Nachlaß zu Lebzeiten*

Als Musil für den *Nachlaß zu Lebzeiten*[1] eine Vorbemerkung entwarf, notierte er sich einen Satz aus Goethes *Wilhelm Meister*: „In dem Einen, was er recht thut, sieht er das Gleichniß von allem, was recht gethan wird"[2]. So bekommt Wilhelm das Ethos des tätigen Bürgers erklärt. Das Einzelne, der Einzelne stehen zur Ganzheit wie die Teile zur Einheit, in der sie ihren Sinn finden, die der Sinn ist. Musil nun unterzieht die Ganzheit einer Wirklichkeitsprobe durch Konkretisierung. Anschauung und Denken gehen nicht mehr vom ‚Rechten‘, sondern vom ‚Schlechten‘ aus: „in dem Einen, was schlecht gethan wird, sieht man das Gleichniß von allem, was schlecht gethan wird" (GW 7: 475). Das heißt, an dem Einzelnen kann die Verlogenheit des Ganzen erkannt werden.

Erinnert ist in der Vorbemerkung daran, dass zwei der wieder abgedruckten Texte bereits 1913 geschrieben wurden, dass sie ein „Vorausblick" waren auf das, was erst noch kam. Und dann ist gesagt, wie ein Vorausblick allen möglich sei: „jedermann werden solche Weissagungen gelingen, der an kleinen Zügen, wo es sich unachtsam darbietet, das menschliche Leben beobachtet" (GW 7: 474). Die Beobachtung ist schon das Verfahren.

Der erste Teil des Buches ist mit „Bilder" überschrieben; als der *Nachlaß zu Lebzeiten* erscheint, 1935, zwischen den Weltkriegen, sind es Nachbilder und Vorausbilder zugleich, Kippbilder. Am Anfang steht, als Paradigma, *Das Fliegenpapier* (GW 7: 476–477). Indem

---

1   Zitate nach Musil, *Nachlass zu Lebzeiten.* In: GW 7: 471–562 (=NzL).
2   Musil, *Nachlass*, II/1/54.

erzählt wird, was man nur bei einem Experiment beobachten würde, ist das Bild eine Allegorie: Gibt es eine neue Technik des Tötens, geschieht das Töten leicht, es wird bei der Konzentration auf die Technologie kaum bemerkt. Im unbekannten Bild vom Fliegentod erscheinen die verdrängten Bilder vom Tod auf den Schlachtfeldern, auf denen die modernen Waffen zum Einsatz kamen. ,Sterben wie die Fliegen' heißt die subscriptio des Nachbilds wie des Vorausbilds.

In der Gesellschaft aus Tätern und Opfern werden diejenigen, die sich die Beobachtung abkaufen lassen, Täter und Opfer zugleich: Mitläufer. „Wenn sich eine Fliege darauf niederläßt", auf dem Fliegenpapier, „nicht besonders gierig, mehr aus Konvention, weil schon so viele andere da sind": Die Allegorie bleibt immer kenntlich, „gierig" passt gerade noch ins Bild, aber nicht mehr die eher gegenteilige Formulierung „nicht besonders gierig". Weiter müsste es heißen: ,aus getäuschtem Instinkt', wegen des Geruchs und der Farbe; mit „mehr aus Konvention" wird die Bildebene verlassen, und die Begründung „weil schon so viele andere da sind" ist bereits Bedeutung, nicht mehr Bild. Die Masse wurde noch zur Rechtfertigung für den Einzelnen.

In der Erzählung wird, in Umrissen das Bild aus Rilkes Gedicht *Herbst* nachgezeichnet („Wir alle fallen. Diese Hand da fällt. / Und sieh dir andre an: es ist in allen. // Und doch ist Einer, welcher dieses Fallen / unendlich sanft in seinen Händen hält").[3] In Musils Text ist aber die Hand kein pars pro toto, weil das totum nicht existiert und die Teile zu keinem Ganzen sich zusammenfügen. Die Hand, die „da irgendwie liegt", ist etwas, das übrig blieb. Man kann nicht einmal formulieren: Was blieb vom Individuum? Die Hand liegt da, wie Leichenteile auf dem Schlachtfeld umher lagen. Die Wirklichkeit holte die Literatur bald wieder ein.

„Dann stehen sie alle forciert aufrecht" – das Adverb („dann") findet keinen eindeutigen Bezug im Text und behält seinen temporalen Inhalt als historischen Gestus, durch den man schon die Soldaten erkennt. „Wie Tabiker" sehen sie aus, haben die Schwindsucht in sich, natürlich wissen sie, wem sie das Elend

---

3   Rilke 1955, S. 400.

verdanken. „Diese abscheuliche Krankheit" – *tabes dorsalis*, Rücken-markschwindsucht –

> hat vor Zeiten mancherley Namen bekommen, weil ein jeder der Krankheit [...]
> den Namen des Volks beilegte, dem er ihren Ursprung zuschreiben zu können
> glaubte, und deßwegen gemeiniglich das Angrenzende [...] beschuldigte.[4]

Also hieß die Krankheit in Deutschland Franzosenkrankheit, und gegen den Erzfeind ging es bald wieder. Wenn die Fliegen „sich vor und zurück" biegen „auf ihren festgeschlungenen Beinchen", wenn sie sich „in den Knien" beugen und sich „empor" stemmen, „wie Menschen es machen, die auf alle Weise versuchen, eine zu schwere Last zu bewegen", dann ist der Vergleich auch das Verglichene: Die „festgeschlungenen Beinchen" sind im Bild noch die der Fliegen, aber die Knie beugen Menschen, welche die Last tragen, die sie abwerfen müssten. „Tragischer als Arbeiter es tun", versuchen sie, „eine schwere Last zu bewegen": Wird den Arbeitern scheinbar eine Würde zugeschrieben, die ihnen niemals zukam, fällt noch an der Steigerungsform („tragischer") das Gerede auf. „Wahrer im sport-lichen Ausdruck der äußersten Anstrengung als Laokoon" – im schiefen Bild sieht man die verformte Wirklichkeit, in der die Gefesselten ihre ach so freien Übungen machten. Überhaupt hatte man gedacht, manches sportlich nehmen zu können, den Krieg zur Ertüch-tigung von Leib und Seele, nachher wurde der Massensport verordnet zur Ertüchtigung für den nächsten Krieg.

In der *Aeneis* stellt Vergil einen „schreyenden Laokoon" dar, aber es ist derjenige – so beschreibt ihn Lessing –, den wir

> als den vorsichtigsten Patrioten, als den wärmsten Vater kennen und lieben. Wir
> beziehen sein Schreyen nicht auf seinen Charakter, sondern lediglich auf sein
> unerträgliches Leiden.[5]

Wo die Menschen sterben wie die Fliegen, sterben sie lautlos: Sie waren ja auch nicht die „vorsichtigsten Patrioten", sondern die

---

4 Van Swieten 1777, S. 1.
5 Ebd.

„eifrigen",[6] die Hurrah schreienden. Sie waren die Väter, die ihre Kinder nicht beschützten, sondern in den Krieg mitnahmen.

Am Ende stehen wieder die Bilder von den Kriegsschauplätzen mit den „gestürzten Aeroplanen" und den „krepierten Pferden". Was im Vergleich mit dem Fliegentod als falsche Dimension erscheint, ist das Bild der Wirklichkeit, wie sie war und wieder wurde.

„Unfreundliche Betrachtungen" heißen die Texte des zweiten Teils im *Nachlaß zu Lebzeiten*. Die Themen werden wiederholt; den Anschauungen durch „Bilder" sind die Begriffe durch „Betrachtungen" hinzugefügt, ˙ „unfreundlich" enthält die Perspektive des Denkens.

1873–1876 hatte Nietzsche die *Unzeitgemäßen Betrachtungen* veröffentlicht. „Scharfsichtigkeit in der Nähe, verbunden mit großer Myopie für die Ferne und das Allgemeine", so war in polemischer Absicht eine Eigenschaft des „Gelehrten" gekennzeichnet:

> Sein Gesichtsfeld ist gewöhnlich sehr klein, und die Augen müssen dicht an den Gegenstand herangehalten werden. Will der Gelehrte von einem eben durchforschten Punkte zu einem andern, so rückt er den ganzen Seh-Apparat nach jenem Punkte hin. Er zerlegt ein Bild in lauter Flecke, wie einer, der das Opernglas anwendet, um die Bühne zu sehen und jetzt bald einen Kopf, bald ein Stück Kleid, aber nichts Ganzes in's Auge fasst. Jene einzelnen Flecke sieht er nie verbunden, sondern er erschliesst nur ihren Zusammenhang; deshalb hat er von allem Allgemeinen keinen starken Eindruck.[7]

Gegen den „Gelehrten" setzte Nietzsche das „Genie" – das, bei seinem Sinn fürs Allgemeine, den Blick in die Ferne richtet. Das Genie kümmert es nicht, was gerade geschieht, und über den Einzelnen schreitet es hinweg. Die „Umwertung aller Werte", die Musil 1933 beobachtete, beruhte auf dem Grundsatz, „daß das Ganze der Herr seiner Teile sei".[8] Gegen das Genie setzt er den Beobachter, der „die gewohnten Zusammenhänge auflöst und die wirklichen entdeckt".

---

6 Lessing 1894, S. 156.
7 Nietzsche, KSA, Bd. I, S. 391–392.
8 Musil 1992: VI/3/127.

Christian von Ehrenfels hatte – als einer der Begründer der Gestalt-psychologie mit anderem Interesse – festgestellt, dass bei Isolierung der Teile die Gestaltqualität sich auflöse.[9] Wie bei Gullivers Reise nach Brobdingnag wird im Prosastück *Triëdere* (GW 7: 518–522) durch Vergrößerung die Ganzheit aufgelöst, wodurch Einzelheiten erkennbar werden. Der Blick durch das Fernglas ist eine Rahmen-schau mit noch schärferer Apperzeption.[10] Die Szenerie gleicht Musils eigener Umgebung, die Rasumofskygasse und die Straßenbahn verliefen an der Stelle, wo im „zweiten Stockwerk" seine Wohnung lag, in einer „S-förmigen Schleife", auf der anderen Straßenseite befand sich das Rasumovsky-Palais: Es zeigt sich, dass der Alltag schon die Versuchsanordnung bereitstellt. Aber die Entautoma-tisierung der Wahrnehmung tritt keineswegs sofort ein, vielmehr sieht man zunächst nur die gewohnten Bilder, hier von einem „staatlichen Institut", das selbst während der Amtsstunden fast leer zu sein scheint, von einem „alten Palais, mit Fruchtgewinden am Kapitäl der Steinpfeiler und schöner Gliederung nach der Höhe und Breite". Dann allerdings ein Bild, das den Beobachter beinahe erschrecken lässt „vor der steinernen perspektivischen Korrektheit", und was er „nur für einen Alp der Renaissance gehalten" hat, sieht er nun „überlebensgroß [...] vor seinen Augen". Als der *Nachlaß zu Lebzeiten* erschien, gab es in Deutschland diese Bauten schon in nahezu jeder größeren Stadt. Nur die „wie eine Pappschachtel" zusammengedrückte Straßenbahn war für einige Jahre noch erst ein Alptraum.

Weil die Gegenstände des Experiments an sich beliebig sind, können auch Menschen dafür verwendet werden. Der Voyeur richtet sein Fernrohr also „natürlich" auf Frauen, die auf der Straße gehen. Der Zwang, der Menschen auf diese Weise angetan wird, das Aufbrechen der Unantastbarkeit, die Neugierde, die Infamie der Beobachtung sind historisch eine Vorübung, eine Spielart der Menschenversuche, und man sieht, daß es für solche Versuche auch die psychische Disposition gab.

Das Instrument lässt sich genauso auf die Füße richten, auf den realen Grund. „Unerbittlich" zeigt das Triëder dann, „wie lächerlich

---

9 Ehrenfels 1890.
10 Siehe Langen 1934.

sich die Beine oben von den Hüften abstoßen und wie täppisch sie
unten auf Absatz und Sohle landen". Der „als Gebieter" Auftretende
muss „bei jedem seiner langsamen Schritte das Bein mit einem
angestrengten winzigen Ruck aus dem Stand schleudern". So gehen
Syphilitiker.[11] Aber das Fernrohr löst „die kleine Gebärde der Hilf-
losigkeit aus der allseitigen Harmonie der Brutalität" und lässt „die
heranwachsende Zukunft im Bild erscheinen": Die Gesunden gehen
bald genauso wie die Kranken, im Marschtritt verwenden sie dieselbe
Mechanik. Und so sieht dann der „Mann in den besten Jahren" aus:

> Nach einem Schnitt durch die Mitte, der die Beine auspräparierte, kam
> augenblicklich hervor, daß der Fuß ganz scheußlich einwärts aufgekantet wurde.

Assoziationen,   Erinnerungen   tauchen   auf   und   werden   zu
Vorausbildern der Geschichte. Man präparierte die Köpfe der ‚Unter-
menschen' zu Schrumpfköpfen, die dann auch als Geschenkartikel
beliebt waren; als es dafür im Lauf der Zeit, von 1942 an, sozusagen
keine Verwendung mehr gab, erschienen immer häufiger die Bilder
von Gehenkten:

> und nun, da an dieser Stelle der Schein durchbrochen war, pendelten auch die
> Arme eigensinnig in den Schulterpfannen, die Schultern zogen am Genick.

Der dritte Teil im *Nachlaß zu Lebzeiten*, „Geschichten, die keine
sind", beginnt mit dem Märchen, das keines ist: *Der Riese Agoag*
(GW 7: 531–533). Erzählt wird Geschichte – keine ‚story', sondern
‚history' als geschichtliche Allegorie. Denn Mythologie und gesell-
schaftsanalytische Begrifflichkeit (das „Eichhörnchen" als Allegorie
der Fruchtbarkeit und „der Apparat der Macht"), historische und
literarische Zitate („ein winziger Parasit mit dicken Schnurrbartspitzen" und: „Der Starke ist am mächtigsten allein!") fügen sich nicht
in die Fabel, noch sind sie Ausdruck des Figurenbewusstseins.

Der „Held", der „kleine Mann", sucht „den Aufstieg zur Kraft".
Bei den Frauen will es ihm nicht gelingen; immerhin hätte es
vielleicht eine Ausnahme gegeben, aber diese Frau schaut ihn nun

---

11 Siehe Corino 1988, S. 488.

„mit zärtlichen Augen" an und zuckt „dabei die Achseln". Wenn sie „Mein Eichhörnchen!" zu ihm sagt, ist es nur noch der Ausdruck dafür, dass er sie nicht verstanden hat. Er versucht es lieber mit Sport, liest den Sportteil der Zeitung und macht eifrig Leibesübungen. Zufällig wird er Zeuge, „wie ein riesenhafter Omnibus einen athletisch gebauten jungen Mann" überfährt. Sofort nimmt er seine Chance wahr, klettert in den Bus, in den „Sieger", hinein. Die Gewalt-maschinerie, die technifizierte Gewalt verführt zum Mit-machen. Jetzt hat er, „auf dem Verdeck" sitzend oben in dem offenen Bus, den Überblick und kann auf die anderen, die „Zwerge", ‚losschießen'. Er muss dafür bezahlen, aber der Preis erscheint billig angesichts der Tatsache, dass das Gefühl der Stärke damit eingekauft wird und die Aggressionen ausgelebt werden. Wer in der Geschichte „noch Märchen erleben will, darf mit der Klugheit nicht ängstlich umgehn". Dann kann er denjenigen, der ihm im Weg steht, schon an einem äußerlichen Merkmal, den „dicken Schnurrbartspitzen", leicht als einen „Parasiten" erkennen. Die Zigeuner sahen so aus, und längst hießen in Deutschland auch die Juden Parasiten. Mit der tagtäglich ausgeübten Gewalt trainierte der Kleinbürger für den Endsieg.

Die eine Erfahrung musste der ‚kleine Mann' bald machen: dass er am besten einer großen Organisation beitrat, die ihm half, seine Ziele zu verwirklichen. „Agoag" heißt die Organisation in der Erzählung. So ganz sicher ist sich der „Held" nicht, was der Name bedeutet, vielleicht „Allgemein-geschätzte-Omnibus-Athleten-Gesellschaft", da passen in den Namen seine Wünsche nach Größe und Stärke. Dass „Agoag" auf „ABOAG" zurückgeht, die Abkürzung für „Allgemeine Berliner Omnibus-Aktiengesellschaft", ist eine entstehungsgeschicht-liche Erklärung, noch nicht die Bedeutung des Textes an der Stelle. Schon seit 1920 gab es die Formel für das Sammelbecken, die Abkürzung mit den fünf Buchstaben: NSDAP – das ist die historische Assoziation, die mit „Agoag" sich einstellt. Diese Abkürzung konnte jeder auch auflösen, aber wer erklärte sich schon den Inhalt, wo doch „sozialistisch" und „Arbeiterpartei" offensichtlich nicht zutrafen. Der „Held" träumt von „einem umfassenden Streckenabonnement", von grenzenloser, endloser Herrschaft, eine Vorstellung, die man seit 1925 in Hitlers *Mein Kampf* nachlesen konnte. Der „Held" glaubt, der „Apparat der Macht" stünde ihm für seine Interessen zur Verfügung, wenn auch die neue Erfahrung lehrt, dass sich für ihn innerhalb der Organisation wiederholt, was er schon außerhalb erfuhr, nur endlich mit seiner Zustimmung. Auf die kam es tatsächlich an, dafür durfte er sich fühlen wie Wilhelm Tell: „Der Starke ist am mächtigsten allein!" Oder eben wie der ‚Führer' – das Zitat stammte neuerdings aus *Mein Kampf.* Am Ende des Kapitels, das so überschrieben ist, steht:

> Man vergesse niemals, daß alles wirklich Große auf dieser Welt nicht erkämpft wurde von Koalitionen, sondern daß es stets der Erfolg eines einzelnen Siegers war.[12]

Das bildete sich der ‚Führer' ein und eben auch der ‚kleine Mann'.

Die Amsel heißt der vierte und letzte Teil des Buches *Nachlaß zu Lebzeiten* (NzL 548–562). Dargestellt wird ein Lebenslauf in den Zeiten, die durch „Bilder", „Unfreundliche Betrachtungen", „Geschichten, die keine sind" veranschaulicht wurden: ein Existieren, das ins Schema passen muss. Der Einzelne wird mit einer feststehenden Größe angesetzt, durch einen Rechenwert vom anderen unterschieden und gleichzeitig in einer Zahlenreihe mit ihm verbunden: „Aeins", „Azwei". Obwohl die individuelle Geschichte eine fortwährend deutlichere Ausprägung des Individuums sein soll, macht der Einzelne in seiner Erinnerung „verschiedene Herren" aus, die er „der Reihe nach mit Ich anspricht". So hatte es Ernst Mach, dem Inhalt nach, in seiner Elemententheorie beschrieben.[13] Gibt es aber keine Einheit des Individuums, dann auch keine Gemeinschaft, die könnte nur aus Individuen bestehen. Stattdessen sind da Größen aus Menschenmaterial, die je nach Verwendungszweck zusammengestellt werden. Weil es sich bei den Unterschieden um quantitative handelt, sind die Figuren Variablen, auswechselbar und austauschbar für einen und denselben Zweck. Ob einer Waldwirtschaft studiert hat und nach Russland gegangen ist, Azwei, ob einer sich in der Arbeiterbewegung umgetan hat, Aeins: Vor dem Weltkrieg ist der eine „in den Bureaus irgendeiner großen Gesellschaft angestellt", der andere arbeitet als „Herausgeber einer Zeitung", die „vom sozialen Frieden" schreibt, aber einem „Börsenmann" gehört. Also kann die Unterredung der

---

12 Hitler 1941, S. 568, 578.
13 Siehe Mach 1903, S. 3.

beiden „fast wie ein Selbstgespräch" erzählt werden. Und derjenige, der erzählt, sieht aus wie eine „Reitgerte, die auf ihre weiche Spitze gestellt, an einer Wand lehnt" – die Lage, in der er sich wohlfühlt, „halb aufgerichtet und halb zusammengesunken", bedeutete das bequeme Mittelmaß, wunschlos und in Ruhe gelassen, bis er wieder gerufen wurde und sich dann berufen fühlte.

Das Leben in „Mittelstandswohnungen" ist vorgezeichnet wie deren Grundriss, die Menschen geraten zu Typen, Typenmenschen, wie es Typenhäuser gibt, in die sie eingepasst werden. Aus dem „Gewaltigen", das in solcher Regelmäßigkeit lag, konnte schließlich die geordnete Gewalt, draußen ausgeübt, entstehen, denn die Eingesperrten wollen irgendwann nur noch hinaus, egal wohin. Wer „einmal auf einen Schrank geklettert" ist, „nur um die Vertikale aus- zunutzen", sagt sich leichter: „Weshalb sollte nicht jetzt geschehen, was sonst nie geschieht?" Und wer sich eingesperrt fühlt, leidet schnell an Einbildungen: eine Nachtigall sei „weither" zu ihm geflogen. Wie er in sich hinein schreit: „Zu mir!!", wird der Angstruf übertönt. Die Begeisterung hält sich auch über die Erkenntnis hinaus, dass es gar nicht so war: „Gerade daß es bloß eine ganz gewöhnliche Amsel gewesen ist, was mich so verrückt machen konnte: das bedeutet noch viel mehr!" Hauptsache, es kam diesmal ein „Signal von irgendwo". Den das Signal „getroffen" hat, er verwandelt sich, aber als wäre aus Paulus ein Saulus geworden; zugleich verlässt er „Geliebte, Haus, Stadt", als erschiene der Erlöser und forderte: Folge mir nach, ohne zu fragen wohin und ohne Rücksicht zu nehmen! Die Unbedingtheit des Abschieds ist über die Moral erhaben: „Mir war taumelnd leicht, obgleich ich mir zu sagen versuchte, daß kein anständiger Mensch so handeln dürfe."

Der Bürger hatte die Disposition des Mörders in Uniform erreicht, in der Masse, in der alle, nein: die meisten, gleichgemacht sind, begierig das Signal zum Aufbruch erwarten und marschieren, wohin es befohlen wird, im Kopf das Unrecht, aber tapfer durchgehalten. Oder das Recht von der Qualität der Scheler'schen Philosophie über den „Genius des Krieges" und den „Deutschen Krieg".[14] Den Feier-

---

14 Scheler 1917, S. 2.

abend nach dem mörderischen Arbeitstag füllt dann die Lyrik im Schützengraben aus:

> Es war im Oktober; die schwach besetzten Kampfgräben versanken in Laub, der See brannte lautlos in Blau, die Hügel lagen wie große welke Kränze da; wie Grabkränze, dachte ich oft, ohne mich vor ihnen zu fürchten. Zögernd und verteilt floß das Tal um sie; aber jenseits des Striches, den wir besetzt hielten, entfloh es solcher süßen Zerstreutheit und fuhr wie ein Posaunenstoß, braun, breit und heroisch, in die feindliche Weite.

Wer so empfindet, hat sich die Angst um sich abkaufen lassen, zugleich den Verstand. Aber wo alles Ersatz ist, gibt es eben auch einen Ersatz für das Leben: den Fliegerpfeil als Glück, Lebensstrahl, Stimme von oben, Botschaft, Gott, als metaphysischen Ritterschlag. Wer getroffen wird, hat ausgeträumt; wer beinahe getroffen wurde, macht dieses eine Mal die Erfahrung, ein Einzelner zu sein, nicht etwa, er selbst zu sein, statt dessen derjenige, der nun fest glauben muss, dass „etwas Entscheidendes" mit ihm „vor sich gehen wolle". Azwei ist noch einmal davongekommen, doch möchte er, dass sich das Erlebnis wiederholt, und zwar „deutlicher". Solche Wünsche gingen in Erfüllung, von 1939 an, als die Flugzeuge Bomben statt Fliegerpfeile abwarfen.

Der Titel des Buches *Nachlaß zu Lebzeiten*, das im Dezember 1935 im Humanitas-Verlag Zürich erscheinen konnte, war gewiss eine Reaktion auf einen Artikel, den Carl Seelig am 28. Juni 1933 im *Berner Tagblatt* veröffentlicht hatte: über den „vor wenigen Jahren gestorbenen Kärntner R o b e r t M u s i l", der wie Kafka erst durch seine postumen Arbeiten berühmt geworden sei. Aber auch die Bitterkeit spricht aus dem Titel, mit dem Leben abschließen zu müssen vor der Zeit, zudem mit einem Preisnachlass wie beim Ausverkauf. Das Buch, das die Verhältnisse so darstellte, stand 1938 auf der „Liste des schädlichen und unerwünschten Schrifttums", sogar noch markiert als unter diejenigen Schriften fallend, gegen die der „Reichsführer SS [...] zusätzlich ein allgemeines Verbot ausgesprochen" hatte.[15]

---

15 *Liste des schädlichen und unerwünschten Schrifttums* 1979, S. 100.

Annette Daigger (Saarbrücken)

Musils Vortrag in Paris (1935) und seine Haltung gegenüber dem Nationalsozialismus

Vom 21. bis 25. Juni 1935 fand in Paris der Erste Internationale Schriftstellerkongress zur Verteidigung der Kultur statt. Die französische und europäische antifaschistische Intelligenzia hatte sich gegen Hitler formiert. Willi Münzenberg[1], der schon im Sommer 1932 in Amsterdam einen internationalen Kongress gegen den Faschismus und den Krieg mitveranstaltet hatte, war einer der Initiatoren des Pariser Kongresses. Diese Veranstaltung unter kommunistischer Obedienz verstand sich als große Kundgebung aller Kräfte, die sich gegen den Faschismus engagierten. Viele der Redner gehörten der kommunistischen Partei nicht an, wie Alain, Romain Rolland, André Malraux, André Gide oder Aldous Huxley. Die Zeit, in der der Kongress stattfand, war politisch sehr bewegt. Hitler hatte seine Macht in Deutschland gefestigt, ebenso nach außen seine Stärke bewiesen (z.B. die Lösung der Saarfrage: bei der Volksabstimmung am 13.1.1935, stimmten 90,8% für die Rückkehr der Saar zu Deutschland, diese erfolgte am 1.3.1935. Die Wehrpflicht in Deutschland wurde wieder eingeführt und die Nürnbergergesetze, die am 15.9.1935 verabschiedet werden sollten, waren in Vorbereitung). Zu den eingeladenen Rednern gehörte – als einziger Vertreter Österreichs – Robert Musil. Angeblich auf Betreiben von Doktor Paul

---

1 Vgl. Furet 1998, S. 359 und 465.

Friedländer[2] und seiner Frau Martha (die einst die Helmstreitmühle in Mödling geleitet hatte und nun mit ihrem Mann nach Paris emigriert war) wurde er eingeladen. Er hielt dort einen Vortrag, der uns in zwei Fassungen überliefert ist: eine korrigierte Reinschrift und eine verkürzte korrigierte Maschinenabschrift, die vermutlich für die Presse bestimmt war.

Musil beginnt seinen Vortrag mit der Bemerkung:

> Besondere Umstände haben es mir nicht gestattet, eine der vielen Fragen, die von der Kongreßleitung so umsichtig zusammengestellt worden sind und von denen mich die meisten schon beschäftigt haben, von neuem zu studieren und auf diese Weise einen Beitrag zu erstatten, der lange überlegt und sorgfältig geprüft worden ist.

Ganz ähnlich hatte er schon seinen – einer gleichen Thematik gewidmeten – Vortrag vom 16. Dezember 1934 *Der Dichter in dieser Zeit* begonnen.[3] Es sieht ganz so aus, als ob sich Musil der Brisanz der Frage nach der Bedeutung des Dichters bewusst war und alle ,Für‘ und ,Wider‘ ansprechen wollte, was ihm weder zeitlich, noch aufgrund eines entsprechenden geschichtlichen Abstandes möglich war. Die zahlreichen Entwürfe und die verschiedenen Fassungen im Nachlass zeigen aber, dass er sich ausführlich mit dem Thema beschäftigt hat. Er hielt sich strikt an die angekündigte Thematik des Kongresses und seine Überlegungen drehten sich um die Frage: „Die Grenze der Kultur gegen die Politik", was ihm viele Teilnehmer verübelten, die mit diesem Kongress vor allem eine politische

---

2 Corino 1988, S. 420–421. Der Wiener Kunsthistoriker Otto Pächt und der Industrielle Bruno Fürst begleiteten Martha und Robert Musil nach Paris. Musil verband die Reise mit einem Besuch bei der Familie Church. Sie waren die Herausgeber der französischen Revue *Mesures*, die gerade zwei Kapitel des *Mann ohne Eigenschaften* ins Französische übersetzt und unter dem Titel *L'homme sans caractères* veröffentlicht hatte. Es handelte sich um *Jugendfreunde* und *Wirkung eines Mannes ohne Eigenschaften auf einem Mann mit Eigenschaften*. In: *Mesures*, Nr. 1 v. 15. Januar 1935, Paris.

3 „Zu meinem Bedauern muß ich, ehe wir beginnen, wie der Regisseur, der den Sänger entschuldigt, vor Sie treten und meine Unpäßlichkeit ankündigen, weil sie mich nicht nur am Sprechen beeinträchtigt, sondern es auch verhindert hat, daß ich diesen Vortrag so vorbereite, wie es der Würde des Gegenstands und der Ihrer Anwesenheit entspreche." (GW 8: 1243).

Kundgebung verbinden wollten. Musil ist dies im Nachhinein, wie einige Briefe es bezeugen, bewusst geworden. So schrieb er am 24.8.1935 an den Literaturkritiker Bernard Guillemin:

> Der Kongreß war ziemlich eindeutig politisch und wird mich wohl in die unangenehme Lage gebracht haben, meine Gastgeber enttäuschen zu müssen, weil ich die Einladung angenommen hatte, ohne mir der daraus resultierenden Erwartungen bewußt zu sein. Überdies war ich auch von meinem Standpunkt aus mit meinem Vortrag nicht zufrieden; wie immer, wenn ich etwas improvisieren muß. (Musil, *Briefe*, 655)

Dann, am 22. September 1935 schreibt er an Harry Goldschmitt in Basel (Musikkritiker der *Basler Nationalzeitung*), es habe Missverständnisse in Bezug auf seinen Vortrag gegeben, wobei er selbst nicht unschuldig daran sei:

> Es ist überdies ein höchst unwahrscheinlicher Unsinn, mir vorzuwerfen, ich könnte nicht wissen, daß das Individuelle vom Sozialen abhänge; zum Überfluß habe ich das zweimal ausdrücklich erwähnt. [...] Ich bin auch selbst nicht ohne Schuld an diesen Mißverständnissen, weil ich meine Worte zu wenig den Umständen angepaßt und zu knapp und theoretisch gesprochen habe. Aber der Inhalt dessen, was ich gesagt habe, u. in der Hauptsache handelt das von der Frage, unter welchen politischen Bedingungen die Kultur wächst, ist vollkommen einwandfrei. (GW 7: 659)

In der Tat hat Musil wohl vor allem die deutschen Teilnehmer des Kongresses brüskiert, seine Aussagen seien „im wesentlichen unpolitisch", und dass er sich zeitlebens den „politischen Forderungen" entzogen habe, da er „kein Talent für sie" spüre. Solche Bemerkungen hatte er schon früher gemacht, so zum Beispiel schon 1913 im Aufsatz *Politisches Bekenntnis eines jungen Mannes. Fragment Nov. 1913*: „Ich habe mich nie früher für Politik interessiert. Der politisierende Mensch, Abgeordneter oder Minister, erschien mir wie ein Dienstbote in meinem Haus, der für die gleichgültigen Dinge des Lebens zu sorgen hat; daß der Staub nicht zu hoch liegt und daß das Essen zur Zeit fertig sei." (GW 8: 1010). Dass solche Äußerungen im politischen Klima der Zeit den Absichten der Veranstalter des Kongresses entgegenlaufen mussten, ist klar. Im Kongressbericht von Egon Erwin Kisch und Bodo Uhse wurde die Haltung Musils zum kulturellen

Schaffen, das für ihn an das Individuum gebunden wäre, scharf kritisiert. Beide Seiten stellen sich unter diesen Begriffen etwas anderes vor und die Verständigung scheiterte an der nicht ausgetragenen Diskussion über die Funktion von Kultur und Kunst.

Musil fühlte sich, durch seine latente autistische Veranlagung, in so einer orchestrierten Großveranstaltung sehr unwohl. Auch seine Erscheinung wirkte, wie Edouard Roditi sagte, sehr unpassend:

> Inmitten all dieser Persönlichkeiten sah der arme Musil wie ein unverbesserlicher Bourgeois aus. Zu gut gekleidet, zu gesund und blühend auf Grund von Körperübungen, die er, wie sein Ulrich, täglich betrieb, konnte er viel eher für einen Ingenieur der rheinischen Industrie oder für den Treuhänder einer Großbank gelten als für einen anarchistischen Intellektuellen. (Tb. II, 744)

Nicht nur seine äußerliche Erscheinung, aber auch seine Rede hatte eine Reihe von Äußerungen, die eigentlich die Fortsetzungen seiner Rede von 1934 waren, aber dem Publikum unbekannt und die, im Kontext der Zeit, nicht auf Verständnis stoßen konnten.

In der ihm eigenen Art des Argumentierens, immer beide bzw. alle Seiten einer Sache anzusehen, stellt er zum Beispiel fest, dass es einen „gewissen natürlichen Pazifismus" und einen „von Natur apolitischen Charakter" derjenigen gebe, welchen es um Werke der Kultur zu tun sei, andererseits sei nicht zu leugnen, dass es siegreiche Staaten seien, welche große Kulturen hervorgebracht hätten. Dass Kultur und Politik eigentlich Antagonisten sind, hatte er schon aus Schriften Nietzsches exzerpiert: „Auf politischer Ebene sind Staat und Kultur Antagonisten. Kultur-Staat ist bloß eine moderne Idee. Alle großen Zeiten der Kultur sind politische Niedergangszeiten." (GW 8: 1436)

Musil äußert sich dann ganz so, wie wir es aus dem MoE kennen. Er sagte: „Mit einem Wort, es gibt keine kulturellen Axiome" (GW 8: 1263) und weist mit einem Nietzsche-Zitat darauf hin, dass der Sieg moralischer Ideale oft mit unmoralischen Mitteln erkämpft werde. Die Ablehnung der autoritären Staatsform sei auf die Gewöhnung an die Demokratie und nicht auf die den jeweiligen Staaten inhärenten moralischen Normen zurückzuführen. (GW 8: 1263)

Aber seine Rede ist nicht ohne ironische Pointe, die wohl überhört wurde. Ein Beispiel: Er stellte sich als Dichter deutscher Zunge vor, der sich in einer politisch gesehen problematischen Lage befände.

Denn wäre er Vertreter Deutschlands, müsste er sich im Geist der neuen Machthaber diesen völlig unterordnen. Zwischen den Zeilen deutet er an, dass für die neuen Herrscher Deutschlands die Verteidigung der Kultur überhaupt kein Thema sei und so wäre es nicht an ihm, vor einem Kongress zur Verteidigung der Kultur zu sprechen. Aber – so meint er ironisch – da er einem anderen Staat angehöre, der den Heimatdichter bevorzuge, müsse er eigentlich seine Stellung als schöpferischen Menschen zugunsten eines vaterländischen, politischen und sozialen Menschen zurücknehmen. Mit dieser Anspielung zeigt er das erste Beispiel einer bestimmten Politik auf, die sich der Kultur überordnen will. Hier vertritt er eine klare Linie: „Kultur ist etwas unabhängiges, frei von Klasse, Nation, Rasse und Religion"[4]. Weiterhin bedauert er, dass die Kultur immer wieder von der Politik eingeholt und missbraucht werde. Darüber hinaus weist er darauf hin, dass die Politik die Errungenschaften der Kultur sich wie eine Kriegsbeute aneigne. Er kommt nicht umhin, politisch Stellung zu nehmen, indem er zwei autoritäre Staatsformen, Faschismus und Bolschewismus, erwähnt, die mit der Demokratie brechen, weil diese den, wie er sie bezeichnet, „Parasiten" die gleichen Freiheiten wie den Kulturgütern einräume. Beide politische Richtungen auf einen gleichen Nenner zu bringen, sorgte für Irritation unter den deutschsprachigen Zuhörern. Dies ist einer der Punkte, die seitens Musils genauerer Klärung bedurft hätten. Vehement verteidigt er die Unabhängigkeit der Kultur gegenüber der Vergangenheit und der gesellschaftlichen Zwänge. Das Werden einer Kultur beruhe auf dem Individuum und seinem kritischen Geist, der bestrebt ist, alles was ihn verführt, genauer zu untersuchen als das, was ihn abstößt. Das Hervortreten einer Individualität, die Suche nach der Wahrheit, die Unterstützung bestimmter Eigenschaften wie Kühnheit, Unruhe des Geistes, Forschungslust, Offenheit, Verantwortung bilden die Fundamente einer unabhängigen Kultur, die sich politischen Zwängen nicht unterwirft. Am Ende des Vortrages wird er nochmals den

---

4 Schon vorher hatte er im Essay *Der Untergang des Abendlandes* diese Kategorien aufgelistet: „Die Populärphilosophie und die Tagesdiskussion begnügten sich entweder mit den liberalen Fetzen eines ungegründeten Vernunft- und Fortschrittsglaubens oder sie erfanden die bekannten Fetische der Epoche, der Nation, der Rasse, des Katholizismus, des Intuitionmenschen . . ." (GW 8: 1087).

Begriff Geist mit einem stark desillusionierten Unterton einbringen, da er nun erbittert feststellen muss, dass unsere Welt nicht von hohen Geistern regiert wird, sondern von gröberen Naturen. Hier ist keine Spur von Ironie, im Gegenteil, Musil appelliert an die Regierenden, sich ihrer Handlungen ganz bewusst zu sein. Für Musil ist folgende Prämisse klar: Kultur entspringt aus dem Einzelnen und beruht auf Freiheit und Wahrheit. „Das freie gemeinsame Spiel aller Kräfte ist das höchste Mittel eine vollkommene Kultur zu fördern" (Tb. I, 155). Der Staat hat nur eine Organisationsfunktion zu übernehmen, das heißt Rahmenbedingungen zu schaffen für das Emporkommen einer Kultur. Mit diesem Gedanken distanziert er sich ganz gewiss von der Übermacht der Politik über die Kultur.[5] Er, in seiner Funktion als Dichter, stellt die anthropologische Frage des Menschseins und sieht das Leben „wie eine große Versuchsstätte, wo die besten Arten, Mensch zu sein, durchgeprobt und neu entdeckt werden müßten" (siehe MoE 152). In dieser Hinsicht hatte der erste Weltkrieg gerade das Gegenexperiment bedeutet und die ontologische Frage aufgeworfen, wie eine sogenannte zivilisierte Welt in ein solches Desaster hineingleiten konnte. Und nun schien Europa einer neuen Katastrophe zuzusteuern. Hitler hatte seine Macht in Deutschland gefestigt und innerhalb kürzester Zeit den demokratischen Staatsapparat lahmgelegt. Robert Musil war ja, was man von vielen Teilnehmern des Kongresses in Paris nicht sagen kann, direkter Zeuge der Machtergreifung Hitlers in Berlin, wo er sich seit Mitte November 1931 mit seiner Frau Martha aufhielt, gewesen. Schon Ende Mai 1933 zog Musil es vor, sich dieser unerträglich gewordenen politischen Atmosphäre zu entziehen und nach Wien zurückzukehren. Dieser Schritt bedeutete für ihn nicht nur eine noch prekärere finanzielle Situation, sondern stellte auch die Fortführung seines Romanprojektes in Frage. Walter Fanta hat dies anhand der Nachlassmappen in seinem

---

5 Diesen Punkt behandelte er bereits in seiner Rede *Die Dichter in dieser Zeit* in der Ergänzung, die er für Basel schrieb: „Aber ich darf wohl so sagen: das Übergewicht der Politik, mag es sich zum Guten oder zum Barbarischen neigen, versetzt den unpolitischen Geist, oder – diese wird es wenigstens geben! – die unpolitischen Bezirke des Geistes, in die gleiche Schwierigkeit der Selbstbesinnung und der Geltendmachung des eigenen Selbst." (GW 8: 1258).

Buch *Die Entstehungsgeschichte des Mann ohne Eigenschaften*[6] bewiesen. So kam es im Jahr 1933 zu einer Zäsur in der Arbeit am noch
nicht abgeschlossenen Roman Musils. Fanta vermerkt:

> Durch die politische Veränderung in Deutschland mit ihren existentiellen
> Folgewirkungen auf die Lebenssituation Musils, ergibt sich eine Aushöhlung der
> unverwirklichten Teile des Vorhabens. Erstens wird die Geschichte, die der
> Roman erzählt, von den aktuellen politischen Ereignissen eingeholt. [...] Zweitens
> wirkt sich die Unmöglichkeit, mit dem Buch auf die Realität in Deutschland
> adäquat zu reagieren, auf den „anderen Zustand" aus.[7]

Der Schritt, Berlin drei Monate nach der Machtergreifung Hitlers zu
verlassen, ist trotz Musils Misstrauen gegenüber der Politik als
politischer Schritt zu deuten. Die spärlichen Eintragungen der
Tagebücher geben ebenso darüber Aufschluss wie die Briefe aus
dieser Zeit. Dabei waren der Entscheidung von 1933, dem Berlin
Hitlers den Rücken zu kehren, bereits zu einem wesentlich früheren
Zeitpunkt im Leben Musils direkte Stellungnahmen zu politischen
Fragestellungen vorausgegangen. Dies trifft zunächst für das Jahr
1918 zu, als er die Resolution des „Politischen Rates geistiger
Arbeiter Berlin" unterschrieb, die in *Das Ziel. Jahrbücher für geistige
Politik* erschienen war. Die wesentlichen Punkte des Programms
waren: „Gegen die Knechtung der Gesamtheit dieses Volkes durch
den Kriegsdienst", „gegen die Unterdrückung der Arbeiter durch das
kapitalistische System", „für gerechte Verteilung der äußeren
Lebensgüter", „die Freiheit des Geschlechtslebens", „eine radikale
Reform der öffentlichen Erziehung", „die Trennung von Kirche und
Staat".[8] Seine zweite offizielle Stellungnahme stammt aus dem Jahre
1926, wo sich sein Name in einer öffentlichen Erklärung der „Gruppe
1925" wiederfindet. In dieser Gruppe vereinigten sich Schriftsteller
von Bedeutung, die mit der geistesrevolutionären Bewegung der Zeit
verbunden waren und dies in ihrer Haltung zu Staat und Gesellschaft

---

6 Fanta 2000.
7 Fanta, ebd., S. 437.
8 U.A. hatten folgende Personen dieses Programm unterschrieben: Lou Andreas-
   Salomé, Richard Graf Coudenhove-Kalergi, Kasimir Edschmid, Kurt Hiller,
   Arthur Holitscher, Annette Kolb, Kurt Pinthus, Heinrich Mann, René Schickele,
   Kurt Wolf.

bekundeten. Sie dokumentierten dies vor allem in Arbeiten auf künstlerischem, essayistischem, kritischem, allgemeinwissenschaftlichem Gebiet.[9]

Die „Gruppe 1925" umfasste etwa 50 Schriftsteller, unter anderem Johannes R. Becher, Ernst Blaß, Alfred Döblin, Albert Ehrenstein, Bernard Guillemin, Willy Haas, Walter Hasenclever, Hermann Kasack, Klabund, Ludwig Marcuse, Joseph Roth, Ernst Toller, Alfred Wolfenstein, die sich kameradschaftlich zusammenschlossen. „Bestimmend für die Zugehörigkeit waren das Gefühl der Zeitverbundenheit und eine frische Radikalität des Geistes"[10]. Robert Musil nahm sogar persönlich Anfang 1927 an einem Treffen der Gruppe in Berlin teil, wo die Rilke-Gedenkfeier besprochen wurde. Er hielt danach die Gedenkrede zuerst im Hotel Kaiserhof in Berlin und dann am 16. Januar 1927 im Renaissance-Theater in Berlin. Wie Klaus Petersen schrieb, beriefen sich die Schriftsteller, die an der Gruppe beteiligt waren,

> bei allem praktisch politischen Engagement als Staatsbürger und trotz aller Hinwendung an die objektive Wirklichkeit im Werk auf eine letztlich außergesellschaftliche Autonomie des Künstlers und maßen den Kunstwert literarischer Produktion primär an ästhetischen Gesichtspunkten. Eine Zusammengehörigkeit stellte sich dadurch her, daß sie – oft genug gegeneinander – das Verhältnis zwischen der Kunst und den gegebenen sozio-politischen Verhältnissen neu zu definieren versuchten.[11]

Zur Gruppe gehörte auch Willy Haas, der einzelnen Mitgliedern wie auch der gesamten Gruppe große publizistische Dienste leistete. Als Herausgeber der *Literarischen Welt* lud er viele Mitglieder zu Veröffentlichungen ein (Burschell, Musil, Brod, Döblin, Mehring, Klabund, Kersten). Beide offiziellen Stellungnahmen Musils waren eng mit seiner Einstellung zur geistigen Verantwortung des Dichters verbunden. Das Aufkommen des Nationalsozialismus, die widerstandslose Hingabe der Bevölkerung übertraf seine schlimmsten Befürchtungen über den Stand einer zivilisierten Welt. Die Tagebuch-

---

9   In: Petersen 1981, S. 207.
10 Ebd.
11 Petersen, *Die Gruppe 1925*, S. 167.

eintragungen, sowie einige Briefe sind wichtige Dokumente für die innere Verfassung Musils in dieser Zeit. Bernard Guillemin, den er bei der „Gruppe 1925" kennengelernt hatte, wurde zum engsten Vertrauten. Über Musils Befindlichkeit nach der Machtergreifung Hitlers sind wir bestens durch Briefe Guillemins[12] unterrichtet, die er während der siebziger Jahre an die Musil-Forscherin Marie-Louise Roth schrieb. Zuerst erwähnte er die autistische Veranlagung Musils, die

Unfähigkeit sich anderen handelnd anzuschließen, sein[...] Wissen um die schier unbesiegliche Kompliziertheit aller Dinge, seine[..] hohe[..] Bewertung der Nuance, d[ie] Hemmungen seines Selbstgefühls, Rücksichten auf Martha Musil, rein sprachliche[.] Hemmungen (ist nicht ein Meister der Sprache der Barbarei gegenüber machtlos – oder soll er sich sprachlich herablassen). [...] Es war nicht nur Selbstgefühl und ein großer natürlich nicht an die Klasse gebundener Stolz in ihm wahrnehmbar, sondern daneben oft auch Kleinmut und an Ängstlichkeit grenzende Übervorsicht, die mit seinem Möglichkeitssinn zusammenhing, z.B. wollte er nach Hitlers Machtantritt durchaus nicht, daß ich ein Antinazibuch, das ich gerade von ihm geborgt hatte, unverpackt über die Straße trage. Musil war zugleich so klug und so phantasiebegabt, daß er immer Grund zu haben glaubte, sich zu fürchten. Der Dummheit oder dem Fanatismus der herrschenden Menge durch eine Unvorsichtigkeit seinerseits zum Opfer zu fallen, sein besseres Selbst und seine höhere Einsicht von uneinsichtigen Gewalten bestraft zu sehen, das waren Perspektiven vor denen er schauderte und die ihn höchst wahrscheinlich oft lähmten. Das kann natürlich nur jemand verstehen, der das Hitlerregime als unmittelbare tägliche Gefahr erlebt hat. Es scheint Tatsache zu sein, daß nach dem Zusammenbruch die Schubladen deutscher Schriftsteller, die Hitler nie akzeptiert hatten, enttäuschenderweise leer waren. (6.7.1972)

Diese Zeilen widerspiegeln eine innere Haltung, die zuerst auf dem Gedanken beruhte, dass Hitler nicht lang an der Macht bleiben würde und seine Regierung nur von kurzer Dauer wäre. Guillemin zufolge hielt Musil von Hitler

[n]atürlich nicht das geringste. Aber, [...] war die beiderseitige Ablehnung Hitlers, seines Regimes und alle von der Nazipartei propagierten Ideen etwas so Selbstverständliches ungesagt Feststehendes, tief Eingewurzeltes, stillschweigend seit je Vorausgesetztes, logisch aus allem je von uns im Laufe der Jahre

---

12 Die Korrespondenz Bernard Guillemins mit Marie-Louise Roth befindet sich gegenwärtig in ihrem Privatbesitz.

geäußerten Folgendes, daß es keiner ausdrücklichen Worte mehr bedurfte, um sie auszusprechen. Wir fuhren fort, in einer anderen von der damals triumphierenden grundverschiedenen, d.h. in unserer eigenen Welt zu leben. (24.8.1972)

Die praktische lebensverändernde Konsequenz für beide war, dass Musil Ende Mai 1933 wie erwähnt Berlin und Deutschland verließ und der Journalist Bernard Guillemin, obwohl politisch und rassisch nicht gefährdet, 1934 ins Exil ging – zuerst nach Jugoslawien, Kroatien und dann in die USA.

Wie war die Lage in Berlin Anfang 1933? Der demokratische Staat wurde innerhalb einiger Wochen legal per Ermächtigungsgesetz außer Kraft gesetzt. Eine Ironie des Schicksals und Vermischung von persönlichen und geschichtlichen Fakten: Am 30.1.1933 erhielt Musil den Bescheid von Oskar Loerke, dass die preußische Akademie der Kunst ihm ein Stipendium in Höhe von 1.000 Reichsmark für die Vollendung seines Romans bewilligte und gerade in dieser Nacht beschloß Hitler innerhalb seines Kabinetts die Reichstagsauflösung und erhielt die Zustimmung seiner konservativen Partner für das weitreichende Ermächtigungsgesetz, das die unbeschränkte Gesetzgebungsbefugnis des Reichskabinetts ermöglichte. Die uneingeschränkte Übernahme des Staatsapparates durch die Nationalsozialisten war in vollem Gang, der Zug der Geschichte bereits nicht mehr aufzuhalten. Innerhalb kürzester Zeit konnte sich der Machtapparat Hitlers etablieren. Die Notverordnung *„Zum Schutz des deutschen Volkes"* wurde Anfang Februar vom Reichspräsidenten erlassen, was eine sofortige Kontrolle der Presse und der Versammlungen nach sich zog. Alle Kräfte außerhalb des Regierungslagers wurden davon betroffen, vor allem die Kommunisten und Sozialdemokraten. Im Laufe des Februars 1933 wurden ungefähr 150 Zeitungen verboten (auch Zeitungen der Zentrumspartei wegen der Veröffentlichung eines Wahlappells katholischer Vereine). Nach einer Unterredung zwischen Göring und Führern der Zentrumspartei wurde dieses Verbot aufgehoben, aber die Unterdrückungsaktionen gingen unvermindert weiter). Auch die Deutsche Dichter-Akademie stand in der Schusslinie. Am 15.2.1933 verlangte Hanns Johst in der *Deutschen Kultur-Wacht*, dass „Thomas Mann, Heinrich Mann, Werfel, Kellermann, Fulda, Döblin, Unruh usw. von der Literaturszene zu verschwinden hatten, denn sie sind liberal-reaktionäre Schriftsteller, die mit dem deutschen Begriff Dichtung in amtlicher Eignung keineswegs mehr in Berührung zu kommen haben. Wir schlagen vor, diese restlos überaltete Gruppe aufzulösen und nach nationalen, wahrhaft dichterischen Gesichtspunkten neu einzuberufen." (*Deutsche Kultur-Wacht*, Heft 4 vom 15.2.1933, S. 13). Über Heinrich Mann, den damaligen Präsidenten der Dichter-Akademie echauffierten sich die Gemüter der Nationalsozialisten, weil er mit Käthe Kollwitz den Aufruf *Dringender Appell* unterschrieben hatte: Dieser Appell verlangte für die bevorstehenden Wahlen eine einheitliche Front der SPD und KPD. Daraufhin wollte der kommissarische preußische Kultusminister Bernhard Rust die Verantwortung für diesen Schritt der Preußischen Akademie der Künste übertragen. Nach einer Unterredung mit dem Präsidenten der Akademie, Max von Schilling, legte Heinrich Mann am 15.2.1933 sein Amt als Vorsitzender der Dichterabteilung nieder.

Musil befand sich, wie viele seiner Zeitgenossen, am Anfang der Machtübernahme in einer abwartenden Haltung. Niemand ahnte welches Ausmaß das Hitlerregime annehmen sollte. Musil war sich sehr schnell darüber im Klaren, was diese grundlegenden Änderungen innerhalb von Staat und Gesellschaft bedeuteten. Seine Eintragungen – mit seinem fein-sezierenden Blick ausgeführt – beschränken sich auf bestimmte Ereignisse. Über den Zwischenfall der Dichter-Akademie exzerpierte Musil zwei Zeitungsausschnitte: Aus *Die Welt am Abend* (kommunistische Obedienz) und dem *Berliner Tageblatt* („BT"). Bei diesen Stellungsnahmen wäre auf Grund der politischen Ausrichtung der beiden Zeitungen zu erwarten gewesen, dass sie beide hinter Heinrich Mann stehen würden, aber die *Welt am Abend* widerspiegelt die zerstrittenen Fronten der Linken, die weiterhin ihre Propaganda führten und keinen geschlossenen Widerstand leisteten. Das Exzerpt Musils lautet:

Diese Institution [gemeint ist die Dichter-Akademie] hat im Grunde immer ein Schattendasein geführt, die meisten ihrer Mitglieder lebten fern vom Volke und vor allem von den Werktätigen; ihre Tätigkeit vollzog sich unter Ausschluß der Öffentlichkeit; und zu den brennend aktuellen Fragen der Kulturreaktion wurde hier nicht Stellung genommen [...] (Tb. I, 823)

Dagegen zeigte sich das *Berliner Tageblatt* viel kämpferischer, indem es den erzwungenen Austritt Heinrich Manns stark kritisierte (wie auch die *Vossische Zeitung* und die *Frankfurter Zeitung*). Musil notierte diese Vorfälle, exzerpierte kommentarlos die beiden Zeitungen. Das Gleiche gilt für den Reichstagsbrand. Musil hält sich bedeckt: Die Tagebücher sind hier wieder Arbeitsinstrument, dienen als Notizbücher für Stichpunkte, die er eventuell später verwerten wird. Musil erwähnt Goebbels und seinen ersten Rundfunkvortrag, wobei er nur Stichworte notiert wie: „Der Intellekt ist nichts. [...] Der Intellekt kann nie schöpferisch sein. [...] Die Vernunft bringt nichts Neues hervor." (Tb. I, 824). Seine erste Analyse des neuen geistigen Klimas entsteht im Zusammenhang mit einem Aufsatz von Paul Fechter in der *Neuen Rundschau*, betitelt „Hitler-Scholastik" (Paul Fechter war Musil sicher nicht unbekannt, da er Mitarbeiter der *Vossischen Zeitung* und der *Neuen Rundschau* war: In beiden Zeitungen hatte Musil schon publiziert. Paul Fechter wurde Anhänger des Nationalsozialismus, veröffentlichte 1942 eine Geschichte der deutschen Literatur, in der er Hitlers *Mein Kampf* über alles lobte, ohne Erfolg, denn er erreichte die angestrebte Stellung nie). Musil notiert aus dem Hitler-Scholastik-Aufsatz, den er im übrigen als „recht gut" bezeichnet, die Interpretation Fechters von Hitlers Einfall, bei der Fahnenweihe der neuen Standarten diese mit der alten Blutfahne von 1923 zu berühren. Fechter erkennt die pädagogische Bedeutung solcher Handlungen. Die Menschen werden durch eine theatralische Inszenierung in ihrem Innersten berührt. Musil fügt als einzigen Kommentar hinzu: „Unterschied: daß das Mittelalter den Logos verehrte" (Tb. I, 825). Die Tragweite dieser Worte hätte damals ein Staatssicherheitsbeamter sicher nie erfassen können, aber Musil bleibt als ängstlicher und phantasievoller Mensch zurückhaltend, um nicht seine tiefste innerliche Abscheu gegenüber den Nationalsozialisten zu offenbaren (Der Brief Guillemins vom 6.7.1972 widerspiegelt ja diese Haltung). Als Beobachter staunt er über die Art und Weise wie die Nationalsozialisten sich die Menschen gefügig machen und an ihre Urinstinkte appellieren. Er selbst erinnert sich an Situationen aus dem ersten Weltkrieg, wo die tapfere Truppe „im Augenblick allgemeinen Nachlassens stürmisch davonlief". Dieses Gemisch aus Mut und Feigheit findet er wieder in den Nationalsozialisten und er kann nicht umhin, Hitler einen Zeitinstinkt zu bescheinigen. Hitler wird auch in seinem Tagebuch als der lebende unbekannte Soldat bezeichnet, ein Menschentypus, in dem alle heroischen, negativen, nicht ausgesprochenen Erlebnisse des ersten Weltkrieges fokussiert werden. Alles was er, Musil, in diesen Monaten erlebte, wie sich alles unrational, feige und geistlos abspielte, versucht er mit seinem psychologischen Verstand zu analysieren. Die Verführung der Masse, die Hinwendung zu einer Führerpersönlichkeit, die für ihn zur Verkörperung eines sprechenden Affektes wird: „H.: ein Person gewordener Affekt, ein sprechender Affekt. Erregt den Willen ohne Ziel" (Tb. I, 725) sind Bereiche, die zu Forschungstätigkeiten der Psychiater gehörten. Musil besaß *Lehrbuch der Psychiatrie* von Ernst Bleuler (Bleuler 1923). In dem Kapitel „Die einzelnen psychischen Funktionen" wird er am Rande einige Abschnitte mit Bleistift markieren, die sich mit Affekt, Affektivität und Suggestion befassen wie auch mit der Psychologie der Massen.

> Je ausgedehnter aber die Gemeinschaft, um so mehr übernehmen die Führung dunkle Instinkte, die, keinem Einzelnen klar, den meisten gar nicht zum Bewußtsein kommen, auch objektiv schwer zu erfassen sind und viel mehr Entwicklungsstrebungen des vegetativen oder animalischen Organismus oder plötzlichen Wanderungen von Tierarten ähnlich sehen als zielbewußtem Handeln (Bleuler 1923: 33).

Einige von Musil eingetragene Fakten, wie z.B. das Ausschalten der Opposition oder eine Rede Hermann Görings, werden kurz kommentiert und sind Dokumente für Musils Ratlosigkeit und Desillusionierung. Er staunt über das Fehlen jeglicher Reaktionen. Er notiert die Notverordnung zur Ausrottung der KPD und SPD: „Die neuen Männer greifen derb zu. In den Kreisen, die ich berührte, zuerst allgemeines Gefühl der Empörung, instinktives, über diesen Schlag ins Gesicht der Wahrheit, der Freiheit udgl. Es ist die Reaktion der liberalen Erziehung, in der die Menschen aufgewachsen sind." (Tb. I, 722) Die Rede Görings im Rundfunk „mit einer ruhigen freundlichen männlichen Stimme" über die Notverordnung läßt die Menschen wanken: „Das Gefühl, die Neuerungen können nicht so schlimm sein, [...] ist im Wachsen. Einen entschlossen ablehnenden Eindruck machen, obwohl sie schweigen, nur noch die Dienst-

mädchen!" (TB. I, 722f.) Er stellt weiterhin fest, dass, obwohl die
liberalen Grundrechte (wie Freiheit der Presse, der Äußerung,
Gewissensfreiheit, Geistesfreiheit) beseitigt sind, niemand sich
empört. Er hat den Eindruck, dass die Leute davon kaum berührt sind,
und „daß alle die hier abgeschafften Dinge die Menschen nicht mehr
viel angingen" (TB. I, 723).

Er wird dieser abwartenden und widerstandslosen Haltung zwei
sehr kritische Aufsätze widmen: zuerst in seinem oben genannten
Vortrag *Der Dichter in dieser Zeit*, gehalten am 16.12.1934, zur Feier
des zwanzigjährigen Bestehens des Schutzverbandes deutscher
Schriftsteller in Österreich und in dem Text *Bedenken eines Langsamen*, den er für *Die Neue Rundschau* vorsah, der aber Entwurf blieb.
Hier nimmt nun Musil plötzlich eine andere Haltung ein, vorher hätte
er nie von Zivilcourage gesprochen, sondern er hat sich ja auf seine
unpolitische Haltung zurückgezogen. Nun zeigt Musil, dass er
offenbar nicht mehr so unpolitisch denkt, sondern sich empört. Er war
nun seit Mai 1933 wieder in Wien, sah aus der Ferne die Entwicklung
in Deutschland, die er in den ersten Monaten dort erlebt hatte. Vor
allem – und diese Überlegung findet in seinem Vortrag Nachhall – das
Fehlen von Zivilcourage, Solidaritätsgefühl. Er brauchte ja eine
gewisse Distanz, um das Geschehen um die Machtergreifung Hitlers
zu analysieren. Was ihn vor allem in diesen Tagen erschütterte, war
das Fehlen von Zivilcourage sowie eine allzu passive Haltung der
Bevölkerung angesichts der Ereignisse.

In wenigen Wochen wurde das demokratische Staatssystem außer
Kraft gesetzt und Menschen wegen ihrer politischen Gesinnung oder
„Rasse"-Zugehörigkeit als Unmenschen gebrandmarkt. In seiner
Rede *Der Dichter in dieser Zeit* und in seinem unveröffentlichen
Essay *Bedenken eines Langsamen* sucht er nach einer Erklärung. In
seinem Vortrag bemängelt er das „Umfallen" des Geistes und der
„Zivilcourage" und fragt: „Wo sind die ‚Göttinger Sieben' des Jahres
1937" (es handelt sich um die Göttinger Prof. W.E. Albrecht, F.C.
Dahlmann; H. von Ewald, G. Gervinus, J. Grimm, W. Grimm und
W.E. Weber, die am 18. Nov. 1837 gegen die Aufhebung der
Verfassung von 1833 durch König Ernst August II. protestierten und
deshalb entlassen wurden; sie trugen durch ihre Rechtfertigungs-
schriften maßgeblich zur Entwicklung des deutschen Liberalismus

bei). In dem zweiten Aufsatz erscheint wieder die Frage des Gewährenlassens. Wie kann Deutschland in so kürzester Zeit „auf Forscher und Gelehrte verzichten" (GW 8: 1414) und die deutschen Juden als Unheil für das deutsche Leben deklarieren? Dies „deckt" sich „aufs genaueste mit der Verletzung einer Sittlichkeit [...], die heute außer Kurs gesetzt ist, nämlich der des Humanen" (GW 8: 1414). Er wirft über das ganze Geschehen seinen vivisektorischen Blick: „Ist in diesen Wochen nicht moralisch etwas sehr Merkwürdiges geschehen? Die Grundrechte der sittlich selbstverantwortlichen Person, die Freiheit des Meinungsäußerns und -hörens, das Gebäude der unveräußerlichen Überzeugung [...]: alles das zeigte sich Millionen, die daran aufs innigste zu glauben gewohnt waren, mit einem Schlag abgeschafft – ohne daß sie auch nur einen Finger dafür rührten!" (GW 8: 1415) Musil sieht die Schwäche dieser Haltung in der Charakterlosigkeit des Menschen. Welche Desillusionierung für ihn, der in seinen Essays immer wieder eine institutionelle Organisierung des geistigen Bereiches forderte sowie eine Etablierung gesellschaftlicher Bedingungen.

Dass nicht nur der Druck von außen eine Änderung mit sich bringen würde, war ihm klar, auch die innere Haltung des Menschen sollte sich ändern, ethische Komponenten sollten herausgearbeitet werden. Das Politische hatte versagt und der Mensch durch das Missverhältnis, das Auseinanderleben von Verstand und Seele, unfähig, der Barbarei etwas entgegen zu setzen. Und was war nun in Deutschland geschehen? War es nicht, was er schon in seinem Essay von 1922 *Das hilflose Europa oder Reise vom Hundertsten ins Tausendste* festgestellt hatte, dass der Mensch ebenso leicht „der Menschenfresserei wie der Kritik der reinen Vernunft" (GW 8: 1081) fähig sei. Ein Gedanke, den er auch im *Mann ohne Eigenschaften* formuliert: „Wenn Sie mir die Zeitungen, den Rundfunk, die Lichtspielindustrie und vielleicht noch ein paar andere Kulturmittel überantworten, so verpflichte ich mich, in ein paar Jahren – wie mein Freund Ulrich einmal gesagt hat – aus den Menschen Menschenfresser zu machen" (MoE 1020). Dies wird nun Realität. Musil notiert: Die „Büroräume des Centralvereins deutscher Staatsbürger jüd. Glaubens" (Tb. I, 723) werden „also gleich am Beginn" durchsucht, die Flugblätter beschimpfen hemmungslos den Gegner, das Fazit: „Wenn die Affekte zensurlos sind wie im Traum, so schaffen sie radikale Bilder. Der Mensch über den man sich geärgert hat, hat zu sterben u.ä. Nichts anderes geschieht heute politisch." (Tb. I, 724)

Die Demokratie hat in Deutschland versagt. „Sie ist bis an die Knochen bloßgestellt, aber die Nationalsozialisten, die bisher gebellt und gebissen haben, müssen sich nun politisch auch bewahrheiten." (Tb. I, 724) Aber eines ist Musil in diesen Tagen klar. Ein Eingreifen in diesen Steuerungsvorgang lag bei Hindenburg, der Reichswehr und der Bürokratie. Nichts geschah, und der Mangel an Wirklichkeitssinn der Deutschen, die unkritisch in die Arme „eines gewordenen Affektes" liefen, eines Mannes, der ein Volk erobert hat als „Christus mit Radio, Auto, Vereinsbindungen" (Tb. I, 725). Diese Haltung machte für Musil ein Verbleiben in diesem Lande unerträglich. Ende Mai 1933 verließ Musil mit seiner Frau Martha Berlin, um nach Wien zurückzukehren. Der Brief an Ziebolz vom 11.6.1933 erklärt in einigen Sätzen seine Entscheidung:

> Ich muß den Mann o. E. zu Ende schreiben, der im Frühjahr fertig sein soll, und habe das letzte Jahr in Berlin zugebracht, zuletzt einfach festgehalten von dem Zustand Deutschlands, der sich jeden Tag neu überschlug, während ich immer mehr erstarrte. Ich habe die Zeit gekannt, wo man noch nicht an den Krieg glaubte, und dann den Krieg, aber was jetzt geschehen ist und geschieht, ist viel unverständlicher, obgleich es mir eigentlich keine Schwierigkeiten in den Weg legt. Es überrascht bloß durch nackte Häßlichkeit. Wahrscheinlich ist es auf die Doppelformel zubringen: wirkliches geschichtliches Geschehen in der Richtung Kollektivierung der Menschheit; Träger des Geschehens der halbgebildete Mittelstand und darum der große Rückschritt vor dem neuen Anlauf. Aber eigentlich kann man noch nichts sagen und muß noch einige Monate mit dem Urteil warten, obwohl die Mehrheit der Zeichen schon dafür spricht, daß wir mit einem Dauerzustand rechnen müssen.
> Als Einzelner bin ich bisher von den Ereignissen verschont geblieben; aber ob Exilant oder nicht, wenn die Verhältnisse so bleiben, wie sie jetzt noch sind, wird es keine Möglichkeit geben, dass ich mich im neuen Deutschland am Leben erhalte. Es ist mir das schon im alten schwer genug gefallen, denn trotz allen Kulturgetues war Deutschland richtungslos und ganz merkantil.[13]

---

13 Brief an Ziebolz, Karlsbad 11.6.1933. In: *Briefe*, S. 573.

Als Robert Musil 1935 als Redner vor dem Kongress auftrat, blieb er seinen Auffassungen treu. Die moralische Unbestechlichkeit des Geistes stand im Vordergrund seines Denkens und er schloß keinen Kompromiss zwischen Kultur und Politik. Obwohl er damals von den Teilnehmern Bodo Uhse und Egon Erwin Kisch scharf kritisiert worden war, liest sich der posthume Nachruf von Egon Erwin Kisch wie eine rückblickend formulierte Hommage an Musil, die seine Rede von 1935 in einem ganz anderen Licht erscheinen lässt:

> Robert Musil nannte sich unpolitisch und war gleichermaßen tolerant gegenüber jeder politischen Richtung [...], aber hörte auf, unpolitisch und tolerant zu sein, als ein Hitler zu Macht kommen konnte. Musil emigrierte ohne Zögern und nahm am Pariser antifaschistischen Literaturkongreß von 1935 teil, wo er eine edel durchdachte und eindeutige Rede hielt.[14]

---

14 Egon Erwin Kisch: *Auf den Tod Robert Musils*. In: *Freies Deutschland*, Mexiko, 1:8 (1942), S. 29.

Gesine Lenore Schiewer (Bern)

Sprache, Wirklichkeit, Bewusstsein.
Robert Musils psychologisch-ästhetische Bedeutungstheorie

„Das Gefüge einer Seite guter Prosa ist wie das Schwingen einer Brücke": Sprachbedeutung und Lektüreprozess

Der literarische Prosastil Robert Musils zeichnet sich durch eine Besonderheit aus, die er im Zusammenhang seiner eigenen theoretischen Sprachreflexionen mit einem gern zitierten „drastischen Beispiel" beschreibt: dem der zahnmedizinischen Wurzelbehandlung. Der geübte Patient – heißt es in dem Essay *Literat und Literatur. Randbemerkungen dazu* von 1931 – entzieht sich der geistigen Folterung einer solchen Operation, indem er sie sich gerade nicht anschaulich-konkret und in ihren Einzelheiten vorstellt. Statt dessen – sich dem Arzt blind anvertrauend – vermeidet dieser geübte Patient jede genauere Kenntnis davon, was sich hinter dem Begriff ‚Wurzelbehandlung' verbirgt (vgl. GW 8: 1219 f.). Er behandelt den Begriff „Wurzelbehandlung" gewissermaßen als eine *black box*.

Im Hinblick auf die literarischen Werke Musils hat die hier illustrierte Unterscheidung weitreichende Implikationen. Sie verweist, wie gezeigt werden soll, auf die Auseinandersetzung Musils mit den sprachlichen Gestaltungsmöglichkeiten des literarischen Autors, die in seiner Konzeption eine grundlegende poetische Funktion gewinnt. Wichtige Voraussetzungen der entsprechenden theoretisch fundierten Auffassung von Wort- und Satzbedeutung liegen im frühen psychologischen Gestaltdenken um 1890. Es impliziert eine Dimension ästhetischer Sprachbetrachtung und -verwendung, die in ihrer systematischen Ausbildung sowie in ihrer zentralen Rolle für den Prosastil Robert Musils Gegenstand des Beitrages ist. Zu zeigen ist die Auswirkung der Gestaltkonzeption auf Musils Poetik und inwiefern sie Umsetzung findet auf der sprachlich-stilistischen Ebene. Es bietet sich hierbei an, zur Klärung und Verdeutlichung der Überlegungen Musils auf die Kunsttheorie des tschechischen Strukturalisten Jan Mukařovský zu rekurrieren, da dessen Begriff einer „Bedeutungs-dynamik im Satz" eine in der Sache parallel angelegte und konsequent ausformulierte Konzeption zugrunde liegt. Mukařovský nimmt ebenso wie Robert Musil auf Begriff und Theoriebildung der Gestalt Bezug; gemeinsamer Bezugspunkt ist die Denktradition des Philosophen und Psychologen Franz Brentano, zu dessen bedeutenden Schülern sowohl Carl Stumpf gehört – bei dem Musil in Berlin promoviert hat – als auch Edmund Husserl, dessen Werk insbesondere durch Vermittlung von Gustav Spet in Russland und in der Sowjetunion eine intensive Rezeption erfahren hat.[1] Musil steht wie auch Mukařovský in diesem Horizont der Theoriebildung des Gestaltdenkens, das bei Husserl und vielen anderen Schülern Brentanos im Bereich linguistischer, semantischer und sprachphilosophischer Problemfelder thematisch wird. Eine historische Kontextualisierung der poetologisch-sprachtheoretischen Reflexion Musils verweist auf diese komplexen Entwicklungen.

Schon auf den ersten Seiten von *Der Mann ohne Eigenschaften* wird beispielsweise in der folgenden kurzen Passage aus dem achten Kapitel des ersten Teils ebenfalls auf die erwähnte Unterscheidung angespielt zwischen einer solchen unhinterfragt-distanzierenden Verwendung von Wörtern einerseits und ihrem vollen Bedeutungs-gehalt mit den ihnen zugrundeliegenden Wirklichkeitsdimensionen andererseits:

> Es ist passiert, sagte man dort [in Kakanien. G.L.S.], wenn andre Leute anderswo glaubten, es sei wunder was geschehen; das war ein eigenartiges, nirgendwo sonst im deutschen oder einer andern Sprache vorkommendes Wort, in dessen Hauch Tatsachen und Schicksalsschläge so leicht wurden wie Flaumfedern und Gedanken. (MoE 35)

Eine solche Differenzierung zwischen der Verwendung von Wörtern in der Funktion eines Etiketts sowie dem Bewusstsein ihrer möglichen Bedeutungsdimensionen ist auf die von Musil akzentuierten Formen

---

1   Vgl. die Studie zur Husserl-Rezeption in Russland von Haardt 1993.

des ratioïden und des nicht-ratioïden Erkennens zu beziehen. Denn in der ratioïden oder auch rationalen Erfassung der physischen Welt lassen sich, wie er in der *Skizze der Erkenntnis des Dichters* 1918 betont, die Dinge „eindeutig beschreiben und vermitteln" (GW 8: 1027). Damit kann bei dieser Perspektive Musils Entwurf zufolge die Komplexität des Erkennbaren mittels Zeichen und Sprache in festen Begriffen dauerhaft fixiert und problemlos kommuniziert werden.

Demgegenüber liegen die Dinge im Bereich des Nicht-Ratioïden anders. Diese Dimension geht mit einem Versagen oder zumindest Problematischwerden der zeichengebundenen Begrifflichkeit einher. In den *Tagebuchern* notiert Musil, dass sich bestimmte Dinge nicht sagen ließen, solange man in Sätzen mit Endpunkt denke. Er schließt jedoch nicht aus, dass es möglich sei, Ausdrucksformen zu erlernen, die dann entsprechende Formulierungen erlauben würden (vgl. Tb I, 53); dies impliziert natürlich die Annahme einer Formbarkeit und Veränderlichkeit von Sprache und insbesondere von Literatursprache. Sprache in ihrer üblichen Form könne jedoch im Rahmen des Nicht-Ratioïden kein adäquates Ausdrucksmedium sein. Denn in diesem Bereich veränderlicher und einmaliger Gegenstände habe man es mit nur okkasionell bestimmten Bedeutungen zu tun, die einer begrifflichen Festlegung entgegen ständen (GW 8: 1027). Dem literarischen Autor stellt sich daher die Aufgabe, das Darstellungsproblem insbesondere im Zusammenhang nicht-ratioïder Gegenstände zu bewältigen – auf die sich Literatur über alltägliche und wissenschaftliche Kontexte hinausgehend bezieht; dies jedoch keineswegs ausschließlich, was sich unter anderem in den wissenschaftsnahen Passagen der literarischen Werke Musils widerspiegelt.[2] Es geht mit anderen Worten darum, die oben im Zitat erwähnten „Tatsachen und Schicksalsschläge", die sich hinter einem „es ist passiert" verbergen,

---

2 In der Forschung wird daher von einer Spannung von Eindeutigkeit und Gleichnis als grundlegender Polarität in Musils Stil gesprochen (vgl. auch für weitere Literaturhinweise Reichensperger 1994, S. 163 und 183 ff.). In den Bereich der Verknüpfung von ratioïdem und nicht-ratioïdem Gebiet in sprachlicher Hinsicht fällt auch die in Musils Texten geläufige Brücken-Metapher (vgl. zu der Forschungsdiskussion Reichensperger 1994, S. 181 f.).

zur Sprache zu bringen, ohne dabei jedoch der begrifflichen Erstarrung zu erliegen.

Wie löst Musil nun diese Aufgabe? In seinen *Essays* und den *Tagebüchern* – hier besonders im Heft 24 aus den Jahren 1904 und 1905 in Auseinandersetzung mit Edmund Husserls *Logischen Untersuchungen* – konzentriert er sich zunächst auf die lexikalische Ebene und hebt die Vieldeutigkeit der Wortbedeutungen bestimmter Teile des Wortschatzes hervor (Tb. I, 133): „Von ‚Hund' können Verschiedene Verschiedenes aussagen, von ‚alle' nicht." Auch schon in Heft 4 aus der Zeit von 1899 (?) bis 1904 oder später findet sich eine entsprechende Notiz (Tb. I, 2): „Allein alle Worte haben soviel Nebensinn, Doppelsinn, Nebenempfindung, Doppelempfindung, dass man gut thut sich von ihnen fern zu halten."

Das Wort bezeichnet er noch 1931 in dem Essay *Literat und Literatur. Randbemerkungen dazu* als ein „Siegel auf einem lockeren Pack von Vorstellungen" (GW 8: 1212 f.). Während im alltäglichen Gebrauch Sprache in der „ratioïden" Form verwendet werde, gehe es in dem literarischen Sprachgebrauch um individuelle Bedeutungsfüllungen und situative Sinngebungen, das heißt darum, aus dem „lockeren Pack von Vorstellungen" der Wortbedeutung die für den besonderen Zusammenhang jeweils relevanten zu aktivieren und kenntlich zu machen, ohne aber die bestehende Vieldeutigkeit als solche aufzuheben.

Diese Kenntlichmachung spezifischer lexikalischer Bedeutung erfolgt nun auf der syntaktischen Ebene; Musil hebt hier besonders die Gegenseitigkeit hervor, mit der die Bedeutungszuweisungen von Wort und Satz, aber auch Satz und Seite sowie von Seite und Textganzem erfolgen (vgl. Tb. I, 127). Das heißt, dass Bedeutungsspezifikationen erst im Textverlauf vorgenommen werden. Nur der Textzusammenhang gibt, so Musil, Aufschluss darüber, ob zum Beispiel ein Satz wie „die Wärme war groß" sich auf eine Bessemerbirne oder einen Zimmerofen bezieht und damit selbstverständlich auch ganz verschiedene Vorstellungsinhalte berührt. Derartige gegenseitige Bedeutungszuweisungen von einzelnem Wortelement und größerem syntaktisch-textlichem Zusammenhang erfolgen somit im Kontinuum; sie beruhen auf der Linearität von Sprache und insofern – auch beim stillen Lesen – auf einem dynamischen Prozess. Musil betont ebenfalls in *Literat und Literatur. Randbemerkungen dazu* (GW 7: 1213): „Das Gefüge einer Seite guter Prosa ist [...] nichts Starres, sondern das Schwingen einer Brücke, das sich ändert, je weiter der Schritt gelangt." Der Vorstellungsverlauf, der dem Lektüreprozess folgt, kann dabei durchaus eine gewisse Offenheit behalten und dem Leser insofern eine relative Freiheit lassen.

Auf diese Weise wird die Bedeutung einer Sprachäußerung erst allmählich in ihrem zeitlichen Ablauf realisiert: solange eine Äußerung nicht abgeschlossen ist, sind bei jedem ihrer Wörter nachträgliche Verschiebungen des Sachbezuges und Veränderungen der Bedeutung unter dem Einfluss der weiteren Zusammenhänge möglich.

Das Prinzip der „Bedeutungsakkumulation" bei Jan Mukařovský

Eben dieses Prinzip einer literarischen Ausnutzung des Verhältnisses von statischer Bedeutungsvielfalt des Wortes und dynamischer Bedeutungsentwicklung im Satz hat im Umfeld des Prager Strukturalismus der Ästhetiker Jan Mukařovský präzise dargestellt. 1940 spricht Mukařovský in seiner Untersuchung *Über die Dichtersprache* von einer „Bedeutungsdynamik im Kontext"[3] und charakterisiert das Verhältnis von Wort und Satz als eine „grundlegende dialektische Antinomie jedes Bedeutungsprozesses"[4]. Damit ist bei Mukařovský folgendes gemeint:

> Völlig verkehrt wäre es, diese Wechselbeziehung nach dem Modell des Paares Bau – Baumaterial zu begreifen; die dynamische Einheit „setzt sich" nicht nur aus statischen „zusammen", sondern gestaltet sie um, und auch die statische Einheit verhält sich nicht passiv gegenüber dem Kontext, sondern leistet ihm Widerstand, indem sie durch ihre Bedeutungsassoziationen Druck auf die Richtung seiner Bedeutungsintention ausübt und sich sogar auch um vollständige Verselbständigung bemüht.[5]

---

3 Mukařovský 1974 [1940], S. 182.
4 Mukařovský, ebd., S. 183.
5 Mukařovský, ebd., S. 183.

Hier wird neben der Aufrechterhaltung der Selbständigkeit der einzelnen Wortbedeutungen eine umgestaltende Funktion des Satz- und Textkontextes hervorgehoben. Diese Auffassung einer Umgestaltung der auch eine gewisse Eigenständigkeit bewahrenden Wortbedeutung durch die dynamische Satzbedeutung wird bei Mukařovský gleichzeitig als Ablehnung einer Form-Stoff-Antinomie dargestellt: eine Identifikation des Wortes mit dem „Baumaterial" und die Identifikation des Satzes mit dem „Bau" werden ausdrücklich verworfen. Wesentlich charakterisiert wird die Bedeutungsdynamik von Mukařovský statt dessen durch den Aspekt der zeitlichen Dimension:

> Die Bedeutungsstatik des Wortes beruht darauf, daß uns seine Bedeutung auf einmal und vollständig in dem Moment gegeben wird, in dem das Wort ausgesprochen ist. Der ‚Sinn' der Sprachäußerung wird erst allmählich in der Zeit realisiert, obwohl er ebenfalls – freilich nur potentiell – bereits in dem Augenblick existiert, in dem die Sprachäußerung begonnen wird. [...] es kann z.B. vorkommen, daß sich eine anfängliche emotionale Färbung des Wortes unter einem solchen Einfluß in ihr genaues Gegenteil wandelt oder daß sich die Bedeutung des Wortes nachträglich verengt oder erweitert usw.[6]

Schematisch stellt Mukařovský diese Linearität des Bedeutungsaufbaus unter dem Stichwort der „Bedeutungsakkumulation" dar: Jede Einheit, die auf eine andere folgt, wird bereits auf deren Hintergrund und auf dem aller vorausgegangenen Einheiten aufgenommen, so dass bei Beendigung des Satzes der gesamte Komplex der Bedeutungseinheiten, aus denen sich der Satz zusammensetzt, im Sinne des Zuhörers oder Lesers simultan gegenwärtig ist. Das Verfahren der so eintretenden Bedeutungsakkumulation kann durch ein Schema illustriert werden:

$$
\begin{array}{ccccccccccc}
a & - & b & - & c & - & d & - & e & - & f \\
  &   & a &   & b &   & c &   & d &   & e \\
  &   &   &   & a &   & b &   & c &   & d \\
  &   &   &   &   &   & a &   & b &   & c \\
  &   &   &   &   &   &   &   & a &   & b \\
  &   &   &   &   &   &   &   &   &   & a \\
\end{array}
$$

---

6   Mukařovský, ebd., S. 183.

Mukařovský erläutert dieses Schema im Weiteren in der folgenden Weise:

> Die waagerechte, nach dem Abc angeordete Buchstabenreihe in der ersten Zeile des Schemas bedeutet die Aufeinanderfolge der Bedeutungseinheiten innerhalb des Satzganzen, die senkrechten Spalten unter jedem der Buchstaben der ersten Zeile drücken schematisch das Verfahren der Bedeutungsakkumulation aus: im Augenblick, in dem wir die Einheit *b* aufnehmen, befindet sich bereits die Einheit *a* in unserem Bewußtsein, bei der Aufnahme der Einheit *c* kennen wir bereits die Einheiten *a* – *b* usw. – Es muß hinzugefügt werden, daß es immer, auch bei der abschließenden Akkumulation aller Bedeutungseinheiten des Satzes, auf die Reihenfolge ankommt, in der die Akkumulation erfolgte.[7]

Das Stichwort der „Bedeutungsakkumulation" besagt also, dass die semantischen Einheiten eines Satzes auf dem Hintergrund der vorausgegangenen Einheiten erfasst und modifiziert werden. Auf diese Weise entscheidet erst das Ganze des Satzes respektive der Seite oder des Textes über die jeweilige semantische Verknüpfung der einzelnen Einheiten und damit über den Sinn des gesamten Komplexes.

Mit einer solchen Auffassung von Ganzheit bewegt sich Jan Mukařovský explizit im Rahmen der gestalttheoretischen Diskussionen[8], die unabhängig von ihren schon bald erfolgenden Ausdifferenzierungen in Phänomenologie, Gestaltpsychologie, Psychoanalyse und verstehender Psychologie letztlich an Franz Brentano und seine *Psychologie vom empirischen Standpunkt* (1874) anknüpfen, da die Begründer der verschiedenen Richtungen ausnahmslos Schüler Brentanos gewesen sind.

---

7   Mukařovský, ebd., S. 186 f.

8   In der Abhandlung *Über die Dichtersprache* nimmt Mukařovský zu Fragen in eindeutiger Positionierung Stellung (Mukařovský 1974 [1940], S. 194): „Was den Bedeutungscharakter der Geisteszustände und des geistigen Geschehens betrifft, ist beim heutigen Stand der Psychologie bereits klar, dass das gesamte geistige Leben auch dann mit Bedeutungselementen durchwirkt ist, wenn es nicht um Mitteilung geht. Die ganze Gestaltpsychologie geht von der Voraussetzung aus, dass sich äußere Antriebe im Bewusstsein des Individuums spontan und unmittelbar zu Gebilden reihen, die durch einen einheitlichen ‚Sinn' organisiert sind, also durch eine bestimmte Art der Bedeutung."

Gestaltdenken und ästhetische Sprache in Musils Poetik

Die zentrale Rolle der Gestalttheorie auch für Robert Musils Denken ist in der Forschung verschiedentlich hervorgehoben worden;[9] dieser gemeinsame theoretische Kontext von Musil und Mukařovský begründet damit nicht nur das oben exemplifizierte methodische Vorgehen der Illustration des Musil'schen Konzeptes durch die Erläuterungen Jan Mukařovskýs, sondern das Bestehen dieses Kontextes erklärt darüber hinaus auch, wie es zu der parallelen Konzeption bei Musil und Mukařovský kommen konnte. Insbesondere ist hier daran zu erinnern, dass Musil – wenn auch nicht besonders glänzend – bei dem bedeutenden Psychologen und Philosophen Carl Stumpf, ebenfalls ein Schüler Franz Brentanos, in Berlin promoviert hat.[10] Daher war er schon während der Entstehungszeit der *Verwirrungen des Zöglings Törleß* in den ersten Jahren des zwanzigsten Jahrhunderts mit dem frühen Gestaltdenken aus unmittelbarer Quelle vertraut.[11] Von entscheidender Bedeutung ist hierbei nicht zuletzt, dass Musil sich in seinen oben skizzierten Überlegungen zu Literatursprache und Fragen der Satzbedeutung ausdrücklich auf den Begriff der Gestalt bezieht. Dieser Begriff besagt nach Musils Darstellung, „daß aus dem Neben- oder Nacheinander sinnlich gegebener Elemente etwas entstehen kann, das sich nicht *durch sie ausdrücken und ausmessen läßt.*" Weiter heißt es in Musils Essay *Literat und Literatur. Randbemerkungen dazu* (GW 8: 1218):

---

9 Vgl. insbesondere Roth 1972 und neuerdings die umfassende Untersuchung von Bonacchi 1998, ferner Bonacchi 1992 sowie Döring 1999. Für weitere Literaturangaben vgl. Venturelli 1988, 170 f.

10 Margret Kaiser-El-Safti weist darauf hin, dass Stumpf sich ebenso wie Edmund Husserl und Max Scheler als Phänomenologe verstanden hat. Dass er heute sowohl bei Philosophen als auch Psychologen praktisch unbekannt ist, erklärt sie damit, dass er weder auf der Seite der naturwissenschaftlichen experimentellen Psychologie noch in den Reihen der Philosophen und Geisteswissenschaftler problemlos zu platzieren sei (vgl. Kaiser-El-Safti 2001, S. 308 f.).

11 Vgl. vor allem Bonacchi 1992, S. 21 f. Die Bedeutung des Kontaktes mit Gustav Johannes von Allesch für Musils Interesse für die Gestaltthematik wird ebenfalls in der Forschung immer wieder angeführt, vgl. etwa Luserke 1988, S. 274 f.

So besteht [...] ein Rechteck zwar aus seinen vier Seiten und eine Melodie aus ihren Tönen, aber in deren einmaligem Stand zueinander, der eben die Gestalt ausmacht und einen Ausdruck hat, der sich aus den Ausdrucksmöglichkeiten der Bestandteile nicht erklären läßt. [...] Mit einer älteren Bezeichnung, die weiterhin mitgebraucht werden wird, läßt sich auch sagen, sie [die Gestalten. G.L.S.] seien ein Ganzes, aber es muß hinzugefügt werden, daß sie kein summatives Ganzes sind, sondern in dem Augenblick, wo sie entstehen, eine besondere Qualität in die Welt setzen, die anders ist als die ihrer Elemente; und wahrscheinlich darf man dann sogar hinzufügen, was für die Folge wichtig wäre, daß das Ganze einen volleren geistigen Ausdruck vermittelt als die Elemente, die es begründen, [...].

Christian von Ehrenfels hat in seiner berühmten und für das Gestaltdenken grundlegenden Schrift *Über Gestaltqualitäten* (1890) auf den Unterschied zwischen Summen und bloßen Aggregaten rekurriert, wie die Psychologiehistorikerin Margret Kaiser El-Safti betont.[12] Wesentlich ist für das Ganze dessen Neuheit gegenüber den Elementen oder Bestandteilen sowie die Anordnung dieser Elemente innerhalb des Ganzen. Die Bestandteile und ihre Eigenschaften sind dem Ganzen untergeordnet und dies „auch an anschaulich mehr oder weniger reich gegliederten räumlichen und zeitlichen Gebilden: an Gestalten, Melodien und Vorgängen wird das Bestehen von eigenständigen – nicht aus dem Spurenschatz hinzugefügten – Ganzeigenschaften nachgewiesen"[13]. Der Teil wird insofern nicht als „Element" im Sinne des psychologischen Atomismus betrachtet. Derartige „Ganzeigenschaften" werden als „Gestaltqualitäten" oder nach ihrem Entdecker „Ehrenfels-Qualitäten" bezeichnet[14] – der Begriff der Gestaltqualitäten erscheint in Musils Tagebuch zuerst im Heft 24 aus den Jahren 1904 und 1905 unter Bezugnahme auf Alexius von Meinong und Stephan Witasek (Tb. 1, 131). Von Ehrenfels charakterisiert die Gestalt durch diese sogenannte Übersummativität und die damit verbundene Transponierbarkeit, da die Qualität des Ganzen erhalten bleiben kann, sofern die Beziehungen zwischen den Bestandteilen stabil bleiben, auch wenn es – wie im Fall einer Melodie – aus anderen, das heißt höheren oder tieferen Tönen, gebildet wird. Wolfgang Metzger weist ferner darauf hin, dass bei von Ehrenfels

---

12 Kaiser El-Safti 1993, S. 137.
13 Metzger ⁶2001, S. 60.
14 Vgl. ebd.

auch schon die Grundlage für eine Erweiterung des Anwendungs-
gebietes gegeben sei durch dessen Hinweis auf die unmittelbare
Ähnlichkeit von Gestaltqualitäten völlig verschiedener Sinnes- und
Sachgebiete[15]. Auch eine Anwendung auf Sprache und Semantik ist
insofern also keineswegs überraschend oder fernliegend.

Der Gestaltgedanke impliziert insofern die Dimension ästhetischer
Sprachverwendung in der beschriebenen Charakteristik des Musilschen Prosastils, als er mit dem Aspekt der Übersummativität erlaubt,
auf die elementaren sprachlichen Bestandteile, das heißt die Wort-
ebene – respektive die Wortbedeutungen – zu verweisen, ohne jedoch
in einen lexikalischen Atomismus zu verfallen.[16] Der Ansatz ermöglicht vielmehr, die eindimensional reduzierten Wortbedeutungen,
welche einen alltagssprachlich-ratioïden Zugang kennzeichnen,
aufzufächern und auf diese Weise in den Blick zu rücken[17] sowie
ihnen aufgrund ihrer syntaktischen Stellung zueinander übersummativ
eine neue Dimension zu verleihen: „Die Bestimmungsstücke bestim-

---

15 Vgl. ebd.

16 Wolfgang Metzger beschreibt den Grundsatz des Atomismus oder der
    Summenhaftigkeit und also das Modell, gegen welches sich das Gestaltdenken
    wendet, anschaulich am Beispiel des Textverstehens: „Ein einfaches Beispiel
    eines atomistischen oder, wie man hier besser sagt, stückhaften Vorgehens ist das
    Bemühen, in den Sinn eines fremdsprachlichen Textes einzudringen, indem man
    der Reihe nach die einzelnen Wörter zu übersetzen und aus der Zusammen-
    stellung der gewonnenen Bedeutungen nachträglich einen Gesamtsinn zu
    gewinnen sucht." (Metzger [6]2001, S. 48).

17 Auch dieser Aspekt wird bei Mukařovský in der Studie *Zur Semantik des
    dichterischen Bildes* erläutert (Mukařovský 1974 [1946], S. 200f.): „Werden
    Wörter und Wortverbindungen dichterisch verwendet, rufen sie einen größeren
    Reichtum an Vorstellungen, Gefühlen usw. hervor als in der mitteilenden
    Aussage; in der Dichtung drückt das Wort immer eine umfassendere Bedeutung
    aus als in der Mitteilung. Das mitteilende Wort zielt auf eine genau abgegrenzte
    Bedeutung, deren Komponenten man ermitteln kann. Diesen Umstand macht die
    Wissenschaftssprache als Extremfall der mitteilenden Sprache deutlich. Das
    dichterische Wort kann zwar aufgrund eines bestimmten Entwicklungsstandes
    eine Neigung zu intellektueller Schematisierung vortäuschen, es zielt jedoch
    immer auf die nicht unmittelbar ausgesprochene Bedeutung (auf Vorstellungs-
    assoziationen, komplizierte Bündel von Gefühlen, Willensbewegungen), und
    durch Vermittlung dieser nicht direkt ausgesprochenen Beziehungen ist es fähig,
    auch zu Dingen eine Sachbeziehung zu knüpfen, die außerhalb des engeren
    Umkreises eines gegebenen Bedeutungszusammenhanges liegen."

men sich also gegenseitig", heißt es in Musils Besprechung von Gustav Johannes Alleschs Schrift *Wege zur Kunstbetrachtung* aus dem Jahr 1921, so dass es in dem ganzen Komplex keine einzige unabhängige Variable gäbe, sondern nur wechselseitige Abhängigkeiten (GW 9: 1520). Matthias Luserke spricht hier von einer Verbindung von semantischem Potential eines Begriffs, der phänomenalen Gestalt von Wörtern in Sinn von Ehrenfels – der seinerseits 1937 jedes Wort der Sprache als eine Gestaltqualität bezeichnet hat – sowie der Kombination und Variation von Begriffen.[18] In der erwähnten Schrift Gustav Johannes von Alleschs wird der zunehmende Einfluss der Gestaltpsychologie in der Diskussion ästhetischer Fragen besonders deutlich:[19]

> So wie in jedem Augenblick unser Leben eine in der Einheit des erlebenden Ich wurzelnde Einheit ist, die doch einen bestimmten Schwerpunkt und eine bestimmte Richtung ihrer Wandlung hat, so bildet auch ein zu seiner Fülle entwickeltes Kunstwerk eine mit einem Schwerpunkt ausgestattete Einheit, eine Gestalt, die ihre Kulmination einmal in diesem, einmal in jenem Faktor finden kann. Nur daß wir eine solche Bildgestalt richtig erfassen, daß unsere Phantasie imstande ist, nicht nur den ganzen Komplex des Gegebenen zu umspannen und ihn im Bewusstsein zu halten, auch mit allen seinen indirekt gegebenen Teilen, sondern das alles ineinander zu schweißen und die ganze Masse zu formen, nur das macht aus einer völlig kunstfernen Tatsachenkonstatierung und -sammlung einen ästhetischen Prozeß.[20]

---

18 Vgl. Luserke 1988, S. 280 und 283.

19 Der Psychologiehistoriker Christian G. Allesch betont (Allesch 1987, S. 1): „Rund hundertfünfzig Jahre, nachdem durch Baumgarten um 1750 die Ästhetik zum ersten Mal als eigener wissenschaftlicher Zweig innerhalb der philosophischen disziplinen postuliert worden war, entbrannte nun zwischen Philosophen und Psychologen der Streit um die Ästhetik: nachdem schon 1876 G. Th. Fechner eine empirische ‚Ästhetik von Unten' anstelle der vorherrschenden spekulativen ‚Ästhetik von Oben' gefordert hatte, stellte Th. Lipps 1903 erstmals im Vorwort und im Untertitel seiner *Grundlegung der Ästhetik* lapidar und provokativ fest, die Ästhetik sei ‚eine psychologische Disziplin'." Explizit enthält Allesch sich jedoch einer Entscheidung in dieser Frage der Zuständigkeit. Kein Zweifel besteht seiner Ansicht nach jedoch daran, dass die psychologische Ästhetik spätestens seit dem Beginn unseres Jahrhunderts als eigenständige wissenschaftliche Richtung existiert habe und dass von dieser psychologischen Ästhetik entscheidende Anregungen für die philosophische Ästhetik ausgegangen seien (vgl. Allesch 1987, S. 1).

20 Allesch 1921, S. 140; zitiert nach Allesch 1987, S. 366.

Musil entwickelt seinen Ansatz einer Verbindung von wort- und satzsemantischer Dimension in einer übergreifenden Sprachreflexion damit vor dem Hintergrund von Konzepten des Gestaltbegriffes sowie von Überlegungen zu einer psychologischen Ästhetik, die schon bei Gustav Theodor Fechner angelegt wurden und mit Franz Brentanos *Psychologie vom empirischen Standpunkt* (1874) wichtige Impulse erhalten sowie in Carl Stumpf auf psychologisch-ästhetischem Gebiet einen wichtigen Nachfolger gefunden haben.[21] Verbindungen von Psychologie und Sprachforschung wiederum sind im 19. Jahrhundert seit dem Niedergang idealistischer Philosophie geläufig geworden. Die Psychologie wird in der Historiographie der Linguistik als ein von Beginn an aktiver Ideenlieferant für die sprachwissenschaftliche Theoriebildung betrachtet und vor allem für alle Fragen, die sich auf die Dimension des Semantischen bezogen, spielte die Psychologie eine besonders wichtige Rolle – wenn auch zu betonen ist, dass diese Zusammenhänge in der Fachgeschichtsschreibung lange Zeit so gut wie nicht erforscht worden sind.[22] Den Untertitel des vierten Kapitels seiner Untersuchung der *Geschichte der psychologischen Sprachauffassung in Deutschland von 1850 bis 1920* formuliert Clemens Knobloch mit dementsprechend schonungsloser Deutlichkeit: „Psychologische Semantik. Bedeutung und Verstehen – Stand der

---

21 Vgl. Allesch 1987, S. 307, 315 ff., 319. Die Tatsache, dass Franz Brentanos Name in den ästhetischen Schriften nach der Jahrhundertwende so selten auftaucht, erläutert Christian G. Allesch unter Hinweis auf die größere Aktualität, die den Schriften des Brentano-Schülers Edmund Husserl in der damaligen Auseinandersetzung zukam. Allesch betont jedoch, dass nicht selten Husserl zitiert oder auch angegriffen wurde, wo eigentlich Brentanos Name hätte stehen müssen und erinnert daran, dass Brentanos Vorlesungen über Ästhetik erst 1959 aus dem Nachlass herausgegeben wurden, so dass seine entsprechenden Überlegungen nur seinen unmittelbaren Schülern bekannt waren: „Dies betrifft nicht zuletzt seine fundamentale Kritik an Fechners ‚Ästhetik von unten' und die darin enthaltene Warnung vor dem Elementarismus in der experimentellen Ästhetik, die so vieles vorwegnahm, was erst später über die Vertreter der Ganzheitspsycholgie und die spätere Gestaltpsychologie wieder in die Diskussion eingebracht wurde. Was Brentano an unmittelbarer Wirksamkeit versagt blieb, wird allerdings durch die seiner Schüler und Enkelschüler weitgehend aufgewogen." (Allesch 1987, S. 325).
22 Vgl. Knobloch 1988, S. 56 f.

Forschung oder: ein Trauerspiel in mehreren Akten".[23] Diese Forschungslage im Bereich der linguistischen Historiographie macht die Auseinandersetzung mit einem komplexen theoretischen Ansatz, wie er bei Robert Musil vorliegt und der hier zudem die Dimension konkreter literarischer Sprachverwendung betrifft, umso dringlicher; dies sowohl mit Blick auf literarhistorische Aufgaben als auch solche der historischen Sprachtheoriebildung und linguistischen Disziplingeschichte.[24]

Hervorzuheben ist in diesem Zusammenhang die Sammlung *Die Bedeutung des Wortes. Aufsätze aus dem Grenzgebiet der Sprachpsychologie und Logik* von Karl Otto Erdmann, da diese mit der Erstauflage im Jahr 1900 der frühen Auseinandersetzung Robert Musils mit Fragen der Gestaltauffassung unmittelbar vorangeht. Erdmann betont ganz im Sinn der späteren komplex ausgearbeiteten Formulierung durch Jan Mukařovský:

> Die Wortbedeutungen bedingen sich gegenseitig und schränken einander ein. Und es ist ebenso richtig zu sagen, dass der Sinn der gebrauchten einzelnen Ausdrücke vom Sinn des ganzen Satzes abhängig sei, wie daß der Sinn des Satzes von der Bedeutung der gebrauchten Worte abhänge.[25]

Wie etwas später Musil hat auch Karl Otto Erdmann, der geleitet ist von dem praktisch orientierten Interesse einer Klärung von Wortbedeutungen für juristische Zusammenhänge, festgestellt, dass Wörter im allgemeinen Zeichen für ziemlich unbestimmte Komplexe von Vorstellungen seien, die in mehr oder minder loser Weise zusammenhingen.[26] Mit der Verwendung des Begriffs der Vorstellungen ist, wie Clemens Knobloch betont,[27] bei Erdmann jedoch nicht die Annahme verbunden, dass die Anschaulichkeit des Sprachlichen, die Gegenstand eines eigenen Kapitels seiner Darstellung ist, auf einzelne Wortvorstellungen zurückzuführen sei.[28] Zugespitzt akzentuiert diesen

---

23 Ebd., S. 239.
24 Vgl. zu diesen Zusammenhängen Schiewer 2004.
25 Erdmann [4]1925, S. 43 f.
26 Vgl. ebd., S. 5.
27 Vgl. Knobloch 1988, S. 303 f.
28 Vgl. Erdmann [4]1925, S. 210.

Punkt der Psychologe und Sprachtheoretiker Karl Bühler, der ebenfalls bei Carl Stumpf in Berlin studiert hat, in seiner Untersuchung *Über das Sprachverständnis vom Standpunkt der Normalpsycholgie* (1909): „Es will mir scheinen als ob das, was man die Anschaulichkeit einer Sprache nennt, vielmehr in den Wortkombinationen als in der Wahl der Einzelwörter begründet sei.[29] Erdmann hat hier Knobloch zufolge in der Sache unmittelbar auf Bühler eingewirkt, ohne allerdings von diesem namentlich erwähnt zu werden.[30]

Musils literarische Sprache in der Perspektive dynamischer Satzsemantik

Es ergeben sich aufgrund dieser Voraussetzungen für den literarischen Stil Musils und seine konkrete sprachliche Umsetzung nun verschiedene Implikationen, die im Folgenden exemplarisch vorgestellt werden sollen. Es stellt sich mit anderen Worten die Frage, wie sich ein solcher Gestaltbegriff auf der sprachliche Ebene unmittelbar auswirken kann und welche literatursprachlichen Möglichkeiten durch ihn eröffnet werden.[31] Dies soll hier an einigen Beispielen und Passagen aus dem *Törleß*, den *Vereinigungen* und dem *Mann ohne Eigenschaften* skizziert werden. Damit wird gleichzeitig illustriert, dass es sich bei dem vorgestellten semantischen Konzept um einen Ansatz handelt, der schon in Musils Frühwerk angelegt ist.

Der Aspekt der Übersummativität im Sinn des Vorliegens von Eigenschaften eines Ganzen respektive eines Satzes, die in den Teilen oder Wörtern nicht auffindbar sind, kennzeichnet zunächst natürlich

---

29 Bühler 1909, S. 113.
30 Vgl. Knobloch 1988, S. 300.
31 Es ist zu betonen, dass hier nicht auf eine stilistische Analyse und in diesem Zusammenhang eine funktionale Instrumentalisierung der Gestaltkonzeption abgezielt wird. Vielmehr geht es darum, die Möglichkeiten der Umsetzung des psychologisch-philosophisch fundierten Gestaltansatzes in den sprachlichen Ausdruck nachzuvollziehen. Ziel ist es mit anderen Worten, die Theorie hinsichtlich der Möglichkeiten einer gezielten Umsetzung in konkrete Sprache zu illustrieren.

die Bildform der Metapher als Instrument anschaulicher Darstellung – hier mit einem Vergleich abgestützt (MoE 9): „Städte lassen sich an ihrem Gang erkennen wie Menschen." Der folgende Satz geht jedoch über diese Ebene schon hinaus (MoE 9): „Fußgängerdunkelheit bildete wolkige Schnüre." Die metaphorische Form „Fußgängerdunkelheit" wird potenziert durch die kühne Bildung „wolkige Schnüre", so dass hier eine Dynamik der Satzbedeutung im beschriebenen Sinn zur Wirkung kommt. Eine solche Bildung zeichnet sich durch besondere Offenheit und Neuheit der hergestellten Beziehungen und Vorstellungsverbindungen aus; dies insbesondere in Relation zu dem rhetorischen Gestaltungsmittel des Gleichnisses, welches auf einen übergreifenden Vergleich abzielt, auf den somit die betreffenden metaphorischen Elemente hin orientiert sind.[32] Diese erwähnte Potenzierung ist auch Grundlage einer Beobachtung, die in der Forschung beschrieben wurde als das Bestehen von Verknüpfungen innerhalb des Romanganzen, die durch Bezugnahmen innerhalb der metaphorischen Ebene in ihrem Gesamt den Sinn des Bezugsverhältnisses ausmachen sollen.[33] Eine allgemeine Formulierung dieses Prinzips ist wiederum bei Jan Mukařovský, und zwar in seinem Aufsatz *Zur Semantik des dichterischen Bildes* (1946) zu finden. Er bezieht sich auf die funktionale Kunstauffassung der Prager Schule, wenn er betont, dass sich bei der dichterischen Benennung die Aufmerksamkeit auf das Zeichen selbst richte, und dass aus diesem Grund hier der Bedeutungsbezug jedes Wortes zu dem umgebenden Zusammenhang des Textes in den Vordergrund trete, während bei der mitteilenden Benennung das Hauptgewicht auf der Beziehung des Wortes zur Sache läge, die dieses Wort unmittelbar meine, also auf dem sogenannten Sachbezug.[34]

Ebenfalls kann die schon 1956 von Beda Allemann akzentuierte ironische Erzählhaltung als wesentliches Element in Musils Stil als übersummativ beschrieben werden. Allemanns Charakterisierung zielt implizit genau hierauf ab, wenn er betont, dass der ironische Spiel-

---

32 Vgl. Freij 1972, S. 62.
33 Vgl. Reichensperger 1994, S. 175, der sich hier bezieht auf Hochstätter 1972, S. 141.
34 Mukařovský 1974, S. 200.

raum sich nicht am Einzelbeispiel in seinen Strukturen ohne weiteres sichtbar machen lasse. Besonders bezieht sich Allemann auf Musils Rede von der „konstruktiven Ironie" (vgl. MoE 1939). Allemann spricht davon, dass es sich um eine Ironie handle, „die sich im Hintergrund des Gesamtaufbaus des Werkes hält"[35] und den Roman durchwirke.[36] Auch Helmut Arntzen bezieht seine diesbezüglichen Beobachtungen zu Musils Stil auf das Textganze: „Die Fülle der sprachlichen Einzelmomente, die zur Einheit werden, nennen wir den satirischen Stil [...]. Erst im Aufsteigen vom Wort über den Satz zur beziehungsreichen Struktur wird sich bei Robert Musil die Satire erschließen."[37] 1991 hat Irmgard Honnef-Becker eine ausführliche Analyse der konstruktiven Ironie bei Musil vorgelegt, in der sie einleitend deren Erkenntnisdimension bezeichnet mit dem Hinweis, dass die sogenannte moderne Ironie dann zum Tragen komme, wenn der propositionale Gehalt nicht mehr formulierbar sei.[38] Arntzen bezieht sich in seinen Analysen auf den *Mann ohne Eigenschaften*; jedoch sind etwa auch schon im *Törleß* solche übergreifenden Ironieelemente zu finden:

> Nun die zwei: der eine von ihnen war ja doch der Mathematikprofessor? Törleß erkannte ihn an dem Sachtüchlein, das kokett aus der Tasche schaute. Aber der andere? Der mit dem sehr, sehr dicken Buch unter dem Arm, das halb so hoch war wie er selbst? Der sich kaum damit schleppen konnte? ... Bei jedem Schritte blieben sie stehen und legten das Buch auf die Erde. Und Törleß hörte die piepsige Stimme seines Lehrers sagen: Wenn dem so sein soll, finden wir das Richtige auf Seite zwölf, Seite zwölf verweist uns weiter an Seite zweiundfünfzig, dann gilt aber auch das, was auf Seite einunddreißig bemerkt wurde, und unter dieser Voraussetzung .... Dabei standen sie über das Buch gebückt und griffen mit den Händen hinein, daß die Blätter stoben. Nach einer Weile richteten sie sich wieder auf, und der andere streichelte fünf- oder sechsmal die Wangen des Professors. Dann kamen abermals ein paar Schritte vorwärts, und Törleß hörte

---

35 Allemann 1956, S. 181.
36 Vgl. ebd., S. 210.
37 Arntzen 1960, S. 4. Allerdings spricht Helmut Arntzen von dem Satirischen und nicht dem Ironischen bei Musil; jedoch soll auf entsprechende Fragen einer Differenzierung von Ironie und Satire an dieser Stelle nicht eingegangen werden, da eine solche Diskussion das hier fokussierte thematische Anliegen nicht unmittelbar betrifft.
38 Vgl. Honnef-Becker 1991, S. 142.

von neuem die Stimme, genau so, wie wenn sie im Mathematikunterricht einen Bandwurm von Beweis abfingerte. Solange, bis der andere wieder den Professor streichelte.

Dieser andere ...? Törleß zog die Brauen zusammen, um besser zu sehen. Trug er nicht einen Zopf? Und etwas altertümliche Kleidung? Sehr altertümliche? Seidene Kniehosen sogar? War das nicht ...? Oh! Und Törleß wachte mit einem Schrei auf: Kant! (GW 6: 85)

Diese Passage – in der auch explizit in ironischer Distanzierung auf die Verweisstrukturen innerhalb von Texten angespielt wird – hat einen Rückbezug zu Törleß' Aufmerksamwerden auf das Unendliche des Himmels, das er sich durch den mathematischen Begriff des Unendlichen zu erklären versucht. Er hat daher sogar einen privaten Besuch bei dem Mathematiklehrer unternommen und bei dieser Gelegenheit bemerkt, dass dessen Taschentuch „weiß und geziert" hervorsah (vgl. GW 6: 76) und einen „Renommierband Kant", der auf einem kleinen Tischchen lag (vgl. GW 6: 77). Der Besuch war für Törleß äußerst enttäuschend verlaufen, denn der Professor hatte das Gespräch mit dem Hinweis beendet, dass die Philosophie Kants die Bestimmungsstücke des menschlichen Handelns und lauter Denknotwendigkeiten enthalte, es für Törleß vorläufig jedoch wohl noch zu schwer sein würde (vgl. GW 6: 78). Dennoch kauft Törleß sich eine Reclamausgabe (!) und stellt dann bald fest, dass er vor lauter Klammern und Fußnoten kein Wort versteht, ja sogar das Gefühl bekommt, dass ihm das Gehirn aus dem Kopf gedreht werde (vgl. GW 6: 80). Etwas später erläutert der Erzähler dann, dass für Törleß „die Episode mit Kant" nahezu überwunden sei und dieser eingesehen habe, auf die Hilfe philosophischer Bücher verzichten zu müssen (vgl. GW 6: 92 f.). Die „Episode mit Kant", die den philosophischen Zugang zu den Törleß bewegenden Fragen durchgehend ironisierend *ad absurdum* führt, verweist hier tatsächlich auf grundlegende Aspekte des Romans, die durch die Bezugnahmen innerhalb der Textebene akzentuiert werden.

Eine „Ganzeigenschaft" der Satzebene im oben bezeichneten Sinn kann weiterhin implizieren, dass sich ein Bestandteil – das heißt hier ein Wort – aufgrund seiner Unterordnung unter den gesamten Komplex verändert, wenn es Teil in einem Ganzen wird. Das impliziert, dass es zusätzliche oder ungeläufige Bedeutungsfacetten neu gewinnen kann, wie etwa in dem Satz aus der Eingangspassage des *Mann ohne Eigenschaften* (MoE 9): „Wo kräftigere Striche der Geschwindigkeit quer durch ihre lockere Eile fuhren, verdickten sie sich, rieselten nachher rascher und hatten nach wenigen Schwingungen wieder ihren gleichmäßigen Puls." Hier können „Striche" – abweichend vom üblichen Gebrauch und Bedeutungsspektrum – sich „verdichten", „rieseln" und einen „gleichmäßigen Puls" haben; die Prädikate, die auch untereinander keine gemeinsamen Bedeutungsspektren erkennen lassen, werden durch den Kontext modifiziert. Auf diese Weise ist die Ausformung einer sehr spezifischen Bildlichkeit möglich, deren „Absolutheit" in Musils *Mann ohne Eigenschaften* in der Forschung schon früh von Karl-Markus Michel[39] betont wurde.

Die erwähnte Gestalteigenschaft der Transponierbarkeit bezieht sich hingegen auf die Bedeutung der Stelle, an der sich ein bestimmtes Element befindet. Diesem Ort wird daher eine zentrale Rolle zugesprochen. Musil hat in Bezug auf diesen Aspekt ausführliche Erläuterungen vorgelegt, wobei er sich besonders auf die Sprache der Lyrik bezieht. Er verwirft in diesem Zusammenhang – ebenso wie es oben bei Mukařovský zu erkennen war – die Annahme einer Antinomie von Form und Inhalt.

> *1. Man kann Form u Inhalt nicht auseinanderhalten:* Lichtlein schwimmen auf dem Strome, Kinder singen auf der Brücken. – Auf dem Strome schwimmen Lichtlein, auf der Brücken singen Kinder. – Trotz des gleichen Metrums (das eben ein unvollkommenes Maß der Form ist) ist der ästhet. Eindruck verschieden, der Gedanke aber der gleiche. [...] In der gewöhnlichen Zweckrede wie in der wissenschaftlichen würde kein Unterschied zwischen ihnen gemacht werden. [...]
> Unschwer ist aber eine psychologische Verschiedenheit zu bemerken. Im ersten Fall liegt der Dominant-Accent auf Lichtlein, im zweiten auf Strom; die uns suggerierte Vorstellung ist verschieden. [...] Unschwer ist ferner zu bemerken, daß der ‚Gegenstand des Gedichts' natürlich nicht der Sachverhalt ist, die Tatsache, daß Lichtlein auf dem Strome schwimmen usw. sondern die ‚Stimmung'. Und dieser Gegenstand ist wirklich ein anderer nach der vorgenommenen Änderung. Die Einheit zwischen Gegenstand des Gedichts u Form ist also sehr eng, so daß auf eine Trennbarkeit aus diesem Beispiel kaum geschlossen werden kann.[40]

---

39 Michel 1954, S. 34 f.
40 Vgl. Musil, *Form und Inhalt [um 1910]*. In: GW 8: 1299.

In dieser Passage wird mit der Apostrophierung der spezifischen Position eines Wortes im Gefüge des Ganzen gleichzeitig deutlich, dass der Gestaltaspekt mit dieser literatursprachlichen Dimension eine als grundlegend einzuschätzende poetische Funktion in Musils Denken gewinnt;[41] die Bedeutung des Problems der Form einschließlich der Grundlage des Gestaltbegriffs hat Marie-Louise Roth schon 1972 betont mit dem Hinweis, dass die Form als zwingender, einziger und letzter Ausdruck eines Inhaltes im Mittelpunkt des Denkens Musils stehe.[42] In dem Essay *Literat und Literatur. Randbemerkungen dazu* heißt es (GW 8: 1218): „Die wissenschaftliche Grundlage dieser Durchdringung von Form und Inhalt bildet der Begriff der ‚Gestalt‘." In der oben zitierten Passage wird die Gestaltidee auf die akzentuierte Unmittelbarkeit bezogen, welche Musil als ästhetisches Prinzip in der Umsetzung von gedanklichem Inhalt in sprachliche Form anstrebt. Die Trennung von „Bau" und „Material", wie Mukařovský es genannt hat, soll somit überwunden und Sprache auf diese Weise zu einem möglichst unvermittelten Ausdruck der inhaltlichen Ebene gestaltet werden.[43] Dies impliziert jedoch keineswegs eine abbildtheoretische Sprachkonzeption; vielmehr zielt das Konzept Robert Musils darauf ab, die dynamischen Möglichkeiten der Ebene sprachlicher Linearität respektive die Möglichkeiten der Funktionsweise von Wörtern und Bedeutungen in der zeitlichen Dimension zu berücksichtigen. Die Unmittelbarkeit der Verknüpfung von sprachlichen und erzähltechnischen Problemen bei Musil mit den Grundlagen seiner Poetik betont auch Richard Reichensperger, wenn er die in der Forschung ausgeprägte Stilcharakterisierung von „Eindeutigkeit" und „Gleichnis" auf die zentrale Frage Musils nach dem Verhältnis von Wissenschaft und Dichtung bezieht.[44]

Es ist insbesondere davon auszugehen, dass diese Zusammenhänge keineswegs ausschließlich für die Gattung des Lyrischen relevant sind, obwohl Musil in der zitierten Passage sich an der Lyrik orientiert. Insbesondere für die Erzählungen der *Vereinigungen* und

---

41 Vgl. hierzu Schiewer 1999.
42 Vgl. Roth 1972, S. 207.
43 Vgl. Schiewer 2004.
44 Vgl. Reichensperger 1994, S. 163 f.

die Novellen *Drei Frauen* hat Rosemarie Zeller betont, dass Musil mit
Mitteln des Bedeutungsaufbaus arbeite, die denen der Lyrik ähnlicher
seien als denen der Erzählung[45], womit eine Aufhebung scharfer
Gattungsgrenzen in Musils Werk anerkannt wurde. So zeichnen sich
beispielsweise die Anfangspassagen zu *Die Portugiesin* durch bewusst
gestaltete syntaktische Strukturen aus, die sich in einer konsequenten
Formung des thematisch-rhematischen Aufbaus ausprägen. Der
unmittelbare Einsatz zu Beginn des Textes und die parallele
Konstruktion der drei durch Semikola abgetrennten Sätze des ersten
Absatzes zeigt nicht nur eine gezielt eingesetzte parataktische
Struktur[46], sondern auch eine thematische Progression des Typus mit
einem durchlaufenden Thema – „Sie, die delle Catene oder Herren
von Ketten" stellen den thematischen Gegenstand dar –, dem jeweils
neue rhematische Aspekte zugeordnet werden:[47]

> Sie hießen in manchen Urkunden delle Catene und in andern Herren von Ketten;
> sie waren aus dem Norden gekommen und hatten vor der Schwelle des Südens
> halt gemacht; sie gebrauchten ihre deutsche oder welsche Zugehörigkeit, wie es
> der Vorteil gebot, und fühlten sich nirgends hingehören als zu sich. (GW 6: 252)

Im dritten Absatz wird das Thema wieder aufgenommen, hier jedoch
zunächst in einer syntaktischen Anordnung, in der die rhematisch neue
Information an den Satzanfang gestellt wird:

> Als scharf und aufmerksam galten alle Herren von Ketten, und kein Vorteil
> entging ihnen in weitem Umkreis. Und bös wie Messer waren sie, [...]
> (GW 6: 253)

An beiden Textbeispielen lässt sich wahrnehmen, was Musil in dem
oben angeführten Zitat als „Stimmung" bezeichnet: die spezifischen
Akzentuierungen, die sich hier ergeben, können bei einer Umstellung
in die entsprechenden Normalformen nicht aufrecht erhalten werden:
„In manchen Urkunden hießen sie delle Catene [...]" und „Alle Herren
von Ketten galten als scharf und aufmerksam [...]". Auf der Ebene des
Einzelsatzes bezieht sich dieses Phänomen also im Wesentlichen auf

---

45 Vgl. Zeller 1982, S. 135.
46 Vgl. auch die Analyse von Paul Requadt (Requadt 1962).
47 Vgl. Danes 1996 [1970], S. 595.

die spezifische Stellung der Satzglieder; jedoch kann es natürlich auch satzübergreifend eingesetzt werden, wie beispielsweise in der folgenden – noch engräumigen – Ausnutzung der rhetorischen Konstruktion der Anadiplose in der ersten Erzählung der *Vereinigungen*, *Die Vollendung der Liebe* (GW 6: 156):

> Der Arm der Frau aber ragte von der Kanne weg und der Blick, mit dem sie nach ihrem Manne sah, bildete mit ihm einen starren, steifen Winkel.
> Gewiß einen Winkel, wie man sehen konnte; [...].

Hervorzuheben ist insbesondere, dass Musil das skizzierte Prinzip zunächst in hohem Maß auf inhaltlich-gegenständlicher Ebene durchdringt. Diese ist als explizite Thematisierung von der linguistischen Ebene der Wort-, Satz- und Textbedeutungen abzugrenzen und gewissermaßen als explizite von der impliziten Gegenstandsebene zu unterscheiden. Etwa in *Die Verwirrungen des Zöglings Törleß* ist das Ringen um sprachlichen Ausdruck des Gefühlsmäßigen wichtiger thematischer Gegenstand des gesamten Romans, etwa wenn Törleß um seine schriftliche Abhandlung „De natura hominum" bemüht ist, die aufgrund der Unangemessenheit eines solchen philosophiesprachlichen Zugangs zur Klärung des Gefühlsmäßigen scheitert.[48] Aber auch im *Mann ohne Eigenschaften* sind immer wieder auch solche expliziten Thematisierungen und dies schon auf der textuellen Mikroebene zu finden:

> Es wäre wichtig, zu wissen, warum man sich bei einer roten Nase ganz ungenau damit begnügt, sie sei rot, und nie danach fragt, welches besondere Rot sie habe, obgleich sich das durch die Wellenlänge auf Mikromillimeter genau ausdrücken ließe; wohingegen man bei etwas so viel Verwickelterem, wie es eine Stadt ist, in der man sich aufhält, immer durchaus genau wissen möchte, welche besondere Stadt das sei. Es lenkt von Wichtigerem ab.[49]

Die sprachliche Ebene selbst, die etwa im *Törleß* noch nicht zu einer neuen Erzähltechnik durchgebildet ist, obwohl auch hier beispielsweise die Metaphorik und die Ironie zentrale Stilmittel darstellen, wird in den Jahren bis 1906 parallel zu der Entstehung des *Törleß-*

---

48 Musil, *Törleß*, GW 6: 88.
49 MoE 9 f.

Romans zum Gegenstand theoretischer Überlegungen Musils insbesondere in den *Tagebüchern* und in dieser Weise – wie an den
Beispielen illustriert – sukzessive und dann vor allem im *Mann ohne
Eigenschaften* intensiv und konsequent mit Blick auf die erwähnte
enge Kopplung von Inhalt- und Formebene ausgearbeitet. Diese
Entwicklung akzentuiert die zentrale Bedeutung der Auseinan-
dersetzung mit Fragen des Gestaltbegriffs für Musils literarisches
Werk und lässt zugleich erkennen, dass die sprachliche Formung als
äußerst bewusste und erst im Laufe der Zeit erworbene und verfeinerte
Ausdrucksmöglichkeit einzuschätzen ist.

Die Bedeutung gestalttheoretischer Grundlagen für das Werk
Musils kann also präzisiert werden mit Blick auf ihre Implikationen
sowohl in thematischer als auch in literatursprachlicher Hinsicht.
Darüber hinaus findet im sprachlich-stilistischen Bereich die
Forderung nach Unmittelbarkeit des literarischen Ausdrucks, eine
wichtige Fundierung; denn die Konzeption des Gestaltbegriffes etwa
in Carl Stumpfs Schrift *Erscheinungen und psychische Funktionen*
(1907) beinhaltet die Auffassung der Gestalt als einem vermittelnden
Element zwischen „Inhalt" und „Form", zwischen sinnlicher
Wahrnehmung und intellektueller Funktion. Damit können zentrale
Aspekte der poetischen Anlage Musils vor diesem Hintergrund
akzentuiert werden. Die weitreichenden und disziplinübergreifenden
Verflechtungen dieser Konzeption lassen darüber hinaus wichtige
Forschungsaufgaben für literaturwissenschaftliche ebenso wie für
linguistische Untersuchungen erkennen.

Christoph Leitgeb (Linz)

Schwirren statt Schweben: Der ironische Tod österreichischer Fliegen

Skizze zur Entstehung einer Idee: Ironie und Fliegen

Soweit er Musil betrifft, macht der hier beschriebene Gedankengang einen recht weiten und mühseligen Umweg. Er wird auch nicht unbedingt zu neuen Erkenntnissen in der Musil-Forschung führen, sondern, hoffentlich, zu einer interessanten Außenperspektive und neuen Fragen.

Dabei ist sein Ausgangspunkt ein zentrales Thema Musils, die Ironie. Die Grundidee war jedoch, Ironie nicht mit Musil, sondern mit Roland Barthes zu bestimmen: als komplementären Begriff zu seinen *Mythen des Alltags*.[1] Wie der Alltagsmythos wäre die Ironie eine metasprachliche Verfahrensweise: Der Mythos versteckt seine eigene metasprachliche Verfasstheit, macht sie ,natürlich'; die Ironie aber deckt sie auf und macht sie ,künstlich'. Ohne das hier im Detail entwickeln zu wollen:[2] Ich wurde gefragt, wie sich die so entwickelten Bruchstücke einer Theorie der Ironie zur „postmodernen Betonung der Schrift" verhielten.

Diese Frage war entweder sehr genau oder sehr ungenau gestellt, formulierte aber zweierlei: Einerseits den Zweifel, ob es sinnvoll wäre, hinter postmoderne Theoretiker wie Richard Rorty[3] oder Paul De Man[4] auf Barthes quasi zurückzufallen, also jemanden, der äußerst ambivalent zwischen ,Strukturalismus' und ,Postmoderne' steht und sich zudem in den *Mythen des Alltags* nicht ausdrücklich zu einer Theorie der Ironie geäußert hat. Andererseits formulierte die Frage das

---

1   Barthes 1964.
2   Meine bisher publizierten Arbeiten dazu: Leitgeb 2000 und 2001.
3   Rorty 1995.
4   De Man 1993, insbesondere: 105–127.

Wissen, dass sich die postmodernen Theorien der Ironie bei aller ihrer Unterschiedlichkeit ‚irgendwie' in der Grundthese Jacques Derridas trafen: Jenseits der Zeichen menschlicher Schrift ist für die Erkenntnis nicht die Offenbarung einer ‚Wahrheit' beheimatet, sondern die Schimären platonischer Metaphysik. Ob als unvermeidliche Abhängigkeit der Erkenntnis von der Rhetorizität der Sprache (de Man) oder von den Regeln bestimmter Sprachspiele im Sinne Wittgensteins (Rorty): Das Wissen um die Problematik einfacher sprachlicher Referenz auf eine außersprachliche Wirklichkeit wurde zum Definitionskriterium für den postmodernen Ironiker. Der von ihm vorgebrachte Vorwurf des ‚Mythisierens' traf nicht nur den Wahrheitsanspruch und die Form bestimmter Äußerungen wie bei Barthes, sondern den traditionellen Wahrheitsanspruch sprachlicher Äußerungen schlechthin.

Der allgemeine Diskurs über Form und Inhalt sprachlicher Referenz auf ‚Wirklichkeit' war in all diesen Theorien zugleich implizit und explizit einer über die Metaphorik von Sprache im Speziellen: Barthes Alltagsmythen sind, auch das wird in seinem Buch nicht ausdrücklich auseinandergesetzt, auf bestimmte Weise geglaubte, wörtlich genommene Metaphern. Wenn Rorty die Regeln von Sprachspielen beschreibt, die Erkenntnis konstituieren, so meint er vor allem solche der Prägung und Verknüpfung von Metaphern. Derrida analysiert in seiner *Weißen Mythologie*[5] die Sprache metaphysischer Wahrheit als ein System von Metaphern, die zum Begriff geronnen sind: um diese Metaphysik zu dekonstruieren, gelte es, die Metaphorizität der Begriffe neu zu markieren. Wie hängt also eine postmoderne Betonung der Schrift mit dem Begriff der Ironie zusammen? Für die Antwort auf diese Frage scheint auch bedeutsam, wie sich markierte Metaphorik und Ironie aufeinander beziehen. Dieser Bezug ist in der linguistischen Forschung spätestens seit Harald Weinrich immer wieder bemerkt, aber nie systematisch beschrieben worden.[6]

Der Abschied von Musil und das Interesse für die Ironie brachte mich also auf ein ganzes Bündel von Problemen, die – wenigstens bis vor kurzem noch – Bestandteil zeitgeistig-theoretischer Mode waren.

---

5   Derrida 1999, S. 229–290.
6   Weinrich 1966, S. 66; vgl. auch Müller 1995, S. 153.

Ich begann mir die Frage zu stellen, wie diese Probleme überhaupt noch sinnvoll an literarischen Texten darzustellen wären – und verfiel auf diesen Versuch mit der Fliege.

Bei Paul de Man wird das Motiv ohne Gedanken an die Ironie, aber an zentraler Stelle der *Allegorien des Lesens* analysiert: als Teil des rhetorischen Versuchs von Proust, das zentrale moralische Problem mit der Abgeschiedenheit seiner Schriftstellerexistenz zu lösen; als Versuch, metaphorisch die Innerlichkeit der Stube mit der sommerlichen Wirklichkeit außerhalb zu vermitteln und so eine Präsenz der ‚Wirklichkeit‘ in der Schrift zu garantieren. Proust prägte dafür die Metapher einer „Kammermusik" der Fliegen. Diese Metapher ziele darauf, so bemerkt De Man in einer Fußnote, „jede unangenehme Assoziation" zu löschen, „die von den Schwärmen summender Fliegen verursacht werden könnte; das Bild wirke als eine Versöhnung der klassischen Antinomie von Kunst und Natur".[7]

Folgt man dieser Argumentation, so wäre die „Disjunktion zwischen der ästhetisch empfänglichen und der rhetorisch aufmerksamen Lektüre"[8] zwar eine Folge des Nachdenkens über diese wie jede andere Metapher. Sie wäre aber nicht in der Fliegenmetaphorik durch die inhärente Schriftthematik schon auf bestimmte Weise markiert. De Man zielt außerdem auf die rhetorische Figur der Allegorie als Ausdruck dieser Disjunktion, nicht auf die Ironie. Lässt sich aber die zugrunde liegende Verknüpfung von Fliegenmotiv und Schriftthematik als Hypothese ernst genug nehmen, um zu fragen, ob diese Verknüpfung das Fliegenmotiv zur ironischen Gestaltung prädestiniert?

Ursprünglich drängte sich mir diese Frage nach einer solchen ironischen Funktion des Motivs aus ganz anderem Anlass auf. Als ich Grundlagen einer Theorie der Ironie in der Terminologie und Metaphorik einer ‚Rahmenanalyse‘ formulieren wollte. Denn die Fliege sitzt gemalt in den Ecken alter Stilleben, quasi als rahmenbrechende und ironische Signatur eines Hyperrealismus, der in Versuchung führen sollte, das Insekt von der Bildoberfläche zu vertreiben. Gemalt über Bilderrahmen kriecht sie auch bei Kabakow,

---

7   De Man 1988, S. 114.
8   Ebd., S. 114.

im russischen Konstruktivismus. Lässt sich die Fliege in der deutschsprachigen Literatur als Rahmenbrecher begreifen und eben deshalb als Motiv, das die eigene sprachliche Gemachtheit reflektiert, indem es die Thematik der Schrift gestaltet?

„Was ist dein Ziel in der Philosophie? Der Fliege den Ausweg aus dem Fliegenglas zeigen" heißt es in Wittgensteins *Philosophischen Untersuchungen*[9] (Wittgenstein 1984: 378, Nr. 309). – Nicht, dass ich mit dem Auftauchen der Frage nach einer ironischen Funktion dieses Motivs sofort zu Musil zurückkehren wollte, aber sorgenvoll begann ich wieder auf ihn zu schielen.

Die Schrift und die Fliegen

„Zu schreiben wäre eine Geschichte dieser Metapher, die der göttlichen oder natürlichen Schrift immer schon die menschliche und mühevolle, endliche und künstliche Inschrift entgegensetzt." So formuliert Derrida die Aufgabenstellung in der *Grammatologie*.[10] Dazu ist es wichtig, sich zu vergegenwärtigen, dass speziell in der Geschichte österreichischer Literatur diese Aufgabenstellung in ihrer Umkehr nicht minder virulent ist: als mythisierende Verleugnung der „menschlichen und mühevollen [...] Inschrift" durch die angeblich „göttliche oder natürliche Schrift". Im 20. Jahrhundert verknüpft eine solche Verleugnung den antimodernistischen Gestus der „Blut und Boden"-Literatur mit ihrer ironiefeindlichen Tendenz.

„Käfer sind unterwegs und mühen sich ab, ganz winzige und auch große in prunkvollen Panzern. Ich kenne sie alle, *weil ich nicht weiß, wie sie heißen und weil ich darum ihre Namen nicht verwechseln kann* [Hervorhebung C.L.]." So schiebt Karl Heinrich Waggerl jede menschliche „Inschrift" beiseite, wenn er den Mikrokosmos seiner Wiese lobt. Eines von Waggerls Käferchen stirbt dann, begleitet übrigens fast von derselben religiösen Metaphorik wie die Fliege in Musils *Grigia*:

---

9   Ebd., S. 105.
10 Derrida 1998, S. 31.

Ein dutzendmal klettert so ein Käfertier an einem Halm in den Sommerwind hinauf, ein paarmal hat es die mütterliche Sonne am Himmel gesehen und darüber ist es sehr alt und sehr weise geworden. Zuletzt schwirrt es noch ein Stück über die glockenblaue Wiese, es faltet seine Flügel wieder sorgfältig zusammen und dann stirbt es, das Käferchen.[11]

Dabei wirkt auch dieser aus dem Zusammenhang gerissene Mythos ironisch, wenn er in seiner ideologischen, artifiziellen Gemachtheit durchsichtig wird. Vielleicht lässt sich das am Beispiel dieses Waggerl-Zitats schon mit der Frage spezifizieren: Was setzt so etwas wie eine ‚Ironie des Todes‘ voraus? – Wenn Ironie nicht nur ein metasprachliches, sondern zugleich ein antimythisches Verfahren ist, bezieht sie sich nicht auf den Tod, sondern immer schon auf ein mythisches Sprechen oder Schreiben davon: Ein solcher Mythos wird der Tod gleichsam als Siegel des ‚im Tode erfüllten Schicksals‘. Die ‚Ironie des Todes‘ lebt von der Zerstörung des ‚höheren‘ Sinns, den der Mythos dieser „göttlichen oder natürlichen" Schrift eines ‚Schicksals‘ implizieren würde: Der sinnerfüllte Tod gibt dem Käferchen in der mythischen Perspektive Individualität, nicht der menschliche Name. Der ironischen Perspektive erscheint dieser Tod gleichzeitig unter- und übermotiviert: zufällig, abrupt und unerklärlich in seinem Eintreffen, zugleich aber als grotesk-literarischer Fingerzeig.

Warum ist nun aber die Vorstellung wichtig, dass Waggerls Wiese von Käferchen bevölkert wird und nicht von Fliegen? Warum sterben Fliegen, wie es die Redensart will, „wie die Fliegen"; warum sind sie nicht in derselben Weise ‚schicksalsfähig‘? Die „Unzählbarkeit" der Fliegen „weist sie aus als billigste Fabrikware der Natur"[12]. Sie sind „Kulturfolger"[13]: sie kreisen um das, was auf menschlichem Mist gewachsen ist. Schopenhauer meinte, dass man die Fliege als „Symbol der Unverschämtheit und Dummdreistigkeit" nehmen sollte: „Denn während alle Thiere den Menschen über Alles scheuen und schon von ferne vor ihm fliehen, setzt sie sich ihm auf die Nase"[14].

---

11 Waggerl 1976, S. 275.
12 Eisenhauer 1994, S. 364.
13 Vgl. Gsaller 1995.
14 Schopenhauer 1948, VI, S. 685.

Das und die Austauschbarkeit der individuellen Erscheinung ist für Schopenhauer auch der Beweis einer ‚uneigentlichen' Existenz der Fliege. „Ob die Fliege, die jetzt um mich summt, am Abend einschläft und morgen wieder summt; oder ob sie am Abend stirbt, und im Frühjahr, aus ihrem Ei erstanden, eine andere Fliege summt; das ist an sich die selbe Sache [...]"[15]. „Wenn ich eine Fliege klappe, so ist doch wohl klar, dass ich nicht das Ding an sich todt geschlagen habe, sondern bloß seine Erscheinung."[16] Von Derridas *Grammatologie* her gelesen, sind diese Sätze die ins Bild gesetzte Kritik eines Metaphysikers an der ‚Uneigentlichkeit' menschlicher Schrift. Die Fliege ist heimatlos und zerstreut wie die Bedeutung des Schriftzeichens, das sich von der (platonischen) Idee zu weit trennt. Schon Lukian stellt in seinem von Wieland übersetzten *Lob der Fliege*[17] fest, dass die Fliege sich kein eigentliches Nest baue und vermutet, dass ihre Körperteile auch getrennt von ihrem Kopf lange überleben würden.

So stören die Fliegen nicht nur Ruhe und Eigentlichkeit der ‚natürlichsten' Idylle, sondern sie sterben – zumindest in der Literatur – auch nicht den ‚natürlichen Tod' von Waggerls Käferchen auf der Wiese. Gellert lässt die Fliege nach Art intellektueller Aufklärer über die Ordnung des Seins nachdenken – und setzt sie in den Bau der Spinne:

> in diesem bau voll ordnung und voll pracht
> saß eine finstre flieg auf einem stein und dachte.
> denn dass die fliegen stets aus finstern augen sehn
> und oft den kopf mit einem beine halten
> und oft die flache stirne falten
> kommt bloß daher, weil sie so viel verstehn
> und auf den grund der sachen gehen.[18]

Mörike, der vor Ort Klopstocks Ode an den Zürichsee mit der Wirklichkeit zur Deckung bringen wollte, beginnt in einem satirischen Gedicht, mit dem mitgebrachten hymnischen Buch die lästigen

---

15 Schopenhauer 1948, III, S. 546f.
16 Schopenhauer 1985, IV/2, 14, Nr. 45.
17 Lukian 1981.
18 Gellert 1979, I, S. 114f. Vgl. auch Eisenhauer 1994, S. 372, 373.

Mücken zu erschlagen.[19] Oft genug setzen sich literarische Fliegen direkt auf Bücher.[20] Wo sich die Fliege in der Literatur niederlässt, ist allerdings auch ohne Buch der Gedanke an das Druckbild auf dem Papier nicht weit: Sie endet als schwarzer Fleck auf Tischtüchern, Bettlaken, Lichtflecken auf Fußböden und Tapeten. Diese gewaltsame Annäherung der Natur an das Zeichen einer „menschlichen und [...] künstlichen Inschrift" macht dabei ein Thema angeblicher ‚Eigentlichkeit' zum Problem: das Mitleid, „einzige natürliche Tugend" des Menschen und Ausdruck seiner Teilhabe an der Präsenz Gottes. Derrida hat die ‚Eigentlichkeit' des Mitleids am Beispiel Rousseaus in der *Grammatologie* dekonstruiert und De Man an dem von „Giottos Caritas" bei Proust in *Lesen*.[21]

„Tut mir leid, meine Liebe, du wirst jetzt gleich hin sein. Wir sind hier schließlich nicht bei Buddhistens. [...] wir sind hier bei Christens": hält Robert Gernhardt eine mitleidlos *Kurze Rede zum vermeintlichen Ende einer Fliege*.[22] „Fliege mit Tränen wäre eine

---

19 Mörike 1964, S. 171f.

20 „Heute morgen, bevor Sie mich besuchten, saß ich an meinem Schreibtisch und entdeckte eine winzige Fliege, die sich auf meinem Buch, das ich gerade las, niedergelassen hatte. [...] Ich sah und beobachtete die Bewegung ihrer Beinchen." Aus: Foerster/Pörksen 1998, S. 43. Vgl. auch Aichinger 1979, S. 5, „Eine Fliege kroch von Dover nach Calais" (auf einer Landkarte) und das unten zitierte Gedicht von Keller.

21 De Man 1988, S. 106–110. Bei Derrida 1998, vgl. etwa S. 315, 316: „In Rousseaus Augen war das Mitleid nie etwas anderes als eine natürliche Empfindung oder eine angeborene Tugend, die nur durch die Einbildungskraft erweckt oder enthüllt zu werden vermag. Nebenbei sei bemerkt, daß auch die ganze rousseauistische Theorie des Theaters in der Darstellung das Identifikationsvermögen – das Mitleid – und die Einbildungskraft miteinander in Verbindung bringt. Wenn man sich jetzt noch vergegenwärtigt, dass Rousseau die Furcht vor dem Tode Schrecken nennt (*Discours*, S. 143/59), so hat man das ganze System beisammen, das die Begriffe des Schreckens und des Mitleids einerseits sowie des tragischen Theaters, der Repräsentation, der Einbildung und des Todes andererseits einander zuordnet. An diesem Beispiel wird die Ambivalenz des Einbildungsvermögens deutlich: es übersteigt die Animalität und erregt das menschliche Mitleid nur, indem es die Szene und den Raum der theatralischen Darstellung eröffnet. Es inauguriert die Perversion, deren Möglichkeit selbst der Idee der Vervollkommnung inhärent ist."

22 Gernhardt 2000, S. 133.

Sensation", bringt Friederike Mayröcker im Bild auf den Punkt, warum sich das Insekt zur mitleidigen Betrachtung schlecht eignet.[23] Das ist auch dort virulent, wo Fliegen ganz mit dem Menschen vertauschbar werden wie in dem Gedicht *Auf dem Fliegenplaneten* in den *Galgenliedern* Christian Morgensterns.[24]

In seinen *Gesprächen in einer Bibliothek* macht Arno Schmidt[25] diese Mitleidlosigkeit Insekten gegenüber zu einem Argument gegen Stifters *Nachsommer*, ein Buch, das wie wenig andere versucht, durch die Beschneidung und Beschränkung seiner ‚menschlich-künstlichen' Schrift auf eine ‚natürlich-göttliche' hin durchsichtig zu werden. „Wie dekretiert doch Risach in seiner furchtbaren Öde von den Insekten?: die sind nur geschaffen, dass sie von den Vögeln gefressen werden".[26] Und Schmidts Bibliotheksbesucher zitiert – ausgerechnet – den „sehr großen Arthur Schopenhauer" gegen diese „fürchterliche unnatürliche Taubheit gegenüber dem Leiden der Kreatur!", aber auch die *Kleine Passion* von Gottfried Keller:

> [...]
> Dies zierliche und manierliche Wesen
> Hatt sich zu Gruft und Leichentuch
> Das glänzende Papier erlesen,
> Darin ich las, ein dichterliches Buch.
> So ließ den Band ich aufgeschlagen

---

23 Mayröcker 2000, S. 21. Vgl. aber auch hierzu Wittgenstein 1984: 370, Nr. 284: „Schau einen Stein an und denk dir, er hat Empfindungen! – Man sagt sich: Wie konnte man auch nur auf die Idee kommen, einem Ding eine Empfindung zuzuschreiben! – Und nun schau auf eine zappelnde Fliege, und sofort ist diese Schwierigkeit verschwunden und der Schmerz scheint hier angreifen zu können, wo vorher alles gegen ihn, sozusagen glatt war."

24 Morgenstern 1938, S. 194.

25 Schmidt 1989, vor allem S. 212–214.

26 Ebd., S. 212. Risach beschreibt übrigens vor allem seine Maßnahmen gegen den Raupenfraß an seinen Kulturen, möchte dann aber doch auf Schmetterlinge nicht ganz verzichten. Die Fliege als Motiv fehlt im *Nachsommer* völlig. Das Vogelmotiv steht dabei in scharfem Kontrast zu dem der Fliege: der Vogelflug wurde schon in der Antike als Schriftzug eines höheren Schicksals gedeutet. Die Vögel scheinen in ihrem Flug in unerreichbare, aber irgendwie vertraute Ferne entrückt. Die Fliege jedoch ist Natur, die man sich mit leisem Grauen aus der Nähe betrachtet vorstellt, wie beim künstlichen und verkünstlichenden Blick durch das Mikroskop.

Und sah erstaunt beim Sterben zu,
Wie langsam, langsam ohne Klagen
Das Tierlein kam zu seiner Ruh.
Drei Tage ging es müd und matt
Umher auf dem Papiere;
Die Flügelein von Seide fein,
Sie glänzten alle viere.
Am vierten Tage stand es still
Gerade auf dem Wörtlein ‚will!'
Gar tapfer stand's auf selbem Raum,
Hob je ein Füßchen wie im Traum;
Am fünften Tage legt' es sich,
Doch noch am sechsten regt' es sich;
Am siebten endlich siegt' der Tod,
Da war zu Ende seine Not.
Nun ruht im Buch sein leicht Gebein.
Mög uns sein Frieden eigen sein![27]

Die Fliege als wörtlich genommene Metapher: Textanalysen

Die literarische Motivik der Fliege ist also offensichtlich stärker mit der Thematik der Schrift im Sinne Derridas assoziiert, als dass so ohne weiteres von einem aus der Natur gegriffenen Motiv zu vermuten wäre. Wie immer man z.B. das Gedicht Kellers im Einzelnen lesen möchte: Diese Assoziation mit der Schrift erschwert die Gestaltung und Rezeption des Motivs als mythisches und erleichtert seine Gestaltung in der Ironie. Stimmt es also, dass die Ironie nichts anderes als der Nebeneffekt einer Betonung der Schrift ist, wie sie postmodern nicht nur theoretisch begründet, sondern auch zur Mode geworden ist? Und wie äußert sich die Eignung des Motivs für Ironie und metasprachliche Reflexion in der Art, in der sich die Texte ihre eigene Metaphorik als Problem stellen? Um diese beiden Fragen zu beleuchten, ist es notwendig, den bisherigen generalisierenden Blick auf das Motiv aufzugeben und es zumindest in einigen geschlossenen Textzusammenhängen zu analysieren.

---

27 Keller 1961, S. 870f.

Auf Musil will ich mich dabei zunächst weiter nicht direkt beziehen und auf eine Interpretation längerer Texte Gert Jonkes verzichte ich hier, obwohl gerade dieser Autor sein Schreiben als Radikalisierung ‚menschlich-künstlicher‘ Schrift versteht. Entsprechend lässt er in seinem *Erwachen zum großen Schlafkrieg* wie in seinem *Insektarium* die Fliege nicht sterben, sondern bedient sie gastlich, während seine Geliebte und Mitbewohnerin langsam selbst zum Insekt mutiert. Für meine Analyse zum Thema sterbender Fliegen schienen mir aber zunächst besonders Texte von Hertha Kräftner und Ernst Jandl geeignet.

Hertha Kräftner: *Auf einem Ruhebett*

Auf einem Ruhebett lag ein junges Mädchen. Sie hatte den Kopf in die aufgestützte linke Hand gelegt, so daß ihr Blick in das offene Buch vor ihr hätte fallen können. Ein Mann mit irgendeinem Namen hatte darin über das Leben geschrieben, und das Mädchen sollte es auswendig lernen, um am nächsten Tag eine Prüfung zu bestehen. Aber ihr Blick ging über das Buch hinaus und verfolgte die Bewegungen einer Fliege am Fußboden. Jemand mußte ihr die Flügel verletzt haben, denn alle ihre Bemühungen hochzukommen endeten in einem wirren, rasenden Taumel am Boden. Manchmal – nach irrsinnigen Drehungen – erstarrte sie jäh; aber gleich schoß sie wieder davon und beschrieb auf dem hellen Viereck des Bodens die wunderlichsten Figuren. Das Mädchen erinnerte sich, daß sie vor Tagen einem Manne zusah, wie er einer grünen Fliege die Flügel abschnitt und sie in weißes Insektenpulver legte, und daß er dabei sagte: ‚Mitleid ist unnötig, sie spürt es nicht. Ihr Nervensystem ist zu einfach.‘ Sie hatten beide ihren Tod beobachten wollen, aber es über einer anderen Sache vergessen. Das dachte das Mädchen wieder, während sie die Fliege beobachtete, die noch immer am Boden tanzte. Im Hof unten begannen Straßenmusikanten zu spielen. Es war eine fröhliche Melodie, und die Leute warfen Geldstücke aus den Fenstern. Die Geige jammerte hoch und dünn, aber sie machte die Fröhlichkeit glaubhaft. Der Zieharmonika gelang es schlechter. Die menschliche Stimme aber war ein Abgrund von Traurigkeit, in den das frohe Lied gefallen war. Das Mädchen erwog ein Geldstück, dann aber sah es ein, daß es besser war, liegen zu bleiben, das Buch zuzuschlagen und es nach der Fliege zu werfen. Es tötete sie damit.[28]

---

28 Kräftner 1981, S. 48f.

Am 13. November 1951 nimmt Hertha Kräftner eine Überdosis
Veronal, noch nicht 25 Jahre alt. „Die wirkliche Ursache, warum der
Tod einen trifft, zu wissen, ist niemals möglich; wirklich und
ausschlaggebend ist nur, daß der Tod auch nach Teheran kommt."
beendet sie acht Monate vorher einen Text mit dem Titel *Wenn ich
mich getötet haben werde.*[29] In ihrem Kurzprosatext mit dem Titel *Auf
einem Ruhebett* wirft ein Mädchen ein ungelesenes Buch nach einer
Fliege: „Es tötete sie damit". Ist es schon ironisch, wenn mit diesem
Satz nicht nur das Leben der Fliege, sondern auch der Text endet? Um
sich in der Antwort ganz sicher zu sein, möchte man eine Motivation
des Textendes ins Plakative, Klischierte erfinden: Das Buch wäre
dann eine Insektenkunde oder aber eine kleine wissenschaftliche
Abhandlung über die Ironie. Genau genommen liefert Hertha Kräftners Text eine ähnliche Motivation: Denn das Buch, das die Fliege
erschlägt, ist „von einem Mann [...] über das Leben geschrieben."

Auch in diesem Text hängt also die Ironie des Fliegenmotivs davon
ab, ob und vor allem wie der Text einen Zusammenhang von Buch
und Fliege herstellt. Genau dieser Zusammenhang ist das Zentrum des
Textes, eine metonymische Verschiebung, die ihn von Anfang an
strukturiert: Das „helle Viereck" des Bodens, auf der eine Fliege
„seltsame Figuren *beschreibt* [Hervorhebung C.L.]", dieses „helle
Viereck" ähnelt einer Seite. Ein Mädchen, dessen Blick von der
Schrift im Buch abgleitet, bleibt mit seiner Aufmerksamkeit an den
Bewegungen einer am Flügel verletzten Fliege hängen. Es ersetzt
dabei die Lektüre der Schrift im Buch durch die Lektüre der
Insektenspur und umgekehrt: Im nächsten Augenblick wird sich das
Mädchen daran erinnern, dass ihre Aufmerksamkeit vom inszenierten
Sterben einer anderen Fliege auf eine ganz ähnliche Art abgeglitten ist
wie die Aufmerksamkeit vom Buch.

Die Spur der Fliege folgt keiner menschlichen Konvention. Gerade
in dieser Eigenart erscheint sie wie ein Signifikant ohne Signifikat,
wie eine Schrift, aber nicht aus vollständigen Zeichen. Daraus
konstruiert der Text Kräftners nun aber keinen Gegensatz der Schrift
des Buches und der Fliege, sondern den metonymischen Übergang:
Die Fliegenlektüre weist genau die Trennung von Signifikant und

---

29 Ebd., S. 124–126; 126.

Signifikat auf, die schon die Buchlektüre des Mädchens bestimmt hat: Der Flug der verletzten Fliege wird in seinen „irrsinnigen Drehungen" und „wunderlichen Figuren" wahrgenommen, aber nicht verstanden. Das Mädchen schlägt das Buch auf, entziffert aus ihm aber keinen Sinn. Das Sterben der anderen Fliege im Gift sollte in seiner Zeichenhaftigkeit beobachtet werden und wurde dann übersehen; es schien Bemitleidenswertes zu bezeichnen und war doch nicht Anlass für Mitleid. Mit der dargestellten Konzentration auf die ‚Außenseite' der Schrift, mit der scharfen Wahrnehmung des Signifikanten bei gleichzeitig unfassbar werdendem Signifikat wird die Unmöglichkeit ‚eigentlicher' Kommunikation zum zentralen Thema des Texts.

Auch wenn der Text bis hierher die ‚Uneigentlichkeit' unterschiedlichster Lektüren beschreibt, so erscheint er für sich doch zunächst sehr ‚eigentlich', ‚realistisch' verständlich: Das liegt daran, dass die Trennung von Bezeichnendem und Bezeichnetem in der Stilfigur der Metonymie selbst – also auf der Ebene der Erzählung – anfangs entschärft bleibt. Vorerst kann die metonymische Sicht ganz der subjektiven Perspektive des Mädchens zugeordnet werden. Das Buch als Gegenstand der Kultur und die sterbende Fliege erscheinen noch ‚objektiv' getrennt, ihre Verknüpfung wird nicht als ‚wirkliche' genommen, sondern als ‚nur in der Sprache'.

Der weitere Verlauf des Textes stellt genau diese Unterscheidung einer ‚subjektiven' und ‚objektiven' Perspektive in Frage. Unabhängig von der Perspektive des Mädchens und außerhalb des Zimmers setzt Musik ein, der die Spur der Fliege als (Toten-) „Tanz" folgt. Damit beginnt der Text, den in der Stilfigur der Metonymie beschlossenen Zusammenhang von kultureller Schrift und Fliegenschrift wörtlich, ‚eigentlich' zu nehmen. Die Tendenz dieses ‚Wörtlich-Nehmens' ist mythisch im Sinne von Barthes: Sie macht einen konstruierten Zusammenhang von Fliege und Kultur ‚natürlich', indem sie ihn aus einer subjektiven Perspektive in die auktoriale Beschreibung einer Situation verlegt. Auch die Frage des Mitleids stellt sich damit neu: Angesichts der Fliege im Insektenpulver konnte sie noch „ein Mann" als Frage der Perspektive verdrängen – als subjektiv und ‚uneigentlich', nur durch Analogie hergestellt. Jetzt ist das Mitleid die traditionelle kulturelle Antwort auf eine Straßenmusik, die den Tanz der Fliege mythisch erhöht.

Doch weder der Mythos noch das Mitleid haben im Text Kräftners Bestand, denn beide hängen davon ab, dass an die ‚Eigentlichkeit' ihres Signifikats geglaubt wird. Dieser Glaube scheitert wieder an der bewussten Wahrnehmung der am Mythos beteiligten Schrift: Ihre ‚Uneigentlichkeit', das Auseinanderfallen von Signifikant und Signifikat kennzeichnet auch die Musik: Das „Jammern" der Geige bedeutet „Fröhlichkeit". Ein „frohes Lied", das ohne Textinhalt wahrgenommen wird, bedeutet einen „Abgrund von Traurigkeit" in der menschlichen Stimme. Auch die Münze zu werfen, würde für das Mädchen nichts anderes bedeuten als die Fortsetzung einer ‚uneigentlichen' Kommunikation. Das Mitleid, das sie konventionell bedeuten sollte, wurde durch die Unmöglichkeit ausgehöhlt, ‚eigentlich' zu kommunizieren.

Die Wahrnehmung der mythischen Szene unter dem Vorzeichen ihrer Verfasstheit in Schrift begründet die ironische Situation. Die Ironie bricht am Ende des Textes mit dem konstruierten mythischen Rahmen, der das Sterben der Fliege durch die begleitende Musik wie ‚schicksalshaft' erhöht. Der Bruch geschieht dabei auf eine Weise, die den mythischen Rahmen nicht einfach negiert, sondern auf spezifische Weise noch einmal ‚beim Wort' nimmt: Der metonymische Zusammenhang, der im Mythos natürlich geworden ist, wird als künstlich gemachter ausgestellt.

Ein Gewaltakt des Mädchens richtet sich metasprachlich genau gegen den metonymischen Prozeß, der den Text bis an diese Stelle strukturiert und setzt ihn doch auch fort, indem er das Werfen der Münze in das des Buches transponiert. Der Gewaltakt hat das Ziel, die Möglichkeit der unendlichen Fortsetzung des Textes bei flüchtigem Signifikat zu unterlaufen. Für die ironische Wendung ist dabei nicht entscheidend, dass das geworfene Buch die Fliege auch trifft und die Lektüre selbst beendet. Allein schon das Motiv des geworfenen Buches zerstört die stillschweigende Übereinkunft des Mythos.

Wenn das Buch die Fliege verfehlt hätte, hätte sich die Zusammenführung von Fliegenspur und Buchlektüre einfach als Illusion erwiesen. Die Ironie wäre dann eine zu Lasten der mythisierenden Perspektive des Mädchens gewesen und des „dummen" Versuchs, einen metonymischen Zusammenhang wörtlich zu nehmen. In einem ihrer Gedichte hatte Kräftner die Kommunikation noch so scheitern lassen, auch hier verknüpft mit dem Motiv des Todes einer Fliege: Die Ironie des Gedichts entstand allerdings auch daraus, dass die Kommunikation, die inhaltlich so offensichtlich scheitert, formal gelingt, etwa im Zusammenspiel der Reime.

Kräftner: *Der Narr und die Dame*

Sie aß das dritte Himbeereis;
er fing im Wind Altweiberfäden
und wollte gern mit ihnen reden,
doch störte ihn dabei das rosa Eis.
Daß er die Dame von dem Tisch vertreibe,
sprach er: ‚Ich liebe Sie so heiß.‘
Da rief sie: ‚Noch ein Himbeereis!
Der Herr hier wünscht, daß ich noch bleibe.‘
Und eine Fliege ganz aus blauem Schmeiß
verspann sich in Altweiberfäden.
Er zahlte resigniert das Himbeereis
und wird fortan nur mit sich selber reden.[30]

In Kräftners *Auf einem Ruhebett* werden Fliegenspur und Lektüre vom Mädchen, wörtlich, ‚zusammengeworfen‘; dem Insekt wird die Willkür in diesem Akt zum ironisch ‚höheren Schicksal‘. Stürzt diese Ironie den Menschen, wie es Paul De Man an einer Interpretation von Baudelaires *De l'essence de rire* beschreiben hat, wirklich postmodern „in eine Welt ganz aus Sprache"? Der Entstehung in Kräftners Kurzprosatext nach schon, denn die ironische Situation entsteht ganz aus der Aufmerksamkeit gegenüber der Schrift und damit aus der Weigerung, sich auf die ‚Eigentlichkeit‘ einer Bedeutung einzulassen. Aber die Ironie des Textes fixiert am Ende doch, wenn auch recht vordergründig, ein Signifikat durch einen Signifikanten. In der Metaphorik Wittgensteins gesprochen, führt die Ironie die Fliege aus dem Fliegenglas: Nur kann der Ausweg aus dem Glas nicht „beschrieben" werden, er „zeigt" sich.

---

30 Ebd., S. 39.

Ernst Jandl: Fliege im Bett, Käfer unter dem Schuh

In Ernst Jandls *letzten Gedichten* stirbt eines jener Käferchen ironisch, die bei Waggerl so fern jeder menschlich-künstlichen Schrift die Wiese bevölkerten. Wie bei Kräftner ist das Insekt das Opfer einer wörtlich genommenen rhetorischen Figur. Auch sein ironischer Tod führt den Leser in eine „Welt ganz aus Sprache"; und doch ließe sich ebenso gut und gleich gültig sagen: der Leser fällt mit diesem Text aus dieser „Welt aus Sprache" heraus. Denn auch in diesem Text setzt die Ironie so etwas wie eine ‚wirkliche Welt' voraus, um mit dem Mythos zu brechen, ‚wirkliche Welt' und die Welt rhetorischer Sprache existierten in säuberlich getrennten Rahmen.

zertretenes gedicht

es hieß käfer
und krabbelte
konnte richtig laufen
ehe der dichter des weges kam
es ins auge faßte
und sich entschloß
ihm den titel zu geben[31]

Die rhetorische Figur, die dieser Text ironisch wörtlich nimmt, ist die Allegorie: Die Allegorie benennt arbiträr ein Abstraktes mit der Bezeichnung eines konkret Anschaulichen. Jandls Gedicht stellt diese allegorische Struktur in der Frage aus: Was kommt zuerst? Die Zurichtung des Konkreten zum Zeichen oder der Text? Die Benennung des Gedichts im Titel oder das Gedicht? Der Leser hat zweifellos Gelegenheit und Veranlassung, den Titel in engem Zusammenhang mit dem Gedicht zu lesen, gleichsam als dessen ersten Vers: Das hieße, dem Pronomen „es" von Anfang an die Bedeutung „Gedicht" zu geben, und den ganzen Text allegorisch zu interpretieren. Das Gedicht widerspricht dem aber auch ausdrücklich, indem es behauptet, dass der Text vor seiner Benennung kommt, das Käferchen ‚ganz wirklich' vor seiner Zurichtung zum Zeichen. Das

---

31 Jandl 2001, S. 79.

Gedicht ist das unlösbare Vexierspiel einer ironisch doppelten Rahmung. Auch die mehrfache Lektüre kann letztlich die gestellten Fragen nicht entscheiden.

Abgewandelt stellen alle Gedichte Jandls, die eine Fliege als Motiv haben, ebenfalls diese Frage: Was kommt zuerst: die Zurichtung der Insektennatur zum Zeichen oder der Text? Auch Jandls Fliegen stößt die Zurichtung zum Zeichen als Schicksal zu – und doch ordnet sie dieses Schicksal nicht in die „göttliche und natürliche Schrift" ein, sondern ‚nur' in die des Dichters. Meist hat sich die Zurichtung des Insekts zum Zeichen schon vollzogen, dem Gedicht vorausliegend, als blinder Akt einer tödlichen Gewalt. Dann wird dieses Zeichen vom Dichter auf seine Entstehung hin entziffert, und das ist das Gedicht.

im bett, beim erwachen.

ein stückchen schwarzer wolle – nein
eine fliege, daneben
ein zartes bein[32]

Ausgangspunkt ist die Wahrnehmung von etwas, das der Form nach dem Signifikanten menschlicher Schrift ähnlich ist. Das Gedicht fragt nicht, ob Wolle oder Fliege metaphorisch für etwas anderes stünden als sich selbst. Stattdessen akzentuiert es eine Frage nach dem Wesen der Schrift dort, wo diese noch ganz unrhetorisch gehandhabt wird: Bei der Benennung. Welchen Unterschied macht es also, ob dieser ‚Signifikant' ein Artefakt oder ehedem lebendige Natur benennt? – Eben den, dass die Arbitrarität des Zeichens im zweiten Falle als gleichzeitig zufälliger und schicksalshafter Akt der Gewalt erscheint. Ironie ist in dieser Entzifferung der Schrift als Fliege nicht zu erkennen – bis man die artifizielle ‚Zugerichtetheit' des Zeichens mit rhetorischem Anspruch und Zugerichtetheit des Gedichtstextes insgesamt kontrastiert.

---

32 Jandl 1997a, S. 180.

Nicht zufällig hat Jandl in seinen *Frankfurter Vorlesungen*[33] auf Metrik und Reim gerade dieses Dreizeilers hingewiesen[34] – und auf seinen Zusammenhang mit einem anderen Gedicht, dessen Titel „eher an Klopstock oder Hölderlin denken läßt". Noch am selben Tag aus dem Dreizeiler entstanden, verstärkt es seine Ironie, indem es den traditionellen lyrischen Mythos eines ‚eigentlichen Naturerlebnisses' zitiert:

die morgenfeier, 8. sept. 1977 für friederike mayröcker

einen fliegen finden ich in betten
ach, der morgen sein so schön erglüht
wollten sich zu menschens wärmen retten
sein aber kommen unter ein schlafwalzen
finden auf den linnen ich kein flecken
losgerissen nur ein zartes bein
und die andern beinen und die flügeln
fest an diesen schwarzen dings gepreßt
der sich nichts mehr um sich selbst bemüht
ach, der morgen sein so schön erglüht[35]

Jandl kommentiert das Gedicht selbst als Beispiel seiner zeitweisen Verwendung „heruntergekommener Sprache", „im Gegensatz zur erhöhten Sprache, der wir in der Poesie zumeist begegnen".[36] Am Ende der *Frankfurter Vorlesung* stellt er dazu die ihm „höchst interessant" erscheinende Frage, ob die „Feierlichkeit" des Gedichts unter dieser Sprache leide – und lässt sie unbeantwortet.[37] Er deutet eine negative Antwort aber an, indem er mit der „Schicksalshaftigkeit" und dem „Mitleid" gleich zwei Motive der ‚Eigentlichkeit' im Gedicht hervorhebt, die seiner Ironie widerstehen: „ein Mitgefühl mit dem Tier, und sei es auch nur einer Fliege, ein Wissen oder Glauben um die Absicht dieses kleinen Flugkörpers, der sich in die gefährliche Nähe eines

---

33 Vgl. zum Folgenden die zweite von Jandls Frankfurter Poetik-Vorlesungen *Das Öffnen und Schließen des Mundes* (Jandl 1999, S. 223–234). Datierung der Gedichte: 226.
34 Jandl 1999, S. 230.
35 Jandl 1997a, S. 181.
36 Jandl 1999, S. 225.
37 Ebd., S. 232.

128

Christoph Leitgeb

schlafenden Menschen begab, der für es, dieses kleine, des Fliegens fähige Tier, zu einem bewusstlos es Niederwalzenden schicksalhaft wurde".[38]

Vielleicht um die „Feierlichkeit" des Gedichts zu betonen, überspielt Jandl in seiner Interpretation jene Zurichtung der Natur zum Zeichen, die dem Gedicht wieder gleichsam vorausgeht: die Entkörperung der Fliege zum blutlosen „schwarzen dings." „Dings" sei im Wienerischen „ein ganz geläufiges Ersatzwort für einen im Augenblick nicht einfallenden Personennamen männlichen Geschlechts". Jandl sieht in seiner Interpretation die tote Fliege nicht entkörpert und entseelt, sondern – ohne Umweg über das sprachliche Zeichen – direkt vermenschlicht.[39] Indem Jandl das Wort „dings" überdies der „Normalsprache" zuordnet, erzeugt er im Gedicht zwei „normalsprachlich" verfasste Zeilen (Vers 6 und 8).

Diese beiden Zeilen beschreiben den Kern dessen, was das „Herunterkommen" der Fliege zum Signifikanten einer Schrift ist; umgekehrt zitiert der Rest des Gedichts das lyrische Klischee eines zweckfreien (= ästhetischen), ‚eigentlichen Naturerlebens‘ in einer „heruntergekommenen Sprache". So, wie die Zeichenwerdung die ‚authentische‘ Natur beschädigt, beschädigt die ‚Eigentlichkeit‘ des Naturerlebens die Sprache. Die Ironie in Jandls Gedicht zerstört den Mythos einer Lyrik, in der Schrift und Natur zumindest dem Anschein nach zusammenfallen, um zugleich einen neuen, künstlichen Mythos zu schaffen, der gerade wegen seiner Zerstörung des alten wieder ‚authentisch‘ wirkt. Roland Barthes hatte in seinem Buch über Alltagsmythen an die Schaffung solcher „künstlichen Mythen" gedacht: Er sah darin eine mögliche Strategie, mythische Verfahrensweisen antimythologisch einzusetzen; er sah aber nicht die Nähe dieser Strategie zur Ironie.

Jandl war wahrscheinlich die Affinität der toten Fliege zum Schriftzeichen in der *morgenfeier* sehr wohl bewusst. Das zeigt ein Gedicht aus dem späteren Gedichtband *der gelbe hund*. Es antwortet der *morgenfeier* wie der konjunktivische Teil auf den indikativischen

---

38 Ebd., S. 233.
39 Ebd., S. 232.

in Kafkas *Auf der Galerie*; dabei kommt es Musils *Fliegenpapier* am nächsten.

augen die fliegen

nicht eine einzelne, viele
zerdrückt, es fände
der schlafend sich rollende
jahrhundertmensch beim erwachen
sie auf dem abends noch weißen
linnen, und schwarz
von sich drängenden, hinab
an sich blickend, die arme
hände, die brust, den bauch
und auch was von beinen und
füßen aus dieser schräge er
sähe, dichtest besetzt, säßen
ihm nicht in undurchdringlichen
kugeln, ihr öffnen erwartend
zu hunderten über den
augen die fliegen[40]

Statt der Überwältigung der Fliege durch eine „schlafwalz" die Überwältigung des Schlafenden durch die Fliegen; statt der persönlichen Perspektive eines Erwachten, der den Morgen feiert, die auktoriale Perspektive auf den erwachenden „jahrhundertmenschen", der daliegt als Leiche; statt einer körperlos und lesbar gewordenen Fliege hunderte, die zu einem einzigen, unüberblickbaren Körper verschwimmen. Diese Fliegen meinen ganz offensichtlich nicht eine Übermacht der Natur: die Typik des „jahrhundertmenschen" macht das deutlich, und dass die Fliegen sich um ihn niederlassen schwarz auf weiß.

Wieder sind die Fliegen eine Allegorie menschlicher Schrift. Als solche stehen sie im Titel des Gedichts und als solche bestimmen sie die Form seiner Sprache: statt der „heruntergekommenen Sprache" mit einfacher Syntax, einfachem Versbau und vielen infiniten Verbformen eine Sprache, die vor allem Syntax, Versbau und die Modalität der Verben bis zur Unüberblickbarkeit verkompliziert. Der

---

40 Jandl 1997b: 294.

„jahrhundertmensch" ist in eine Welt aus Sprache gefallen, und das Gedicht vollzieht auf einer Metaebene diesen Sturz mit. Gerade die Rückbezüglichkeit des Gedichts und diese Art der Thematisierung menschlicher Schrift entzieht dem Motiv der Fliege jede Ironie. Statt dessen gestaltet es den Befund des sozialen Zustands im Mythos, es macht die postmoderne Betonung der Schrift metasprachlich ‚natürlich'.

Robert Musil: *Der Mann ohne Eigenschaften, Grigia, Das Fliegenpapier*

Mein Gedankengang war in Bezug auf Musil, wie angekündigt, ein recht weiter und mühseliger Umweg. Außerdem hat Musil nicht nur in mehreren Fassungen des *Fliegenpapiers*, sondern auch in *Grigia* und im *Mann ohne Eigenschaften* das Motiv der Fliege so gestaltet, dass ihm nicht ohne weiteres ein direkter Zusammenhang mit dem Thema der Schrift anzumerken ist. Trotzdem haben Interpretationen zum *Fliegenpapier* gerade diesen Zusammenhang immer wieder hergestellt.[41]

Der theoretische Kontext, in dem Musil das Motiv der Fliege gestaltet, ist dabei ziemlich genau eingrenzbar[42]: Im „Theorem menschlicher Gestaltlosigkeit" aus dem Essay *Der deutsche Mensch als Symptom* heftet sich die Fliegenmetaphorik an den Gedanken, dass sich ein „eigentlicher", unhistorischer Wesenskern des Menschen notwendig erst in den ideologischen Konventionen der Gesellschaft forme. Damit besetzt das Bild der Fliege eine Stelle, die Kritiker Musil als Entwurf einer falschen, „ahistorischen" Eigentlichkeit vorgeworfen haben, als „mystische" Voraussetzung seiner Eigenschafts- und Gesellschaftskritik.[43]

Der *Mann ohne Eigenschaften* zitiert das „Theorem" im Kapitel *Ein heißer Strahl und erkaltete Wände*:

---

41 Vgl. Honold 1997; van der Knaap 1988.
42 Vgl. Reichensperger 1993; 2000.
43 Vgl. Böhme 1974.

> Es ist etwas mit ihnen umgegangen wie ein Fliegenpapier mit einer Fliege; es hat sie da an einem Härchen, dort in ihrer Bewegung festgehalten und hat sie allmählich eingewickelt, bis sie in einem dicken Überzug begraben liegen, der ihrer ursprünglichen Form nur ganz entfernt entspricht. Und sie denken dann nur noch unklar an die Jugend, wo etwas wie eine Gegenkraft in ihnen gewesen ist. Diese andere Kraft zerrt und schwirrt, sie will nirgends bleiben und löst einen Sturm von ziellosen Fluchtbewegungen aus [...] (MoE 131)

Rückblickend hat Musil in seinem Essay *Das hilflose Europa [...]* auch die Kriegsbegeisterung vor dem Ersten Weltkrieg mit dem „Theorem" erklärt: Der Krieg sei eine solche Fluchtbewegung gewesen, ein „metaphysischer Krach", in dem sich die europäische Gesellschaft aus der Erstarrung ihrer Konventionen befreite. Die Novelle *Grigia* schildert die tödliche Konsequenz dieser Befreiung am Beispiel einer Abendgesellschaft vor dem Krieg: Ihre Konversation zerfällt in das Profane und Heilige, die zivilisatorische Konvention in sinnlose Bruchstücke. Die Novelle transponiert das Thema an dieser Stelle genau in das Motiv der Fliege:

> Von einem der vielen langen Fliegenpapiere, die von der Decke herabhingen, war vor ihm eine Fliege heruntergefallen und lag vergiftet am Rücken mitten in einer jener Lachen, zu denen in den kaum merklichen Falten des Wachstuchs das Licht der Petroleumlampe zusammenfloß [...]. (GW 6: 244f)

Auch im *Fliegenpapier* der *Bilder* lässt sich die Thematik des „Theorems" leichter erkennen als eine der „Schrift", obwohl ein „Papier" zum Schauplatz wird: Die Fliegen lassen sich auf ihm, wörtlich, „mehr aus Konvention" (GW 7: 467f) nieder. Die Menschen, mit denen die Fliegen am Anfang ihres Überlebenskampfes verglichen werden, sind solche, an denen die „Konvention" zugleich sichtbar und prekär wird: „Tabiker, die sich nichts anmerken lassen wollen" und „klapprige alte Militärs", die „forciert aufrecht" stehen. Oberflächlich scheint wenig dafür zu sprechen, solche Metaphern inhaltlich mit einer Thematik der Schrift zu assoziieren.

Trotzdem rührt sich im Kern des „Theorems menschlicher Gestaltlosigkeit" mit dem Motiv der Fliege nicht zufällig eines der Schrift. Gerade im „Theorem" zeigen sich nämlich die zentralen Probleme einer *Grammatologie*. So wie es Derrida für sinnlos hält, nach der ‚eigentlichen' Bedeutung von Wörtern zu fragen, um ein außersprachliches Substrat als ihren ‚Sinn' festzuschreiben, so ist es bei Musil sinnlos, nach den ‚eigentlichen Eigenschaften' eines Menschen zu fragen: Kein menschliches Wesenssubstrat lässt sich bestimmen, das jenseits Konvention existiert, jenseits der ‚Uneigentlichkeit' einer kulturellen Schrift.

Aus der Diagnose der Unhintergehbarkeit der Schrift folgert Derrida die Unmöglichkeit eines ‚eigentlichen' Sprachgebrauchs. In der Konsequenz bedeute das, dass die Unterscheidung von ‚Eigentlichkeit' und ‚Uneigentlichkeit' an sich einem „metaphysischen" Diskurs angehöre, den es zu vermeiden gälte. Im *Mann ohne Eigenschaften* stellt das Kapitel *Ein heißer Strahl und erkaltete Wände* nun zwar einerseits den direkten Zusammenhang von Eigenschafts- und Sprachkritik her, Musil vermeidet aber andererseits, die Folgerung Derridas zu ziehen. Anders als Derrida formuliert er seine Sprachkritik noch als paradoxen Vorbehalt der Schrift gegenüber, die nicht nur als ‚unhintergehbar' erkannt, sondern auch weiterhin als ‚uneigentlich' empfunden wird.

> Es sind die fertigen Einteilungen und Formen des Lebens, was sich dem Misstrauen so spürbar macht, das Seinesgleichen, dieses von Geschlechtern schon Vorgebildete, die fertige Sprache nicht nur der Zunge, sondern auch der Empfindungen und Gefühle. (MoE 129)

Für Musil stellt sich auf diese Weise das zentrale Problem der ‚Selbstanwendung'[44]: Wie lässt sich die uneigentliche, „fertige Sprache" in und durch die Sprache sprengen? – Der *Nachlaß zu Lebzeiten* scheint mit *Triëdere* eine Antwort zu geben: Wenn es gelingt, wie beim Blick durch das Fernrohr Tatsachen aus ihrer konventionellen Umgebung zu isolieren, vom Rahmen alltäglicher Betrachtung zu „abstrahieren"[45] und zugleich in der Darstellung genau zu sein, so verbindet sich der mimetische mit einem sprachschöpferischen Impuls – oder es offenbaren sich doch zumindest die Beschränktheiten konventioneller Sprache. So betrachtet, ist das *Fliegenpapier* nicht nur

---

44 Vgl. Leitgeb 2000.

45 Der Begriff der „Abstraktion" ist hier wie im Folgenden im spezifischen Sinne von Musils ästhetischer Theorie gebraucht, d.h. im Sinn des *Triëdere* und nicht im Sinn der Bildung eines begrifflichen Modells.

eine Versuchsanordnung zur Beobachtung sterbender Insekten, sondern zugleich die Versuchsanordnung ihrer Fixierung in Schrift.

Wie kein anderes von Musils *Bildern* ist gerade das *Fliegenpapier* rückbezüglich im Verhältnis zur eigenen Verfasstheit: Liest man den Text als Ausdruck einer wörtlich genommenen rhetorischen Figur, so ist er nicht nur im Verhältnis zur Gestaltung des Motivs im *Mann ohne Eigenschaften* ein wörtlich genommener „Wie-Vergleich": denn dieser ist von anderen Formen sprachlicher Metaphorik dadurch unterschieden, dass er mit dem „wie" nicht nur die Elemente des Vergleichs, sondern auch die vergleichende Tätigkeit des Autors thematisiert. Genau genommen wird mit der Selbstbezüglichkeit des *Fliegenpapiers* deshalb auch nicht eine ‚Metapher der Schrift' zum Gegenstand, sondern die Anstrengung des Schreibens.

Nicht umsonst „flutet" besonders in der letzten Fassung auf der Ebene des Vergleichs „das grauenhaft Menschliche" in das Beschreiben der sterbenden Fliegen ein. Den verzweifelten Befreiungsbemühungen der Fliegen entspricht die verzweifelte Anstrengung der Beschreibung[46]. Um in ihr zu einer ‚Eigentlichkeit' zu finden, wird die Bildlichkeit des Textes zunächst immer ‚uneigentlicher', sie stemmt sich von der kulturellen Konvention ‚natürlich' wirkender Formulierungen ab. Je schwächer und unspezifischer im Folgenden der Widerstand der Fliegen wird, umso ungerichteter auch die Anstrengung ihrer sprachlichen Beschreibung („wie gestürzte Aeroplane [...] oder wie krepierte Pferde [...] oder [...]"), umso entfernter die Hoffnung, einen letzten Sinn des Geschehens in einem einzigen, ‚eigentlichen' Bild fixieren zu können. Am Ende scheint sich in einem Organ der Fliegen der Autor und sein Blick zu spiegeln: Was in diesem Bild hinter dem Sterben der Fliege sichtbar wird, ist nicht die ‚Eigentlichkeit' eines im Sinne Derridas metaphysischen Signifikats, sondern wieder der Ursprung menschlicher Schrift. „Das Auge der Fliege ist zugleich das Auge des Textes, eine Zone der Unbestimmbarkeit, ein Fleck auf der Semantik des Fliegenpapiers, den man hermeneutisch nicht wegwischen kann: Fliegendreck."[47]

---

46 Deshalb bleibt innerhalb des Textes auch die Frage des Mitleids ganz außer Betracht.
47 Honold 1997, S. 235.

Wie verhält sich nun aber die „Abstraktion" des Blicks auf das Fliegenpapier, wie die in ihm eingeschlossene Thematik der Schrift zur spezifischen Art der musilschen Ironie? Zerfällt nicht gerade Musils *Nachlaß zu Lebzeiten* einerseits in Texte, vor allem aus den *Bildern*, in denen man (wie beim *Fliegenpapier*) kaum nach Ironie zu fragen wagt und andererseits in Texte, vor allem aus den *Unfreundlichen Betrachtungen*, die (wie *Wer hat dich, du schöner Wald...?*) das Banner der Ironie vor sich hertragen? – Musil hat Ironie sehr einfach und direkt als wörtlich genommenes metaphorisches Verfahren definiert, als Verfahren, das Autor wie Leser aus einem Zusammenhang der Sprache in einen Zusammenhang der Dinge stürzt:

> Ironie ist: einen Klerikalen so darstellen, daß neben ihm auch ein Bolschewik getroffen ist. Einen Trottel so darstellen, daß der Autor plötzlich fühlt: das bin ich ja zum Teil selbst. Diese Art Ironie die konstruktive Ironie ist im heutigen Dtschld. ziemlich unbekannt. Es ist der Zusammenhang der Dinge, aus dem sie nackt hervorgeht. Man hält Ironie für Spott u Bespötteln. (MoE 1939)

Beide Verfahrensweisen, die „Abstraktion" des *Triëdere* und die Ironie, brechen auf jeweils spezifische Weise den unhintergehbar scheinenden Rahmen konventioneller Wahrnehmung: Der Blick durch das Triëdere trennt einen Ausschnitt der Wirklichkeit von den Unterscheidungen und Einordnungen der Konvention ab. Ist dieser Ausschnitt ein Alltagsmythos wie etwa die Mode, so bereitet die „Abstraktion" unmittelbar das Material für die Ironie. Letztere nimmt umgekehrt die Unterscheidungen und Einordnungen der Konvention beim Wort und führt sie dadurch ad absurdum. Die beiden Verfahrensweisen ergänzen sich in ihrer Gegensätzlichkeit: Das Triëdere fasst ‚Wirklichkeit' als ideologische Ganzheit auf, aus der es den „Schöpfungszustand" einzelner Wirklichkeitsausschnitte zu befreien gilt, die so noch nicht durch Konvention definiert sind. Die Ironie zeigt den fragmentarischen Charakter einer scheinbar in sich geschlossenen ‚Wirklichkeit', indem sie die ‚Natürlichkeit' der ihr zugrunde liegenden konventionellen Unterscheidungen in Frage stellt.

Warum wirken also im *Fliegenpapier* „Abstraktion" und Ironie nicht auf eine unmittelbar einsehbare Weise zusammen? – Um sich zu vergegenwärtigen, wie nahe und gleichzeitig wie fern die Ironie dem

Fliegenpapier ist, genügt es, die im Text geprägten Vergleiche gleichsam umzukehren: Ein Autor beschreibe also „klapprige alte Militärs", die auf einem Exercierplatz stehen „wie festklebende Fliegen". Oder eine Kokosnuss, die aussieht wie der Kopf einer Fliege. Oder den Träger unter seiner schweren Last, der aussieht wie eine Fliege, die versucht, sich von einem Fliegenpapier wegzubewegen: Was Musil in seinen Überarbeitungen des *Fliegenpapiers* verstärkt hat, war die metaphorische Spannung dieser Bilder, die in der Umkehr ironisch wirken.

Was verhindert im *Fliegenpapier* eine ironische Wirkung dieser Vergleiche? Musil hat das in Isolation vergrößerte Objekt seiner Beschreibung so gewählt, dass eine konventionell-mythisierende Interpretation des Sterbens radikal ausgeschlossen ist: jene des Sterbens als Siegel auf einem sinnerfüllten ‚Schicksal'. Für die Ironie fehlt dem *Fliegenpapier* der Blick auf einen Mythos, der zersetzt werden könnte. Musil richtet im Text seinen Blick auf ein Geschehen, das „eigentlich" zu sein scheint, noch nicht zum Zeichen zugerichtet. Das Strammstehen der Militärs und die Exotik der Kokosnuss sind mythische Typen einer kulturellen Schrift, die durch den Vergleich mit festklebenden Fliegen in ihrer künstlichen Gemachtheit durchschaubar würden, der umgekehrte Fokus des Vergleichs im *Fliegenpapier* schließt Ironie zunächst aus.

Der Blick jedoch, der das Geschehen beschreibt, bleibt von den „wartenden"[48] Bildern des kulturell Kodierten abhängig. Entsprechend wird auch das *Fliegenpapier* ironisch dort, wo das Schreiben weniger die Fliegen und mehr sich selbst reflektiert: „tragischer als Arbeiter es tun, wahrer im sportlichen Ausdruck der äußersten Anstrengung als Laokoon." Mit diesem Vergleich hebt der Blick auf das *Fliegenpapier* am weitesten von seinem „eigentlichen" Gegenstand ab. Auch hier ist die Ironie keine „Geste der Überlegenheit", sondern „eine Form des Kampfes" (GW 7: 941): Der Vergleich markiert zugleich die Stelle, an der auf der Ebene des Geschehens die Fliegen am stärksten angespannt Widerstand gegen das Hineingezogen-Werden ins Fliegenpapier leisten.

---

48 Musil: *Vorbemerkung (zum Nachlaß zu Lebzeiten)*. In: GW 7: 473–475.

Vielleicht hat Derrida Recht, wenn er behauptet, die Gegensätze von Natur und Kultur, Eigentlichkeit und Uneigentlichkeit, Sinn und Schrift seien Bestandteile eines metaphysischen abendländischen Diskurses. Die Ironie aber, so versuchte es wenigstens dieser Versuch über den ironischen Tod österreichischer Fliegen zu zeigen, setzt in ihrer metasprachlichen Struktur und ihrer Aussage genau diese Antinomien voraus. Sie ist nicht nur Ausdruck und Folge, sondern impliziert zugleich ein Jenseits postmoderner Betonung der Schrift. Wenn also Derrida Recht hat, dann wäre auch die Ironie Bestandteil abendländischer Metaphysik.

Walter Fanta (Wien)

Editorisches, Hermaphroditisches
Wozu den *Mann ohne Eigenschaften* neu edieren?

Am Robert-Musil-Institut für Literaturforschung an der Universität Klagenfurt läuft seit August 2000 ein vom österreichischen Wissenschaftsfonds gefördertes Pilotprojekt unter der Leitung von Klaus Amann dem ehrgeizigen Fernziel voraus, nicht bloß den unvollendeten Roman aus dem Nachlass, sondern das gesamte Werk Robert Musils unter Einschluss aller zu Lebzeiten publizierten Werke umfassend kommentiert als digitale Edition herauszugeben. Sollte der Plan ungeschmälert zur Verwirklichung gelangen, wäre der Musil-Text damit internet-tauglich, den *User*-Bedürfnissen des 21. Jahrhunderts angepasst und ins Netz des kulturellen Welterbes integriert.

Das alleinige Recht, Musil-Texte auf den Markt bringen zu dürfen, beansprucht der Rowohlt-Verlag für sich, allerdings darf er das nur bis 2012. Dann erlischt der urheberrechtliche Schutz und die Texte Musils sind für jedermann zur Publikation frei. Die Firma in Reinbek, die zuletzt vorwiegend kommerziellen Trash und Ratgeber-Schwachsinn vertrieben hat, ist in jüngster Zeit nicht mehr so ohne weiteres mit dem Verlag Ernst Rowohlts zu identifizieren gewesen, der zur Zeit Musils die wichtigste Literatur der Weimarer Republik herausbrachte. Ob Rowohlt dem Ziel, Musil zu digitalisieren und ins Internet zu bringen, wirklich hilfreich beiseite stehen wird, lässt sich heute noch nicht mit Sicherheit abschätzen. Der Verlag scheint sich im Moment nur dazu verstehen zu können, einer erweiterten Neuauflage der ersten Musil-Nachlass-CD zuzustimmen und steht einer kombinierten CD- und Buchausgabe des neu aufbereiteten Textkorpus noch skeptisch gegenüber. Im Internet-Auftritt Musils erkennt er den finanziellen Nutzen nicht. Möglicherweise werden sich aber Verlagsfragen als nebensächlich erweisen. Wenn die Vorbereitung der digitalen

Gesamtedition abgeschlossen ist, fehlt zum ominösen Jahr 2012 womöglich nicht mehr viel. Zweitens ist eine begleitende Buchedition im Fall Musil vielleicht fürs Erste verzichtbar.

Ich konzentriere mich in diesem Beitrag auf einen speziell brisanten Aspekt, die Edition der Schlussversionen des *Mann ohne Eigenschaften*. Ich werde auseinandersetzen, dass und wo und wie es diese im Nachlass gibt und wie sie produktionsgeschichtlich und textologisch einzuschätzen sind. Wir werden dabei von der Frage ausgehen, was eine neue Edition vom Finale des Romans denn überhaupt ans Licht bringen kann. So gut wie sich nämlich sagen lässt, der Roman wäre nicht abgeschlossen, leiten Leser und Leserinnen aus der Lektüre der bisherigen Ausgaben doch ab, dass ein Finale in Aussicht gestellt wird.[1] Von diesem wissen unbefangene Rezipienten der Buchausgaben und selbst sporadische Nutzer der Nachlass-CD nur *gerüchteweise*. Steht nicht im Nachlass, alles würde in *Krieg* enden, in *Sex* und in *Wahn*? Der Krieg: das Umschlagen des scheinbar endlosen Friedensgeschwätzes der Parallelaktion in nackte Gewalt, wenn im Sommer 1914 die Staatsmaschinerie durchdreht. Sex: Inzest, Ulrich und Agathe in Verbrechen verwickelt, Diotima von Ulrich missbraucht, Clarisse von Walter vergewaltigt, ein Ende in Ekel und Erbrechen, die Auflösung des normalen Paarungsverhaltens im Hermaphroditismus, bei Clarisse, auch bei Ulrich? Vielleicht bei allen, im Wahn, im kollektiven Massenwahn. Endet es *wirklich* so? Gibt es diese Texte denn? Wo genau befinden sie sich? Und vor allen Dingen: *Gelten* sie? Was gelten sie bei einem Autor, der immer alles änderte? Eine der Schwierigkeiten, die Musils Roman bereitet, ist gewisslich auch die: Wo hört der Text auf? Eine textkritische Edition hat unzweifelhaft die Aufgabe, solch drängenden Fragen Abhilfe zu schaffen. Man glaube nur nicht, dass dies einfach wäre! Ich werde ein theoretisches Modell zur Lösung des Problems und ein praktisches konkretes Fall-Beispiel präsentieren.

---

1 Den Nachlasstexten, die dieses in Aussicht gestellte Finale repräsentieren, ist eine monografische Untersuchung gewidmet, deren Erscheinen bei Böhlau in Wien 2004 zu erwarten ist: Fanta, Walter: *Das apokryphe Finale des 'Mann ohne Eigenschaften' von Robert Musil.*

Wie kam das Sein/Nichtsein des Roman-Schlusses zustande?

Entstehungsgeschichtlich betrachtet legte Musil den Roman von seinem später nie ausgeführten Ende her an.[2] Die Hinrichtung des Frauenmörders Moosbrugger, die Verführung – oder besser gesagt: die brutale sexuelle Nötigung – der Mutter-Imago Diotima, der Vollzug des Geschwister-Inzests zwischen der Hautfigur Achilles-Anders und seiner Schwester Agathe, der Ausbruch akuten Wahns bei Clarisse und die Schilderung der Massenhysterie anlässlich des Kriegsausbruchs sind Substanzen des Romanprojekts *Der Spion*, mit deren Bearbeitung Musil das Schreiben am Roman 1919–1922 begann. In der nächsten Phase ab 1923, als der Roman *Der Erlöser* und dann bald *Die Zwillingsschwester* hieß, legte Musil Aufbaupläne an, *Linien*, wie er sie nannte. Die erwähnten erzählerischen Substanzen des *Spion* wurden im Koordinatensystem der *Linien* auf einer zehnteiligen Skala verteilt. Alles mutet sehr teleologisch an: Fein säuberlich in Stufen gegliedert würde der Roman perfekt symmetrisch eine Auf- und Abstiegsgeschichte vorführen, wie im Bogen einer Parabel. Im Scheitelpunkt stünde als narrative Klimax die gemeinsame Italien-Reise der Geschwister Anders und Agathe; das Wunschbild *Paradies*, *Tausendjähriges Reich* würde als Täuschung in sich zusammen fallen. Von da setzt ein Abstieg an, auf einer Paradiesreise-Travestie mit Clarisse, in der einsetzenden Spionage-Handlung, die Anders und Agathe nach Galizien führt, wo der Bruder, um zu Informationen zu gelingen, die Schwester in Offizierskreisen prostituiert.

Bekanntlich führte Musil die Handlung der *Zwillingsschwester* nur in Skizzen aus, er schrieb dann 1927 bis 1930 einen anderen Roman, den Teil des *Mann ohne Eigenschaften*, in dem die Schwester Agathe überhaupt nicht vorkommt. Doch unterbrach er die Abfassung von Band 1 im Herbst des Jahres 1928 für eine längere Periode, um in *Kapitelgruppen-Entwürfen* den Zweiten Band grob voraus zu skizzieren. Musil blieb dem dekadischen Prinzip treu, zehn Abschnitte waren jetzt für Band 2 vorgesehen. Interessant ist, dass die Entwurfs-

---

2 Die entstehungsgeschichtlichen Informationen dieses Abschnitts finden sich ausführlich dargestellt in: Fanta 2000.

skizzen ab Kapitelgruppe 8 im Nachlass fehlen. Nur eine existiert, nämlich die, in der die Verführung Diotimas durch Ulrich genau beschrieben wird, dann bricht dieses merkwürdig apokryphe erzählerische Kontinuum ab. Aus den dreißiger Jahren existieren Verweise auf ein Konvolut *Kapitelgruppe IX–X*, die immerhin nahe legen, dass das Kapitelgruppen-Finale kein reines Luftschloss war. Aber was ist in der Literatur ein Luftschloss und was nicht? Darauf kommen wir noch.

Als Musil sich im Oktober 1930 an die endgültige Reinschrift des *Mann ohne Eigenschaften, Band 2* machte, führte er parallel dazu *Fragen zur Reinschrift*, Notizen, in denen er sich wieder sehr explizit Gedanken über den Romanschluss machte. Das Auswuchern des ersten Bandes und nun auch des einsetzenden zweiten hatte die alte Symmetrie der Linien zerstört. Sie war jetzt von einer neuen ersetzt: So wie Band 1 sich aus dem kurzen ersten Teil (*Eine Art Einleitung*) und dem langen zweiten Teil (*Seinesgleichen geschieht*) zusammen-setzt, würde Band 2 aus dem längeren dritten Teil (*Ins Tausendjährige Reich – Die Verbrecher*) und dem kürzeren vierten Teil (*Eine Art Ende*) bestehen. Die Reise der Geschwister nach Italien käme dieser neuen Einteilung zufolge ans Ende des dritten Teils zu stehen. Für den vierten Teil sind in Musils Notizen der Jahre 1930–1936 die erzählerischen Substanzen aus dem alten Fundus des *Spion* und der *Zwillingsschwester* zum furiosen Ende des Romans vorgemerkt. Nur relativ wenig sollte weg gelassen werden: dass Agathe sich in Galizien fremden Männern hingeben muss, vielleicht auch die Vergewaltigung Rachels durch Moosbrugger; der Rest aber bliebe. Fein säuberlich listet Musil in *Schmierblättern zum Aufbau* Anfang 1934 und in *Notizen zur Reinschrift* 1936, wo er die Anzahl der noch zu schreibenden Kapitel berechnet, die Siglen der alten Brouillons auf, die L-Siglen von 1923–1924 und sogar Ü- und B-Siglen noch früherer Jahre, wo das katastrophale Ende des ganzen Romans in verschiedenen Szenarien variiert ist.

Kein einziges der s-, L-, Ü- oder B-Blätter aus den Jahren 1920 bis 1924, die Musil 1934 und 1936 hervorkramte, enthält Entwürfe auf einem Niveau, das dem erzählerischen, stilistischen und gedanklichen Standard der Kapitel entsprechen würde, die Musil 1932 veröffentlicht hatte. Nur im Fall einiger weniger Kapitelprojekte unternahm es Musil

1934–1936, die alten Substanzen aus den frühen zwanziger Jahren für
die Zwecke des Romanfinales in neuen Entwürfen zu bearbeiten bzw.
zu adaptieren. Der präsenten alten Pläne ungeachtet entwickelte Musil
in Notizen neue Auffassungen vom Fortgang des Romans bis zu
seinem Schluss, die in deutlichem Widerspruch zur bisherigen
Konzeption stehen. Der Roman solle vielleicht keinen negativen
Ausgang nehmen, sondern am Schluss etwas Konstruktives bieten.
Überhaupt ginge es nicht darum, ein äußeres Geschehen zu Ende zu
erzählen, sondern darum, gedankliche Entwicklungen zur Sprache zu
bringen: den Roman zu Ende zu führen, müsse darauf hinaus laufen,
den Ausgang von Ulrichs Utopien zu bestimmen und zu beschreiben,
einschließlich der Utopie des anderen Zustands und der Utopie der
induktiven Gesinnung.[3] Der alte Schluss des Romans – oder überhaupt
ein Schluss im narrativen Sinn – taucht unter den Zeugen der Weiter-
arbeit Musils in den Jahren 1937 bis 1941 nur mehr in Spuren auf.
Gegen Anfang des Jahres 1942 in Genf erst kehrte der Autor im
Schatten des Todes sein Augenmerk wieder dem Finale zu, indem er
die Idee des Epilogs – *Ulrichs Schlusswort* – zu Papier brachte und
das Blatt als Nummer 36 in die Mappe *Notizen zur Reinschrift* mit den
Schlussversionen von 1936 legte, die er seitdem nicht angerührt hatte.
In seinen letzten Lebenstagen schrieb er im Konzept eines Briefs an
den Förderer Henry Hall-Church, der Schlussband des *Mann ohne
Eigenschaften* werde „die Geschichte einer ungewöhnlichen Leiden-
schaft" erzählen, deren „schließlicher Zusammenbruch mit dem der
Kultur übereinfällt" (Briefe 1418).

Ist das Finale Teil des Opus – oder der Opus-Fantasie?

Was immer sie bedeuten, die Ankündigungen und Pläne, die
Aufstellungen, die Notizen und die Schmierblätter, die Studien und
Kapitelaufbauskizzen, die Entwürfe und die provisorischen Gerüste
einer zu verfertigenden Reinschrift im Nachlass – der Text des

---

3 Mit dem Romanende in seiner gedanklichen Dimensionierung befasst sich eine
   bemerkenswerte Nachlass-Studie aus Italien, die auch einen wohl begründeten
   Editionsvorschlag enthält: de Angelis 1997.

Romans *Der Mann ohne Eigenschaften* sind sie nicht. Etwa 6000 Manuskriptseiten im Nachlass beziehen sich auf den *Mann ohne Eigenschaften*. 60–80 Kapitelprojekte zur Weiterführung des Romans ab 1933 lassen sich festmachen. Kein einziges Kapitel ist ganz fertig. Aus den Konzepten Musils lässt sich keine letztgültige Anordnung destillieren. Doch ist alles mit allem verbunden, das System der Verweissiglen Musils knüpft ein Netz um den Text, der darin gefangen ist wie ein Ball, und von dem weiß jeder Fan, er rollt, aber einen Anfang und ein Ende hat er nicht. Wer den Nachlass herausgeben möchte, den zieht er in sich hinein. Steht der Nachlass-Gefangene auf A und sieht zu B, kann es sein, dass B ihm unten erscheint (älter) oder oben (jünger) oder hinten (in der erzählten Zeit des Romans), oder vorne. Wer C besucht, mag aber entdecken, dass von dort A und B wieder anders zueinander stehen (durch eine Notiz, einen Verweis, die neue Aktualität herstellen). Im Nachlass dreht sichs.

Um die Dynamik im Schreibprozess zu fassen, setze ich den Begriff *Opus-Fantasie* ein. Die Differenz zwischen Opus und Opus-Fantasie ist ein Spannungsverhältnis, das bei der Entstehung jedes Kunstwerks beteiligt ist. Opus und Opus-Fantasie verhalten sich zueinander wie das dichothome Paar (Idealität und Realität) im Platonischen Idealismus oder wie Muster (*type*) und Realisat (*token*) im sprachstrukturellen Beschreibungsverfahren, wobei auch noch ein literaturhistorischer – romantisch-universalpoetischer Aspekt – mit im Spiel ist.[4] Der produktionsästhetische Begriff der Opus-Fantasie besitzt dabei natürlich auch eine produktionspsychologische Komponente. Das Rivalitätsverhältnis zwischen der *Textintention*, die dem Opus, das vom Autor emanzipiert eigene Wege geht, von der Rezeption zugeschrieben wird, und der *Autorintention* hat damit zu tun. Die nämlich ist in der Produktion, die noch nicht vollständig den Status des Opus erlangt hat, als Antriebskraft manifest, um das Werk auf seine Flugbahn zu befördern. Deren Ballistik ist von bewussten Absichten des Autors bestimmt: Was will er mit dem Opus (politisch,

---

4   Mehr als das Fragment wäre das nie geschriebene, bloß imaginierte Werk die wahre Poesie, lautet es in poetologischen Ansätzen des 18. und des beginnenden 19. Jahrhunderts. Näheres vgl. bei Iser 1991 und Eibl 1995.

philosophisch, finanziell, usw.) erreichen? Neben eingestandenen und offensichtlichen Zielen legen auch unbewusste Antriebe die Flugrichtung fest, unterdrückte kryptische Vorstellungen. Unbewusste Triebsteuerung beim Schreiben hat die Tendenz, die Wunscherfüllung in das unverwirklichte Ende zu verschieben, um die Surrogat-Lust, die das Schreiben vermittelt, zu perpetuieren. Auch die Schreibbewegung am *Mann ohne Eigenschaften* ist für den Autor mit einer Kettenreaktion von Erfüllungen, Entladungen, Entbindungen verknüpft, teils bewusster, teils unbewusst-verschobener Natur. Aus den unfertigen Texten, Frühstufen und Vorstufen, die im Nachlass liegen, lässt sich davon mehr aufspüren als aus der geglätteten Version des veröffentlichten Romanteils.

Die Ableitung des produktionsästhetischen Telos des *Mann ohne Eigenschaften* aus der Text- bzw. der Autorintention wird allein deswegen zu einem schwierigen Unterfangen, weil sich in Wahrheit Intentionen kreuzen und überlagern. In der *Entstehungsgeschichte* haben wir festgestellt,[5] dass sich gegenläufige Schreibintentionen zu einem dichotomen Instanzen-Paar – *Auftraggeber* contra *Gegenauftraggeber* – bündeln. Auftraggeber und Gegenauftraggeber kommen sich in der für uns fundamentalen Frage nach dem Romanende arg ins Gehege. Während die Auftraggeber-Instanz das Finale in von Zeit zu Zeit modifizierten Versionen fest zu schreiben versucht und seine Existenz bekräftigt, stellt die Gegenauftraggeber-Instanz einen Ausgang schlichtweg in Frage; sie versteift sich gar darauf, dass „die Geschichte dieses Romans [...], die in ihm erzählt werden sollte, nicht erzählt wird"[6]. Die Prätention des Nicht-Erzählens, das Verschweigen der Geschichte ist der Faktor, der das Telos des Romans ins Zwielicht rückt. Im Entstehungsvorgang wird ein Punkt erreicht, wo sich Auftraggeber und Gegenauftraggeber in ihrem Gewicht die Waage zu halten beginnen, ihr Spiel und Widerspiel drohen in ein Patt zu führen. Der Prozess verliert seine Richtung, sein Resultat ist nicht Landen und Münden, sondern Stocken und Schweben. Äußere Gründe – das politische Geschehen im Deutschen Reich ab 1933 – und innere

---

5 Siehe Anm. 2.
6 Aus dem Entwurf einer Vorrede von 1929. Nachlassmappe II/1, S. 58. (Zu diesem und den folgenden Nachlasszitaten s. Musil, Der literarische Nachlass).

Motive – das Bedürfnis, nichts von sich preiszugeben – geben der Abneigung gegen das Teleologische das Übergewicht, der Autor beginnt für sich die Sinnhaftigkeit eines Endes zu leugnen. Er notiert in der Vorrede zu Band I: „Sich der Unwirklichkeit zu bemächtigen, ist ein Programm, also Hinweis auf Band II, als Abschluss ist es aber fast ein Unsinn."[7]

Schreiben wäre, sich der Unwirklichkeit zu bemächtigen. Den Prozess bestimmt die Differenz zwischen integralem Werk – dem realisierten Text – und infinitesimaler unwirklicher Opus-Fantasie. Das Geschriebene bleibt hinter der schöneren Opus-Fantasie zurück, unverwirklichten Imaginationen, Idealbildern von Substanz, Form und Wirkung des Werks. Im Lauf der Entstehungsgeschichte des Romans lässt sich sein Zustand in der Formel ausdrücken:

$$W = O - X$$

W ist das in feste Formen gegossene Werk, ein kommunizierbarer Text, der Lektüre und dem Verständnis offen. *O* ist die pure Opus-Fantasie, kein Text, nicht zu lesen. *X* ist die Variable, in die der Text zu setzen ist, der zwischen Opus-Fantasie und Werk liegt: Es sind das zum Teil rohe Substanzen, oft noch ohne ästhetische Strukturierung, sich erst strukturierend in sich wandelnden Aufbauplänen und in Experimenten zur Knüpfung jener Textur, die das finale Werk schaffen soll. In den variablen Texten spiegelt sich die Opus-Fantasie mit ihrer Teleologie. Doch zieht sie sich vor der Finalität und vor Investigibilität auch wieder in einen Nicht-Text-Bereich zurück, also in textologische Transzendenz. Arno Rußegger ist diesen Sach- verhalten beim Schreiben Musils bereits auf die Spur gekommen. Er setzt bei seiner Analyse der Nachlasstexte Musils den Begriff des *Self-Talks* aus dem Konstruktivismus und der Kognitionspsychologie ein, „für das permanent ablaufende innere Gespräch" bei der „Sinnkonstruktion"[8]. Rußegger führt aus, dass „in der individuellen Auseinandersetzung des Autors mit seinen Erlebnissen ein primärer Text entsteht, der nie zu Papier gebracht wird, [...] und ein sekundärer

---

7 Ebd.
8 Rußegger 1996, S. 213. Er zitiert Schmidt 1992, S. 210ff.

Text, der uns in jenen alternativen Wortlauten und Konzeptionen vorliegt, die der [...] Nachlaß [...] dokumentiert."[9]

Was folgt aus der Differenzierung für die Kategorisierung der Manuskripte?

Musils Nachlass zum *Mann ohne Eigenschaften* ist als Sammlung nicht autorisierter Texte anzusprechen, die das Feld zwischen zwei Polen bevölkern, dem Pluspol, dem sie zustreben, dem unverwirklichten Opus *Fortsetzung des Mann ohne Eigenschaften*, und dem Minuspol, von dem sie sich abstoßen, der *Opus-Fantasie des Mann ohne Eigenschaften*. Den Nachlass herauszugeben, ohne die Position jedes Textes im Feld zwischen den Polen bestimmt zu haben, erscheint absurd – und doch ist es geschehen.

Das Schema der Manuskripte-Kategorisierung, mit dem nun die digitale Edition operiert, wurde aus der Kategorie *Textstufe* der Nachlassdokumentation von Elisabeth Castex weiter entwickelt.[10] Der Versuch, verschiedene Produktionsstufen und Stufen der Textausreifung zu bestimmen, haben zur Festlegung von sechs Textstufen-Typen geführt. Im Blick auf Opus und Opus-Fantasie treffen wir zunächst die fundamentale Unterscheidung zwischen *Entwurf* und *Notiz*. Dabei entspricht die Kategorie Notiz der Schrift, die direkt von der Opus-Fantasie diktiert ist, weil sie nicht das Werk formuliert, sondern es initiiert, kommentiert und begleitet. Die Kategorie Entwurf erfasst die Schrift, die das Opus in seinem unabgeschlossenen und unfertigen Zustand vertritt.

Unter *Notiz Typ 1* erfassen wir Notate vor dem Abfassungsprozess des Opus, in Niederschriften von Ideen, wie das Opus sein und was in ihm an Substanzen vorkommen soll. Die Sammlung von Einzelmotiven auf Zetteln und in Heften war vor allem für die ersten Jahre der Arbeit am Roman (1919–1923) charakteristisch. *Notiz Typ 2* bezeichnet die dichte Sphäre der Reflexion, die das entstehende Opus zunehmend umgibt. Etwa ein Drittel des gesamten Manuskript-

---

9   Ebd.
10 Vgl. Castex/Hille 1980.

bestands *zum Mann ohne Eigenschaften* beherbergt Metatext, in dem Musil den entstehenden Romantext administrierte, präparierte, kommentierte, analysierte, paraphrasierte und indizierte. *Notiz Typ 3* betrifft die inkohärente Form von Musils *Schmierblättern*, mehr als tausend Seiten im Nachlass, mit deren Hilfe er sich die Entwürfe der Romankapitel erschrieb und sie immer neu überarbeitete, indem er wie in Cluster-Spielen mit Formulierungen experimentierte.

Am Feld der Entwürfe lassen sich – weniger scharf als bei den Notizen – ebenso drei Unterbereiche abgrenzen. Der *Entwurf Typ 1* versammelt Voraus-Skizzen, noch nicht mit Reflexion beschwert, frisch Imaginiertes, ungeschminkt zu Papier gebracht. In Blättern mit der Sigle *s* 1923/24 oder den *Kapitelgruppen-Entwürfen* von 1928 legte der Autor nur das narrative Gerüst fest. Es erfolgte eine ausdrückliche Kennzeichnung dieser Texte als Vorstufen, Fassungen, die noch nicht gelten, durch den Autor selbst. Als *Entwurf Typ 2* gelten elaboriertere Kapitelfassungen, für die ein Platz in der Kapitelfolge und ein Arbeitstitel feststeht, an deren Manuskriptgestalt das intensive Bemühen um sprachlich-stilistische Gestaltung abzulesen ist, Entwürfe, die aber entweder abbrechen oder mit untrüglichen Zeichen versehen sind, dass sie noch weiteres Umschreiben erwartet. Der *Entwurf Typ 3* schließlich ist im Nachlass selten anzutreffen: Fassungen vor der Reinschrift zum Druck. Tatsächliche *Reinschriften* zu Teilen des *Mann ohne Eigenschaften* hat Musil nicht hinterlassen. Von den Texten seiner letzten Entwurfs-mappe, den Kapiteln des *Atemzüge*-Komplexes, berichtet er selbst wenige Stunden vor seinem Tod in dem besagten Brief an Hall-Church, er werde „in wenigen Wochen darangehen", sie „ins Reine zu schreiben"[11]. Für den Sonderfall der Druckfahnen der Kapitelreihe, die 1938 bei Bermann-Fischer in Wien hätte veröffentlicht werden sollen, gilt, dass Musil sie am Blatt zu korrigieren begann und eine noch gründlichere Überarbeitung in einem bislang unbeachtet gebliebenen Notiz-Konvolut vorbereitete, als klar wurde, dass die Veröffentlichung nicht zustande kommen würde.

---

11 Siehe Anm. 4.

Welche Auswirkungen hat die Nachlass-Struktur auf die Editionskunst?

Was bedeutet die Vermischung von Textstufen, von Opus-Fragment und Opus-Fantasie, die Verknüpftheit von Manuskripten aus drei Jahrzehnten mit 50000–70000 siglierten Querverweisen zu einem Textnetz für die Herausgabe? Kann es eine editorische Generallösung geben, die imstande ist, die Differenziertheit und Komplexität des Objekts zu bemeistern? Der heutige Herausgeber darf mit *Ja* antworten, da ihm die Digitalität (*Hypertext*) zu Gebote steht und er drei historische Editionsmodelle vor sich hat, deren Schule er besuchte.

Wie bekam die bisherige Rezeption das Finale des *Mann ohne Eigenschaften* serviert? In der Ausgabe von Adolf Frisé von 1952 wird es in einer fantasievollen langen Kapitelfolge bis zu einem imaginären Kapitel mit der Zählung 128 opulent und unkritisch aufgetischt. Die Differenz zwischen Texten von ganz unterschiedlicher entstehungszeitlicher Zuordnung und unterschiedlichem Textstufen-Status ist in dieser frühen Ausgabe gelöscht. Seine Attraktivität auch für viele heutige Musil-Leser bezieht der Nachkriegsfrisé aber vielleicht eben aus dem rücksichtslosen Umgang mit der Differenz, der die Lektüre noch Abenteuer sein lässt, ganz abgesehen davon, dass die Ausgabe die Quelle für die große deutschsprachige und europäische Rezeption des Romans wurde und selbst heute noch die Basis vieler seiner fremdsprachigen Übersetzungen bildet.

Die Ausgabe Frisés von 1978 vermittelt dagegen einen abgestuften Zugang zum Romanfinale. Wer dem Aufbau des Buchs folgt, gewinnt den Eindruck, als käme er/sie dem Schluss des Romans näher, je weiter er/sie auf der Leiter der Chronologie, in deren umgekehrter Reihenfolge die Texte ja angeordnet sind, zurückschreitet. Zugleich entsteht das Bild, dass die Entwürfe zum Finale, auf die man stößt, immer unschärfer werden, sie verlieren an Verbindlichkeit, Gültigkeit und Bezug zu dem Roman, den man einmal von vorne zu lesen begonnen hatte. Die Undeutlichkeit betrifft aber – das ist das Manko der Leseausgabe, die jetzt auf dem Markt ist – auch die kritischen

Fragen des Lesers nach der Provenienz der Texte. Es wird zu wenig genau und plastisch dokumentiert, in welchen textgenetischen Beziehungen die Nachlass-Texte zueinander stehen.

In den Frisé-Ausgaben sind nicht alle Texte publiziert, die mit dem Romanfinale zu tun haben. Anders verhält es sich mit der CD-ROM-Edition des Nachlasses, die 1992 erschien; sie enthält die komplette Transkription aller Manuskripte. Trotzdem tut sich ein *gewöhnlicher Leser* schwer, wenn er zur *schönen Userin* mutiert und das Romanfinale auf CD zu suchen beginnt. In aufwändigen wissenschaftlichen Recherchen mit dem Philologischen Erschließungsprogramm PEP erschließt sich zwar einiges, anderes aber selbst für beharrlich Nachforschende nicht: die exakte Datierung der Manuskripte sowie eine plastische Übersicht zu den historisch-genetischen Beziehungen zwischen den Kapitelfassungen und die Erhellung der Abkürzungen und siglierten Verweise Musils fehlen.

In der digitalen Gesamtedition wird mit den Unzulänglichkeiten aufgeräumt. Die neue Edition bietet den Nachlassteil des Romans in zwei Gestalten: Erstens in seiner *essentiellen* Form[12] in Gestalt digitaler Reproduktionen der Erstausgaben von 1930 bzw. 1932 sowie neu edierter Texte der Kapitelreihen zur Romanfortsetzung aus dem Nachlass 1937/38 bzw. 1941/42 und der fragmentarischen Kapitelprojekte 1933–36, diese nach Erzählkomplexen geordnet; außerdem eine Rekonstruktion der beiden Vorstufen-Projekte, der *Zwillingsschwester* und des *Spion*. Zugleich aber liefert die digitale Edition *die akzidentielle* Form des Romans im Nachlass, die Transkription der Manuskripte in ihrer überlieferten Mappengliederung. Die essentielle und die akzidentielle Form sind durch Hyperlinks miteinander verknüpft; dadurch wird die Textkonstitution der edierten Texte transparent. Im Kommentar zur Transkription ist der Status jedes Manuskripts exakt bestimmt, hinsichtlich seiner mittlerweile lückenlos erschlossenen relativen Chronologie, seiner Zuordnung zu einem bestimmten Kapitelprojekt und seiner Stellung in der Sukzession von Fassungen. Außerdem werden sämtliche Abkürzungen und Siglen erläutert; Figuren, Personennamen und

---

12 Die Scheidung zwischen einer essentiellen und akzidentiellen Form des Romans im Nachlass geht zurück auf Bausinger 1964.

Begriffe erhalten einen kurzen Sachkommentar. Ein kurzer historisch-
genetischer Sachkommentar findet sich zu jedem Kapitel und jedem
Kapitelprojekt aus dem Nachlass. Es versteht sich, dass die gesamte
Kommentierung durch Hyperlinks erfolgt. Die Suche nach der
richtigen Anmerkung ist nicht mehr nötig. Auch die mehr als 50.000
siglierten Querverweise, die Musil gesetzt hat, sind in der digitalen
Edition als Hyperlinks realisiert. Da die Notizen des Typs 2, in denen
Musil Rudimente seiner späten Opus-Fantasie zu Papier brachte,
erschlossen, miteinander verknüpft und existierenden Kapitel-
entwürfen zugeordnet sind, ist das Navigieren durch den hyper-
linearen Text-Raum ins imaginäre Finale des Romans auf diese Weise
möglich.

Kapitelprojekt Hermaphrodit

Ich deute die Möglichkeiten, die die neue Edition bietet, am extremen
Beispiel eines Nachlass-Kapitels an, das tatsächlich fast mehr Fantasie
ist als realer Text. Musil gab dem Kapitelprojekt den Arbeitstitel
Hermaphrodit. Es steht in der Reihe der Clarisse-Kapitel, die Kapitel
26 – *Frühling im Gemüsegarten* – und Kapitel 33 – *Die Irren
begrüßen Clarisse* – des 1932 gedruckten zweiten Bands fortführen
sollten; Musil arbeitete Ende 1933 und Anfang 1924 daran. Er legte
fest, dass auf die Kapitel *Frühspaziergang* mit Clarisse und General
Stumm *und Laubumkränzter Waffenstillstand zwischen Walter und
Clarisse* das Kapitel *Hermaphrodit* folgen sollte, in dem der Prophet
Meingast seinen Abgang aus dem Roman haben würde: „Damit ging
er langsam, mit seinen hochgehobenen Schritten durch die Wiesen auf
dem kürzesten Wege dem Haus zu. Clarisse lief ihm nicht nach und
ließ kein Wort ihm nachlaufen. Sie wußte, er reist ab."[13] An diese
Situation schlössen sich der Planung Musils 1933/34 zufolge Clarisses
Vergewaltigung und ihr *Besuch* bei Moosbrugger als zwei weitere
Kapitel an.

Das *Hermaphrodit*-Kapitel steht also im Zentrum einer fünfteiligen
Entwurfsreihe. Die vier anderen Kapitel hat Musil 1933/34 in

---

13 Nachlassmappe VII/4, S. 61.

mehreren Fassungen als Textentwurf ausgeführt. Nur zu *Hermaphrodit* existiert kein regelrechter Entwurf des Typs 2 nach unserer Kategorisierung. *Frühspaziergang* und *Laubumkränzter Waffenstillstand* beschäftigten Musil noch bis 1936, den ersten Teil von *Laubumkränzter Waffenstillstand* veröffentlichte er unter dem Titel *Frühspaziergang*[14] im Dezember 1936; er hielt die Entwürfe in einem Konzept von März 1937 noch präsent,[15] um den ganzen Komplex erst dann aus seinem Selftalk zu verbannen; mit *Hermaphrodit* befasst er sich schon ab 1934 nicht mehr.

Wie hat Frisé das Kapitel ediert? Er hielt sich nicht an die von Musil für den Clarisse-Komplex vorgesehene Reihenfolge. In der Ausgabe 1952 entdecken wir als Kapitel Nr. 89 des zweiten Bands mit dem Titel *Hermaphrodit (Früher Entwurf und Studie)* den Abdruck des Kapitelgruppen-Entwurfs von 1928. Musils Beschäftigung von 1933/34 mit dem Kapitelprojekt ist nicht berücksichtigt. In der Ausgabe 1978 verfährt Frisé ähnlich, er bringt den *Hermaphrodit*-Text erst bei den Kapitelgruppen-Entwürfen und ignoriert die Weiterentwicklung dieser Fassung.

In der digitalen Edition können die verstreuten Fassungen des Hermaphrodit-Projekts in ihrer trans-kribierten Form eingesehen werden. Die Setzung von Hyperlinks zwischen den Fassungen erlaubt es auch, sich diese in chronologischer Reihenfolge zu Gemüte zu führen. Es ist aber auch möglich, die ganze Kapitelreihe des Clarisse-Komplexes von 1933/34 nach der Sukzession, die Musil zu dieser Zeit vorgesehen hat, als Lesetext zu konsumieren. Doch wie rechtfertigt sich dessen Konstituierung bei der hochgradigen Fragmentarizität des *Hermaphrodit*-Projekts? Den Schlüssel zur Textkonstitution liefert das *Schmierblatt Hermaphrodit*.[16] Dieses dreiseitige Manuskript von Ende 1933 bzw. Anfang 1934 gibt eine Matrix für die Komposition des Kapiteltextes ab. Als „Grundlage" sind in der Matrix – gekennzeichnet mit „a" und „b" – von Musil zwei ältere Entwürfe angeführt, nämlich der Kapitelgruppen-Entwurf von 1928 und „ergänzend" der

---

14 Musil, Robert: *Frühspaziergang*. In: *Der Wiener Tag* v. 25.12.1936, S. 18.
15 Vgl. Nachlassmappe III/7, S. 51–52.
16 Nachlassmappe I/5, S. 180–182.

noch ältere ‚Zwillingsschwester'-Entwurf „s3+11" von ca. 1924.[17] Im Anschluss nimmt Musil erst in sechs Punkten, dann auf der nächsten Seite in 6a, 6b, 6c die Planung des Kapitelaufbaus vor und legt fest, welche neuen Substanzen in das Kapitel Einzug halten würden. Er formuliert diesen neuen Kapiteltext auf den Seiten 2 und 3 des Schmierblatts in einigen Passagen und gibt genau an, wie der alte Text mit dem neuen Text zu kombinieren wäre; Musils eigene Niederschrift des Kapiteltexts unterblieb aber. Der Lesetext der digitalen Edition bietet ihn als Ausführung der Anleitungen des Schmierblatts. Die Übergänge zwischen den Fassungen sind markiert, es sind die einzigen diakritischen Auszeichnungen, die den Lesetext unterbrechen. Von ihnen führen Sprungverknupfungen in die Transkription der Matrix bzw. des älteren Entwurfsreservoirs.

Wer glaubt, dass damit der Anspruch der digitalen Edition erfüllt ist, fordert zu wenig. Denn was Musil im Kapitel *Hermaphrodit* schreiben wollte und nicht geschrieben hat, reicht über das hinaus, was er tatsächlich als Entwurf formulierte und was der edierte Text getreulich enthält. Erschlossen werden kann dies aus dem Studium der Notizen am *Schmierblatt Hermaphrodit* und aus mehr als einem Dutzend Verweisen auf andere Blätter mit Notierungen zur Fortführung des Romans, die den Reflex einer Opus-Fantasie des Hermaphroditen darstellen. Es scheint nötig, konkreter zu werden und endlich etwas von der inhaltlichen Substanz des Kapitelprojekts preis zu geben. Was genau hätte das Kapitel denn zu erzählen? Es besteht zur Gänze aus einem Dialog, in dem Clarisse dem Philosophen und Propheten Meingast ihre unbedingte Gefolgschaft anbietet. Der Dialogverlauf erreicht dort seinen zugespitzten Höhepunkt, wo Clarisse ihrem Herrn und Meister kurz und bündig offenbart: „Ich bin keine Frau!"[18] In der Kapitelgruppen-Fassung von 1928 wäre dies ergänzt um die Eröffnung: „Ich bin kein Weib, Lindner, ich bin der Hermaphrodit!"[19] Im Lesetext nach der Matrix fällt die Ergänzung, wo allein auch das Stichwort *Hermaphrodit* fällt, durch den Rost. Interessanterweise hat Musil den Satz bei der Erstellung der Matrix

---

17 Vgl. Nachlassmappe VII/4, S. 59–62 bzw. VII/6, S. 24–28.
18 Nachlassmappe I/5, S. 181.
19 Nachlassmappe VII/4, S. 60.

ebenso unterdrückt wie das Explizitwerden der Homosexualität Meingasts, der sich den Notizen zufolge in diesem Dialog outen würde bzw. dessen Outing, möglicherweise durch den Erzähler, deutlicher ausfallen müsste, als es im Entwurf geschieht, wo Clarisse Meingasts Versteckspiel mit den Worten quittiert: „Meingast, Meingast, warum verleugnest du dich vor mir?!"[20].

Dominant sind im Notizmaterial die Bezüge zur Sexualmythologie Clarisses, eine wahnhafte transsexuale Sexualideologie, in der sich der Drang Clarisses manifestiert, sich die Bedrohung durch das Männliche als männliche Macht selbst einzuverleiben. Konsequenterweise sei als Wahnentwicklung nichts anderes zu erzählen „als die Entwicklung und die Befriedigungsversuche dieses Bedürfnisses"[21], notiert Musil. Dem entspräche, dass sich Clarisse „Charakter und Pflichten eines Mannes, männliche Empfindungen"[22] einbildet. Das Trauma produziert Spaltung, Clarisse denkt sich nicht nur das eigene Selbst, sondern auch andere Wesen gespalten, als *Doppelwesen*. Es war die Absicht Musils, dies in der ganzen 1933/34 verfassten nicht-veröffentlichten Clarisse-Kapitelreihe zu breiter erzählerischer Darstellung gelangen zu lassen. Das *Hermaphrodit*-Kapitel in der Mitte wäre dabei die Schaltstelle gewesen. Doch hat Musil seine Notizen zur Sexualmythologie Clarisses nicht in Entwurfsformen gegossen.

Was die Figur Meingast betrifft, so sollte der ehemalige Liebhaber Clarissens und „selbständige Prophet"[23] nicht als passiver Dialogpartner mit ein paar unerheblichen Wortmeldungen, wie dies in den Entwurfsfassungen der Fall ist, derart billig aus dem Roman entlassen werden. Die unausgeführte Opus-Fantasie zur Figur Meingast reicht wesentlich weiter. Meingast war auch 1933 – gerade 1933! – noch dazu vorgesehen, in dem Roman markante faschistische Ideologeme zu repräsentieren. Im Zusammenprall der elitären faschistischen Ideologie Meingasts – zu dem sich in den Notizen die Anleitung findet: „Irgendwie betonen, daß er der Vater von Muss[olini] ist"[24] – mit den sexualmythologischen Wahnvorstellungen Clarisses würde

---

20 Nachlassmappe I/5, S. 181.
21 Nachlassmappe I/5, S. 170.
22 Nachlassmappe I/5, S. 100.
23 Nachlassmappe VII/4, S. 87.
24 Nachlassmappe I/5, S. 144.

sich das apokalyptische Finale des Romans in der Massenerregung des Sommer 1914 vorbereiten. Musil hat das Kapitelprojekt *Hermaphrodit* wahrscheinlich deswegen abgebrochen, weil er sich um 1934 akut überfordert sah, die Totalität dieser Bezüge in dem Kapiteltext zu verwirklichen. Dies festzustellen ist bereits Interpretation, nicht mehr Sache des Herausgebers. Doch die Voraussetzungen zu schaffen, all das Material, das die Interpretation erst möglich macht, systematisch und in seiner Verknüpftheit darzustellen, das ist die Aufgabe der digitalen Edition und ihres Sachkommentars.[25]

---

25 Einen Eindruck, wie das Kapitelprojekt Hermaphrodit in der digitalen Edition vertreten sein wird, soll der Anhang bieten. Dazu ist freilich zu bemerken, dass sich Print und digitales Medium nicht ohne weiteres zur Deckung bringen lassen. Es ist unmöglich, die Vernetzungszusammenhänge hier abzubilden, die der Stellenkommentar der Transkription liefert. Aus Platzgründen können nicht alle Textzeugen wiedergegeben werden und aus Kostengründen erreicht das abgedruckte Faksimile nicht die Qualität, die für die Überprüfbarkeit der Darstellung notwendig wäre. Unsere Absichten wären aber erreicht, wenn zumindest die Methode plastisch sichtbar wird, nach der die digitale Edition mit Fortsetzungs- und Schlussversionen des Romans verfährt.

BEILAGE 1
STELLUNG DES HERMAPHRODIT-KAPITELS IM SEGMENT
„LESEFASSUNG" INNERHALB DER ANORDNUNGSHIERARCHIE DER
DIGITALEN EDITION

LESETEXT
   SELBSTÄNDIG ERSCHIENENE SCHRIFTEN
      Der Mann ohne Eigenschaften
        Erstes Buch
        Zweites Buch
        Neu edierte Nachlasskapitel zur Romanfortsetzung
          Die Wiener und Züricher Kapitel
            Die Druckfahnenkapitel 1938
            Druckfahnenfortsetzung 1939
          Die Genfer Kapitel
            Erste Entwurfsreihe 1940
            Zweite Entwurfsreihe 1942
          Entwurfskomplexe 1933-1936
            Fortsetzungsreihe 1 - Ulrich/Agathe/Lindner
            Fortsetzungsreihe 2 - Ulrich/Agathe bis zur „Reise"
            Clarisse
              Frühspaziergang
              Laubumkränzter Waffenstillstand zwischen Walter und Clarisse
→→→→→→→→→→→→→→→ **Hermaphrodit**
              Vergewaltigung
              Besuch
            Parallelaktion - Rahmen
            Schlussteil
       Vorstufen des Romans „Der Mann ohne Eigenschaften"
        Zu Musils Lebzeiten Publiziertes
        Aus dem Nachlass neu edierte Texte
          Vorarbeit zum Roman bis 1914
          Das Spion-Projekt 1921
          Die Zwillingsschwester 1925
          Die Kapitelgruppen-Entwürfe 1928

BEILAGE 2:
SCHEMA ZUR VERKNÜPFUNGSSTRUKTUR IN DER DIGITALEN EDITION

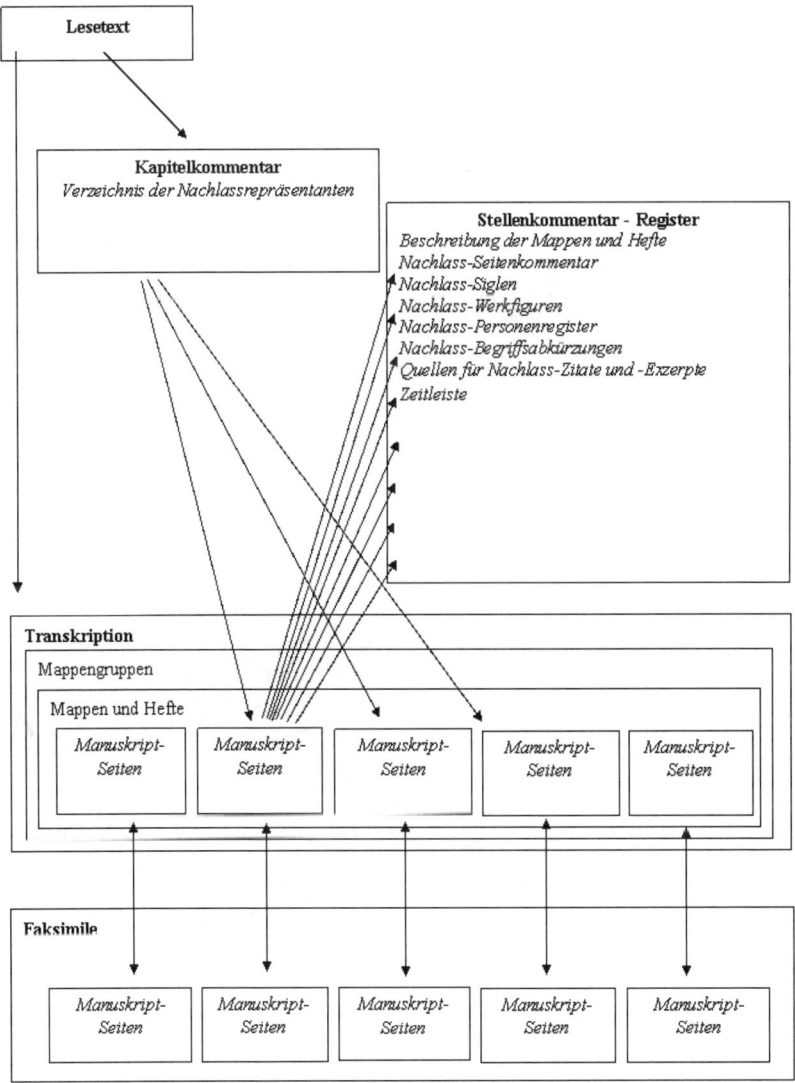

BEILAGE 3:
KAPITELKOMMENTAR

Kapitelprojekt **Hermaphrodit**[26]

Erzählkomplex: WALTER-CLARISSE[27]
Figuren:[28]   **Clarisse, Meingast, Walter,** [Ulrich], [Diotima], [Stumm],
[Feuermaul], [Hans Sepp], [Moosbrugger]
Druckausgaben:
- Frisé 1952, S. 1414-1418, Band Kapitel *89. Hermaphrodit (Früher Entwurf und Studie)* auf der Basis von VII/4/59-61
- Frisé 1978, S. 1537-1540, *Entwürfe zu den „Kapitelgruppen" III-VIII (für MoE II) aus den späten zwanziger Jahren / II. Bd. IV. Kapitelgruppe Cl I zw. II III u IV. 1.* auf der Basis von VII/4/59-61

Zur Textgenese und Konstitution des Lesetextes:[29]

Die **Stellung** des Kapitelprojekts innerhalb der Abfolge der Clarisse-Kapitel der Romanfortsetzung ist in der Aufstellung vom 5. Mai 1932 festgelegt, wonach Kapitel *38 Wald*, Kapitel *41 Hermaphrodit* und Kapitel *46 Überfall* vorgesehen wären, und in der Folge mehrfach bestätigt. Im Zug der Ausformulierung der Kapitel 1933/34 erhält *H = Hermaphrodit* in den Notizen der Mappe *Nächster Block II* seinen festen Platz nach *F = Frühspaziergang* und *L = Laubumkränzter Waffenstillstand*, wie auch aus der Siglen-Kombination *Sch L + H + VB* hervorgeht. *V = Vergewaltigung* und *B = Besuch* folgen demnach auf *H*. Dem Entwurf von *Laubumkränzter Waffenstillstand* kann man entnehmen, dass Meingast noch bei Walter und Clarisse zu Gast ist, am Beginn des Entwurfs von *Vergewaltigung* wird auf die bereits erfolgte Abreise Meingasts Bezug genommen, woraus sich die narrativ-syntaktische Fixierung des Hermaphrodit-Kapitels in der Kapitelreihe eindeutig ergibt; dies wird zusätzlich noch durch eine entsprechende Notiz auf dem *Schmierblatt Hermaphrodit* bestätigt. Das unausgeführte Kapitelprojekt hat den letzten Auftritt Meingasts zum Thema; die Figur

---

26 Hyperlink zum Lesetext, siehe Beilage 6.
27 Erzählkomplexe sind über eine Feldsuche abrufbar.
28 Hyperlink zum Werkfigurenverzeichnis; Navigieren von Kapitel zu Kapitel bei jeder Figur möglich.
29 Hyperlinks von den kursiv gesetzten Zitat-Passagen zu den entsprechenden Textzeugen in der Transkription.

ist sonst innerhalb der Romansetzungsprojekte nur noch für das ebenfalls unausgeführte Propheten-Kapitel vorgemerkt; im *Hermaphrodit* will Musil Meingasts Abgang aus dem Roman inszenieren.

Textgenetischer Befund: Musil nimmt das Kapitel im Zeitraum von November 1933 bis Februar 1934 auf der Grundlage des entsprechenden Kapitelgruppen-Entwurfs von 1928 zwar in Angriff, führt es allerdings nicht mehr als Entwurf aus. Auf dem *Schmierblatt Hermaphrodit* legt er den Kapitelaufbau in sieben Stufen fest. Er gibt an, auf welche älteren Texte sich die Ausführung stützt und plant deren Montage exakt vor. Nicht nur der Kapitelgruppenentwurf soll herangezogen werden, sondern auch eine Formulierung aus der *Zwillingsschwester*-Entwurfsreihe und sogar ein Brouillon aus der *Spion*-Phase, auf dem sich Musil um 1921 schon den aktionistischen Protest der Geistigen gegen die Moosbrugger-Hinrichtung notiert hat, der wahrscheinlich aus einer zeitgenössischen Zeitschrift stammt. Außerdem nimmt er auf den Folgeseiten des Schmierblatts ad hoc ergänzende und erweiternde Neuformulierungen zum Dialog Clarisse-Meingast vor, die er aber nicht mehr in einen konsistenten Neuentwurf übergeführt hat, sondern die auf dem angeschlossenen *Schmierblatt L + H* vielmehr in inkohärente Notizen (Typ 3) auslaufen.

Der **Lesetext** bringt die exakte Umsetzung der Anleitungen Musils, also eine Kombination der Entwurfspassagen aus den zwanziger Jahren mit dem am Schmierblatt neu entworfenen Text. Das Rahmengerüst für den Textverlauf liefert der von Musil als *a* bezeichnete Kapitelgruppen-Entwurf *II IV Cl 1*. Dazu sieht Musils Matrix unter Punkt 2 auch die Integration einer Passage über Walter und Genie aus *b* vor, der *Zwillingsschwester*-Skizze *s3+11*. Der neu entworfene Text auf Seite 2 und 3 des Schmierblatts setzt bei Punkt 6 der Musil'schen Matrix an und überschreibt damit genau die eigentliche Selbstdarstellung Clarisses als Hermaphrodit, wie sie im Entwurf von 1928 noch vorgesehen gewesen ist. Auf dem *Schmierblatt L + H* wird der Dialog zwischen Clarisse und Meingast in der rechten Spalte (die linke ist dem Kapitel *L* zugedacht) in einer sehr brüchigen Entwurfsskizze noch fortgeführt. Dieser Zusatz hat die Funktion, die Wahn-Geschichte Clarisse-Moosbrugger mit der Parallelaktion und Ulrich zu verknüpfen. Die Rahmung mit dem Schlussabsatz aus dem Kapitelgruppen-Entwurf rechtfertigt sich aus einer Anweisung am Schmierblatt Hermaphrodit: *es folgt nur noch Mgs. Abgang.* Eine Replik Clarisses auf Meingasts Zurückweisung hat Musil in Stichworten vorbereitet, die auf *Schm H* in einer Kolonne und in der rechten Spalte von *Schm L + H* anschließen. Bei diesem Text handelt es sich um nicht mehr in die Lesefassung integrierbare Notizen (Typ 2).

Die **werkgenetische Funktion** des Kapitelprojekts ergibt sich aus der Differenz zwischen dem Entwurf, wie er in der Lesefassung zur Darstellung kommt, und den Intentionen Musils, die in Vorstufen und begleitenden Notizen formuliert sind, aber nicht Eingang in den Entwurf gefunden haben. In einem *Nachtrag* formuliert Musil: *Sünden, Sündengestalt, Lichtgestalt .. geistert in allen Kapiteln. Es ist zu fixieren in H: Cl. brüstet sich mit der Lichtgestalt. In den anderen Kapiteln spricht sie davon, wie man es mit einem Geheimnis tut!* Im *Hermaphrodit*-Kapitel also müsste Clarisse ihre wahndiktierte Weltformel explizit machen, die sie in den Kapiteln 2/7, 2/14 und 2/26 des gedruckten Romans und in den Nachlasskapiteln *Frühspaziergang* sowie *Laubumkränzter Waffenstillstand* bruchstückweise verlautbart hat. Die Explikation unterbleibt im Entwurf aber; die *hermaphroditische Gestalt*, im Nachtrag zur Fassung von 1928 in kürzester Form fassbar, wird im letzten Entwurf nicht elaboriert, obwohl sie dem Kapitel den Arbeitstitel liefert. In der nicht mehr ausgeführten Replik käme Clarisse *zu sprechen a) auf W. und sich, b) auf: mit mehreren Freundschaft, c) die Frau, namentlich sie als Hermaphrodit.* Meingasts Homosexualität und seine Rolle als ideologischer Brandstifter finden sich in den Notizen vielfach thematisiert [I/5/33; I/5/195; I/5/222; II/1/248, usw.], sind aber im Entwurf zurückgenommen oder bleiben bis auf Andeutungen unrealisiert. Die Flucht Meingasts (Schneider sieht in der Flucht das biografische Modell und assoziiert die Klages-Wahngedichte Alice Donaths) geht einher mit einem Rückzug des Schreibers vor dieser im zeithistorischen Kontext brisanten Figur. Seine potentielle Rolle als Gesprächspartner Clarisses, dem sie ihre wahnhaften Gedankengänge auseinandersetzt, übernimmt partiell General Stumm. Das Kapitelprojekt Hermaphrodit ist von 1934 bis Anfang 1936 [*II/3/58, VII/4/11*] in den Kapitelaufstellungen in der oben beschriebenen Anordnung vermerkt und verschwindet dann aus den Planungen Musils.

Repräsentanten-Verzeichnis[30]

Nr	Pagina	Musil-Sigle	Datierung	Textstufe	Lesefassung
1	I/5/245	B 141	1921-1922	Notiz Typ 1	{9} I/5/245,9-15
2	VII/6/24-28	S_3+11 2	1923-1924	Entwurf Typ 1	{3} VII/6/24,3-VII/6/26,4
3	VII/4/59-62	II IV Cl I 1	Ende 1928	Entwurf Typ 1	{1} VII/4/59,8-17 {4} VII/4/59, 18-44 {7} VII/4/59,45-VII/4/60,12 {12} VII/4/61, 23-30
4	I/5/29-30	II R Fr 23, 7 Cl-Mg-Hermaphr	Anfang 1932	Notiz Typ 2	
5	I/5/94	II R Fr 23, 9 4 Proph Hermaphr	24.3.1932 - 8.5.1932	Notiz Typ 2	
6	I/5/180-182	Schm Hermaphrod	Nov. 1933 - Feb. 1934	Entwurf Typ 1	{2} I/5/180,12 {5} I/5/180,20-I/5/180,32 {6} I/5/180,40 {8} I/5/181,3-I/5/182,31 {10} I/5/182,32-57
7	I/5/183-185	Sch L + H	Nov. 1933 - Feb. 1934	Notiz Typ 2/3	{11} I/5/183,9-46 rechte Spalte

---

30 Die Tabelle fungiert als Link-Relais, d.h. sie ermöglicht das Navigieren zwischen den Textzeugen und ihrer Repräsentantion im Lesetext.

BEILAGE 4

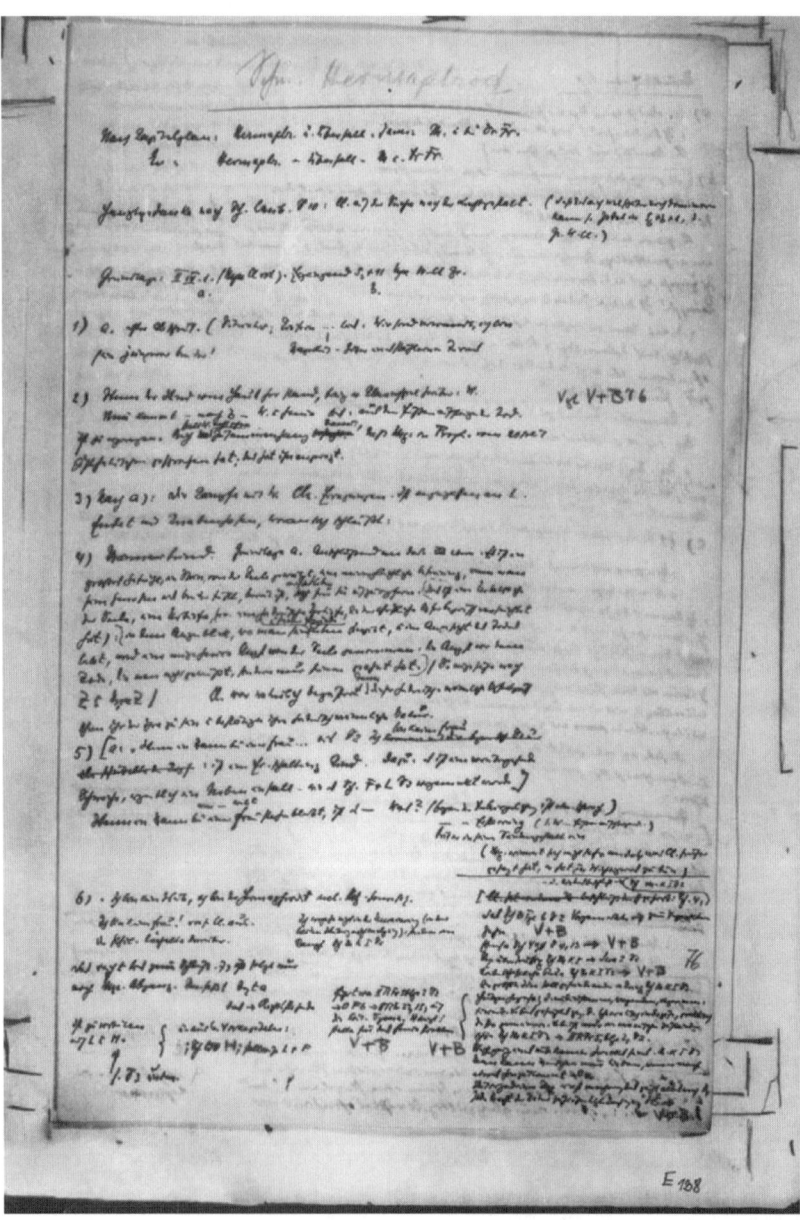

BEILAGE 5:
TRANSKRIPTION UND SEITENKOMMENTAR

Anmerkung zur Transkription: Die Transkription ist von der Kopfzeile ausgehend mit dem Seitenkommentar verlinkt. Anstelle der hier in Fußnoten dargestellten Anmerkungen erfolgen Informationen zur Transkription über sogenannte Pop-Ups, einblendbare Textfenster. Von sämtlichen abgekürzten Wörtern (wie z.b. „Hermaphrod"), abgekürzten Figurennamen („M", „Dr. Fr." usw.) und Verweissiglen Musils („Sch Laub S 10" usw.) erfolgt jeweils ein Hyperlink zu der entsprechenden Erläuterung im Abkürzungsverzeichnis, im kommentierten Werkfigurenindex und zu der entsprechenden Stelle, auf die Musil verweist. Die etwa 120 erläuterten Stellen auf dieser Manuskriptseite sind hier aus technischen Gründen nicht markiert. Die in der Transkription verwendeten diakritischen Zeichen können aus Platzgründen nicht erläutert werden.

I/5/180 Schm Hermaphrod 1 | Sch H 1

1	°Schm. Hermaphrod.°[1]
2	Nach Kapitelplan: Hermaphr. u. Überfall. Dann: M. u bei Dr Fr.
3	Ev: Hermaphr. - Überfall - M u. Dr Fr.
4	Hauptgedanke nach Sch. Laub. S 10: Cl. auf der Suche nach der
5	Lichtgestalt. (Daß dies auch viel später noch dominieren kann s. Zettel in
6	s_6+b+1, 3. Gr. W. Cl.)
7	Grundlage: II IV. 1. ■a.■ (Mpe Cl rot). Ergänzend s_3+11 ■b.■
8	Mpe W-Cl Gr.
9	1) a. erster Abschnitt. (Situativ; Kiefern ... ■Magerkeit - Gitter
10	eines stählernen Turms■ bis: Wir sind verwandt, ich bin sein
11	jüngerer Bruder!

---

[1] Rotstift.

12 2) Wenn der Wind vom Haus her stand, trug er Klavierspiel herüber: W.
13 ■°Vgl V + B S 6°²■
14 Nun kommt - nach b - W. u Genie bis: aus den Füßen aufsteigender
15 Tod. Ist zu ergänzen. Auch #der# \spielt W. nicht ohne|
16 Zusammenhang #besteht# \damit,| daß Mg. in Proph. vom absolut
17 Ästhetischen gesprochen hat; das hat ihn angeregt.

18 3) Nach a): Die Kämpfe mit W. Cls. Erregungen. Ist anzupassen an L.
19   Endet mit Knabenhosen, woran sich schließt:

20 4) Männerbund. Grundlage a. Anschließend an dort °³ etwa: Es ist ein
21   großes Gefühl, ein Stein, von der Seele gewälzt, eine
22   unvergleichliche Befreiung, wenn man seine Genossen als Brüder fühlt,
23   bereit ist, #sich# \auch das Leben| für sie aufzuopfern. \(|Das
24   ist eine Urtatsache der Seele, eine Urtiefe, (ev. eine heidnische
25   Urtiefe, die der christliche Opferbegriff verseichtet hat): °⁴ in
26   dem Augenblick, wo man sein \u seiner Freunde| Leben hingibt, u im
27   Angesicht des Todes lebt, wird eine ungeheure Angst von der Seele
28   genommen: die Angst vor dem Tode, die man nicht gewußt, sondern nur
29   stumm geahnt hat.\)⁵| /So ungefähr noch Z 5 Mpe Z/ Cl. war
30   natürlich begeistert. \Denn| dieser heidnisch=männliche Opferbegriff
31   schien ihr der ihre zu sein u bestätigte ihre heidnisch männliche
32   Natur. 5) [a: „Wenn ein Mann bei einer Frau ... bis S 2 Ich ##komme mit
33   dir bzw. #ich# S 1u: Cl. schüttelte den Kopf## \bin keine Frau|: ist
34   eine Einschaltung Kind. Dazu: es ist eine vorübergehende Schwäche,
35   eigentlich ein Nebeneinfall - wie es Sch. F + L S 3 vorgemerkt
36   wurde]
37   Wenn ein Mann *bei einer Frau stehn bleibt* *eine - liebt*|, ist
38   es - Was? (Beginn der Verbürgerlichung ist etw. schwach)
39   ‚Beginn der' Erstarrung (s. W ... Füßen aufsteigend ..)
40   tritt er in seine Sündengestalt ein
41   (Mg. erinnert sich nicht sehr an das, was Cl. früher gesagt
42   hat, er hat ja Wichtigeres zu tun)
43   _____
44   [#Cl. hat von dem M-Beschluß der // gehört: Sch. 4, \u.
45   Liebesbeschluß → Sch M-K I S 2|
46   Das Sch B Tge 6 S 2 Vorgemerkte →¹ zum Verzwickten
47   Zehn °V + B°²

_____

2 Bleistift.
3 Musilzeichen: Schraffiertes Quadrat, siehe VII/4/59, Z. 41.
4 Zeilenwechselzeichen.
5 Gestrichelt.
1 Rotstift.
2 Bleistift.

48	Ebenso Sch 49ff S 4, 13 $\rightarrow^6$ °V + B$^{\circ 2}$
49	Sex. überdrüssig Sch M K I $\rightarrow$ Sua 2 S 1
50	Leidenschaftliche Reue Sch M K I S 2 $\rightarrow^6$ °V + B$^{\circ 2}$
51	Die größte Idee soll gefunden werden $\rightarrow$ Krieg Sch M K I S 3
52	°Heutiger Gegensatz d. unduldsamen, wagenden,
53	experimentierenden Lebensgefühls geg. d. theoretisch indezise,
54	praktisch desto gemeinere. Leben ist nur in manischen Zuständen
55	schön Sch M K I S 3 $\rightarrow$ II R Fr 5, Blge 2, S 2.$^{\circ 7}$ ■Führt via
56	II R Fr 5 Blge 2 S 2 $\rightarrow$ O F 6 $\rightarrow$ II R Fr 23, 15, auf die
57	Coit-Szene; Hauptstelle für das Genie-Problem■ ■■°V + B$^{\circ 2}$■■
58	Werkzeug eines unbekannten Zwecksseins. M-K I S 3
59	■°V + B$^{\circ 2}$■
60	Man kann Menschen nur lieben, wenn noch etwas hinzukommt
61	S 4
62	Mit irgendeiner Idee ernst machen, das zieht alles nach S 4
63	Jede Macht der Natur zieht ihre letzte Konsequenz S 6 $\rightarrow^6$
64	■°V + B$^{\circ 2}$■
65	6) . Ich bin kein Weib, ich bin der Hermaphrodit incl. #Mg# \Cl| -
66	homosex.
67	Ich bin keine Frau! rief Cl. aus. Ich vergehe nicht in der
68	Der Phil. lächelte darüber. Umarmung (in der blöden
69	Weiberzerschmelzung), sondern im
70	Kampf Sch M K I S 1
71	Das reicht bis zum Schluß. 7) #ist# folgt nur noch Mgs. Abgang. Umfaßt
72	Text a
73	Das $\rightarrow^8$ Rechtsstehende
74	°u. aus den Vorkapiteln:

6	Tinte und Rotstift.
2	Bleistift.
6	Tinte und Rotstift.
2	Bleistift.
7	Geschweifte Klammer links.
2	Bleistift.
2	Bleistift.
6	Tinte und Rotstift.
2	Bleistift.
8	Verweispfeil zu Z. 44–64.

75	$^{\circ\circ}$; Sch L 10 H^2; fallweise L + F$^{\circ\circ 9}$ $^{\circ 7}$■Ist zu verteilen auf
76	L u H.■
77	↑ s. S 3 unten.

SEITENKOMMENTAR

Anmerkung zum Seitenkommentar: Die Informationen des Seitenkommentars sind als Datensatzfelder abgespeichert. Es sind daher Abfragen gewünschter Feldinhalte möglich. Von der Kopfzeile des Seitenkommentars führt ein Link zur Transkription, von der Angabe der Kapitel-"Fassung" in die entsprechende Tabellenzeile im Kapitelkommentar.

I/5/180 Schm Hermaphrod 1 | Sch H 1

Schreiber:	**Robert Musil**
Hauptbeschriftung:	**Tinte schwarz**
Nebenbeschriftung:	**Blaustift, Rotstift**
Textstufe:	**Notiz Typ 2**
Papier:	**cremefarben**
Art:	**Kanzleidoppelblatt**
Format:	**340x211**
Datierungsabschnitt:	**7-2: Mitte 1933 - März 1934**
Werk:	**Der Mann ohne Eigenschaften - Band 2**
Fortsetzung	
Werkteil:	**Clarisse**-Komplex, Kapitelprojekt **Hermaphrodit,**
Fassung 6	

---

2   Bleistift.
9   Vertikalstrich links Rotstift.
7   Geschweifte Klammer links.

BEILAGE 6 – LESETEXT

Hermaphrodit[31]

☐ Der blaue Schirm des Himmels spannte sich über den grünen Schirm der Kiefern; der grüne Schirm der Kiefern spannte sich über die roten Korallenstämme; am Fuß eines Korallenstamms saß Clarisse und spürte an ihrem Rücken die großen, gürteltierartigen Schuppen der Rinde. Meingast stand seitlich von ihr in der Wiese. Der Wind spielte um seine Magerkeit wie um die Gitter eines stählernen Turms; Clarisse dachte: wenn man das Ohr hinhalten dürfte, müßte man seine Gelenke singen hören. Ihr Herz fühlte: „Ich bin sein jüngerer Bruder."

☐ Wenn der Wind vom Haus her stand, trug er Klavierspiel herüber:
☐ Immerhin ist dieser Fall, daß ein Mensch für nichts zu leben beginnt und als der Apostel einer wenn auch kleinen, so doch von ihm selbst hervorgerufenen Bewegung endet, der seltenere. Viel häufiger geschieht es, daß ein Mensch anfangs ein Genie werden will und später für irgend etwas mit großer Zufriedenheit lebt, das wesentlich bescheidener ist. In dieser Lage befand sich Walter.

Wenn Walter – denn er fühlte doch irgendetwas sich entgleiten – sich prüfte, um das sonderbare Gefühl wieder zu erwecken, das er früher oft empfand, als er noch an seine Sendung glaubte, so war es keine Leistung, auf deren Gewißheit es sich bezog, sondern ein Zustand für sich, ein Leuchten, Schwingen und Spannen. Genie ist eine besondere Form von Glück mit doppelt großem I im Ich, welchen sich die Jugend vorstellt. Walter glaubte sich zu erinnern, daß ihm damals beinahe ohne Pausen neue Gedanken einfielen und so heftig ergriffen, daß er sich ganz umgestaltet fühlte; und zugleich schwang jeder die Welt herum wie eine Drehbühne, so daß sie, zitterndes Geheimnis des Entdeckers und Schöpfers, als seine Kulisse um ihn stand, von den magischen Flammen der geistigen Anstrengung bestrahlt. Man kommt aber im Lauf des Lebens – namentlich wenn man so scharf wie Walter den Unfug sieht, der getrieben wird – darauf, daß nur durch besondere Umstände besondre

---

31 Die Rechtecke im Text markieren die Übergänge von einem Textzeugen zum anderen in Übereinstimmung mit der Übersichtstabelle im Kommentarteil, welche über Hyperlink vom Kapiteltitel und den Rechtecken aus erreichbar ist.

Leistungen entstehn; und dann aber auch unter besondren Umständen eben nicht entstehn, wie es Walters Fall war, den die Verkommenheit dessen, was für Genie gilt, hinderte, eins zu werden. Aber wenn er sich immer fester in seinen neuen Anschauungen werden fühlte, so fühlte er sich doch auch immer starrer und lebloser werden, und es war ein qualvoller Kampf wie gegen den von den Füßen aufsteigenden Tod.

☐ Die Kämpfe mit Walter, diese versuchten Umarmungen, aus denen sie sich fortstemmen mußte, – herausmeißeln, nannte sie es – obgleich sie selbst nicht aus Stein bestand, hatten eine Erregung in ihr hinterlassen, die zuweilen wie ein Rudel Wölfe über ihre Haut jagte, im Nu, sie wußte nicht, wo es ausgebrochen war und wohin es verschwand. Wie sie aber dasaß, die Knie hochgezogen, Meingast zuhörte, der von den Männerbünden sprach, und die Höschen unter dem dünnen Kleid straff wie Knabenhosen an ihren Schenkeln lagen, fühlte sie sich beruhigt.

„Ein Männerbund" sagte Meingast „ist die Liebe in Waffen, die man heute nirgends mehr findet. Man kennt heute nur die Weiberliebe. Ein Männerbund fordert Treue, Gehorsam, Einstehn eines für alle und aller für einen: Man hat heute aus den Männertugenden das Zerrbild einer allgemeinen Wehrpflicht gemacht, aber bei den Griechen waren sie noch lebendiger Eros. Die männliche Erotik ist nicht auf das Geschlecht beschränkt; ihre ursprüngliche Form ist Krieg, Bund, vereinte Kraft. Überwindung des Todesschrecks .. !" Er stand und sprach in die Luft.

☐ Es ist ein großes Gefühl, ein Stein, von der Seele gewälzt, eine unvergleichliche Befreiung, wenn man seine Genossen als Brüder fühlt, bereit ist, auch das Leben für sie aufzuopfern. Das ist eine Urtatsache der Seele, eine heidnische Urtiefe, die der christliche Opferbegriff verseichtet hat: in dem Augenblick, wo man sein und seiner Freunde Leben hingibt, und im Angesicht des Todes lebt, wird eine ungeheure Angst von der Seele genommen: die Angst vor dem Tode, die man nicht gewußt, sondern nur stumm geahnt hat. Clarisse war natürlich begeistert. Denn dieser heidnisch-männliche Opferbegriff schien ihr der ihre zu sein und bestätigte ihre heidnisch männliche Natur.

„Wenn ein Mann eine Frau liebt, ☐ tritt er in seine Sündengestalt ein" ☐ ergänzte es Clarisse überzeugt. „Sag, darf man überhaupt in einer Zeit wie heute ein Kind wünschen?!"

„Ach was, Kind!" wehrte Meingast ab. „Übrigens ja; nur Kinder! Du sollst dir ein Kind wünschen. Dieser Bourgeoisie-Eros, den man heute einzig und allein kennt, hat mit einem Kind die einzige Möglichkeit, zu Leiden und Opfern zu führen. Überhaupt ist Gebären noch eine der wenigen großen Angelegenheiten. Eine gewisse Rehabilitation."

Clarisse schüttelte langsam den Kopf. Sie sagten sich in der letzten Zeit wieder Du und hatten die alte Freundschaft erinnert, aber nicht in der sinnlichen Form von damals. „Wenn es noch ein Kind von Dir wäre!" sagte Clarisse lächelnd. „Aber Walter taugt nicht dazu."

„Ich?! Das ist mir ja ganz neu. Ich reise übrigens in wenigen Tagen in die Schweiz zurück. Ich bin mit meinem Buch fertig."

„Ich komme mit Dir" sagte Clarisse.

„Das ist ausgeschlossen! Meine Freunde erwarten mich. Es gibt Schwieriges zu tun. Wir laufen sogar mancherlei Gefahren und müssen zusammenhalten wie eine Phalanx. Meingast sagte es mit einem nach innen gerichteten Lächeln. Das ist keine Sache für Frauen!"

☐ "Ich bin keine Frau!" rief Clarisse aus. Der Philosoph lächelte.

Clarisse stand auf und trat zu ihm hin. „Du glaubst, daß ich nur eine Frau bin!" sagte sie vorwurfsvoll.

„Was soll ich sonst glauben?" verteidigte sich Meingast „Hast du doch eben sogar gesagt, daß du dir ein Kind wünschest!?"

Clarisse schüttelte traurig den Kopf. „So wenig kennst selbst du mich! Das war natürlich nur ein Irrtum, eine augenblickliche Schwäche von mir. Ich bin auch zu Walter nicht die Frau, zu niemandem! Ich vergehe nicht in der Umarmung, in der blöden Weiberzerschmelzung, sondern im Kampf! Ist dir dieser Gedanke wahrhaftig noch nie gekommen?" Welche Bestätigung wäre es gewesen, wenn Walter gerade jetzt das Walküremotiv gespielt hätte; aber es sprang das Siegfrieds herüber.

„Die Liebe kann in verschiedenen Beziehungen offenbar werden" erwiderte der Philosoph gelassen und teils philosophisch, teils diplomatisch: „Sie kann sich in der Beziehung des Weibes zum Gatten offenbaren, aber auch in der Beziehung: Diener zu Herr, Kind zu Eltern, Seele zu Gott, Freund zu Freund..."

„Namentlich Freund zu Freund!" versetzte Clarisse sehr entschlossen.

Meingast sah sie zweifelnd an.

„Meingast, Meingast, warum verleugnest du dich vor mir?!" rief Clarisse ebenso steif und etwas künstlich aus, wie sie den Text formte, aber sie lächelte dazu, als bemerkte sie das. „Ich bin dir ja und deinem Männerbund schon zuvorgekommen!"

„Ich weiß nicht, was du meinst" sagte Meingast abweisend.

„Du weißt nicht?" versetzte Clarisse spöttisch, als hätte er einen guten Scherz gemacht. Sie kam wieder darauf zu sprechen: „Hörst du ihn? Hörst du, wie er wimmert und klagt? Das ist alles ganz privat bei ihm. Aber er fühlt, daß es öffentlich sein müßte. Ich kann von dem Haus fortgehen, so weit ich will, ich höre ihn immer klagen. Und weil er klagt, will er ein Kind von mir. Das ist immer so. Auch die Frauen bringen viel leichter Kinder als Lichtgestalten hervor; die Frauen suchen die Lichtgestalt zu gebären, in ihren Babys."

Clarisse hatte sich wieder gesetzt. Der Prophet stand jetzt an einem Baum. Er nickte, und es wäre schwer zu sagen gewesen, ob es geschähe, weil er einverstanden sei oder weil er nicht zuhöre.

„Aber alles das ist privat, davon will ich gar nicht sprechen. Du weißt, daß ich etwas anderes meine" fuhr Clarisse fort. „Du hast dich doch schon zweimal verwandelt. Aber weißt du auch, daß wir es damals gewesen sind, wie du in die Schweiz gegangen bist, und dich zum Führer verwandelt hast, die deine Sünden auf sich genommen haben? Frag Walter. Vielleicht ist deine Sündengestalt zu schwer für ihn; seitdem leiden wir daran —"

„Aber es ist doch unsinnig, was du jetzt erzählst," wandte Meingast ein „was soll man sich dabei denken!"

„Ist ja auch gleichgültig" sagte Clarisse mit einem überlegenen und heiteren Lächeln. „Aber alles Persönliche ist gleichgültig, führt ins Enge." Und dann, plötzlich: „Schau einen Schmetterling an, wenn er tot zur Erde fällt und ein häßlicher Wurm mit reglosen Flügeln wird, wie er vor seiner Schmetterlingszeit ein Wurm ohne Flügel war. Das ist Sünden- und Lichtgestalt." Und dann wieder: „Ist aber auch gleichgültig. Du weißt es ohnehin, und wir wollen doch nicht über das Private sprechen. Alles Persönliche führt nur ins Enge. Ich weiß, daß du die Revolte der Lichtgestalt der Welt vorbereitest!"

„Was willst du davon wissen!" erwiderte Meingast abweisend.

„Oh, mein Lieber, mehr als du ahnst! Ich bereite sie auch vor!"

„Sprich!" verlangte der Meister.

„Ich werde zuerst den Zimmermann befrein."

Meingast erinnerte sich kaum noch an den „Zimmermann", aber Clarisse befand sich in einer Stimmung, gegen die Enttäuschungen nicht aufkamen. Sie zog irgend wo aus ihrem Kleid eine kleine Zeitschrift und zwang Meingast zu lesen. Die Zeitschrift hieß „Schrei des Erwachens" und darin war die Erklärung zu lesen: „Vollsinnige Würgerklaue ☐ will sinnberaubten Totschläger morden. Brustschrei zerreisse sogenanntes Recht! Toter Abel stand auf, Kain des Herrn Gerechtigkeit zu entreissen. Brustschrei aller in Erbsünde Verdammten erhebe sich wider die Überhebung erbsündigen Geschlechts gegen einen Bruder! Die Unterzeichneten legen feierlichste Verwahrung gegen die gesetzliche Tötung des Mädchenmörders ein. Blutbeladen, aber schuldlos steht er vor ihnen, jüngerer Bruder Gottes, der das anvertraute Gefäss ☐ fallen gelassen hat." Das war damals der Stil der Avantgarde. „Wertlos!" sagte der Meister. Clarisse kicherte und wies auf einen Nachsatz hinter den unbekannten Namen berühmter junger Männer, die den Aufruf gezeichnet hatten; er lautete: „An diesem Pranger stehen die Unterschriften derer, die hier fehlen", und vor ihm war weißer Raum ausgespart. „Das geht auf Ulrich!" erläuterte Clarisse vergnügt.

Jener niedergeschlagene Beschluß, daß man niemand für fremde Ideen sterben lassen dürfe und für seine eigenen jeder sterben solle, ein Beschluß, der vor nicht langer Zeit gegen den Willen Diotimas in ihrem Hause zustandegekommen war und das Entsetzen des Generals Stumm erregt hatte, hatte außerhalb, wie es schon geht, allerhand Gegenbeschlüsse nach sich gezogen, und darunter diesen; Clarisse aber kannte irgendwie ebensowohl die Gruppe „erwachender" junger Menschen als sie auch von den Herrn Feuermaul und Hans Sepp wußte, und von Ulrich war gefordert worden, daß er beide Proteste unterschreibe, was er beidemal verweigerte. „Sie haben nun geschrieben, daß er ein ‚Geistfeigling' ist" erläuterte Clarisse und lachte.

„Und was soll das mir?!" fragte Meingast.

Clarisse wurde ernst und erwiderte: „Die Vaterländische Aktion will die Lichtgestalt der Welt hervorbringen. Du siehst, daß sie auf Moosbrugger gekommen ist."

☐ "Und auch ich soll –? Ich soll die Lichtgestalt der Welt hervorbringen wollen? Aber das ist doch Unsinn, meine Liebe!"

„Man muß mit irgendeiner Idee ernstmachen, das zieht alles andere nach sich!"

„Ja, ja; gut."

„Das hast du selbst gesagt."

„Gut, ich habe es selbst gesagt. Aber –"

„Kein ‚Aber'!" unterbrach sie ihn. „Wenn man die Lichtgestalt der Welt hervorbringen will, muß man die Irren ins Volk lassen."

„Grenzenloser Unsinn!" tadelte Meingast angeödet.

„Man muß etwas tun, damit die Welt wieder irrsinnig wird: es sind beinahe deine eigenen Worte!"

„Nicht dass ich wüßte; da hast du etwas mißverstanden."

„Also auch das hast du nicht gesagt?" fragte Clarisse und lächelte.

„Und du solltest dich mehr auf deine Pflichten als Frau konzentrieren" fügte Meingast hinzu. □ Damit ging er langsam, mit seinen hochgehobenen Schritten durch die Wiesen auf dem kürzesten Wege dem Haus zu. Clarisse lief ihm nicht nach und ließ kein Wort ihm nachlaufen. Sie wußte, er reist ab. Sie wollte warten, ihm den Abschied ersparen. Sie war sicher, daß er Zeit brauchte, mit ihrem Vorschlag fertig zu werden, und daß sie bald ein Brief rufen würde. Ihre Lippen murmelten noch Worte, wie zwei kleine Geschwister, die ein erregendes Ereignis besprechen; sie verwies es ihnen und verschloß sie.

Benjamin Biebuyck (Gent)

„Ein inniges Ineinander von Bildern"
Versuch einer Valenzumschreibung von Verbalmetaphorik und indirektem Vergleich im ersten Buch von Robert Musils *Der Mann ohne Eigenschaften*

„Sie schritt durch die Wände"

In vielerlei Hinsicht ist das Oeuvre Robert Musils ein Wald der Figürlichkeit, in dem sich der Leser leicht verlieren könnte. Aus textgenetischer Sicht sind hierfür ohne Zweifel mehrere Gründe zu erwähnen: das expressionistische Pathos, das auch in Musils sich von diesem deutlich distanzierenden Texten noch oft zum Ausdruck kommt; die Inskriptionen von Nietzsches Sprachphilosophie, nach der es der Figürlichkeit zukommt, der begrifflichen Erstarrung der Sprachmittel entgegenzuwirken; und weiter auch Musils eigene Figürlichkeitspoetik, die auf eine viele Literaturwissenschaftler beruhigende Weise zwischen dem Ratioïden und dem Nicht-Ratioïden, dem normalen und dem anderen Zustand zu vermitteln angibt. Solche aus der Perspektive des Autors stammenden Argumente sind aber unzureichend, insofern sie weder die narrative Notwendigkeit noch die strukturelle Funktion der Figuren zu erklären vermögen. Gerade dies ist die Absicht des vorliegenden Beitrags: tentativ einzelne Sonderformen der Figürlichkeit im Lichte ihrer textlichen Einbettung zu analysieren. Tentativ, denn die Fülle und Verschiedenheit der figürlichen Formen schließt eine umfassende Erörterung geradezu aus. Die Konzentration auf ein beschränktes formales Spektrum verspricht ja zweierlei: die Hoffnung, Musils Texte wenigstens mikrostrukturell und textstrategisch besser zu verstehen, und dazu die Möglichkeit, figürlichkeitstheoretische Ansichten zu verfeinern. Den Bezugsrahmen für vorliegende Analyse bildet das erste Buch von Musils *Mann ohne Eigenschaften*.

Das Schlusskapitel des zweiten Teils, „Die Umkehrung", bringt bekanntlich Ulrichs peinliche Auseinandersetzung mit der eingebrochenen Clarisse, den Höhepunkt dieser erotisch-philoso-phischen Fabel, in Verbindung mit der als Ansatz des zweiten Buchs dienenden Depesche, die den Tod des nur in Briefform artikulierten Vaters vermittelt. Diese doppelte dramatische Begegnung steuert erzähltechnisch die Handlung auf ihre Lösung zu, die immerhin nur kurze Zeit auf sich beharrt und bald – mit dem an *Törleß* erinnernden, gespiegelten Motiv der Bahn – zum zweiten Buch überleitet. Während dieser kurzen Zeit biegt der Protagonist nachdenklich auf die vergangenen sechs Urlaubsmonate zurück und beschreibt simultan die Dynamik seines affektiven Befindens. Hierbei bedient er sich einer Sequenz von etwa elf rhetorischen Figuren; eine der eindrucksvollsten schildert die paradoxe Empfindung der ‚verbindenden' Einsamkeit:

> ‚Es ist ein anderes Verhalten; ich werde anders und dadurch auch das, was mit mir in Verbindung steht!' dachte Ulrich, der sich gut zu beobachten meinte. Man hätte aber auch sagen können, daß seine Einsamkeit – ein Zustand, der sich ja nicht nur in ihm, sondern auch um ihn befand und also beides verband – man hätte sagen können, und er fühlte es selbst, daß diese Einsamkeit immer dichter oder immer größer wurde. Sie schritt durch die Wände, sie wuchs in die Stadt, ohne sich eigentlich auszudehnen, sie wuchs in die Welt. (MoE 664)

Der Kommentar zu Ulrichs Gedanke weist auf ein Gefühl der auktorialen Überlegenheit und Überheblichkeit hin: Der Erzähler karikiert Ulrichs Selbstwahrnehmung („meinte") und setzt ihr seine eigene, als Korrektur zu verstehende („aber auch") Analyse der wachsenden Einsamkeit gegenüber, der er zuletzt sogar Ulrich beipflichten lässt – „er fühlte es selbst". Nichtsdestoweniger verraten die Wiederholung der Einleitungsformel („man hätte sagen können") und die Verwendung des Potentialis eine unterschwellige Unsicher-heit, die nachträglich in der Gestalt einer Selbstkorrektur („immer dichter oder immer größer") weiter elaboriert wird. Die logische Inkompatibilität der zwei Komparative leitet aber eine Wende ein. Ein neues Moment der narrativen Dezidiertheit folgt, verdichtet in der dreifachen Anapher und dem parallelen Gebrauch von Verbalmetaphorik: „schritt", „wuchs".

Die Vorstellung, nach der die Einsamkeit zunimmt, ist auf den ersten Blick in hohem Maße lexikalisiert; doch sorgt die Voranstellung der Metapher „schritt" nicht nur dafür, dass ‚Einsamkeit' personifiziert wird, sondern auch dass die zweite und wiederholte Verbalmetapher „wuchs" aus dem Begriffsrahmen der Lexikalisierung herausfällt und erneut eine stärkere figürliche Bedeutung bekommt. Doch spürt der Leser möglicherweise, auch abgesehen von dem unterschiedlichen Lexikalisierungsgrad der zwei Verben, eine Spannung zwischen der ersten Metapher „schritt" und der zweiten, „wuchs". Woher stammt diese Spannung?

Nominale Vermittlung

Viele Rhetoriker sind der Meinung, dass sich fast alle Wortarten für Figuralisierung eignen. Der gängigste Metapherntypus sei zwar substantivisch, daneben gebe es aber auch Figuren, die von Verben, Adjektiven, Adverbien oder sogar Partikeln herleiten.[1] Nach der traditionellen Auffassung wäre im zitierten Fall die Rede von einer *figura in absentia*, einer Figur, deren eigentliche Bedeutung, das *kurion*, nicht vorhanden ist. Von der Verbalmetapher heißt es übrigens, dass sie *per definitionem* „in absentia" sei, weil es überhaupt unmöglich sei, den eigentlich gemeinten Verbinhalt – geschweige denn das *tertium comparationis* – zu artikulieren.[2] Trotz der spezifischen syntaktischen Position dieser Wortart, gibt es, soweit mir bekannt ist, bis heute keine echten Monographien über die Verbalmetapher.[3] Meistens wird sie als eine etwas merkwürdige Figürlichkeitsform analysiert, auf welche die generellen Beobachtungen über Metaphorik stillschweigend übertragen werden. Bei genauerer Wahrnehmung stellt sich

---

1 Vgl. Brooke-Rose 1965; Soublin und Tamine 1975; Zymner 1991, S. 53; Kurth 1995, S. 83.
2 Soublin und Tamine 1975, S. 324–336.
3 In einem vor kurzem erschienenen Beitrag zur elektronischen Zeitschrift *metaphorik.de* kommentiert René Dirven (2001) neuere kognitiv-linguistische Untersuchungen über die ‚Metaphorizität' von „phrasal verbs"; hierbei stehen allerdings in erster Linie Präpositionen und Partikeln im Mittelpunkt, und viel weniger die jeweiligen Verben.

heraus, dass über Verbalmetaphern meistens in substitutionstheoretischen Begriffen gedacht wird, die darauf abzielen, die artikulierte Metapher in Verbindung zu bringen mit dem sprachlichen Inhalt, den sie vertritt oder ersetzt.

In neueren metapherntheoretischen Schriften wird aber das substitutionstheoretische Paradigma heftig kritisiert; vor allem ihre Voraussetzung, die Metapher sei ein transparentes Kommunikationsmittel, wird angegriffen, eben weil dies ihre semantische Überflüssigkeit impliziert.[4] In der aktuellen Figürlichkeitsdebatte (sowohl vonseiten literaturwissenschaftlicher Theoretiker als auch aus der Sicht der heute so populären Kognitionswissenschaften) wird die Verbalmetapher eher am Rande der Gedankenführung behandelt. Dies ist auch wenig erstaunlich: Verbale Figürlichkeit ist sowohl quantitativ als auch stilistisch viel weniger prominent in den verschiedenen Diskursregistern als ihr nominales Pendant. Die Erörterung von Verbalmetaphern beruht hierbei auf der (meines Erachtens richtige) Annahme, dass Subjekt, Prädikat und Objekt sich in der figürlichen Konstellation gegenseitig bestimmen und dass eine Verbalmetapher demnach erst im Kontext eines sie ergänzenden Nomens zu deuten ist. Das Funktionieren von Verbalmetaphorik habe ich anderswo[5] mit der Hypothese der *nominalen Vermittlung* zu erklären versucht: Aufgrund seiner „lexikalischen Solidaritäten"[6] lässt sich das jeweilige Verb rückkoppeln auf ein Substantiv, das mit dem Subjekt oder einem Objekt dieses Verbs die metaphorische Konfiguration von Tenor und Vehikel bildet. In Musils Beschreibung „Die Einsamkeit schritt durch die Wände" kommt es also bei der Interpretation darauf an, den potentiellen Sinnkopplungen – in diesem Fall mit Subjektbezug – des Verbs „schreiten" nachzugehen und so gegenüber dem Tenor „Einsamkeit" ein nominales Vehikel zu stellen: ‚eine Person, die sich in einer feierlichen oder gravitätischen Situation aufhält und sich zu Fuß fortbewegt'. Hier wird klar, weshalb die Juxtaposition von

---

4 Vgl. auch schon bei Brooke-Rose 1965, S. 206: „The chief difference between the noun metaphor and the verb metaphor is one of explicitness. With the noun, A is called B, more or less clearly according to the link. But the verb changes one noun into another by implication. And it does not explicitly ‚replace' another action."
5 Biebuyck 1998, S. 267–271.
6 Coseriu 1967.

„schritt" und „wuchs" eine Spannung erzeugt: es gibt keine unmittelbare Kongruenz zwischen den jeweiligen lexikalischen Solidaritäten dieser zwei Verben. Bei „wuchs" liegt als nominaler Vermittler vielmehr ‚Pflanze', ‚Pilz' oder ‚Geschwulst' nahe. Aus dem Vorangehenden können wir schlussfolgern, dass die Verbalmetapher eine *indirekte* Form der Figürlichkeit ist, insofern die eigentliche metaphorische Konfiguration erst in zweiter Linie – über die nominale Vermittlung – ersichtlich ist.

Die meisten Verben weisen aber eine große semantische Flexibilität auf, die ihnen erlaubt, sich weitgehend den sprachlichen Kontexten, in denen sie begegnen, anzupassen. Insbesondere bei viel gebrauchten Verben (‚haben', ‚sein', Modalverben, usw.) erhebt sich dadurch die Schwierigkeit, dass die potentiellen Sinnkopplungen so zahlreich sind und die Selektionsbedingungen so vage oder variabel, dass es unmöglich wird, einen plausiblen nominalen Vermittler ausfindig zu machen. Dies erklärt, weshalb Verbalmetaphorik viel stärker die Gefahr einer Defiguralisierung droht als Substantiven. Dies zu kompensieren, werden Verbalmetaphern in vielen Textsorten – darunter auch dem literarischen Diskurs – deswegen oft von einem Vergleich begleitet, der den verlangten (und sonst impliziten) nominalen Vermittler selbst artikuliert und die Art und Weise des verbalen Prädikats präzisiert. Der niederländische Literaturtheoretiker J.J.A. Mooij bezeichnet diese besondere Kombination von Metapher und Vergleich als „metaphor cum comparison" oder schlichtweg „metarison". Diese Bezeichnung impliziert aber, dass Metapher und Vergleich sich in solchen Fällen vermischen und ein einzelnes figürliches Konglomerat bilden. Dies stimmt meines Erachtens nicht; der Vergleich fungiert ja als direktes Attribut der vom Verb dargelegten Handlung und wäre im Prinzip als solche auch eliminierbar, ohne dass das Verb an und für sich seine Funktion als Metapher verliert (selbst wenn es dadurch stärker der Defiguralisierung ausgesetzt wäre). Umgekehrt büßt der Vergleich schon einen Teil seines Bedeutungspotentials ein, wenn das figürlich verwendete Verb durch ein anderes ersetzt wird. Deswegen ist es wohl sinnvoller, von einer *erweiterten Verbalmetapher* zu reden: der Vergleich verhält sich ja hypotaktisch zur Metapher und gewährleistet deren figürliche Lesung. Beispiele dieser Form der Figürlichkeit finden sich in großer

Zahl im *Mann ohne Eigenschaften*. Im 84. Kapitel zitiert Clarisse aus
Zarathustras Rede „Von Kind und Ehe" ein schönes Beispiel: „Wie
ein Senkblei werfe ich meine Frage in deine Seele!" (MoE 368;
Nietzsche KSA 4: 90). Auch bedient sich der Erzähler selbst solcher
Verbalmetaphorik, unter anderem wenn er Clarisses Kommuni-
kationsstil schildert: „Dieser Satz war Clarisse nun wieder wie eine
Eidechse aus dem Mund geschlüpft." (MoE 357) In beiden Fällen
inszeniert die Verbalmetapher (werfen, schlüpfen) die Konfrontation
zweier, gleichzeitig artikulierter Konzepte (Frage *versus* Senkblei;
Satz *versus* Eidechse), die als Tenor und Vehikel die eigentliche
metaphorische Konfiguration gestalten.

Rhetorische Implikationen der erweiterten Verbalmetapher

Je nach der rhetorischen und narrativen Strukturierung des Textes gibt
die Erweiterung einer Verbalmetapher um einen Vergleich Anlass zu
verschiedenen Implikationen. Zuerst ist darauf hinzudeuten, dass die
erweiterte Verbalmetapher ausdrücklich auf die Offenheit verzichtet,
die Vieldeutigkeit ihres nicht-erweiterten Pendants. Die Leser werden
viel weniger dazu aufgefordert, aus dem sprachlichen Kontext einen
plausiblen nominalen Vermittler herauszukristallisieren. Dadurch
können sie sich mehr auf die hermeneutische Verwertung der
Metapher konzentrieren. Einerseits kann man dies als eine Verengung
des interpretativen Spielraums auffassen; andererseits profiliert sich
die Metapherninterpretation hierdurch weniger als objektorientiert
(d.h. fokussiert auf das Ausfindigmachen des nominalen Vermittlers)
denn als beziehungsorientiert (d.h. interessiert für die Beziehungen
zwischen Tenor und Vehikel), wodurch sie sich wieder der gängigen

Lesung einer nominalen Metapher, die etwa dieselbe Beziehungs-
orientiertheit aufweist, annähert.[7]

Eine zweite wichtige Konsequenz besteht darin, dass die Leser bei
der Lektüre einer erweiterten Verbalmetapher diese viel weniger oder
sogar nicht abstrahieren können von den zahllosen anderen, nicht als
Erweiterung fungierenden Vergleichen. Bislang wurde in der Musil-
Forschung gerade den Vergleichen (im technisch-rhetorischen Sinne
des Wortes) viel Aufmerksamkeit geschenkt, was angesichts ihrer
hohen Frequenz überhaupt nicht wundernimmt. Hierbei werden
Vergleiche oft als eine homogene Stilkategorie besprochen und der
Metapher gegenübergestellt – als ob es keinen Unterschied gäbe
zwischen unterschiedlich konturierten Vergleichsformen. Eckhart
Heftrich stellt sich in seiner Musil-Monographie (bei der Besprechung
von *Törleß*) zum Beispiel folgende Frage:

> Wie die rätselhaft genannte Eigenschaft als besondere nur jener Seele zu eigen ist,
> die über eine außerordentliche Imaginationskraft verfügt, so kann, was sie
> entbindet, nur dichterisch beschrieben werden: also in Bildern, in Vergleichen.
> Auch sie sind offenkundig nur Annäherungen an das Eigentliche. Denn schon der
> junge Musil häuft wie noch der reifere nicht nur die Bilder, sondern verstärkt das
> beständig durch die Hinzufügung von „als ob" oder „wie". Warum vertraut er
> nicht dem Bild als solchem?[8]

Hiermit vertritt Heftrich eine Ansicht, die wohl öfters verteidigt wird:
Der Vergleich zügele die Einbildungskraft des Erzählers und schütze
damit den epistemologischen Anspruch des Textes, sich von einem
magischen Weltbild zu entfernen, in dem Dargestelltes und

---

7 Bei nominalen Metaphern ist die Konfrontation zwischen Tenor und Vehikel oft
direkt auf der Oberflächenebene des Textes zu spüren (oft in Genitivposition).
Einige Beispiele können dies verdeutlichen: „die Stimme der Wahrheit hat ein
verdächtiges Nebengeräusch, aber die am nächsten Beteiligten wollen nichts
davon hören" (MoE 304); „oder einfacher gesprochen, die Wahrheit wäre dort
wieder die Schwester der Tugend" (MoE 304); „Erfahrungen als Werkzeuge der
Geschichte" (MoE 530). In *Der Mann ohne Eigenschaften* ist die
Nominalmetaphorik im Vergleich zur verbalen Form allerdings auffällig wenig
vertreten.

8 Heftrich 1986, S. 40.

Darstellung verschmelzen. Zu Musils Vorliebe für den Vergleich bemerkt Helmut Lethen Ähnliches:

> Im Gegensatz zur Metapher reflektiert der Vergleich ostentativ die Differenz der analogen Ereignisse, Dinge, Gestalten. Das „wie" unterbricht den Transport der abstrakten Denkfigur in die Sphäre der Körperwelt, legt eine kurze Denkpause ein, damit der Leser nicht wie in Trance von der Begriffs- in die Körperwelt hineinschliddert. Darum betont Musil das ‚analytische' Element des Vergleichs, das er dem expressiven der Metapher vorzieht.[9]

Bei der Beurteilung der figurativen Formen lassen sich beide Forscher in erster Linie von einer auktorialen Perspektive beeinflussen. Sie interpretieren Musils Sprachregister im Lichte seiner mutmaßlichen Ausdrucksnot sowie in Verbindung mit der Reflexivität seines essayistischen Stils. Hierbei vernachlässigen sie aber, dass die ästhetischen und poetologischen Ansichten, auf die sie sich stützen, auch selber zu den erforschten Sprachregistern gehören und daher nicht ohne weiteres aus diesen herauszuheben sind. Darüber hinaus klammern sie die perspektivischen und rhetorisch-narrativen Umstände, unter denen diese sich darbieten und die für eine weitgehende funktionale Differenzierung der figürlichen Sprachmittel verantwortlich sind, aus. Deswegen vermögen weder Heftrich noch Lethen die Bedeutung der figürlichen Formen überzeugend zu erklären, da sie deren   kontextueller   Einbettung   und   rhetorisch-pragmatischer Differenzierung unzureichend gerecht werden. Ein Vergleich wirkt ja anders auf das rhetorische Funktionieren eines Textes ein als eine Metapher, und eine Nominalmetapher übt einen anderen Einfluss als

---

9   Lethen 1986, S. 217.

eine Verbalmetapher aus – ob diese nun erweitert ist oder nicht.[10] Die
von der existierenden Forschung nahe gelegten Funktionsweisen
können uns hierbei nur in beschränktem Maße inspirieren.[11] Ihre Intuition, Musils Figürlichkeit vergrößere die Distanz des Sprechers
vom Objekt, überzeugt nicht, weil für das Wahrnehmen einer
Metapher die Nicht-Identifizierbarkeit von ‚Dargestelltem' und ‚Bild'
wenn möglich noch wesentlicher ist als für einen Vergleich.[12] Die
Vermutung, Musils Metaphorik erfülle eine epische Begleitfunktion,
mag zwar stimmen, gilt aber wahrscheinlich für die meisten
literarischen Werke. Die These, nach der die figürlichen Formen den
Charakteraufbau der Gestalten mitbestimmen, leuchtet zwar aus
thematischer Perspektive ein, erweist sich aber als ein Trugschluss,
wenn wir auf die Suche nach einer perspektivierten Stilsphäre gehen.
Es versteht sich ja von selbst, dass die Gestalten in der Hauptsache die
von ihnen anvisierten Themen besprechen, einen stiltypologischen
Fingerabdruck hinterlassen sie hiermit meines Erachtens allerdings
nicht.

Angesichts der rhetorischen Dichte im *Mann ohne Eigenschaften*
ist eine eingehende Analyse der Art und Weise, in der Metaphern,
Vergleiche und die hybride Kategorie der erweiterten Metapher in den
Kontext eingebettet sind, unentbehrlich. Erst dann ist man imstande,
systematisch und vollständig die Themenbereiche von Tenor und

---

10 Eine Ersatzprobe mag in diesem Kontext aufschlussreich sein. Im 81. Kapitel lässt
Leinsdorf sich auf folgende Metapher ertappen: „Wir haben noch vier Jahre Zeit.
In diesen vier Jahren kann sich alles mögliche ergeben. Man kann ein Volk auf
die Beine stellen, aber gehen muß es dann selbst. Verstehen Sie mich? Auf die
Beine stellen, das müssen wir tun! Die Beine des Volks sind aber seine festen
Einrichtungen, seine Parteien, seine Vereine und so weiter und nicht das, was
geredet wird!" (MoE 348) Als Experiment könnten wir drei Figürlichkeitsformen
aus diesem Zitat ableiten: ‚Die Vereine sind die Beine des Volks' (Nominalmetapher), ‚Das Volk muss auf seinen Vereinen gehen wie auf Beinen'
(erweiterte Verbalmetapher), ‚Die Vereine des Volks sind wie seine Beine'
(Vergleich). Ungeachtet der rhetorischen Valenz der Inversion gehen aus den
Beispielsätzen deutlich verschiedene Aussageintentionen und -inhalte hervor.
11 Z.B. Riemer 1969, Hochstätter 1972, Reichensperger 1994, Weiss 1995.
12 Marcus B. Hester ist in seiner Studie *The Meaning of Poetic Metaphor* derselben
Meinung: „Metaphor has a conscious distance from the natural world, a distance
which is foreign to mythical thought." (1967, S. 109).

Vehikel zu rekonstruieren, sowohl was ihre Zusammensetzung als auch was ihre inneren Strukturen betrifft. Dies zu realisieren, erfordert eine Vorgehensweise, in der auf ein einziges Konzept fokussiert wird. Umfassende rhetorische Konfigurationen dieser Art sind die konkurrierenden Bildfelder ‚Wasser‘[13] und ‚Raumeinteilung‘.[14] Jedes von diesen Bildfeldern verlangt an und für sich schon eine eingehende Untersuchung. Bevor man aber zu dieser übergehen kann, muss man wenigstens versuchsweise die möglichen Valenzen der verschiedenen Figürlichkeitsformen umschreiben. Hierbei sollte man nach meiner Meinung ausgehen von der Prozessualität der Figürlichkeit, d.h. von der Dynamik, in der sie sich rhetorisch entfaltet, von der stilistischen Qualität, die sie bewirkt, und von der textstrategischen Funktion, die sie hierbei erfüllt.

Der Unterschied zwischen Metaphern und Vergleichen

Schon in der klassischen Rhetorik wurde heftig über das präzise Verhältnis zwischen einer Metapher und einem Vergleich gestritten. Während die Aristotelische Auffassung von der Priorität der Metapher ausging und den Vergleich als eine erweiterte Metapher erklärte, drehte die stärker klassifikatorische Quintilianische Konzeption die Beziehung um und interpretierte die Metapher als einen um die Vergleichspartikel verkürzten Vergleich.[15] Später wurde der Unterschied zwischen beiden verbunden mit der Spezifität der vorausgesetzten Analogie: Der Vergleich basiere auf einer allgemein

---

13 Das Bildfeld besteht unter anderem aus: fließen, fluten, Ufern, stehendes Wasser, strömen, segeln, See, Wellen, Bach; die Auflistung der Belegstellen ist fast endlos (vgl. u.a. MoE 328, 333, 368, 386, 395, 466, 524, 531, 533, 534, 568, 590, 619, 625, 626, 628, 644, 645, 652, 655, 661).

14 Bildfeldstichwörter sind: Wand, Säule, gefangen, Wohnraum, schließen, Feuerwand, spanische Wand, Zelle, Räume, Demarkationslinie, Grenze, Innenraum, Mauer, Zimmer, Damm, Wall, usw. (vgl. u.a. MoE 142, 147, 164, 172, 188, 211, 295, 296, 302, 304, 310, 312, 366, 402, 424, 443, 462, 523, 536, 603, 643, 663).

15 Vgl. zur Debatte über die Ansichten von Aristoteles und Quintilian: Ricœur 1975, S. 37, Kurz 1978, S. 555 und Biebuyck 1998, S. 255–260; siehe auch: Aristoteles selbst: Aristoteles 1980, S. 176.

erkannten Ähnlichkeit, während die Metapher eine unentdeckte erst offenbare.[16] Neuerdings hat zum Beispiel Andras Horn noch versucht, den Unterschied mit anthropologischen Argumenten zu deuten: „Die metaphorische Identifikation kommt unserer archaischen, ontologisch gerne verwandelnden Weltsicht mehr entgegen als das rational-vorsichtige ‚ist wie'."[17] Horn vernachlässigt hierbei, dass Metaphern womöglich das Relikt eines epistemischen Atavismus sind, jedoch deswegen nicht *per definitionem* diesem Atavismus neues Leben einhauchen.

Vieles spricht aber dafür, dass Metaphern und Vergleiche nicht graduell, sondern radikal verschieden sind, und zwar in der Art und Weise, in der sie an der Konstruktion der fiktionalen Wirklichkeit teilhaben. Die textuelle Funktion eines Vergleiches besteht in erster Linie darin, dass er einen Beitrag zu der Entfaltung der fiktionalen Wirklichkeit leistet: Er registriert eine (fiktionale) Analogie und vermittelt diese entweder als Resultat seiner Beobachtung oder als Produkt der dichterischen Schöpferkraft – je nach der textuellen Poetik des jeweiligen literarischen Werkes. Ein Beispiel mag dies verdeutlichen. Im 40. Kapitel beschreibt der Erzähler das Wohlergehen des Protagonisten im Gefängnis: „Sein Schutzmann stand, nachdem er den Grund der Verhaftung gemeldet hatte, wie eine Säule neben Ulrich" (MoE 158). Die Analogie zwischen dem ‚Schutzmann' und der ‚Säule' enthält zwar eine ironische Charakterisierung des ersteren, doch bietet sie den Lesern eine zuverlässige, ‚wahre' Beschreibung des Vorfalls – insoweit diese nicht von Kontraindikationen im Text selbst widerlegt wird. Auf diese Weise baut der Vergleich tatsächlich an der Entfaltung der darzustellenden Realität mit: Er vermittelt eine Ähnlichkeit und vollzieht hierdurch einen *thetischen* Sprechakt. Hierin besteht die Zuverlässigkeit seiner Behauptung; daher ist es – wie der amerikanische Psychologe Andrew Ortony überzeugend darlegt (1979) – möglich, einen Unterschied zwischen drei Formen des Vergleichs vorzunehmen. Der *wörtliche* Vergleich verbindet analoge Merkmale, die in beiden Vergleichspolen eine hohe Vorrangigkeit

---

16 Vgl. Biebuyck 1998, S. 313–329.
17 Horn 1987, S. 25.

besitzen; ein *absurder* Vergleich assoziiert Vergleichselemente, deren
analoge Kennzeichen eine niedrige Salienz aufweisen; von einem
figürlichen Vergleich ist die Rede, insofern die analogen
Charakteristiken des Vergleichsmittels eine hohe, diejenigen des
Vergleichsziels eine niedrige Vorrangigkeit haben. Gerade diese Form
gehört zum Stilrepertoire literarischer Texte. Die asymmetrische
Salienzverhältnisse sind allerdings, so schlussfolgert Ortony, dafür
verantwortlich, dass figürliche Vergleiche im Prinzip nicht reversibel
sind, da eine Umkehrung der Vergleichspole zu einem trivialen oder
unsinnigen Vergleich führen würde. Merkwürdigerweise bilden
gerade solche Umkehrungen den Kern von Musils Figürlichkeits-
generator, der eine programmatische Gleichgültigkeit gegenüber der
Stringenz der vorausgesetzten Analogien zur Schau trägt. Dies
widerspricht nicht der eben formulierten These über den
propositionalen Charakter des Vergleichs, sondern verstärkt sie noch,
indem es angibt, dass die von einem Vergleich getragene Behauptung
über die fiktionale Wirklichkeit Gegenstand innertextlicher
Machtverhandlungen ist – denn die Autorität der mächtigsten Gestalt
entscheidet darüber, ob sie geleugnet oder widerlegt wird oder offen
bleibt – und dies überhaupt erst sein kann, insofern sie Anspruch
darauf erhebt, 'wahr' zu sein.

Während der Vergleich am Prozess der fiktionalen Wirklichkeitskonstruktion beteiligt ist, geht eine Metapher gerade aus der
Entgleisung desselben hervor: Der Text generiert hier nicht einfach
das kontextuell erwartete Konzept, sondern gleichzeitig auch ein
zweites, das nicht auf die Kontexterwartung zurückzuführen ist. Dies
hat eine entscheidende Verschiebung im Aufbau der literarischen
Wirklichkeit zur Folge: sie wird nicht weiter ausgedehnt, sondern
verkehrt kurzfristig in einem Schwebezustand, in dem nicht mehr von
registrierten Handlungen die Rede ist, sondern von einer Handlung auf
Meta-Ebene – die Metapher berichtet ja nicht von einem Geschehen,
sondern geschieht selbst und zwingt die Leser dadurch, selbst
interpretativ zu handeln. Dadurch, dass sie die 'Lokalsemantik' gegen
die 'Textsemantik' einsetzt, unterbricht eine Metapher also
zielbewusst die Wirklichkeitskonstruktion. Hier ist es von größter
Bedeutung, zwischen dem metaphorischen Ereignis selbst und seinen
Konsequenzen zu differenzieren. Während manche Forscher Musils

übergreifende Figürlichkeitskategorie – das „Gleichnis" – auffassen als einen Ausdruck der ‚taghellen Mystik', der in der Grenzzone zwischen Ratioïdem und Nicht-Ratioïdem eine Synergie zwischen den beiden bezweckt, können sie nicht um die Feststellung umhin, dass solche Figürlichkeit erst zustande kommt, insofern die verschiedenen Bildkonstituenten mit einer höchstmöglichen Klarheit gegenwärtig sind und zwischen ihnen eine konkrete und direkte Konfrontation stattfindet. Eben diese ist der Anlass zu einem interpretativen Eingriff des Lesers, der das zeitweilige Vakuum in der fiktionalen Wirklichkeitsgestaltung auszugleichen hat und sich hierbei auf ein Amalgam von gegenständlichen und subjektiven Einsichten verlässt.

In dem Maße, als sie sich grundsätzlich anders verhalten zum Prozess der Wirklichkeitsentfaltung, weisen Metapher und Vergleich auch total verschiedene textstrategische Valenzen auf. Dies wird direkt klar in einem bemerkenswerten Satz aus dem 66. Kapitel. In einem Gespräch mit Diotima charakterisiert der Protagonist sich selber und seinen Gegner Arnheim wie folgt: „‚O nein' meinte Ulrich. ‚Ich bin vielleicht nur ein kleiner Kiesel, und er ist wie eine prächtige bauchige Glaskugel. […]'". (MoE 275) Interessanterweise erarbeitet Ulrich seinen Konflikt mit und den Gegensatz zu Arnheim nicht nur thematisch – der winzige ‚Kiesel' ist eine ständige Gefahr für die ‚Glaskugel' –, sondern auch rhetorisch: Sich selbst bezeichnet er mit einer Metapher, der Antagonist dagegen wird über einen Vergleich mit der architektonischen Form assoziiert, die ebenso grandios wie prekär ist. Je dezidierter die analogische Charakterisierung Arnheims ist, umso entfremdender ist die Opposition zwischen Ulrich und dem wertlosen, ständig auswechselbaren Kiesel, wobei die Entfremdung von dem modalisierenden Adverb ‚vielleicht' noch verstärkt wird. Es ist den Lesern wohl durchaus klar vor Augen, wer Ulrich und was ein Kiesel ist, doch bevorzugt der Protagonist, über sich eine gewisse Undeutlichkeit bestehen zu lassen. So situiert er sich im Machtkampf mit Arnheim auf der Position des scheinbar souveränen *Underdogs*. Aber wie verhält sich dieser Gestus zu der Gesamtheit der in den

Erzählhandlungen zum Ausdruck gebrachten ethischen Orts-
bestimmungen?[18]

Indirekte und hybride Figürlichkeit

Kehren wir nun zurück zu der Fülle von Figürlichkeitsformen in
Musils Werk. Bei genauerer Beobachtung lässt sich feststellen, dass
die Frequenz von Vergleichen zwar sehr hoch ist und die stilistische
Gewichtung auffällig, aber in vielen Fällen kann nicht von
‚selbständigen‘ Vergleichen die Rede sein, sondern von erweiterten
Metaphern, bei denen die Wie-Erweiterung eigentlich der Verstärkung
der Metaphorizität dient, was die binäre Opposition zwischen den
beiden rhetorischen Kategorien strategisch in Frage stellt. Und es
bleibt nicht dabei: Auch nicht wenige Vergleiche enthalten (und
verraten) eine maskierte metaphorische Grundstruktur. Hierfür beruft
sich der Text auf eine außerordentliche stilistische Variation, in der
die Vergleiche bald auf den Standpunkt des Erzählers, bald auch auf
die Perspektiven der Gestalten Rekurs nehmen. Ohne Anspruch auf
Vollständigkeit erheben zu wollen, können wir hier auf einige interessante Typen aus Musils Stilpalette hinweisen. Eine bekanntlich sehr
häufig verwendete Vergleichsform fußt auf der Kombination der
Vergleichspartikel ‚als (ob)‘ mit einem Potentialis oder Irrealis. Im
entscheidenden 116. Kapitel kommt es zu einer Aussprache über die
angefochtene Parallelaktion zwischen den Mitgliedern des „engen
Kreises", Ulrich, Arnheim, Leinsdorf, Tuzzi, Diotima und Stumm von
Bordwehr. Der Erzähler schildert die Stille, die nach einem „zu weit

---

18 Bei einem umfangreichen literarischen Oeuvre wie Musils entsteht für Analytiker
der Bildsprache bald die Verlockung, ein stilistisch heterogenes Korpus unter
einen gemeinsamen thematischen Nenner zu bringen, wodurch die Gefahr droht,
die Spezifität der verschiedenen rhetorischen Formen zu minimalisieren. Dasselbe
Problem taucht in der Figürlichkeitsforschung auf, in der die meisten Forscher den
unterschiedlichen Valenzen von Nominal- und Verbalmetaphern zu wenig gerecht
werden. Am deutlichsten manifestiert sich das theoretische Defizit bei erweiterter
Verbalmetaphorik, die (im Gegensatz zur nicht-erweiterten Variante) nicht der
konzeptuellen Genauigkeit der Nominalmetapher ausweicht, sondern gerade einen
handfesten Hinweis auf die Weigerung, diese Präzision aufzugeben, enthält.

ausgesponnenen" Scherz des Generals eintritt, wie folgt: „Die sechs
Menschen schwiegen einen Augenblick, als stünden sie um ein
Brunnenloch und blickten hinein." (MoE 587). Die Unbestimmtheit
dieses Zeitpunkts steht in schroffem Kontrast zu der von dem
Hineinblicken implizierten erwartungsvollen Pose. Eine vergleichbare
Beschreibung erfolgt im Kapitel 118, während einer Auseinander-
setzung zwischen Walter und seiner verworrenen Gattin:

> ‚Ich will nicht sprechen, du bist mir widerwärtig!!' antwortete Clarisse, plötzlich
> wieder in vollem Besitz ihrer Stimmittel und diese so zielbewußt ausnützend, als
> fiele eine schwere Porzellanschüssel genau zwischen ihren und Walters Füßen zur
> Erde. Walter trat einen Schritt zurück und sah sie überrascht an. (MoE 609)

Wenn auch das erste Beispiel die Ereignislosigkeit, das zweite gerade
den ereignishaften, dramatisch-destruktiven Charakter der Situation
thematisiert, ist es nicht zufällig, dass der Gebrauch dieses
Vergleichstypus in Verbindung steht mit der Evozierung von
Schweigen. Von dem Druck der Gesprächsumstände überwältigt,
werden die Gestalten sich des Drucks der Sprachmittel bewusst, der
ironischerweise auf den darstellenden Erzähler selbst übertragen zu
werden scheint, der sich anschließend zur Schilderung eines
defizitären wirklichen Sachverhalts auf einen unwirklichen verlässt –
es ist ja weder ein Brunnenloch noch ein Porzellanschüssel vorhanden.
Entscheidend ist hier immerhin, nicht außer Acht zu lassen, dass die
Analogie zwischen dem Benehmen der Gestalten und der zum
Vergleich herangezogenen virtuellen Situation *wirklich* ist.

Ein verwandtes Verfahren bietet sich dar, wenn der Erzähler
Verhältnisse skizzieren muss, deren Ausmaß schwer ermessbar ist.
Dann greift er auf eine Form des Vergleichs zurück, die schon in der
aristotelischen Rhetorik von zentraler Bedeutung war: den
Proportionsvergleich, der die in vielen anderen Vergleichsformen
übliche absolute Ähnlichkeit durch eine relative, beziehungsfixierte
Analogie ersetzt.[19] Nicht selten verwendet der Erzähler diese mit

---

19 Im vierten Kapitel des dritten Buches der *Rhetorik* nennt der Stagirit das berühmte
Beispielspaar: „das Schild des Dionysos" und „die Trinkschale des Ares" (1980,
S. 178); der Sinn des Vergleiches besteht darin, dass das Schild (a) sich zu Ares
(b) verhält wie die Trinkschale (a') zu Dionysos (b').

satirischer oder poetologischer Absicht und macht sich eine
Potenzierung der Vergleichssituation geltend. Obwohl es nicht
möglich ist, eine eindeutige Tendenz zu bestimmen, legen einige
Beispiele die Vermutung nahe, dass die Vergleichskonstellationen
immer komplexere Gestalt annehmen.[20] Auch hier expliziert der Erzähler oft sein individuelles Verhältnis zur fiktionalen Wirklichkeit
und assoziiert hierbei einen vorhandenen Sachverhalt mit einem
imaginierten, zurückgreifend auf einen breiten Fächer von Vergleichs-
instanzen.[21] Nicht selten aber geht er noch einen Schritt weiter und
vermittelt den Vergleich nicht von der eigenen narrativen Position aus,
sondern bindet ihn an den Blickwinkel einer Gestalt fest. Entweder
werden die Gestalten dann selbst als aktive Vergleichsoperatoren
inszeniert, oder sie erfahren (passiv) eine sich entfaltende Wirklichkeit

---

20 Zur Illustration führe ich hier drei Beispiele an. Nach der ersten Begegnung des
    Protagonisten mit Arnheim entwirft der Erzähler zur Wiedergabe von Ulrichs
    Zeiterfahrung folgende Vergleichssequenz: „denn das Richtige und seine Zeit
    hängen durch geheimnisvolle Kraft zusammen wie eine Plastik und der Raum, in
    den sie gehört, oder ein Speerschütze und das Ziel, das er trifft, ohne hinzusehen"
    (MoE 177). Die Charakterisierung von Arnheims Genius lautet wie folgt:
    „Diesem Mittelstand der Bildung glich nun Arnheim wie eine prächtige gefüllte
    Gartennelke einer dürftigen, am Wegrand entstandenen Steinnelke" (MoE 388).
    Weiter gibt Ulrichs „Widerspruch" Anlass zu folgendem aus Arnheims
    Perspektive dargelegten Gedankengang über die Ohnmacht des Preußen, in dem
    der Vergleichsmoment dreimal verschoben wird: „Denn die Wirkung eines
    großen und ganzen Mannes ist wie die der Schönheit: sie verträgt so wenig eine
    Leugnung, wie man einen Ballon anbohren darf oder einer Statue einen Hut auf
    den Kopf setzen." (MoE 539)
21 Selbstverständlich bedient er sich oft des Verbs ‚gleichen' selbst, das die
    Ähnlichkeit als Bestandteil der fiktionalen Wirklichkeit identifiziert:
    „Gerichtshöfe gleichen Kellern, in denen die Weisheit der Vorvordern in Flaschen
    liegt" (MoE 244); „Diotimas Räume glichen einem geistigen Heerlager" (MoE
    296f.); „so glichen die Verknüpfungen ihrer Gedanken alsbald Knoten, die sich zu
    Schlingen aufgelöst haben" (MoE 330); „alles in allem glich ihr Zustand am
    ehesten jenem hellen nervösen Grau, das die Farbe des zarten, von aller Schwere
    befreiten Himmels in der mutlosen Stunde der größten Hitze ist" (MoE 331).
    Einen interessanten Sonderfall bildet das Vergleichsadverb „sozusagen", das eher
    auf das aktive Eingreifen des Erzählers hindeutet: „Die Parallelaktion war für
    Diotima und Arnheim sozusagen die Verkehrsinsel in ihrem anschwellenden
    seelischen Verkehr" (MoE 168); „er [der General] fiel immer sozusagen auf die
    Füße seiner Seele" (MoE 520).

als analog zu einer optionalen. Am Anfang des 44. Kapitels umschreibt der Erzähler beispielsweise das Verhältnis des Protagonisten zu Frauen:

> Ulrich liebte diese Art Mädchen, die ehrgeizig sind, sich gut benehmen und in ihrer wohlerzogenen Einschüchterung Fruchtbäumchen gleichen, deren süße Reife eines Tags einem jungen Schlaraffenkavalier in den Mund fällt, wenn er geruht, die Lippen zu öffnen. (MoE 177f.)

In diesem Fall nimmt der Erzähler noch eine Zwischenposition ein. Er kennzeichnet den von Ulrich bevorzugten Mädchentypus und signalisiert die Ähnlichkeit mit „Fruchtbäumchen", die im Nebensatz so detailliert umschrieben werden, dass eine neue, implizite Analogie zwischen dem ‚Schlaraffenkavalier' und dem Protagonisten entsteht – ohne allerdings zu verraten, ob der barocke Vergleich auf ihn selbst oder auf Ulrich zurückgeht. Die direkte Rede vermeidet eine solche Ambiguität[22]; doch lässt sie nur wenig Spielraum für die Erkundung der (oft implizite) dem Vergleich zugrunde liegenden Argumentation. Aber auch dies gleicht der Erzähler gekonnt aus und rückt das eigentliche interpretative Bemühen der jeweiligen Gestalt – die Performativität des Vergleichens – stärker ins Rampenlicht. Hierfür benutzte Verben sind ‚ansehen' und ‚nennen':

> Sein Selbstbewußtsein [...] kannte nicht das Bedürfnis nach jener Wiederinstandsetzung und Ölung, die man Gewissensforschung nennt (MoE 149);

> Diese Landschaft hatte sie zum Gehen verlockt; es war einer jener rührenden schneefreien Tage, die mitten im Winter wie ein verblaßtes, aus der Mode gekommenes Sommerkleid anzusehen sind (MoE 287);

> Sie [Clarisse] nannte diese Stelle an ihrem Leib das Auge des Teufels (MoE 437).

---

22 Vgl. Ulrichs Bemerkung gegenüber Bonadea: „Im Grunde gleichen alle diese Fälle einem herausstehenden Fadenende, und wenn man daran zieht, beginnt sich das ganze Gesellschaftsgewebe aufzutrennen" (MoE 263) und Arnheims Erläuterung: „Man könnte es vielleicht noch richtiger mit einem Fabrikanten vergleichen, der darauf los produziert und sich nach dem Markt richtet, statt diesen zu regulieren!" (MoE 635).

Wenn im zweiten Textbeispiel auch undeutlich bleibt, wer nun das Subjekt der (analogischen) Wahrnehmung ist, geht allerdings hervor, dass die Vergleichsbasis von der perspektivischen Einstellung der jeweiligen Gestalt abhängig ist und dass der Erzähler selbst sich von der registrierten Analogie distanziert. Die Gestalt erhält so (zeitweilig) einen entscheidenden Anteil an dem weiteren Aufbau der fiktionalen Wirklichkeit. Diesen Anteil müssen sie gleichwohl direkt teilen mit den Wahrnehmungsobjekten, die gerade die Gegenstände des Vergleiches sind: hier geht der Vergleichsimpuls nicht vom Beobachter, sondern von der beobachteten Welt aus, die sozusagen selbständig dem Sprechenden den Vergleich in den Mund legt.[23] Die Welt ist dann nicht eine passive Materie, sondern bewirkt aktiv einen Eindruck oder beschwört eine Erinnerung herauf.[24] Bei den Worten eines großen, jedoch unbekannten Dichters sinniert Arnheim wie folgt:

> ohne daß er ihn übrigens selbst verstand, denn Arnheim verband solche Andeutungen mit den Reden vom Erwachen einer neuen Seele, wie sie zu seiner

---

23 Ich danke Dr. Ralph Bisschops für seinen erhellenden Kommentar in Bezug auf diese Textfunktion.

24 Das stilistische Repertoire ist hier besonders buntscheckig. Oft ist von einer Erscheinungsform die Rede (z.B. „Er kam sich vor wie ein lockerer Zahn", MoE 236; „die wie eingepflanzte Federwimpel aussahen", MoE 287; „aber jetzt, in dieser weichen Bewegtheit auf geschlossenen Beinen kam ihm Clarisse mit einemmal wie eine javanische Tänzerin vor", MoE 354; „dachte an den Himmel, der wie eine blau überzogene Mausefalle aussieht", MoE 398; „Die Klinke eines Absteigequartiers zu berühren, erschien ihr [Diotima] wie das Tauchen in einen Pfuhl", MoE 426; „sah aus, wie wenn dicker Nebel die Luft mit seiner Weichheit ausfüllte", MoE 580); daneben kann auf die Wirkung von Personen oder Gegenständen angespielt werden (z.B. „aber da Ulrich unwillkürlich ein wenig abgerückt war, wirkte diese rhetorische Höflichkeit wie eine Seilschlinge, die ihn wieder heranholte", MoE 635). Eine besonders interessante Interferenz zwischen der aktivierenden Wirklichkeit und dem dafür rezeptiven Menschen geht von der Erinnerung aus, wofür es zahllose Belege gibt (z.B. „Denn so wie ein Helm und ein paar gekreuzte Schwerter die Gesellschaft des Barock an alle Götter und ihre Geschichten erinnerten", MoE 407; „Irgendetwas wird schon daran stimmen; und warum sollten nicht auch die Überraschungen eines Champions an die eines Genies und seine Überlegungen an die eines erfahrenen Forschers erinnern?", MoE 454; „Er dachte an das schöne Gesicht Bonadeas, das unter dem Griff der Leidenschaft an eine Taube erinnerte, deren Federn sich in den Fängen eines Raubvogels sträuben", MoE 618).

Jugendzeit im Schwange gewesen waren, oder mit den langen mageren Mädchenkörpern, die man damals im Bilde liebte und durch ein Lippenpaar auszeichnete, das wie ein fleischiger Blütenkelch aussah (MoE 385).

Die dem außergewöhnlichen Geschäftsmann durch den Kopf fahrenden Assoziationen sind in erster Linie das Resultat eines aktiven Kombinierens („verband"), aber die unwiderlegbare Disjunktion zwischen dem ersten und dem zweiten Vergleichsmoment lässt schon Zweifel an der bewussten Intentionalität der Vergleichshandlung aufkommen. Dann aber verschiebt sich das Aktivitätszentrum: Das unpersönliche „man" kündigt dies schon an, und im Nebensatz ergreift das synekdochisch mit den „Mädchenkörpern" liierte „Lippenpaar" sowohl grammatikalisch wie auch inhaltlich das Heft. Die Lippen *sind* ja nicht wie ein Blumenkelch, sondern *sehen* wie einer *aus*, wecken mit anderen Worten auf eigener Initiative eine analogische Beobachtung. Es ist klar, dass in diesen Fällen der Erzähler seine Autorität gegenüber der darzustellenden Wirklichkeit beschränkt und den souverän auftretenden Aktanten die Geltungskraft der Vergleiche zuteilt.

Hier erhebt sich die Frage, ob dies nicht grundsätzlich den rhetorischen Anspruch der Vergleiche verändert, und ob ihre Teilnahme an der Konstruktion der fiktionalen Wirklichkeit nicht wenigstens zeitweilig aufgehoben wird. Während eines Dialogs zwischen Ulrich und Diotima in Kapitel 101 entrollt sich folgender Assoziationsfaden, der verschiedene Vergleichsmomente zusammenbringt:

> Nun saß sie hier, wie ein Mensch, der nach ungeheuren Anstrengungen auf einer Bank sitzt, die sich, Gott sei Dank, nicht bewegt, und augenblicklich nichts tun will, als etwa dem Rauch seiner Pfeife nachzuschaun; ja so lebhaft beherrschte eine solche Stimmung Diotima, daß sie selbst diesen Vergleich wählte, der an einen alten Mann im Spätsonnenschein erinnerte. Sie kam sich wie ein Mensch vor, der große, leidenschaftliche Kämpfe hinter sich hat. (MoE 466f.)

Der erste Vergleich gilt Diotimas Sitzen, das der Erzähler mit dem Bild eines rauchenden Menschen verbindet. Erst in zweiter Linie wird dieses Bild auf den affektiven Zustand der ‚großen Kusine' übertragen: Die Stimmung erweist sich wiederum als der Impuls, der

Diotima dazu anregt, eben das erwähnte Bild heraufzubeschwören, gerade weil es zu einem (aktiven) Erinnerungsrepertoire gehört, was zuletzt eine Identifikation mit dem rauchenden Mann und eine weitere Spezifizierung seiner Vorstellung veranlasst. Der Erzähler gibt *expressis verbis* zu erkennen, dass entweder der Wahrnehmende oder das Wahrgenommene zur Vergleichsdynamik instigiert, dass die Vergleiche also zu deren psychologischem ‚Profil' gehören und dass er selbst demzufolge nicht mehr das Mundstück der auf diese Weise in Gang gesetzten narrativen Motorik ist.

Die Tatsache, dass der Erzähler nicht mehr die Verantwortlichkeit für die Gültigkeit des Vergleichs auf sich nimmt, sondern diese einer dritten Instanz vergibt, hat weitreichende Konsequenzen. In solchen Fällen kommt die Figürlichkeit erst über einen Umweg zustande, was den indirekten Charakter ihres Bedeutungspotentials hervorhebt. Die Vermittlung verursacht allerdings nicht – wie man vermuten könnte – eine größere Distanz zwischen dem Leser und dem dargestellten Objekt, sondern verleiht der figürlichen Form eine *zeitliche* Dimension, welche eine vollkommen unerwartete Beziehung zur Metapher sichtbar macht – eine Beziehung, die beim Verb „nennen" allerdings schon handgreiflich wurde (cf. supra: S. 187). Die perspektivierte Artikulierung des Vergleichs lässt sich ja interpretieren als die Manifestation einer *Nicht-* bzw. *Noch-nicht-Metapher*, wobei der Vergleich die Gestalt einer virtuellen Proto-Metapher annimmt, deren Auftauchen gleichwohl wegen der spezifischen Inszenierung des Vergleichs selber gesperrt (Potentialis) oder sogar zunichte gemacht wird (Irrealis). Wichtig ist schon, dass diese Vergleichsform der typischen Gleichzeitigkeit der Metapher ausweicht, da Tenor und Vehikel nicht in einer simultanen Konfrontation zum Vorschein kommen, sondern das Vehikel erst aus dem Tenor hervortritt. Der Vergleich „ein außerordentlich heißes Lippenpaar […], das ihn an die Brennschere des Friseurs erinnerte, wenn sie beim Bartkräuseln zu nahe an die Haut kommt" (MoE 333) erweist sich also als eine *embryonale* Form, welche die nicht-artikulierte Metapher „sie drückte ihre Brennschere auf seine Stirn" vorangeht. Hier spüren wir, wie ingeniös der Erzähler mit verschiedenen textuellen Zeitachsen hantiert: denn die – vorausdeutende – figurative Sequenz spiegelt kunstvoll die rückblendende Erinnerungsaktivität.

Zusammenfassend könnten wir festhalten, dass Vergleiche sich auf zweifache Weise als hybride metaphorische Formen herausstellen: einerseits weil sie als Erweiterung die Figürlichkeit von Verbalmetaphern gewährleisten, andererseits weil sie vortäuschen können, embryonale Metaphorik zu sein. Diese Interaktionsformen entstehen allerdings erst dadurch, dass Metaphern und Vergleiche *nicht* über dasselbe rhetorische Handlungsrepertoire verfügen. Das Argument, nach dem Metaphorik auf einer atavistischen, Vergleiche auf einer kritischen Epistemologie beruhen, ist daher eher fragwürdig. Insofern die Vergleichsinitiative in vielen Fällen nicht vom Erzähler selbst, sondern von den Gestalten oder von der fiktionalen Welt herrührt und die Analogie als Vorform eine wesentliche Temporalität impliziert, appellieren indirekte Vergleiche vielmehr an die (magische) Logik der Metamorphose – wenn auch die Transformation im eigentlichen Sinne nicht vonstatten geht. Aber auch das kann wiederum nuanciert werden, insofern die ‚magische' oder ‚phantastische' Dimension solcher Vergleichsmomente, wie aus folgendem Beispiel hervorgeht, im Rahmen der ‚Einbildungskraft' (rational) neutralisiert werden kann:

> Die berühmte Gattin des vielberaunten Sektionschefs Tuzzi verflüchtigte sich sodann aus ihrem Körper, und es blieb nur dieser selbst übrig wie ein Traum, der samt Polstern, Bett und Träumendem zu einer weißen Wolke wird, die mit ihrer Zärtlichkeit ganz allein auf der Welt ist.
> Kehrte Ulrich aber von einem solchen Ausflug der Einbildungskraft zurück, so sah er einen strebsamen bürgerlichen Geist vor sich, der Verkehr mit adeligen Gedanken suchte. (MoE 276f.)

Erst jenseits der Abschnittsgrenze stellt sich heraus, dass die anfangs in der Form von Metaphern („verflüchtigt", „weißen Wolke, die mit ihrer Zärtlichkeit allein auf der Welt ist") und Vergleichen („wie ein Traum") dargebotene Figürlichkeit aus der Imagination des Protagonisten stammt: Die vorgetäuschte metaphorische Gleichzeitigkeit wird also nachher als eine Instanz indirekter und posteriorischer Bildsprache entlarvt.

Diskopie

Die Indirektheit und der hybride Charakter der erwähnten Vergleichsformen verändern den Kern des figurativen Funktionierens eingehend. Mit der Angabe eines zeitlichen Nacheinanders hebt die (Noch-)Nicht-Metapher den genealogischen Hintergrund der Figürlichkeit hervor und verbindet diesen fest mit (geistiger bzw. materieller) Visualität oder Visualisierung. Dies ist auch in Bezug auf reguläre Nominalmetaphorik oft der Fall; dann ist die Rede von dem Doppelblick, der Stereoskopie, des figürlichen Geschehens.[25] Für die erwähnte, im perspektivierten Vergleich getarnte Proto-Metaphorik müssen wir jedoch die Vorstellung gewissermaßen anpassen; nicht ist die Rede von der simultanen Beobachtung zweier Gegenstände, sondern von einer Verdoppelung der Beobachtung, insofern das Wahrnehmen von dem Erzähler aus über die vermittelnde Gestalt das Objekt in der fiktionalen Wirklichkeit erreicht. Statt Stereoskopie begegnet hier also vielmehr eine *Diskopie*, die – insofern das Sehen an einen Fokalisator gebunden ist – doch eine gewisse Einseitigkeit aufweist und in der fiktionalen Wirklichkeit daher eine beschränkte, denn vermittelte Geltung erhält. Derartige Vergleichsmomente werden deswegen von einer hohen Vorläufigkeit gekennzeichnet und haben in erster Linie den Charakter eines Vorschlags. Aus dieser Sicht stimmt Heftrichs Analyse von den Verhältnissen zwischen Erzähler und Gestalten im *Mann ohne Eigenschaften* nur teilweise:

> Der Autor kann nicht, wie im älteren Roman, von einem archimedischen Punkt aus die Welt seiner Imagination beherrschen, und doch muß er gegenüber seiner Figur die Überlegenheit bewahren können, so sehr er sich auch allein mit ihrer Hilfe aus dem Reich der Meinungen zu entfernen und auf das der Wahrheit zuzubewegen vermag.[26]

---

25 Der Begriff ‚Stereoskopie' geht auf die Metaphernforschung Douglas Berggrens zurück, der ihn seinerseits W. Bedell Stanford entlehnt haben soll. Berggren umschreibt Stereoskopie als eine Vorbedingung metaphorischen Verstehens und erläutert den Begriff wie folgt: „the ability to entertain two different points of view at the same time" (zitiert nach: Ricœur 1979, S. 152).

26 Heftrich 1986, S. 80.

Es mag zwar richtig sein, dass der Erzähler weiterhin eine Kontrolle über die Gestalten ausübt, diese allerdings haben, wenn ihnen auch mehr Platz eingeräumt wird, insbesondere im Kontext der beschriebenen Figürlichkeitsmomenten mit einer reduzierten Autorität in der fiktionalen Wirklichkeitskonstruktion zu kämpfen. Viel Hilfe kann er denn auch nicht von den Romanfiguren erwarten.

Die Wirkungen, welche die indirekten Vergleiche in *Der Mann ohne Eigenschaften* erzielen, sind vielerlei. Zuerst müssen wir die Aufmerksamkeit auf die Differenzierung des narrativen Handlungsschwerpunktes lenken. Die Gewichtung verschiebt sich von dem inneren Erzähler[27] auf den multisubjektiven Raum zwischen Erzähler und Romanfiguren – zwei Bereiche, die am Ende des Buches weitgehend ineinander übergehen, was offensichtlich das poetologische Äquivalent der epischen Katharsis bildet. Zweitens präsentieren sich die vermittelten Vergleiche als Begriffsschemata, als artifizielle Verständnismodelle, die eine opake Wirklichkeit für ein besseres Verstehen zugänglich machen.[28] Die temporale Dimension, von der sie Zeugnis ablegen, geben auch an, dass diese Modelle in einen variablen historischen Kontext integriert sind und, was ihre aktuelle Gültigkeit betrifft, dadurch auch verhandlungsfähig.[29] Hiermit lässt sich die dritte Wirkung assoziieren: Die perspektivische Wahrnehmung, auf die die Vergleiche zurückgreifen, ist ja nicht *per definitionem* akkurat oder stabil. Der Erzähler verfolgt demnach aktiv die „verwischte, aber verräterische Spur" der Sprache, was ihm erlaubt, Worte und Formulierungen zu genealogisieren und

---

27 Vgl. folgende Angaben vonseiten des Erzählers: „allerlei, wofür man nicht schnell die Worte fand" (MoE 448) und „wofür es ein besseres Wort geben mag" (MoE 457).

28 Im Text sind zahlreiche Beispiele vorfindlich; hier folgen einige beliebige Belegstellen: „Wer das nicht gleich versteht, der denke an die Kavallerie" (MoE 243); das „Berührungsgleichnis" (MoE 302); „Vergleiche aus der Geschichte" (MoE 199); die Kreditvergleiche im letzten Drittel, u.a. die „Bilanz von Lust und Unlust" (MoE 523), „Solche Gegenstände gleichen Schuldnern" (MoE 526) und „gewähre meinem Geist einen Produktionskredit!" (MoE 528).

29 Die Historizität der Verständnismodelle ist beispielsweise folgendem Beleg zu entnehmen: „dieses gleiche Bild einer geladenen Waffe [war] in seiner Jugend ein Lieblingsbild seines auf Flug und Ziel wartenden Willens gewesen" (MoE 663).

ideologisch zu deuten.[30] Dann und wann begegnen Momente solcher
figurativer Negoziation, während deren sich sowohl die Gestalten als
auch der Erzähler als dynamische Unterhändler bewähren.[31] So führt
die Figürlichkeit im *Mann ohne Eigenschaften* dem Leser die Einsicht
vor Augen, dass die entwickelte Diskopie leicht zu einem ungenauen,
einem unpräzisen Sehen entarten kann – einer *Kakoskopie*. Im poeto-
logisch zentralen Kapitel 96 merkt der Erzähler Folgendes an:

> so, wie man sich vor ungefähr zwei Menschenaltern noch in Geschäftsbriefen mit
> blauen Redeblümlein geschmückt hat, könnte man schon alle Beziehungen von
> der Liebe bis zur reinen Logik der Sprache von Angebot und Nachfrage, Deckung
> und Eskompte ausdrücken […], aber man tut es doch nicht. Der Grund liegt darin,
> daß die neue Sprache noch zu unsicher ist. (MoE 432)

Der anhaltenden Fülle der Figürlichkeitsformen entsprechend, situiert
der Erzähler seine Beobachtung über den unzeitgemäßen Charakter
der kaufmännischen Sprache in einem Proportionskontext, der seinerseits auf eine durch die Erweiterung „mit blauen Redeblümlein"
wiederbelebte Verbalmetapher zurückgreift – eine Erweiterung, die
ihrerseits den Kern des metaphorischen Gegenübers in einem Wort,
„Redeblümlein", vereint. Anschließend entwirft er im Potentialis eine
Vergleichskonstellation, die er aber direkt wieder zurücknimmt – ein
Gestus, den er mit dem Argument „zu unsicher" begründet. Weiter
beweist Ulrich, dass das Wissen um die Ungenauigkeit und die
Verhandelbarkeit des Vergleichs auch den Gestalten selbst gegen-

---

30 Das Verb „besitzen" erörtert er zum Beispiel folgendermaßen: „Diese plumpe
   Angriffsgebärde eines schweren Tiers, das seine Beute mit dem ganzen Körper
   niederdrückt, ist jedoch berechtigterweise der Grund- und Leibausdruck des
   Kapitalismus" (MoE 559).
31 Vgl.: „Güter nicht wie ein Gutsbesitzer zu besitzen, sondern wie eine seelische
   Massage" (MoE 323; siehe auch MoE 491: „Nehmen wir an"); „[Bonadea]
   empfing Ulrich nicht wie eine von Eifersucht geplagte Geliebte, sondern atemlos
   wie ein Marathonläufer" (MoE 578); vgl. auch die Anspielungen auf „kühne" und
   „gewagte" Vergleiche: „Tuzzi lächelt zu diesem Gleichnis, das ihm mehr als kühn
   vorkam" (MoE 587) und „Er entschuldigte sich noch bei den übrigen für diesen
   gewagten Vergleich, aber er war zufrieden mit ihm" (MoE 597); in diesem Lichte
   können wir schließlich auch Moosbrugger Charakterisierung als „entsprungenes
   Gleichnis" (MoE 653) interpretieren.

wärtig ist. Gegenüber Diotima bekennt er sich zu folgendem Menschenbild:

> wie ein zum Verändern geborener Mensch, der von einer zum Verändern geschaffenen Welt eingeschlossen wird, also ungefähr so wie ein Wassertröpfchen in einer Wolke. Verachten Sie mich, weil ich wieder undeutlich bin? (MoE 273)

Die kakoskopische Redeweise Ulrichs erweist sich hier also in der Perspektive des Protagonisten gefangen: Diotima versteht ihn nicht – was indirekt angibt, dass auch Moosbruggers Unverständnis nicht in erster Linie pathologischer Art ist, sondern das Resultat unzureichend verhandelter Begriffsrahmenbildung.[32] Auf eine sehr verschlüsselte Wiese mag das Motiv des schlechten Sehens auch zum Ausdruck kommen in den Anspielungen auf den griechischen Epopoeten Homer, dessen Name nach herkömmlicher (wenn auch falscher) etymologischer Sicht assoziiert wurde mit dem Adjektiv „amauros", was in der poetischen Sprache ‚blind' oder ‚schwachsichtig' bedeutet. So wirft Hans Sepp Ulrich Folgendes vor: „Sie erzählen, scheint es, Geschichten wie der Vater Homer!" (MoE 550), während Tuzzi seinerseits den ‚gediegenen' Homer würdigt (MoE 197).

Im Dialog zwischen Ulrich und Arnheim gelangt ersterer nichtsdestoweniger zur grundsätzlichen Einsicht in die Produktivität des „Vergleichens":

> Das Gleichnis dagegen ist die Verbindung der Vorstellungen, die im Traum herrscht, es ist die gleitende Logik der Seele, der die Verwandtschaft der Dinge in den Ahnungen der Kunst und Religion entspricht (MoE 593).

Er wird sich bewusst, dass manches sich überhaupt nicht „anders begreifen [lässt] als in Gleichnissen" und dass hierfür nicht sosehr die von der Bilderrede enthaltene Wahrheit verantwortlich ist, sondern vielmehr der „Schaum", der die Substanz der vermittelten Inhalte fragmentiert und ephemer, konturlos und undurchsichtig macht. Zu

---

32 Moosbruggers kommunikative Isolierung wird insbesondere im 110. Kapitel deutlich: „das Bewußtsein der Öffentlichkeit bewahrte keinen bestimmten Begriff von ihm, sondern nur die matten, weiten Felder sich vermengender allgemeiner Begriffe, die so waren wie die graue Helle in einem Fernglas, das auf eine zu große Entfernung eingestellt ist" (MoE 532).

dieser allgemeinen Schlussfolgerung kommt der Erzähler übrigens schon im 37. Kapitel in Bezug auf Graf Leinsdorf:

> Vielleicht beflügelte eine gewisse Ungenauigkeit und Gleichnishaftigkeit, bei der man weniger an die Wirklichkeit denkt als sonst, nicht nur das Gefühl des Grafen Leinsdorf. Denn Ungenauigkeit hat eine erhebende und vergrößernde Kraft. (MoE 138)[33]

Die von figürlichen Formen kultivierte Konturlosigkeit erlaubt dem Menschen, in seinem Verhältnis zur (umfassenden) Wirklichkeit über sich hinauszusteigen und so Erfahrungen mitzuteilen, die mit anderen Sprachmitteln nicht erfassbar sind. Es mag sein, dass gerade der genealogische Aspekt der indirekten Figürlichkeit, der das Embryo der Noch-nicht-Metapher in ein ‚zuerst' und ein ‚danach' zerlegt, die Produktivität der Kakoskopie erklärt, weil sie mit der Angabe der Richtung des Reflektierens auch die Reflexion selber zutage führt.

Aus dem Vorangehenden können wir festhalten, dass der Gebrauch von Vergleichen im *Mann ohne Eigenschaften* weniger die Symptome der Figürlichkeit selbst zur Schau trägt, als dass er Bausteine einer Poetologie der Figürlichkeit herbeiführt, in der Metaphern nicht in ihrer Vollform erscheinen, sondern in einer Vorform erstarrt zu sein scheinen. Daneben bewirkt das Überleiten, das Vergeben der rhetorisch-narrativen Verantwortlichkeit eine rätselhafte, wenn auch kennzeichnende Form der Indirektheit. Doch können wir nicht – wie Heftrich – konkludieren, dass Musils Text von einem Misstrauen gegen das Bild zeugt: dafür gibt es zu viele Metaphern, wobei die Frequenz der sonst relativ peripheren, hybriden Form der erweiterten Verbalmetaphorik sehr auffällig ist. Viele dieser Metaphern missbrauchen den zeugmatischen Inhalt der Verben und verwandeln hierdurch den – oft dank der Erweiterung erst sichtbar gewordenen – figürlichen Charakter in einen sylleptischen, nach dem ein Ausdruck gleichzeitig wörtlich und übertragen ist. Ein sehr komplexes Beispiel hierfür findet sich im programmatischen 83. Kapitel:

---

33 Später überträgt Leinsdorf denselben Standpunkt auf eine verwandte rhetorische Form, das Symbol: „alles, was Symbol ist, muß nach und nach etwas Wahres werden" (MoE 583).

> Sie sieht unsicher und verfilzt aus, unsere Geschichte, wenn man sie in der Nähe betrachtet, wie ein nur halb festgetretener Morast, und schließlich läuft dann sonderbarerweise doch ein Weg über sie hin, eben jener ‚Weg der Geschichte', von dem niemand weiß, woher er gekommen ist. (MoE 360)

Die angeführten Prädikate der ‚Geschichte' taumeln zunächst auf der Grenze zwischen Metapher und Katachrese, werden allerdings durch die Wie-Erweiterung ins Figürliche gerückt – denn eine Geschichte hat eine vollkommen andere Art des ‚Aussehens' als ein Morast. Die Figürlichkeit des Aussehens wird im zweiten Teil des Satzes bekräftigt durch den Hinweis auf einen ‚Weg', der zwar mit dem labilen Boden des Morastes versöhnt werden kann, aber zugleich auch ‚über die Geschichte hin läuft'. Auf gerade diese Art und Weise wird er wieder aufgegriffen, allerdings zwischen Anführungszeichen und mit einer eher katachrestischen Bedeutung, obgleich der abschließende Nebensatz erneut einer metaphorischen Lektüre Vorschub leistet. Als Leser bekommt man den Eindruck, als ob der Erzähler bewusst das Niemandsland zwischen Wörtlichkeit und Figürlichkeit aufsucht, aber es ist nicht sofort klar – abgesehen vom bewirkten ironischen Effekt –, warum dies geschieht.[34] Und was könnte der Einfluss der Verbalmetaphorik in diesem Kontext sein?

---

34 Das geschilderte Verfahren wird auf der folgenden Seite weitergeführt, wo der Erzähler an Ulrichs Statt seine vielfacettierten Betrachtungen über das Thema ‚Abschweifung' darlegt. Hier probiert er die Möglichkeiten alternativer Metaphern aus: „Der Weg der Geschichte ist also nicht der eines Billardballs, der, einmal abgestoßen, eine bestimmte Bahn durchlauft, sondern er ähnelt dem Weg der Wolken, ähnelt dem Weg eines durch die Gassen Streichenden […]. Es liegt im Verlauf der Weltgeschichte ein gewisses Sich-Verlaufen. Die Gegenwart ist immer wie das letzte Haus einer Stadt, das irgendwie nicht mehr ganz zu den Stadthäusern gehört" (MoE 361). Es nimmt kein Wunder, dass die Meditation unauffällig von einer metaphorischen Konfiguration in einen Vergleich rutscht, der – womöglich aufgrund ihrer Teilhabe an der (hier perspektivierten) fiktionalen Wirklichkeitskonstruktion – ihr ein Ende setzt. Eine interessante Variante der zitierten syllepsischen Metaphorik bildet die *verdrängte* Verbalmetapher, die in dem Vergleich einer Ellipse zum Opfer fällt. Im 73. Kapitel wirft Gerda Ulrich Folgendes vor: „Sie denken wie ein Raubtier!" (MoE 314); allerdings könnte man nur in übertragenem Sinne behaupten, dass ein Raubtier denkt – da das Prädikat „denkt" unausgesprochen bleibt, inszeniert der Erzähler wiederum eine Form der indirekten Figürlichkeit.

Allegorien der Kolonisierung

Zweifellos üben Verbalmetaphern in erster Linie einen
dynamisierenden Einfluss auf die dargelegte Handlung aus. Ein
elaboriertes Beispiel hierfür stammt aus Ulrichs Gespräch mit Diotima
im 69. Kapitel: „Dieses rundliche Wesen [die Welt] hat einen
hysterischen Charakter. Heute spielt es die nährende bürgerliche
Mutter. Damals war die Welt frigid und eisig wie ein bösartiges
Mädchen." (MoE 289) Was zunächst als eine personifizierende,
ontologische Kennzeichnung anmutet, verwandelt sich alsbald zu
einer theatralischen, die eine funktionale und psychologische
Situierung in sich vereinigt, um final in einem adjektivmetaphorischen
Gewebe aufzugehen, das – analog zur verbalen Variante – um einen
Vergleich erweitert ist. Für eine solche Konfiguration eignen sich vor
allem Wortfelder mit deutlich erkennbaren Sinnkopplungen, wie
Wasser, Gebäude, Pflanzen, Tiere und Menschen.[35] Der Effekt der
Dynamisierung und das Verfahren der Erweiterung geben kombiniert
dazu Anlass, dass die ursprüngliche Metapher leicht in andere Formen
der Figürlichkeit überleitet bzw. diese aufgreift und fortsetzt, und sich
hierbei in der gesamten epischen Entwicklung verankert. Bei Bonadea
glaubt Ulrich „zwei Herzen in der Brust zu fühlen, wie in einem
Uhrmacherladen die Uhrschläge durcheinanderwimmeln" (MoE 264);
hier bettet der Erzähler die Verbalmetapher in den Wie-Vergleich ein
und verstärkt so die figürliche Mehrschichtigkeit: das Herz in der
Brust verhält sich analog zu den Uhrschlägen im Laden, mit denen es

---

35 Einige Beispiele können dies verdeutlichen: „Er sagte das mit einer so ernsten
    Liebenswürdigkeit, daß sich dieser Scherz aus dem Fluß des Gesprächs, ohne daß
    er es wollte, heraushob, wie ein überströmter Stein auftaucht" (MoE 418); „so
    fühlte er das Gebäude seines Lebens erzittern" (MoE 393); „Er stellte mit
    Besorgnis fest, daß seine ausgebreiteten Weltinteressen wie eine der Wurzel
    beraubte Blume abwelkten und unbedeutende Eindrücke des Alltags, bis zu
    seinem Sperling am Fenster oder zum freundlichen Lächeln eines Kellners
    hinunter, geradezu aufblühten" (MoE 382); „Worte springen wie Affen von Baum
    zu Baum, aber in dem dunklen Bereich, wo man wurzelt, entbehrt man ihrer
    freundlichen Vermittlung" (MoE 155); „Dunkelheit sprang aus Ecken" (MoE
    647); „es wäre eine unheimliche Welt, wenn die Geschehnisse sich einfach
    davonschlichen und nicht am Ende noch einmal gehörig versichern würden, daß
    sie geschehen seien; und darum tut man es" (MoE 182).

metonymisch auch liiert ist und die über die Sinnkopplungen von „wimmeln" mit dem nominalen Vermittler ‚Ungeziefer' eine Metapher bildet. Ähnlich ergeht es Soliman, der Rachels Hand „an sein Herz [führt], das in seinem schwarzen Körper wie eine rote Fackel in dunkler Nacht brannte" (MoE 338). Hier ist allerdings nicht die Verbalmetapher vom Vergleich abhängig, sondern umgekehrt der Vergleich – als Erweiterung – von der Metapher.

An anderen Stellen scheint der Erzähler sich aktiv darum zu bemühen, die Figürlichkeit in das narrative Geflecht des Textes einzuwirken und so umfassende Textstrecken figurativ zu *kolonisieren.* Von Diotima heißt es beispielsweise, dass sie sich „verschanzte […] in ihrem hohen Körper wie in einem Turm, der im Reisehandbuch drei Sterne hat" (MoE 272) und ferner „vom Haarknoten bis zum Rocksaum in Vollendung gepanzert" war (MoE 276). Die aus der Verbalmetaphorik (‚verschanzen', ‚panzern') hervorgehende Verbindung von Körperlichkeit und Festungs-vokabular gilt nicht nur als eine kontextuell bedingte, erweiterbare Isotopie, sondern kann auch als eine nicht misszuverstehende Vorwegnahme von Clarisses inzestuösen Schauererlebnissen im Schloss Pachhofen interpretiert werden (MoE 291ff.), was darauf hindeutet, dass die Metaphorik sich nach und nach in den Erzählsträngen des Textes einzunisten sucht. Auch bei Solimans Erkundungen in der Wohnung von Tuzzis infiltriert das sorgfältig und graduell ausgebaute metaphorische Register die narrative Gestaltung und übernimmt so den Prozess der Darstellung schlechthin:

> Er war Herr in allen Zimmern wie ein Hirsch im Walde. Das Blut drängte wie ein Geweih mit achtzehn dolchscharfen Sprossen aus seinem Kopf. Die Spitzen dieses Geweihs streiften Wände und Decke. Es war Haussitte, daß in allen Zimmern, wenn sie augenblicklich nicht benützt wurden, die Vorhänge zugezogen wurden, damit die Farben der Möbel nicht unter der Sonne litten, und Soliman ruderte durch das Halbdunkel wie durch Blätterdickicht. Es machte ihm Freude, das mit übertriebenen Bewegungen auszuführen. Sein Trachten war Gewalt. (MoE 337)[36]

---

36 Ein vergleichbares Beispiel aus Solimans Bereich lautet wie folgt: „zornig wie ein an der Spitze brennender Pfeil, aber brannte dann gegen das Ende zu sanfter Asche" (MoE 501).

Die Charakterisierung des ‚maurischen' Dieners erfolgt in erster Linie
mittels eines Vergleichs (der auch selbst wiederum eine
metaphorische Übertragung voraussetzt: ‚der Hirsch ist Herr'), fließt
aber schon bald in eine auf der Verbalgruppe basierende
metaphorische Konstruktion über („drängte [...] aus seinem Kopf"),
die ihrerseits um einen sich synekdochisch zum Gegenstand der
anfänglichen Analogie verhaltenden Vergleich erweitert wird („wie
ein Geweih"). Auf Mikroebene wird die Analogie übrigens noch
implizite weiter ausgebaut: die Sprossen sind „dolchscharf". Dann
gleitet der Text in eine metaphorische Darstellung, die – nach einem
Intermezzo über die Haussitten der Tuzzis – innerhalb desselben
Wortfeldes fortgesetzt wird („rudern"), aufs Neue von einem das
ursprüngliche Bildfeld bestätigenden Vergleich (in Objektposition)
begleitet. So entfaltet sich ein metaphorischer Diskurs, der offenbar
den narrativen überwächst.

Allmählich legt sich die Vermutung nahe, dass die Verbalmetaphorik im Text einen Konkurrenzkampf mit dem nicht-
figürlichen Darstellungsstil angeht und hierbei dazu neigt, immer
größere Strecken des Textes zu inkorporieren. Eine meteorologische
Skizze im 73. Kapitel veranschaulicht diese Tendenz sehr konkret:

> Das Jahr war damals allerdings schon um etliche Wochen weiter voran gewesen;
> es war Frühling gewesen, aber einer jener stechend heißen Tage, die dem Sommer
> zuweilen wie Glutflocken voranfliegen. (MoE 309)

Die figürlichen Momente vervielfachen sich zu größeren
metaphorischen Konstrukten, in denen sogar weitgehend lexikalisierte
Ausdrücke ihren figurativen Ursprung wieder aussprechen und final
die kurzfristig aufgebauten figürlichen Erwartungen aufs Neue
enttäuscht werden. Die metaphorische Assoziation von Licht und
Wasser dringt, wie folgendes Beispiel angibt, in die Erfahrungswelt
der Gestalten ein:

das Licht des Kronleuchters floß über ihr Haar und von da über Schultern und Hüften hinab, so daß sie seine hellen Fluten zu fühlen meinte, und sie war ganz Statue, Brunnenfigur hätte sie sein können. (MoE 328)[37]

Im selben Kapitel, ‚Verwandlungen Diotimas', stellt sich heraus, dass das Wortfeld ‚Wasser' zum Leitbild von Diotimas sozialem Dasein aufgerückt ist, das nicht nur die positiven Auswirkungen ihres Auftretens, sondern auch (metonymisch) dessen Defizite aufzudecken vermag:

so lebte sie auch, sie verteilte sich in kleinen Tröpfchen feinster Liebe an alle Dinge, die es verdienten, schlug sich als Hauch, in einiger Entfernung von sich selbst an diesen nieder, und für sie selbst blieb eigentlich nur die leere Flasche des Körpers zurück, die zum Hausstand des Sektionschefs Tuzzi gehörte. (MoE 332)

Aus den Beispielen geht deutlich hervor, dass die metaphorische Rede den Anspruch auf Verselbständigung erhebt: Der figurative Impuls wird nach und nach *autopoetisch*. Das vehikulare Umfeld wird ständig bereichert und neigt punktuell zur Allegorie, wodurch der die Metapher kennzeichnende Moment der Konfrontation zeitweilig – für die Dauer der metaphorischen Erweiterung – verschoben wird. Die Schärfe der konzeptuellen Inkompatibilität zwischen Tenor und

---

37 Einige weitere Beispiele einer solchen Autonomisierung der Bildsprache seien hier erwähnt: „mit einem verdünnten Ich, durch dessen Vakuum alle Gefühle wie blaue Glühröhren strahlen" (MoE 409), „von großer erotischer Zerstreutheit, die wie ein Blumenregen auch auf Soliman fiel" (MoE 601; vgl. die Figuralisierung von ‚Blumenregen', dank der gerade durch die Wie-Erweiterung zustande gebrachten Konkretisierung von ‚fallen'); „Wie ein Wölkchen, wie eine Seifenblase hing ein Schrei in der Luft, und andere folgten ihm" (MoE 622); „seine hervorstehenden Augen staken wie zwei harte Steinkugeln in den weichen Furchen seines Gesichts" (MoE 631). Obgleich die meisten Beispiele aus der zweiten Hälfte des Buches stammen, wird schon relativ früh angegeben, dass der hymnische Stil von Nietzsches *Zarathustra* dieser Hypertrophierung der Bildsprache als Vorbild diente; beim „großen Aufschwung" wird das Gedränge der Besucher im Hause Tuzzi mit eine Parodie auf die Schlusszeilen der Rede ‚Von der unbefleckten Erkenntnis' (KSA 4: 159) beschrieben: „der Verkehr in ihrem Hause schwoll an, wie die See schwillt, wenn Wind und Mond vereint an ihr saugen" (MoE 227).

Vehikel wird so weniger sichtbar und ist der Gefahr ausgesetzt, sich gänzlich zu verwischen.

Hier eröffnet sich die Möglichkeit, die Kolonisierung des Textes durch die wuchernde Bildsprache mit dem Phänomen der Indirektheit bei den Vergleichen zu verbinden: beide weichen ja dem eigentlichen Zustandekommen der metaphorischen Konstellation aus und unterminieren so den Ereignischarakter der Metapher selbst. Dass diese Verbindung legitim ist, beweist die Mühe, die sich der Erzähler nachweisbar gibt, auch im Falle der Metaphorik die narrative Verantwortlichkeit in einen perspektivischen Rahmen zu integrieren. Vom Grafen Leinsdorf wird beispielsweise Folgendes gesagt:

> Denn wenn er sich erheben will, so gebraucht er dann ein Gleichnis. Offenbar weil ihm Schnee zuweilen unangenehm ist, vergleicht er ihn mit schimmernden Frauenbrüsten, und sobald ihn die Brüste seiner Frau zu langweilen beginnen, vergleicht er sie mit schimmerndem Schnee; er wäre entsetzt, wenn ihre Schnäbel sich eines Tags als hornige Taubenschnäbel herausstellen würden oder als eingesetzte Korallen, aber poetisch erregt es ihn. Er ist imstande, alles zu allem zu machen – Schnee zu Haut, Haut zu Blüten, Blüten zu Zucker, Zucker zu Puder, und Puder wieder zu Schneegerieseln –, denn es kommt ihm anscheinend nur darauf an, etwas zu dem zu machen, was es nicht ist, was wohl ein Beweis dafür ist, daß er es nirgends lange aushält, wo immer er sich befindet. (MoE 138f.)

Die fast serienmäßige Herstellung von ‚Gleichnissen' schreibt der Erzähler einer psychologischen Aktivität zu, die mit entstehender Langeweile einhergeht; klar ist, dass die Interaktionspole der Metaphern (Tenor und Vehikel) keinen festen Platz einnehmen, sondern in der Assoziationskette von der einen Rolle in die andere schieben, wobei es genügt, dass zwischen den beiden – wie bei Metaphorik erforderlich ist – eine Nicht-Identität herrscht („etwas zu dem zu machen, was es nicht ist"). Nicht die darzustellende Wirklichkeit diktiert hier, welche figürliche Mittel hierfür anzuwenden sind, denn ihre Teilbereiche sind beliebig austauschbar, sondern die Gemütsverfassung des Beobachtenden. Im Kapitel „Diotima und Ulrich" macht der Erzähler die Quelle der eigenen Bilderwelt ausfindig in Diotimas Imagination:

> Er richtete die Spitzen seiner Angriffe darum gewöhnlich so ein wie die eines Floretts, die biegsam nachgeben und von einer den Stoß freundschaftlich

abschwächenden kleinen Hülle umgeben sind. Diesen Vergleich hatte übrigens Diotima gefunden. (MoE 282)[38]

Handarbeit

Die hohe Dichte an Vergleichen und Metaphern und ihre Distribution auf dem gesamten Textkorpus geben an, dass der Gebrauch dieser figürlichen Formen eine epische Notwendigkeit ist, die weniger von den strategischen Intentionen des Erzählers abhängt als von der autopoetischen und dynamisierenden Selbststrukturierung des Textes. Diese Kraft der Selbststrukturierung und die vorgenommene Perspektivierung der Figürlichkeit verschmelzen auf glänzende Weise zu eleganter und bedeutungsvoller Körpersprache im Symbol der Hände. In der schon erwähnten ‚Geschichte' Clarisses verstummt Ulrich wörtlich bei der Beschreibung der manuellen Erkundungen von Vater van Helmond:

> Mit einer Hand hat er mich immerzu im Gesicht gestreichelt, die andere ist gewandert. Zitternd, mit gespielter Harmlosigkeit, weißt du, über meine Brust wie

---

38 Über die Arnheim zugeschriebene Bildsprache heißt es zirkelschlussmäßig: „Daß diese Bilder nicht ganz gut zueinander stimmten, war schon die Folge einer träumerischen Verfassung, in die sie Arnheim versetzten" (MoE 409); gewissermaßen werden die figürlichen Formen hier zur Vorbedingung ihrer eigenen Entstehung – die ultimative Illustration der autopoetischen Dynamik. Und während seines ‚Heimwegs' wird Ulrichs innerer Monolog streckenweise direkt wiedergegeben; hierbei begegnet folgende paradoxenreiche Formulierung: „‚Es wird alles so einfach!' fühlte er. ‚Die Gefühle schläfern; die Gedanken lösen sich voneinander ab wie Wolken nach bösem Wetter, und mit einemmal bricht ein leerer schöner Himmel aus der Seele! […]'" (MoE 649). Die Komplexität geht in manchen Fällen so weit, dass auch die Perspektivierung der Metaphorik einer Verdoppelung zum Opfer fällt. Es mag für die Interpretation seiner Gestalt bedeutsam sein, dass gerade der Bankangestellte Fischel für eine solche verdoppelte Perspektive verantwortlich ist: „und die kleinen Mädchen machten große Frauenaugen; – ach, – dachte Fischel – es sind gerade jene Augen, die im Antlitz einer erwachsenen schönen Frau den herrlichen Eindruck hervorrufen, daß sie Kinderaugen habe. Es tat ihm wohl, den kleinen spielenden Mädchen zuzusehen, in deren Augen die Liebe noch im Märchenteich schwamm, aus dem sie später der Storch holt." (MoE 480).

ein Kuß hinweg, dann, als wartete sie und lauschte auf Antwort. Und zuletzt wollte sie – nun du verstehst wohl, und sein Gesicht suchte zugleich das meine. (MoE 295)

In diesem Moment verstellter Begegnung, während deren die eine Hand als Instrument einer mehrdeutigen Intimität erscheint, figuriert die andere väterliche Hand zunächst als Wanderer. Dann nimmt sie die Gestalt einer erotisch aufgeregten Person an, deren Verhalten zugleich analogisch und metonymisch mit einem Kuss verknüpft wird. Schließlich nimmt sie die Rolle eines Wanderers wieder auf, allerdings nicht in der Aktivität des Wanderns, sondern – potentiell – im Mangel derselben (,warten, lauschen'). Hier manifestiert sich wiederum verdrängte Uneigentlichkeit: Der Mädchenkörper wird unausgesprochen reduziert auf die Antwort, die von ihm abverlangt wird – eine Antwort, die auch selbst ausbleibt. Die ,andere' Hand ist hier nicht das bevorzugte Instrument des Malers, sondern eine autark sich bestimmende Gewalt; eine Synekdoche ist dies allerdings nicht, denn die ,eine' Hand wird ununterbrochen von dem Vater beim Streicheln benutzt, was den rhetorischen Rekurs auf Helmond sinnleer macht. Nach der dramatischen ,Entwindung' der Tochter verliert die autarke Hand jedoch wieder ihre Autonomie und hat erneut teil an dem geistig-moralisch koordinierten Verhalten des Körpers:

Ich muß ihm merkwürdig vorgekommen sein, denn er hat mir ganz zart die Hand gedrückt und mit der anderen zweimal über den Kopf gestreichelt, dann ist er fortgegangen, ohne etwas zu sagen. (MoE 295)

Das Treffen der beiden Hände als Abschiedsgebärde fungiert als Überleitungsmoment: nicht nur hüllt sich der Vater in Stillschweigen, auch Clarisses eigene ,Geschichte' nimmt ihr Ende. Der Händedruck hat aber auch eine aktivierende Wirkung: die zunächst passiv erfasste Hand verwandelt sich in eine ausgestreckte, wodurch Clarisse simulierend gegenüber Ulrich den finalen Gestus ihres Vaters wiederholt: „Knapp und korrekt […] stand sie da, um fortzugehen, und streckte die Hand zum Gruß aus." (MoE 295)

Später, als der Erzähler über Clarisses Wohlergehen berichtet, stellt sich aber heraus, dass auch bei der jungen Frau und ihrer Schwester sich die Hand unter bestimmten Umständen autark zu verhalten anfängt. Im 97. Kapitel wird beschrieben, wie ihr Arm bei der Berührung des ‚Teufelsauges' versteift, und sagt der Erzähler, indirekt anspielend auf das Motiv der wandernden Hand, über Marion:

> Mit vier Jahren hatte man Marion nachts die Hände festbinden müssen, weil sie sonst ahnungslos, aus bloßer Freude am Angenehmen, unter die Decke gingen, wie zwei junge Bären in einen Honigbaum. (MoE 437)

Kaum eine Seite später wird dies in pervertierter Form wiederholt beim nächtlichen Besuch von Georg Gröschl in dem Zimmer der beiden Mädchen; das Wandern seiner Hand wird von einem weiteren, sowohl religionshistorisch als auch sexualsymbolisch schwer beladenen, Tiervergleich illustriert: „Endlich kam seine Hand, wie eine Schlange" (MoE 438).

Die manchmal kontrollierten, manchmal autarken Hände sind wohl das treffendste Symbol für den Schreibprozess selber, für die narrative Handlung als Ganzes, die nicht als sanfter Redefluss zwischen den Lippen gleitet, sondern Handarbeit erfordert und dadurch zwischen (Selbst-)Beherrschung und einem unbestimmten Beherrscht-Werden oszilliert. Der als Handarbeit getarnte narrative Akt scheint ein ständiges Ringen mit dem Paradox der Erzählautorität zu sein und führt so zum *circulus vitiosus*, in dem Metaphern verwendet werden, um ihr eigenes Realisiert-Werden zu vermeiden. Hiermit hängt wohl die schon öfters diskutierte Spannung zusammen zwischen der von der Sprache literarisierten Wirklichkeit einerseits und der hochgradigen Dramatisierung der Sprache andererseits.[39] Es nimmt denn auch nicht wunder, dass die Basis dieser Dialektik, von der sowohl die Vergleiche als auch die Verbalmetaphern Zeugnis ablegen, im Rahmen der Poetologie anzusiedeln ist. *Der Mann ohne Eigenschaften* ist wohl nicht der einzige ‚große' Roman aus der Zwischenkriegszeit, der zwar den Faden der Erzählung heterogen

---

39 Vgl. Kremer 1995.

macht, allerdings nicht auf ihn zu verzichten vermag.[40] Solchen Zeit-
oder Gedankenromanen droht hierbei immer die Gefahr, dass die in
ihnen auftretenden Gestalten zu Vertretern, zu Allegorien der
repräsentierten Gedanken verkommen. Inhaltlich widersetzen sich die
Erzähler dadurch dieser Drohung, dass sie die Gestalten psycholo-
gisch manchmal in der Schwebe lassen, die Spannungsverhältnisse
zwischen deren Innen und Außen ausspielen und deren
Kommunikationsschwäche unterstreichen.[41] Es ist aber nicht immer
eindeutig, ob es überhaupt sprachliche und narrative Mittel gibt,
solche Allegorisierungen zu verhindern. Es ist unsere Vermutung,
dass die Verschiebung der Figürlichkeit vom Erzählstandpunkt auf die
Gestalten einerseits und auf eine sich ausstreckende Bildsprache
andererseits in dieses Streben passt. Indem sie mit zahlreichen Mitteln
(Indirektheit, Erstarrung, Verdrängung, usw.) ihr eigenes Erscheinen
unterminiert, pflegt die Bildsprache selbst ja eine auffällige Zurückhaltung gegenüber sich selbst und dem Text, die an die im Werk
immer wieder auftauchende, von Nietzsche inspirierte Kritik an einer
essentialistischen Konzeption des Menschen und die damit einhergehende metonymische Übertragung des Schwerpunktes von dem

---

40 Signifikant ist in diesem Kontext auch Ulrichs Bitte an Clarisse, wenn diese ihre
    ‚Geschichte‘ erzählt: „,Um Gotteswillen, langsam, Clarisse!‘ bat Ulrich. ‚Ich
    glaube, ich habe den Zusammenhang verloren.‘“ (MoE 292); später noch einmal:
    „,Du magst im einzelnen schon recht haben, Clarisse,‘ sagte er, ‚aber ich verstehe
    bei dir nie die Zusammenhänge und Sprünge der Folgen.‘“ (MoE 659)

41 Siehe auch hier: „Aber Ulrich irrte. Diotima gehörte zu den Menschen, die mit
    sich zufrieden sind und darum ihre Altersstufen wie eine Treppe ansehen, die von
    unten nach oben führt. Was Ulrich sagte, war ihr also gänzlich unverständlich,
    zumal da sie ja das nicht wußte, was zu sagen er unterlassen hatte“ (MoE 290).

Körper auf Haut, Maske oder Kleider erinnert.[42] Zwischen dem Erzählakt selbst und der Zurückhaltung eröffnet sich auf diese Weise ein Freiraum, innerhalb dessen die bezweckte Selbstentfaltung und die damit einhergehende Emanzipierung der Gestalten möglich werden.

Es kann sein, dass auch diese Selbstentfaltung eine von dem Erzähler selbst simulierte oder orchestrierte ist. Immerhin unterstreichen die verschiedenen Formen der Figürlichkeit die Prozessualität des literarischen Geschehens, namentlich durch das ‚Noch-nicht' und die Indirektheit: so unterminieren sie den Eindruck, als ob die herkömmlichen Machtverhältnisse im Leseprozess (zwischen Erzähler, Gestalten und impliziten Lesern) ohne weiteres aufrechterhalten werden könnten. Weiter rücken Metaphern und Vergleiche die Sozialisierung des hermeneutischen Prozesses ins Rampenlicht. Auch im *Mann ohne Eigenschaften* (und nicht nur hier) entfaltet sich die figürliche Sprache als das Vorgreifen auf eine alternative Form des Bedeutens, bei der die Leser nicht einer von der Sprachgemeinschaft stillschweigend akzeptierten semantischen Norm verhaftet sind, sondern eigens und wiederholt dazu eingeladen werden, an einem aus dem Knäuel intersubjektiver hermeneutischer Verhandlungen hervorgehenden Konsens teilzuhaben.[43] Die Systematik dieser Einladung regt die Leser dazu an, nachgerade einen Blickwinkel gegenüber der

---

42 Das Kapitel „Eine Abschweifung: Müssen Menschen mit ihrem Körper übereinstimmen?" erörtert diese Thematik auf eine programmatische Weise: „Das überfeinerte Übertragen des Begehrens vom Leib auf die Kleidung, von der Umarmung auf die Widerstände oder mit einem Wort vom Ziel auf den Weg kam seiner [i.e. Ulrichs] Natur entgegen" (MoE 284); weiter erfolgt noch eine Steigerung dieser ‚Aushöhlung' des Körpers: „jener andere Augenblick, wo der Körper wie ein Kelch ist, den ein mystischer Trank erfüllt" (MoE 284). Ein interessantes Beispiel aus Nietzsche Œuvre begegnet im 40. Abschnitt von *Jenseits von Gut und Böse*: „Alles, was tief ist, liebt die Maske; die allertiefsten Dinge haben sogar einen Hass auf Bild und Gleichniss. Sollte nicht erst der Gegensatz die rechte Verkleidung sein, in der die Scham eines Gottes einhergienge?" (KSA 5: 57f.).

43 Eine analoge Situierung von Figürlichkeit in einem Netzwerk von sozialen Verhandlungen findet sich im Kapitel 67: „Sie kam ihm dann wie ein junges, hohes, volles Rind von guter Rasse vor, sicher wandelnd und mit tiefem Blick die trockenen Gräser betrachtend, die es ausrupfte. Er sah sie also auch dann nicht ohne jene Bosheit und Ironie an, die sich durch Vergleiche aus dem Tierreich an Diotimas Geistesadel rächte und aus einem tiefen Zürnen kam" (MoE 276).

dargestellten Wirklichkeit einzunehmen, aus dem heraus die Perspektiven des Erzählers und der Gestalten als Instrumente für die Legitimierung von deren eigenem Auftreten und Denken interpretiert werden können. Hierbei ist von Bedeutung, nicht aus dem Auge zu verlieren, dass eine solche Leserperspektive genau so sehr das Ergebnis von Textstrategien ist als die durch sie in Frage gestellten Perspektiven. Aber gerade der erörterte, präzise Gebrauch von Vergleichen und Metaphern ergänzt die Leserperspektive um eine zusätzliche Dimension, in der man nicht bloß ein Bild zu sehen (und zu deuten) bekommt, sondern das Bild eines „innigen Ineinander[s] von Bildern" (MoE 445). Es ist das Bild eines Zimmers, in dem alles „mit allem, was dasteht, durch die Luft wie ein zusammengewachsener Zwilling verbunden" ist – wie Clarisse ihr eigenes, ordnungsloses Leben charakterisiert.[44] Zugleich sorgt die Indirektheit allerdings dafür, dass die Leser sich nicht im rhetorischen Spiegelsaal verlieren: Wie die großartigen Rachel und Soliman es tun, halten sie sich nicht immer im Zimmer selbst auf, sondern gucken durch ein „Loch in der Wand" (MoE 659) oder durch das Schlüsselloch.

So liest die Leserschaft gewissermaßen in einem Konkurrenzverhältnis mit den Gestalten und kann dadurch der gefürchteten Gewalt der Eindeutigkeit entkommen (vgl. Heftrich 1986: 134; Martens 1999: 89–95). In dieser Strategie spielen Vergleiche und Verbalmetaphern eine entscheidende Rolle; sie dienen einem analogen Anliegen, bewegen sich aber dabei in der entgegengesetzten Richtung. Der Vergleich bewährt sich hier als ein ‚redendes Mittel', das sich auf die Dynamik der Gestalten beruft und – oft wortwörtlich – ‚aus einem anderen Mund' stammt. Die Verbalmetapher beruht ihrerseits auf

---

44 Der Anfang des 98. Kapitels ist überhaupt einer der Höhepunkte in der Verflechtung von Figurensträngen. Die ersten Zeilen erkunden das Bedeutungspotential von Syllepsen: „Der Zug der Zeit ist ein Zug, der seine Schienen vor sich her rollt. Der Fluß der Zeit ist ein Fluß, der seine Ufer mitführt. Der Mitreisende bewegt sich zwischen festen Wänden auf festem Boden; aber Boden und Wände werden von den Bewegungen der Reisenden unmerklich auf das lebhafteste mitbewegt"; die ersten Sätze des zweiten Abschnittes führen die Bildsprache auf eine zweite Ebene weiter: „Die Tage schaukelten und bildeten Wochen. Die Wochen blieben nicht stehen, sondern verkränzten sich." (MoE 445).

einem ,Schweigen', selbst wenn sie von einer der Gestalten ausgesprochen wird. In beiden Fällen ist das Erzählen selbst zum Stillstand gekommen – das formale Äquivalent der variationsreichen Gestik des Schweigens im Romantext, das im *Törleß* eine durchgehaltene Vorbereitung fand und im *Mann ohne Eigenschaften* unter anderem im Leitmotiv der gepressten Lippen zum Ausdruck kommt. Doch generiert die Bildsprache nicht ein kontemplatives, sondern – wie das Phänomen der figurativen Kolonisierung der epischen Handlung schon nahe legt – ein aktives Schweigen, das den Erzähler, seine Gestalten und Leser zwischen dem Vorhandensein und dem Fehlen, zwischen Dominieren und Dominiert-Werden, zwischen Kreieren und Kreiert-Werden hin und her schleudert. Hierbei könnte man sich die Frage stellen, ob nicht Arnheims Kommentar zu dem Funktionieren von Aktienmajoritäten in einer kapitalistischen Umwelt *die* maßgebliche poetologische Reflexion des Werkes ist. Im 121. Kapitel versucht der entlarvte Preuße seinen Antagonisten Ulrich für den eigenen wirtschaftlichen Profit zu gewinnen und huldigt hierfür der „zur Virtuosität ausgebildeten ,Indirektheit'" (MoE 638). Um seinen skeptischen Zuhörer zu überzeugen, verdeutlicht der auch als Schriftsteller renommierte Geschäftsmann: „Der Auftraggeber kommt nicht unmittelbar in Berührung mit der Ausführung" (MoE 638). Dies impliziert, dass der Auftraggeber erst seine Funktion und seine Ansprüche verwirklichen kann, insofern die Vollstrecker dazu bereit sind, ihm zu dienen und seinen Richtlinien zu folgen. Auftraggeber und Vollstrecker sind mit anderen Worten durch komplementäre Verpflichtungen aneinander gebunden. Erneut taucht als Negativkategorie das Motiv der Hand auf: „nicht unmittelbar in Berührung" gewährleistet dadurch die moralische Integrität einer Gesellschaft, dass der Auftraggeber keinen inhärenten Anteil hat an der Realisierung der Aufgabe, umgekehrt der Vollstrecker sich als eine autarke, zugleich aber auch automatisch wirkende Instanz profiliert. Diese gegenseitige Abhängigkeit verwandelt wohl auch die hierarchischen (vertikalen) Verhältnisse zwischen Erzähler, Gestalten und Lesern in eine horizontale Ordnung und rekonfiguriert – auch formal – die (monologische) Gewalt des Erzählens zu einer versuchsweise gewaltfreien, spielerischen Interaktion von Perspektiven, zwischen denen zwar Verantwortlichkeiten weitergereicht werden oder eine gegenseitige Konkurrenz herrscht, dies alles aber – gerade wegen der Vielheit der Perspektiven und der Indirektheit, auf die sie zurückgreifen – in einem relativ gewaltfreien Kontext.

Allerdings regt sich auch bei dieser multizentrischen poetologischen Positionierung Zweifel, nicht nur weil sie von dem vielfach ironisierten, prototypischen Widersacher des Helden ausgesprochen wird, sondern auch weil das Argument der funktionalen Machtverteilung präzise dafür eingesetzt wird, seine Gewalt zu verabsolutieren. Vermutlich versucht der Erzähler auf diese Weise dem verhängnisvollsten Fallstrick der aufklärerischen Ethik zu entgehen – der ‚Erziehung zur Mündigkeit‘, die Normativität der Autonomie – und doch ein Werk zu gestalten, das zwischen Moralität und Aussagekraft die Mitte hält. Von diesem könnte wohl die Rede sein, wenn Ulrich das ‚große Buch‘ wie folgt typisiert: „Vollends ein Gedicht mit seinem Geheimnis schneidet ja den Sinn der Welt, wie er an tausenden alltäglichen Worten hängt, mitten durch und macht ihn zu einem davonfliegenden Ballon." (MoE 367)

Kordula Glander (Tübingen)

„Die Straßenwände wanken wie Kulissen."
Erzählte Unwirklichkeit in Robert Musils Roman
Der Mann ohne Eigenschaften

Ausgehend von charakteristischen Welttheater-Gefühlen der einzelnen Figuren im *MoE* [1] soll im Beitrag einer auch *erzähltechnisch* manifesten Unwirklichkeit nachgegangen werden, die den Leser miterfasst und zur Reflexion auf Grundbedingungen des Fiktiven motiviert.

Musils Figuren, die nach außen – in ihrer meist rätselhaften Mimik und Gestik – selbst marionettenhaft erscheinen können, werden ebenso oft im *Erleben* innerer Unwirklichkeit präsentiert: Die ohnehin fiktive Realität, in der sie existieren, erscheint dann als roman- oder bühnenhaft unwirklich. Es sind Augenblicke starken oder aber ganz zurückgenommenen Geschehens – oder auch des unvermittelten Wechsels von Geschwindigkeit und Intensität des Erlebens, die ein bedrohliches inneres Vakuum spürbar werden lassen – wie etwa für Moosbrugger in der Isoliertheit seiner Gefängniszelle:

> Es kann, auch ohne dass man betrunken ist, die Welt unsicher sein. Die Straßenwände wanken wie Kulissen, hinter denen etwas auf das Stichwort wartet, um herauszutreten. (MoE 73)

Ulrich, der in der Wirklichkeit ohnedies „ein unsinniges Verlangen nach Unwirklichkeit" (MoE 288) bemerkt, empfindet solche Kulissenhaftigkeit fast permanent. Momente besonders starker Desillusionierung ereignen sich meist, während er allein auf der Straße unter-

---

1   Erstmals untersucht wird das Motiv bei Hagmann 1969, S. 130f. und Heald 1973/74, in neuerer Zeit bei Rußegger 1996, S. 173ff. *Der Mann ohne Eigenschaften* erscheint im Folgenden immer als *MoE*, bei Zitaten mit direkt folgender Seitenangabe.

wegs und aus seinen Beziehungen zu anderen, aus seinem Leben
überhaupt, buchstäblich ein Stück hinausgetreten ist.

> Ulrich ging zu Fuß nach Hause. [...] Man konnte das Gefühl von Geschehen
> haben in dieser Nacht wie in einem Theater. Man fühlte, daß man eine
> Erscheinung in dieser Welt war; etwas, das größer wirkt, als es ist [...]. (MoE 647)

Clarisse, die ihr Leben insgesamt „als schauspielerische Aufgabe"
(MoE 655) ansieht, erlebt auch die Auseinandersetzungen mit Walter
als bühnenwirksames Geschehen. In einem eindringlichen Bild sieht
sie sich und Walter als Insassen zweier einander gegenüberliegender
Theaterlogen, die plötzlich, nachdem auf der Bühne das Licht erlischt,
ihrerseits zur Schaubühne werden:

> [...] nun öffnet Clarisse den Mund, und dann antwortet Walter, und alles lauscht
> atemlos, denn es ist ein Schau- und Klangspiel, wie noch keines menschlichem
> Vermögen gelungen ist. (MoE 606f.)

Darstellungen solcher Theatergefühle lassen sich zwar als
psychiatrische Fallgeschichten lesen, die – gerade am Beispiel
Clarissens – einen fortschreitenden Realitätsverlust beschreiben, oder
auch als soziologische Analysen einer konventionalisierten (und
medialisierten)[2] ‚Wirklichkeit' – doch hatte Musil kausale Erklärungs-
zusammenhänge spätestens mit den *Vereinigungen*, wenn nicht von
Anfang an zugunsten von ‚Motivationen' aus seinen Texten verbannt.[3]
Daher liegt es näher, die *strukturellen* Besonderheiten des Theater-
Bildes innerhalb des Romanzusammenhangs aufzuspüren. Denn in
raffinierter Überschneidung zweier Textebenen – der erzählten
Geschichte und der Art ihrer Darstellung – setzt Musil auch seine
Leser immer wieder Zweifeln an der Authentizität sprachlicher (nicht
zuletzt: literarischer) Äußerungen aus. Gerade die dabei wirksame
Selbstreferentialität seines Romans motiviert zur Reflexion auf
mögliche Wirkungen von Lektüre.

---

2 Zu den Auswirkungen zeitgenössischer Medientechnik bei Musil vgl. Hoffmann
   1997, S. 37ff.
3 Daher muss auch eine Subsumierung des *MoE* unter den Begriff des
   „psychiatrischen Romans", wie Irle 1965 (zu Musil: S. 124–148) sie vornimmt,
   als fragwürdig erscheinen.

Neben einer sehr unterschiedlichen Bewertung der gezeigten Theatergefühle durch die erlebenden Figuren fällt vor allem die wechselnde Übernahme der Positionen von Zuschauer und Spieler auf, die zudem noch vom vorgeschriebenen Rollenverhalten abweichen können. So erscheint Moosbrugger einmal als sehr aktiver Zuschauer auf der Anklagebank, der „dem Staatsanwalt Bravo zu[rief]" (MoE 74), ein andermal als Schauspieler, der passiv und gelangweilt in der Garderobe auf seinen Auftritt wartet (vgl. MoE 394).

In der Erzählstruktur korrespondiert mit diesem Befund eine bühnenhaft wirkende Figurenaufstellung, ein wechselndes Arrangement von Sehen und Gesehenwerden, von Zuschauern und Akteuren, auch: unter wechselnden optischen Bedingungen. Schon der am Romananfang geschilderte Autounfall wirkt wie ein kleines Schauspiel, um das sich Publikum gruppiert. Wenn Ulrich die Freunde Walter und Clarisse besucht, muss er dort stets als Zuschauer für Kämpfe und Klavierspiel herhalten, und das Haus Tuzzi gleicht während der Sitzungen insgesamt einem Theaterhaus, in dem nicht zuletzt Diotima ihre Auftritte hat, um in den Pausen „wie eine ermüdete Tänzerin" (MoE 465) neben Ulrich zu sitzen. Wenn er und sie „in dem leeren Vorzimmer [...], wo nur Spiegel und Kleider hingen" (MoE 469), auf- und abgehen, wirkt es, als seien sie für einen Augenblick von der Bühne in die Künstlergarderobe gewechselt. Schauspieler und Zuschauer, Exhibitionisten und Voyeure tauschen im Tuzzischen Theater, im Roman insgesamt, immer wieder die Plätze. Figuren, die selbst vor kurzem noch zum Publikum von Diotimas Rede gehörten, werden unversehens zu Darbietern eines Dialogs, den Ulrich und der General belauschen: „Die beiden Männer schwiegen und hörten einem Gespräch zu, das vor ihnen geführt wurde. ‚Beauprés Spiel' sagte jemand ‚muss man genial nennen [...]'."(MoE 422f.) Ulrich selbst, der – ähnlich wie der „ausländische Beobachter" (MoE 232)[4] Arnheim – meist Zuschauer der Parallelaktion bleibt, hat doch seinerseits teil an jenem verwirrenden Schauspiel, das Rachel und Soliman am Schlüsselloch beobachten (vgl. MoE 181). Und Agathe kennt aus der Kindheit Momente schrecklichen Angeschautwerdens durch überdimensionale Clowns,

---

4   Vgl. auch MoE 231: „[Leinsdorf:] ‚Er schaut halt so zu.'"

die – wiederum in Umkehrung ihrer Rolle auf der Bühne – nun
ihrerseits die Zuschauerin betrachten (vgl. MoE 863).

Auch in den zahlreichen Fensterszenen, die den Roman durch-
ziehen,[5] werden die Figuren selten nur als Hinausschauende präsentiert (um selbst dann wie Insassen einer Theaterloge zu wirken),
sondern sind meist gleichzeitig von draußen sichtbare Akteure in
einem rätselhaften Geschehen.

Perspektivismus

Bis in die erzählerische Feinstruktur umgesetzt wird solches Zugleich
von Sehen und Gesehenwerden bei Musil über einen subtilen
Perspektivismus: Ähnlich, wie für die Figuren Innen und Außen
ineinanderstürzen[6] können, werden diese beiden Pole auch für die
Leser bisweilen ununterscheidbar, wenn ihnen etwa Außen- und
Innensicht einer Figur in rapidem Wechsel oder gar als
Doppelperspektive dargeboten werden. Solche perspektivischen
Überschneidungen wirken besonders befremdend, wenn sie an
Kapitelanfängen erscheinen – an jenen „Teilungsstellen"[7] also, an
denen der Leser zunächst noch keine Orientierung über Ort, Zeitpunkt
und Figurenkonstellation des fingierten Geschehens hat. Kapitel I,82
beginnt wie folgt:

> Ihr Freund machte ihr gewiß aus keinem anderen Grund seinen Besuch, als weil er
> Clarisse noch den Kopf wegen des Briefes zurechtsetzen mußte, den sie an Graf
> Leinsdorf geschrieben hatte; als sie zuletzt bei ihm war, hatte er es völlig
> vergessen. Dennoch fiel ihm während der Fahrt ein, daß Walter bestimmt
> eifersüchtig auf ihn sei [...] (MoE 351).

---

5   Vgl. etwa MoE 12 (Ulrich), 60 (Walter), 505 (Arnheim), 600 (Rachel), 634
    (Ulrich, Arnheim), 749 (Ulrich, Agthe). Zu dieser Thematik vgl. auch Jochems
    1987 und Lethen 1987.
6   Vgl. MoE 157 (Wahrnehmungsweise eines Betrunkenen): „Außen und Innen
    stürzten ineinander [...]".
7   Vgl. Musil: *Zu Kerrs 60. Geburtstag.* In: GW 8: 1181: „Die Teilungsstellen,
    Anfänge und Enden sind in der Dichtung voll von besonderer Spannung, Sitz von
    andeutenden, weiterführenden, herbeiführenden und ausstrahlenden Kräften [...]".

Statt mit *Ulrich* wird das Kapitel mit *ihr Freund* eröffnet, einer Benennung, die üblicherweise rückverweisend verwendet wird, nachdem schon der Name einer anderen Figur als Bezugspunkt genannt wurde. Stattdessen wird hier eine spezifische Figuren-perspektive eröffnet, die zunächst rätselhaft bleibt: Der Leser weiß weder, wer der Freund, noch wessen Freund die genannte Figur ist. Nachdem Clarissens Name gefallen ist, klären sich diese Fragen zwar, und man erfährt damit, dass aus ihrer Perspektive gesprochen wurde, deren Fortsetzung nun zu erwarten wäre. Unversehens befindet man sich jedoch schon mit dem nächsten Satz in Ulrichs Perspektive (dessen Name auch hier noch gar nicht genannt wurde, der also immer noch der *Freund* ist). Das Beispiel zeigt Ulrich in wechselnden Referenzen, die immer auch (Fremd-)Zuschreibungen von Eigen-schaften und damit Überformungen bedeuten: Denn jede der ihm zugeteilten Qualitäten – hier: Freund zu sein[8] – scheint ihn für den jeweiligen Augenblick und in der spezifischen Perspektive vollständig zu definieren. Aus der Empfänglichkeit für solche Zuweisungen resultiert nicht zuletzt die von Ulrich selbst gespürte Eigenschaft-losigkeit. Zugleich zeigt sich hier die beinahe magische Macht der Sprache, Wirklichkeit nicht nur zu benennen, sondern zu erzeugen – ein Prozess, in den Musil-Leser durchgehend mit einbezogen sind. Allein über die sprachliche Struktur gelingt es dabei zugleich, die Fragwürdigkeit eines Personen-Begriffs[9] zu vermitteln. Was sich hier fast bedrohlich darstellt – als Extremfall ließe sich eine Wirklichkeit völlig zerstückelter Perspektiven ohne zugehörige Subjekte ausmalen –, ist im *MoE* jedoch nicht ausschließlich negativ konnotiert. Auch die Fragmentarisierung der Blickwinkel zeugt von Musils Anliegen, dem Individuellen auf die Spur zu kommen: Der Perspektivismus erscheint – ähnlich wie bei Nietzsche – als Versuch der Überwindung einer Kluft zwischen Individuen und Allgemeinbegriffen. Bei Nietzsche werden die im Grunde leeren Begriffe wieder auf ihr eigentliches Terrain, das rein Sprachliche, verwiesen.[10] Ein ähnliches Anliegen

---

8 Ebenso ist er Diotimas ‚Vetter', Bonadeas ‚ungetreuer Geliebter', Agathes ‚Bruder' etc.

9 Zur Problematik des Subjekts bei Musil vgl. Renner 1988, S. 126f.

10 Vgl. Nietzsche, *Über Wahrheit und Lüge im aussermoralischen Sinne*, KSA 1, S. 880.

lässt Musils irritierender erzähltechnischer Perspektivismus erkennen, der gerade an jenen Stellen ansetzt (wie die Beispiele sie zeigten), an denen der Leser das nur Sprachliche aller Fiktionen zu vergessen und mit den Figuren mitzuerleben beginnt. Wenn die vermeintlich leitende und gültige Perspektive sich nachträglich etwa als paradoxe Doppelperspektive entpuppt, kann ihr sprachliches Gemachtsein kaum noch ausgeblendet werden.

Bereits früh bekundete Musil anlässlich einer Lektüre von Tolstois *Anna Karenina* seine Sympathien für eine Darstellungsform, die den subjektiv verschiedenen Sichtweisen Raum gibt:

> [...] Nie sieht ein Mensch irgendwie aus, sondern immer bemerkt ein anderer, daß er so aussieht. So streng, daß von Karenins Händen als von groben u[nd] knochigen gesprochen wird, wenn Anna sie ansieht, von weichen, weißen, wenn dies Lydia Iwanowna tut. So entsteht der starke Eindruck des Nebeneinanderbestehns der verschiedenen Weltbilder, ohne daß das irgendwie forciert würde.[11]

Ebenso wichtig wie der Inhalt (einer Wahrnehmung, eines Gedankens, einer Rede) ist also der jeweilige Rahmen, aus dem heraus er in den Blick gerät. Die Uneindeutigkeit dieses Rahmens, wie die Beispiele sie zeigten, kann den Leser zur Mitarbeit aktivieren – nicht: als Suche nach der *richtigen* Perspektive (die es in solcher Eindeutigkeit im *MoE* allenfalls in der direkten Rede einer Figur gibt), sondern als Reflexion auf die sonst unbemerkten Motivationen bei der Lektüre. Musil selbst ließ die Relativität der Blickwinkel auf zwei Ebenen zugleich spürbar werden: Die gezeigten Perspektivwechsel sind einerseits Darstellungen solcher Relativität (die Figuren *erscheinen*, nicht nur anders, wenn die Perspektive wechselt, sondern *sind* andere); andererseits zwingen sie die Rezipienten, sofern sie sie als Irritationen bemerken, den Rahmen der eigenen Sichtweise mit wahrzunehmen und vermeintlich Reales immer wieder infrage zu stellen.

---

11 Tb. I, 243 (Notiz vom 13.10.1911).

Entwirklichte Schauplätze

Stark derealisiert erscheinen auch die Schauplätze des ohnehin kargen Geschehens in Musils Roman: Dialoge gewinnen oft geradezu Hörspielcharakter, weil ihr räumlicher Hintergrund allenfalls erwähnt, aber in keiner Weise beschrieben wird. Unter eigentümlicher Verundeutlichung des räumlichen Hintergrunds kann es innerhalb eines Dialogs etwa heißen:

> Statt auf Ulrichs Frage zu antworten, hatte sie [Gerda] sich im Zimmer zu schaffen gemacht, und plötzlich stand er neben ihr. (MoE 310);
> Gerda ließ die Aufregung ihrer freigewordenen Hand an verschiedenen kleinen Gegenständen aus, die sie hin und her rückte, und erwiderte nichts. (MoE 315)

Leser sind immer auf Vermutungen und Phantasien angewiesen, wenn sie etwa wissen wollen, welche Gegenstände Gerda hin und her rückte oder in welcher Weise sie sich ‚im Zimmer zu schaffen machte'. Solche undeutlichen Erwähnungen, die den Hintergrund mehr verhüllen als beschreiben, irritieren mitunter stärker als die völlige Aussparung: denn in diesem Fall könnte der Leser eine konsistente Raumvorstellung in eigener Regie selbst erzeugen, während die vage benannten Räume und Dinge Fragen aufwerfen, die ohne Antwort bleiben.

Ähnlich bühnenhaft-unwirklich gestalten sich fast alle szenischen Darstellungen im *MoE*. Nie ist ein Raum von Beginn einer Szene an ihr vollständiger Hintergrund. Vielmehr fällt erst nach und nach Licht auf die Dinge – so wie eine Theaterbühne erst allmählich (bei Musil jedoch nie vollständig) ausgeleuchtet wird, so dass Leser oft den Eindruck gewinnen können, ihnen werde etwas durchaus Vorhandenes und Sichtbares mutwillig vorenthalten. Die nur vagen Beschreibungen von Räumen und Vorgängen darin wirken gerade im Bereich der Visualität des Textes so irritierend, weil sich von hier Auswirkungen auf die Vorstellbarkeit des Erzählten ergeben. Indem Musil die Routinen solcher Vorstellungsbildung unterminiert, verweist er die Leser erneut auf die Sprachlichkeit des Fingierten und zwingt sie zur

Reflexion auf die (als störende Zwischeninstanz empfundene) Sprache.[12]

Die Theaterhaftigkeit der Szenengestaltung wie auch des Erlebens der Figuren erzeugt nicht zuletzt für den Rezipienten Momente der Desillusionierung des erzählten Geschehens: Gleichsam als Spiel „mit aufgedeckten Karten" (MoE 1820) lassen sie die Fiktion deutlich sichtbar werden und verweisen in ihrer Selbstbezüglichkeit auf das nur Hergestellte, gerade nicht Authentische darin.

Fragliche Faktizität in der narrativen Feinstruktur

Spätestens seit der Beschäftigung mit dem Empiriokritizismus stellte sich das Problem der Wirklichkeit für Musil als Frage nach den verschiedenen Formen des Wirklichkeitserlebens dar, das immer auch Grenzerfahrungen (als Gefühl von Unwirklichkeit bis hin zu Wahn und ‚Stimmen hören', vgl. MoE 119) mit einbezog. In einem (nicht abgesandten) Brief an Thomas Mann aus dem Jahr 1924 heißt es:

> Die Art, wie Ihrem Krull sich die Grenzen zwischen reeller und imaginärer Welt verwischen, geht mir sehr ein. Sie gestatten Ihren Lesern Anregungen: Ich hoffe, dass Sie manchmal in der Fortsetzung diese Grenzen nicht nur für Krull verwischen werden. Irgendwie ist es ja nur eine Welt. (Briefe 335)

Wenn Musil sich die verwischten Realitätsgrenzen ‚nicht nur für Krull' wünscht, sondern – so ließe sich ergänzen – auch für den Leser, so artikuliert sich hier das Anliegen, die Trennung von vermeintlich fester Wirklichkeit und Fiktion zumindest vorübergehend aufzuheben. Die erzählte Realität seines Romans wird bei Musil schon auf der Ebene des Geschehens unwirklich. Denn ihre Darstellung lässt häufig Zweifel aufkommen, ob sie innerhalb der fiktiven Wirklichkeit stattgefunden haben oder etwa nur Gedanken und Phantasien der Figuren oder Reflexionen der Erzählerinstanz bedeuteten:

---

12 Gerade in der Raumdarstellung, die trotz sprachlicher Präzision das Beschriebene eher verhüllt als plastisch wirken lässt, nimmt Musils Roman bereits Techniken des Nouveau Roman vorweg.

> Ulrich hatte mit Bonadea ein Zeichen verabredet, daß er allein zu Hause sei. Er war immer allein, aber er gab das Zeichen nicht. Er mußte schon lange gewärtig sein, daß Bonadea ungerufen mit Hut und Schleier eintrete. Denn Bonadea war über die Maßen eifersüchtig. Und wenn sie einen Mann aufsuchte [...], kam sie immer voll innerer Schwäche. (MoE 114)

Mit diesen Sätzen beginnt Kapitel I,29. Ist Bonadea tatsächlich zu Ulrich gekommen oder hat er es sich nur vorgestellt? Die zitierte Passage scheint dies absichtlich in der Schwebe zu lassen, bis es in expliziter Versicherung heißt: „Und mit einemmal saß also Bonadea wirklich hier, weinte und fühlte sich mißbraucht." (MoE 114). Die gesamte Kapitelfolge, die das Zusammensein Ulrichs mit Bonadea umspannt, balanciert in solcher Weise zwischen Tatsächlichem und Gedachtem bzw. intensiv Vorgestelltem: Scheinbar authentisch wird etwa ein Ausschnitt aus Moosbruggers Verhandlung wiedergegeben, doch wird die Authentizität sogleich wieder in Frage gestellt:

> Das war aus der Verhandlung, der Ulrich beigewohnt hatte, oder bloß aus den Berichten, die er gelesen hatte? Er erinnerte sich jetzt so lebhaft, als würde er diese Stimmen hören. (MoE 119).

Die Beschreibung eines Ereignisses, seine mediale Vermittlung, ist an die Stelle tatsächlicher eigener Erfahrung getreten und scheint diese vollständig zu vertreten. Im Extremfall werden Erfahrungen nur noch nach dem Muster vorgegebener Beschreibungen gemacht.

Musils subtile Techniken, das Erzählte bereits in der Feinstruktur des Textes zu derealisieren, sollen im Folgenden an einigen Beispielen der Redewiedergabe betrachtet werden. Denn gerade dort, wo das erzählte Geschehen sich scheinbar authentisch selbst vermittelt, wird dieser Anspruch im *MoE* oft nachträglich zurückgenommen oder steht von Anfang in Frage.

Unwirklichkeit kann etwa dann entstehen, wenn innerhalb eines Dialogs eine der Figuren stets in direkter Rede zu Wort kommt, während die Worte der anderen mittels Erzählbericht zusammengefasst werden (oder, etwas unmittelbarer, in indirekter Rede wiedergegeben werden). Die direkt sprechende Figur erscheint dann plastisch und vorstellbar, während die andere eher undeutlich schattenhaft, weil von Erzählersprache überlagert bleibt. Innerhalb eines Dialogs zwischen Ulrich und General Stumm kommt dem eigenschaftslosen Ulrich der schattenhafte Part zu, von dem der beredte Stumm sich in direkter und dialektgefärbter Weise absetzt, was einen eigenartigen Kontrast bildet. Über weite Strecken werden Ulrichs Äußerungen überhaupt nicht mehr als solche kenntlich; nicht einmal von einem stummen Kopfnicken ist die Rede. Der Gesprächs-beginn ist ohnehin im Erzählbericht zusammengefasst: „Es stellte sich nach einigem Austausch von Höflichkeiten heraus, dass Stumm durch ein dringendes Anliegen hergeführt worden." (MoE 370) *Dringend* erscheint wieder in der ersten wörtlichen Rede des Generals, ohne dass er damit eindeutig ein Wort Ulrichs aufgriffe, wie es zwar den Anschein hat: „[Stumm:] ‚Dringend? [...] dringend ist nichts auf der Welt, außer dem Weg zu einem gewissen Locus.'" (MoE 370) Obwohl die lange Rede Stumms deutlich an ein Gegenüber gerichtet ist – erkennbar an seinen Fragen und Aufforderungen –, gewinnt man zeitweise den Eindruck, einem Telefongespräch beizuwohnen und immer nur die Äußerungen eines Gesprächspartners zu hören, während man die des anderen allenfalls aus den Reaktionen des ersten rekonstruieren kann:

> [Stumm:] ‚Ich hoffe, du wirst mir zugeben, dass wir, wenn wir einmal etwas machen, es gründlich und ordentlich tun. Also du gibst es zu? Das habe ich mir auch erwartet.' (MoE 370)

Wenn auch während der Rede des Generals gelegentlich Ulrichs Perspektive eingeblendet wird („Ulrich bemerkte erst jetzt", MoE 371; „Ulrich betrachtete das Blatt mit Staunen", MoE 372), bleibt meist offen, ob auch er spricht. Der Dialog verliert damit alles Unmittelbare, denn die allein bleibende direkte Rede wirkt wie ein ins Leere gesprochener Monolog und lässt die Szene bühnenhaft erscheinen.[13] (Wie die Nachlassmaterialien zeigen, plante Musil Dialogszenen ganz bewusst im Hinblick auf ihre Wirkung und verfügte sehr genau, ob eine Figurenrede direkt oder „vom Autor"[14] gesprochen sein sollte.)

Noch stärker entwirklicht werden Figurenreden, wenn ihnen nachträglich die Authentizität entzogen wird, etwa durch den

---

13 Vgl. auch den Dialog zwischen Ulrich und Graf Stallburg (MoE 85f.).
14 Vgl. Nachlass II/5/64: „Nicht von Ulrich, sondern vom Autor sagen lassen"; vgl. auch Nachlass II/7/4.

erzählerischen Hinweis, dass die Figur andere, allenfalls ähnliche Worte benutzte als die zuvor doch wörtlich zitierten:

> ‚Komm mit mir, Kleiner!‘ sagte sie [die Prostituierte] oder etwas Ähnliches. (MoE 651);
> ‚Sehr geistvoll!‘ riefen Stumm und Leinsdorf wie aus einem Munde, wenn auch in etwas verschiedenen Worten [...] (MoE 1021);
> ‚Wir müssen essen!‘ sagte Ulrich in englischer Sprache [...] (MoE 743);
> oder, schon im *Törleß*: „‚Musterhaft fad‘, wie Reiting diesmal nicht sagte.[15]

Die nachträglich zurückgenommene (dekonstruierte) Rede scheint hier auf eine tatsächliche, andere (vom Leser zu ergänzende) Äußerung zu verweisen, die es jedoch nicht gibt, denn beide – zitierte und vermeintlich wirkliche Rede – wären nur Literatur, deren fiktionalen Status der Leser hier deutlich bemerken kann.

Spürbar wird der Kontrast zwischen Authentizität der Figurenrede und sie überlagernder expliziter Fiktionalität auch im Fall von leeren Redeberichten, die das Gesprochene zwar benennen, den eigentlichen Inhalt jedoch verschweigen (wiederum sind es häufig Ulrichs Worte, die in solcher Weise verundeutlicht werden):

> Ulrich wich mit einem Scherz aus. Diotima lachte nicht. (MoE 94);
> Und Ulrich sagte dann dem General, was er hatte Agathe sagen wollen. Aber zunächst fragte er [...]. (MoE 1029)

Als sei bei einem Film der Ton abgestellt, sieht der Leser die Figur agieren und sprechen, ohne doch zu erfahren, was sie sagt. Sprache, so scheint es, funktioniert auch ohne Inhalt, und die Angabe redebezeichnender Verben reicht aus, um den Leser die konventionalisierten Inhalte selbst ausfüllen zu lassen.

Ein ähnlicher Effekt entsteht, wenn einer Figur mitten im Satz das Wort entzogen wird – häufig dann, wenn es um Namen geht, so als müssten tatsächlich existierende Personen geschont werden:

---

15 Musil: *Törleß*. In: GW 6: 49.

‚Du erinnerst dich doch –‘ rief sie [Agathe] aus und nannte einige berühmte Beispiele aus der Literatur [...]. (MoE 733);
‚Ich kenne leider sehr wenig von der Schönen Literatur [...] Aber zum Beispiel‘ – und nun nannte sie [Dr. Strastil] einen berühmten Namen – ‚gibt mir sehr viel [...]‘. (MoE 867);
Ulrich schrieb: ‚Ich bin –‘, und dann folgte sein Name. (MoE 707)

Da es in zweien der Beispiele um Schriftsteller geht, lassen sie sich gleichzeitig als spielerische Kommunikation Musils mit der Tradition und mit den Zeitgenossen lesen, wie sie spätestens seit der Romantik zum Inventar literarischer Konventionen gehört. Bei Musil verweisen solche Techniken jedoch insgesamt darauf, dass Authentizität in der Literatur nur vorgetäuscht werden kann – so sehr sich gerade zeitgenössische Strömungen um Stärke und Echtheit des künstlerischen Ausdrucks bemühten. Darüber hinaus zwingen sie zum Nachdenken über das Funktionieren der Alltagssprache (der privaten wie der öffentlichen), die Klischees und leere Floskeln meist unreflektiert und in größerem Umfang in sich aufnimmt.

Selbstbezüglichkeit

Selbstbezügliche Verweise auf die Sprachlichkeit seines Romans legen sich bei Musil ohnehin in besonderer Dichte – wie ein stets sichtbar bleibendes Gitterwerk – über das erzählte Geschehen. Es sind gerade die kleinen, fast betulich wirkenden Erläuterungen und Einschübe – vordergründig festigen sie das Bild eines traditionellen *Erzählers* –, die bei Musil ein Raster expliziter Sprachlichkeit entstehen lassen:

> Für dieses Etwas muß hier wieder einmal das Wort Seele gebraucht werden. (MoE 183); um es kurz und nach seiner eigenen Erkenntnis auszudrücken; (MoE 199); soweit schelmisch von einem höchsten Polizeibeamten überhaupt gesagt werden darf (MoE 162); wie sagt man es (MoE 216); bildlich gesprochen (MoE 446); genauer gesagt (MoE 336).

Musils Text weist unzählige solcher kurzen Zusätze auf, die immer wieder bewusst werden lassen, was der in die Romanwelt versinkende Leser leicht vergisst: dass diese von der Sprache erst erzeugt (nicht nur beschrieben) wird. Der Prozess der Wortwahl, in den der Leser gerade über solche kleinen Einschübe mit einbezogen wird, ist also für die entstehende Fiktion konstitutiv, denn je nach Formulierung wird auch sie eine jeweils andere sein. Indem Musils Roman immer die Möglichkeit anderer Benennungen desselben Sachverhalts einräumt, zeigt sich in ihm die grundsätzliche Arbitrarität der Begriffe: Sind diese einmal zu Festschreibungen geronnen, entfalten sie enorme Macht über ihren Gegenstand. Musil präsentiert Sprache dagegen in gleichsam flüssigem Aggregatzustand: Ihre Verkrustungen sind aufgelöst, so dass ein Vorgang wirklicher Wort*wahl* einsetzen kann – unter Mitwirkung des Lesers. Der Preis oder Gewinn solcher Teilhabe besteht nicht zuletzt in einem erhöhten Fiktionalitätsbewusstsein, da der Leser mit der Wortfindung zugleich am Akt des Fingierens selbst beteiligt wird und nicht mehr in eine geschlossene „Scheinwirklichkeit"[16] eintauchen kann. Wenn die Erzählsprache sich dabei gelegentlich fast störend bemerkbar macht, so zeugt sie gerade in dieser Eigenschaft von einer grundsätzlichen Uneinholbarkeit der Wirklichkeit durch die Sprache.

Musils Erzähler, dem der Leser sich gern als leitender und ordnender Autorität überlassen würde, wird seinerseits immer wieder als reines Sprachprodukt kenntlich: Seine vermeintlich eigene Sprache ist stets im Übergang zu einzelnen Figurensprachen begriffen – mit dem Resultat, dass ganze Passagen hinsichtlich eines Sprechers uneindeutig bleiben und sich in solcher Unentscheidbarkeit gegenseitig als rein sprachliches Konstrukt entlarven. Nicht nur wird damit auf die Fragwürdigkeit aller Personen-Begriffe verwiesen, sondern auch die grundsätzlichste Funktion der Begriffe – auf *etwas* zu verweisen – steht infrage. Musils rein sprachlich organisierte Erzählerinstanz nimmt auch die Romanfiguren (die eigentlichen Identifikations- und Gefühlsträger der Leser) immer wieder mit sich in den flachen Bereich von Äußerungen, Sätzen und Buchstaben – so etwa, wenn Ulrich die Abende mit der Barsängerin Leona als „ein herausgerissenes Blatt" (MoE 25) empfindet, oder wenn er Diotima bittet: „ […] Versuchen wir einander zu lieben, als ob Sie und ich die Figuren eines Dichters wären, die sich auf den Seiten eines Buches begegnen […]'" (MoE 573).

---

16 Vgl. Musil, *Motive – Überlegungen*. In: GW 7: 906.

Ulrichs Forderung, „,[...] dass unser Dasein ganz und gar aus
Literatur bestehen sollte!'" (MoE 365), konvergiert jedoch mit der von
ihm geprägten Formel *Leben wie Lesen*[17], die aus solcher Vertextung
wieder hinaus weist. Wenn dabei das Potential des Umgangs mit
Literatur auf den Umgang mit der (jeweiligen) Wirklichkeit übertragen wird, so kommt gerade der Text*rezeption* eine ethische
Dimension zu. Wie als Anleitung zu solcher Umsetzung eines *Lebens,
wie man liest*, entwirft Musils Roman fast beiläufig eine
Phänomenologie des Lesens, indem er viele der auftretenden Figuren
als Leser/-innen mit je verschiedenen Rezeptionsmustern vorführt
(z.B. Clarisse, Agathe, Ulrich, Diotima und Rachel). Vor allem die
Geschwister kommunizieren über ein komplexes System von
Schreiben und Lesen: Agathes – wohl eidetisch[18] zu nennendes –
Gedächtnis stellt häufig die Textvorlagen bereit, an denen sich die
Gespräche entfalten; parallel und separat dazu betreibt Ulrich sein
(Tagebuch-)Schreiben, das von Agathes ebenso verborgener, immer
wieder unterbrochener Lektüre begleitet wird. Musil selbst zeigte sich
fasziniert von der gesteigerten Wirkung des plötzlich abbrechenden
Textes nach dem Muster des Fortsetzungsromans.[19]

Resümee und Ausblick

Kehrt man von hier – von den Übergängen zwischen Literatur und
Leben – zurück zu den eingangs gezeigten Theater-Erlebnissen der
Figuren, so zeigt sich rückblickend gerade an ihnen der besondere
Status des Literarischen. Von barocker Welttheater-Allegorie (die
ihrerseits schon immer den bloßen Spielcharakter aller Fiktionen
kenntlich machte) und ihrem teleologischen Gehalt scheinen Musils
Theatrum-Mundi-Passagen denkbar weit entfernt; zeigen sie doch,
ganz im Gegensatz dazu, subjektive und vergängliche Momente einer

---

17 Z.B. Tb. I 828 und Nachlass VII/8/98.
18 Zur Eidetik Agathes vgl. auch Nachlass II/8/161 (Jaensch-Exzerpte). Zur Frage,
    ob Musil selbst Eidetiker war, vgl. Corino 1988, S. 486.
19 Vgl. Musil: *Motive – Überlegungen*. In: GW 7: 857: „[...] wie schön muss es
    gewesen sein, als Anna Kar[enina] in der Zeitschrift erschien: wie wird das
    weitergehn? Wie wird das enden? An diesem Kunstmittel ist etwas."

Irritation des Lebensgefühls. Die lange Tradition dieses Bildes[20] wird bei ihm gleichwohl mit aufgerufen und mit ihr seine anthropologische Funktion menschlicher Standortbestimmung: Wohl nicht zufällig entnimmt er sein Vergleichsbild für erlebte Unwirklichkeit dem Bereich der Literatur[21] (hier: dem des Theaters). Denn auch als Momente der Irritation verweisen die Theater-Gefühle der Figuren noch auf das Potential der Literatur, Bilder für das Selbstverständnis bereitzustellen und damit verändernd auf die Wirklichkeit einzuwirken.[22]

Namentlich bei Ulrich vollzieht sich eine *Umkehrung* und Neubewertung des Theatergefühls. Bezeichnete es für ihn zunächst – vor allem im Zusammenhang mit seiner Rolle innerhalb der Parallelaktion – Fragwürdigkeit und quälende Leere der eigenen, nur zuschauenden oder marionettenhaft agierenden Person, so beleben sich nun beide Rollen neu: Das Zuschauen wird Teil eines (gemeinsam mit Agathe betriebenen) Sehenlernens[23]; aber auch das Angeschautwerden erhält neuen Reiz, da es sich erstmals mit der Hoffnung verknüpft, ohne Maske[24] sichtbar zu werden. Die Aspekte von Sehen und Gesehenwerden und damit der freie Umgang mit den

---

20 Seine Verwendung lässt sich bis in die Antike zurückverfolgen; vgl. hierzu Lefèvre 1981 und Rusterholz 1970, S. 144ff.

21 Greiner 1977, S. 9, bezeichnet Aussagen, die die Welt als Bühne beschreiben, „als transzendentale ‚Aussagen' [...]. Als solche weisen sie das Merkmal von literarischen Texten auf, nicht zur unmittelbaren Verifikation in der Erfahrungswelt des Lesers zu nötigen. Primärer Bezugsrahmen der so verstandenen Aussagen ist nicht die Erfahrungswelt des Lesers [...], Bezugsrahmen ist vielmehr das System der literarischen Kommunikation in seiner jeweiligen geschichtlichen Ausprägung." Zum besonderen Status des Literarischen bei Musil vgl. auch Precht 1996, S. 16f.; vgl. im Gegensatz dazu Pietschs These vom „abwesenden Werk", Pietsch 1988, S. 55.

22 Augenscheinlicher wird diese Selbstbezüglichkeit – Literatur verweist auf Literatur –, wenn man als Leser kurzfristig die gewohnte literarische Illusion einschließlich der Empathie mit den Figuren aufgibt: Das Theater-Bild im *MoE* wird dann als (nahezu leerer) Vergleich von Romanfiguren mit Bühnenfiguren erkennbar, der gerade in dieser Form den besonderen Status des Literarischen erkennbar macht.

23 Zentral hierfür steht das Nachlass-Kapitel *Atemzüge eines Sommertags*.

24 Von Agathe heißt es ohnehin ausdrücklich, dass ihr „[...] dieser Rollenehrgeiz völlig fremd [war]." (Nachlass I/8/66, zitiert nach Zingel 1999, S. 68.

Rollen von Zuschauer und Akteur verdichten sich bereits in der ersten Begegnung der Geschwister im verwaisten Elternhaus, als sie einander in bunten Hausanzügen – wie zwei Pierrots – gegenüberstehen, jedes von ihnen zugleich angeschaut und anschauend. Wie sehr das Gesehenwerden, indem es gleichsam als Überschrift und flüchtiger Rahmen wirkt, die Personen jeweils mit definiert, wird in einer Szene deutlich, in der die Geschwister vor Publikum – einem geradezu mythisch anmutenden Schäferpaar – ihre *Heiligen Gespräche* fortsetzen. Die Sichtweisen jener Zuschauer erscheinen hier nicht mehr nur als Fremdzuweisungen, sondern zugleich als Angebot, sich selbst *anders* zu sehen: Indem die Geschwister dort als Liebespaar gesehen werden, wird es ihnen selbst möglich, die ihnen zugeschriebene Eigenschaft spielerisch anzunehmen:

> Diese beiden Alten [...] hörten, wie's schien, geschmeichelt und staunend der Unterhaltung zu, die ihre Hütte erfüllte [...]. Sie sahen, daß die Milch nicht getrunken, die Wurst nicht gegessen wurde, es war ein Schauspiel, und wer weiß, ein erhebendes. (MoE 743)
> Als sie [Agathe] an ihnen vorbeikam, fühlte sie die vier gastfreundlichen Augen nackt und gerührt auf ihrem Gesicht und begriff, daß sie für ein Liebespaar gehalten worden seien, das sich gezankt und wieder versöhnt hatte. ‚Sie haben uns für ein Liebespaar gehalten!' sagte sie. Übermütig schob sie ihren Arm in den ihres Bruders, und ihre ganze Freude kam zum Ausbruch. ‚Du solltest mir einen Kuß geben!' verlangte sie [...]. (MoE 745)

So liegt es nahe, das Theatrum-Mundi-Bild im *MoE* weniger als Ausdruck bedrohter Identität der Person aufzufassen denn als Versuch einer Re-Individualisierung, ja Ästhetisierung erlebter Wirklichkeit. Figuren, denen sich die Realität kurzfristig in der Terminologie des Theaters präsentiert, sind insofern immer auch als Rezipienten von Literatur und Kunst anzusehen, über deren Wirkung sie Auskunft geben. Eine Kategorisierung des *MoE* als ‚Literaturroman'[25], der sich im selbstbezüglichen Spiel mit der Fiktion erschöpft, wäre daher zu kurz gegriffen, denn sie übersieht, dass er aus dem nur Literarischen bereits wieder hinaus weist. In den Beispielen zeigte sich sein Vermögen, Bilder für das innere Erleben zur Verfügung zu stellen – denn die barocke Welttheater-Metapher erscheint bei Musil stets in

---

25 Vgl. Eisele 1982, S. 161.

der individuellen Perspektive einzelner Figuren, die damit zu Produzenten einer spezifisch *anderen* Wirklichkeit werden, zu Intendanten des eigenen Welttheaters.

Gunther Martens (Gent)

Die Moderne als Straßenbahn
Zum Verhältnis von Stil und Epistemologie in Robert Musils *Nachlaß zu Lebzeiten*

Zielsetzungen

Dieser Aufsatz verfolgt ein zweifaches Ziel. Zunächst möchte ich zu einer Einschätzung von Musils Position der Moderne gegenüber kommen. Eine solche mehr theoretische Beschreibung drängt sich auf, weil in diesem Rahmen die Epistemologie verdeutlicht werden kann, aus der Musils Schreib- und Erzählstil seine unerschöpfliche Energie und Konsequenz bezieht. Musil vertritt dabei eine radikale Position, die im von der Kritischen Theorie beeinflussten Paradigma der Entfremdung, das die Interpretationen von Musils Texten häufig steuert, nicht zureichend erfasst werden kann. Um diese Zäsur wahrnehmen zu können, wird im Folgenden das Thema der Moderne bei Musil vor dem Hintergrund der theoretischen Debatte zwischen Kritischer Theorie (Adorno, Habermas) und Systemtheorie (Luhmann) angesiedelt.

Der Text *Triëdere* aus *Nachlaß zu Lebzeiten* kann als Hinführung zu dieser Problematik interpretiert werden, weil in ihm die genannte Debatte um die Einschätzung der Folgen der Modernisierung sehr konkret ausgetragen wird. Die Analyse wird dabei die Weichen stellen für die Art und Weise, wie ich dieser Debatte eine *narratologisch-rhetorische* Wendung geben möchte, wobei laufend Querverbindungen zwischen dem *NzL* und dem *Mann ohne Eigenschaften* hergestellt werden. Der Rekurs auf die mehr theoretisch-essayistische Ausführung der Problematik im *Mann ohne Eigenschaften* beabsichtigt nicht, im Zirkelschluss Musil-Aussagen anhand von anderen Musil-Aussagen zu erklären. Gegenüber dem Roman handelt es sich in *Triëdere* um emblematische, zugespitzte Vorstellungen, die oft das Konzentrat von Musils literarischer Strategie enthalten.

Zweitens will ich deshalb anhand von stilistischen und texttheoretischen Kategorien das Funktionieren dieses Textes als Literatur und in Form einer Annäherung seine „strukturale Modernität"[1] illustrieren. Es wird sich als wichtig erweisen, die Spezifität der Musil'schen Schreibweise zu konturieren, um das Verhältnis von Literatur und Theorie zu bestimmen.

Kurze Skizze des Inhalts

In *Triëdere* steht eine Person in einer Großstadt hinter dem Fenster und sieht sich mit einem Fernglas oder Triëder zufällige, fast banale Phänomene an: das gegenüberliegende Haus, eine vorüberfahrende Straßenbahn und einige zufällige Passanten. Das Ganze wird anfangs ziemlich konkret in szenischer Darstellung wiedergegeben. Allmählich wird der Stil essayistischer und bekommt der Leser eine explizite theoretische Erklärung verabreicht: Das Triëdern unterzieht die alltägliche Wirklichkeit einer starken Verfremdung, die aus einer Entautomatisierung der normalen Wahrnehmung hervorgeht.[2] Im Grunde wendet das Triëder nichts anderes als die Zeitlupentechnik des Films an, wie der Text auch andeutet ("Zeitlupenaufnahmen", GW 7: 518).

Hinter der augenscheinlich normalen, zeitlosen Oberfläche treten auf diese Weise die enorme Anstrengung, die latente Gewalttätigkeit zutage; das Labile der menschlichen Rationalität zutage. Die Straßenbahn wird zu einer Pappschachtel transformiert, die zusammengepresst und danach wieder entfaltet wird; einfaches Spazieren wird zu einer heroischen und wackligen Herausforderung der Schwerkraft. Das ostentative Flanieren wird auf unpersönliche motorische und physiologische Gesetze zurückgeführt, die protzige Fassade eines barocken Ministeriums in den wortwörtlich aufgefassten „Trichter" (GW 7: 519) der perspektivischen Verkürzung fortgespült; die mit sehr viel symbolischem Kapital beladene Mode besteht nur aus einer „überraschend geringe[n] Anzahl von geometrischen Möglichkeiten" (GW 7: 521). Mit der Skurrilität der Wahrnehmung wächst auch das Maß der Abstraktion, mit der der stellvertretend beobachtende

---

1   Reichensperger 1994, S. 160.
2   Vgl. Šklovskij 1969/71 [1916].

Erzähler seine Schlüsse zieht: Am Ende wird Existenz mit einer deutlichen Anspielung auf Darwin zu einem egoistischen *survival of the fittest*: Sobald

> der Schein durchbrochen war, pendelten auch die Arme eigensinnig in den Schulterpfannen, die Schultern zogen am Genick, und statt eines Ganzen des Wohlwollens war mit einem Male ein menschliches System zu sehen, das nur darauf bedacht war, sich selbst zu behaupten, und gar nichts für andere übrighatte! (GW 7: 522)

Ist dieser Text ein Musterbeispiel für dasjenige, was man als „die metaphysische Anmaßung der Moderne" umschrieben hat? Die Wahrnehmung ist intellektualistisch, theoretisch, kognitiv orientiert und will unter der Oberfläche nach etwas Ursprünglicherem graben. Eher geringschätzig und anmaßend ist dabei die Position des Außenseiters, die scheinbar unumstrittene panoptische Übersicht, die gefällig sich selbst außer Betracht lässt. Nur die Theorie und Kontemplation selbst bleiben außer Schussweite; alles Handeln jedoch ist „säuglingshaft komisch" (GW 7: 521). Dieser Sachverhalt wird um so peinlicher, wenn ich hinzufüge, dass diese distanzierte Haltung hinter dem Fenster für alle Protagonisten Musils typisch ist. Ich will darum zunächst versuchen, den Blick in *Triëdere* teilweise textimmanent, teilweise kontextualisierend zu charakterisieren.

Charakterisierung des Blicks in *Triëdere*

Der Text liefert in seiner Wortwahl einige auffällige, für den Blick charakteristische Elemente:

So sticht unter anderem sofort *das Aggressive* der Wahrnehmung ins Auge: Der Blick ist nicht nur latent gewalttätig, indem er obstinat auf das Bildfeld der Medizin Bezug nimmt: Es ist von „einem Schnitt durch die Mitte, der die Beine herauspräparierte" (GW 7: 522), die Rede, der Blick nimmt sogar einen mörderischen Charakter an. Die Schönheit einer Frau wird „tödlich durchschnitten." (GW 7: 521) Gegenüber einer früheren Fassung von *Triëdere* (1926) wird außerdem verschwiegen, dass das Triëder aus dem Krieg herrührt (GW 7: 578). Das Instrument bekommt dadurch eine aggressive, ein- und aufdringliche Konnotation und hat keinen neutralen Ursprung.

Obwohl die Herkunft verschwiegen wird, kommt diese gewalttätige Konnotation doch noch *ex negativo* vor, nämlich in der Wendung „mit unbewaffnetem Auge" (GW 7: 519). Weiter werden auch müßige Beamte „in dem kleinen Kreis seines Instrumentes gefangen-[genommen]" , „hinter der Sperre des Glases." (GW 7: 521)

Der Blick erhebt auch einen hohen Anspruch auf *Wahrheit*. Es wird erwähnt, dass er „die gewohnten Zusammenhänge durch die *wirklichen* ersetzen" (GW 7: 521) kann und „daß die Welt so ist" (GW 7: 519), wie sie im Triëder ausschaut. Gegenüber dem romantisch wohlwollenden, dem Text zufolge idealisierenden Blick brüstet sich der Erzähler damit, anhand von Wissenschaftlichkeit, Physik und Theorie die „richtigen optischen [Beziehungen]" (GW 7: 521) in den Blick zu bekommen. Zum Teil steckt darin schon leichte Ironie, denn natürlich ist nichts mehr verzerrt als das optische Bild: im optischen Raum schneiden sich sogar symmetrische Achsen (vgl. GW 8: 1044).

Der Blick ist außerdem nicht nur äußerst *kognitiv* und *diagnostisch*, er spielt sich auch *prognostisch* zu einer anmaßenden Allwissenheit auf, indem er sich sogar zu einer Vorhersage der Zukunft eines sportlichen, aber ein bisschen hinkenden Spaziergängers versteigt.[3] Am Ende muss sogar von unverhülltem Hochmut und Hybris gesprochen werden, denn das Fernglas „ersetzt eigentlich das Genie oder ist wenigstens eine Vorübung dazu" (GW 7: 522). Zunächst ist dies eine deutliche Anspielung auf die Romantik, die bei dieser Art Experimente mit optischen Instrumenten (vgl. Hoffmanns *Sandmann* oder *Des Vetters Eckfenster*) eine Schlüsselstellung einnimmt. Aber auch in Musils allererstem literarischem Experiment, *Die Straße – aus dem stilisierten Jahrhundert* (1899), dessen Bildwelt noch deutlich den Nährboden des Fin-de-siècle Ästhetizismus durchblicken lässt, werden dem analytisch-zergliedernden Blick, im Gegensatz zum synthetisch-holistischen Blick, hellseherische Qualitäten zuge-

---

3   „Kein Arzt, kein Mädchen, auch nicht er ahnte das Grauen, das ihm bevorstand; bloß das Triëder [...] ließ die heranwachsende Zukunft im Bild erscheinen." (GW 7: 522) Karl Corino hat diese Szene faktisch-biographisch als Symptom von Syphilis interpretiert. Damit ist jedoch die kommunikativ-erzählerische Rahmung dieses Faktums noch nicht erklärt; es tut sich hier ein auktorialer Erzähler kund, der über Wissen verfügt, das den Figuren nicht zugänglich ist („Kein Arzt, kein Mädchen, auch nicht er ahnte"), und der auch die Prolepse formulieren kann („die heranwachsende Zukunft").

schrieben: der Einzelgänger hinter „100M Eis" (Tb. 1) ist „ein Hellsehender unter Blinden" (Tb. 8). Es handelt sich hier um den selbstgefälligen Ideologiekritiker in der Rolle des „advocatus veritatis", wie er in Helmut Arntzens Buch[4] noch unproblematisch als derjenige figuriert, der hinter der Verfremdung die Wirklichkeit sehen kann.

Der Blick ist auch sehr *theoretisch*. Abgesehen von der Darwin-Anspielung, folgen noch andere gewichtige anthropologische Aussagen über das „Wesen" des Menschen. In der Tradition von Nietzsches „Herdentier" wird die „Menschenherde" (GW 7: 521) von Konformismus und Konvention geprägt: „welches Glück grinst uns aus dem Spiegel entgegen wenn wir Anschluß haben, aussehen wie alle, und alle anders aussehen als gestern." (ebda.) Der Mensch ist weiterhin „besinnungslos" (ebda.), außerordentlich unreflektiert und unbewusst, er braucht „Führung" (ebda.). Bezüge zum „Tierreich" (ebda.) werden im ganzen Text hergestellt ("wie Enten", „Pferch", „Ringeltaube").

Auf den ersten Blick bestürzend ist auch die nahezu manichäistische Sicherheit, mit der die Begriffe *Schein und Sein* verwendet werden, so z.B. als „der Schein durchbrochen war" (GW 7: 522). Man kann angeblich nur schlussfolgern, dass alle, bis auf den Beobachter, naiv und blind sind für dasjenige, was wirklich ist. Das soziale Gewebe und die Menschlichkeit sind nur eine Illusion. Auch beim Theaterbesuch dient das Opernglas nur dazu, „die Illusion zu erhöhen" (NzL 89), nämlich, „im Zwischenakt nachzusehen, wer da ist" (ebda.). Mit anderen Worten, die Leute wollen im Welttheater der Distinktion ihre Rolle spielen. Die Schlussfolgerung könnte also lauten: *Alltägliche Wahrnehmung und Alltäglichkeit* an sich werden verurteilt, aber lediglich zugunsten einer *sehr intellektualistischen, kognitiven Sichtweise,* die die Wirklichkeit auf einen Unterbau reduziert und dabei unter anderem an Physik und Darwinismus appelliert.

---

4   Arntzen 1983, S. 81.

Metaphysische Anmaßungen der modernistischen Wahrnehmung?

Diese kognitive Verfremdung der Alltäglichkeit muss im postmetaphysischen, mikrologischen Paradigma des ‚situated, gendered, cultured knowledge' auf Widerstand stoßen. Ein Frontalangriff könnte unter anderem aus dem Lager der postmodern inspirierten *cultural critics* erfolgen. Die mikrologische, postmoderne Theoriebildung macht explizite Front gegen den panoptischen Anspruch des „Modernismus", so wie er in der Städteplanung eines Le Corbusier seinen Niederschlag findet. Für Michel de Certeau in *The Practice of Everyday Life* produzieren die Spaziergänger, wider alle Planung und Theorie, den städtischen Raum. Es geht also nicht länger um das Ordnen einer Wirklichkeit, um den epistemologischen Versuch der Registrierung einer vorgegebenen Realität. Die Passanten können von den ausgetretenen Wegen abweichen, sie sind nicht statisch, sondern dynamisch, ändern fortwährend ihre Perspektive und somit auch die Stadt selbst.

> Delighting in this [vista] as violently as I do I speculate as to the origin of the pleasure of seeing such a world wrought by hubris as a whole, the pleasure of looking down upon, of totalizing this vastest of human texts. The city-panorama is a ‚theoretical' (that is, visual) simulacrum; in short, a picture, of which the preconditions for feasibility are forgetfulness and a misunderstanding of processes. The voyeur-god created by this fiction [...] must disentangle himself from the murky intertwining daily behaviors and make himself alien to them.[5]

In diesem Sinne könnte man eventuell Musils Beobachter als symptomatisch für das modernistische Streben nach kognitiv-theoretischer Distanz und nach metaphysischem „Beherrschungs-wissen" betrachten. Im Text figurieren tatsächlich einige *signifiants,* die im Diskurs der Ideologiekritik mächtige Waffen sind, nämlich die Gegensätze Schein/Sein und Oberfläche/Tiefe. Metaphysik und Naturwissenschaft stimmen darin überein, „dass sie das eigentlich Seiende erst hinter der erscheinenden Oberfläche der Dinge entdecken wollen"[6]. Das postmoderne Paradigma beinhaltet dann das Umschal-

---

5   de Certeau 1985, S. 122–124.
6   Landmann 1963, S. 124.

ten von „Sinn auf *Sinne*, von Metaphysik auf *Physis*"[7], von Reflexion auf Erfahrung. Die Alternative für diesen tief schürfenden, aber zugleich vereindeutigenden kognitiven Blick wurde uns tatsächlich in den achtziger Jahren aus dem anti-hermeneutischen Lager angeliefert: gegen die modernistischen *maîtres de soupçon* Marx, Freud und Nietzsche, die die letztendliche Realität der Reihe nach in einem wirtschaftlichen, psychologischen oder machttheoretischen *Unterbau* situieren, plädiert Sloterdijk für eine bewusst ptolemäische Weltsicht, bei der die sinnliche Erfahrung dem abstrakten Wissen den Rang abläuft. Susan Sontag plädiert für eine „erotics of art" wider „depth hermeneutics", und auch für Foucault gilt: „Es gibt keinen Text unterhalb"[8].

Musils kritische Vogelperspektive könnte also zu einem älteren *kritischen* Paradigma gehören und gipfelt wahrscheinlich im Lächeln, das um den Mund des Wahrnehmenden spielt – wir können es hier nicht sehen, wohl aber im *MoE*- Kapitel „Das in den Bart Lächeln der Wissenschaften" – und das vielleicht das szientistische Ideal, den Mythos der Beherrschbarkeit der Wirklichkeit illustrieren könnte. So behauptet doch wenigstens Stephen Greenblatt, ein Theoretiker des *New Historicism* und ein Schüler von Foucault:

> The most effective disciplinary techniques practiced against those who stray beyond the limits of a given culture are probably not the spectacular punishments reserved for serious offenders – exile, imprisonment in an insane asylum, penal servitude, or execution – but seemingly innocuous responses: a condescending smile, laughter poised between the genial and the sarcastic, a small dose of indulgent pity laced with contempt, cool silence.[9]

Die panoptische Perspektive fällt also einem weiteren Irrtum zum Opfer: in seiner Analyse des Wissens stellt Foucault die These auf, dass nicht Strukturen oder allgemeine Gesetze die Grenzen des Sagbaren und Sichtbaren abstecken, sondern positiv-faktische Taktiken und ad-hoc-Strategien. Das Lächeln des Beobachters ist auf diese Weise eine viel mehr determinierende Waffe als die Symbolsysteme, die dieses Lächeln zu entlarven vorgibt (s.u.). Musil scheint

---

7   Hörisch 1999, S. 556.
8   Foucault 1997, S. 174.
9   Greenblatt 1995, S. 226.

also dem Entziffern einer objektiven Wirklichkeit, dem Be-deuten eines Seins hinter dem Schein verhaftet zu bleiben.

Trotzdem enthält der Text eine Reihe von Ironisierungen, die deutlich machen, dass Musil eben nicht der *kognitiven Wahrnehmung* das Alleinrecht erteilen will. Eine erste Relativierung liegt in der Tatsache, dass das Medium bewusst anachronistisch gewählt wurde: Eigentlich müsste man das Mikroskop erwarten, wie es, nebenbei gesagt, tatsächlich auch vom Vorgänger aller Musil'schen Protagonisten, dem „monsieur le vivisecteur", der „seinen eigenen Organismus unter das Mikroskop" (Tb. 3) setzt, verwendet wird. Der anachronistische Charakter wird zusätzlich durch das äußerst archaische Wort Trieder betont, das aus dem Latein und dem Griechischen herrührt.

In *Triëdere* bleibt tatsächlich die augenscheinlich distanzierte Position des Wahrnehmenden nicht von Ironisierung und Relativierung verschont. Man könnte der Ansicht sein, dass ein anderer „Nutznießer" der Straßenbahn in der modernistischen Literatur, Franz Biberkopf, einen viel stärkeren Eindruck von Situiertheit, Verbundenheit, Implikation und Unhintergehbarkeit vermittelt. Um die Erfahrungen der Großstadt zu ordnen, zieht Döblin ganz andere Mittel heran. Er verwendet den inneren Monolog und erzielt durch das unvermittelte Eintauchen ins Bewusstsein der Figur größere Direktheit. Bei Musil überwiegt hingegen deutlich die Reflexion des Erzählers.[10]

Wir können natürlich nicht darüber hinwegsehen, dass *Triëdere* gleichzeitig einen metafiktionalen Kommentar über die Position des (distanzierten, auktorialen, ironischen) Erzählers enthält. Am Anfang des Textes wird mit der Anspielung auf das Verfahren der Zeitlupenaufnahme (GW 7: 518) eine Analogie zum Film hergestellt, die in der ersten Fassung noch fehlt und eine bestimmte Objektivität suggeriert.

---

10 Somit bedeutet auch dieser Text ein poetologisches *statement* im Kampf zwischen damaligen literarischen Programmen und Poetiken: Was Döblin in seinem Angriff auf Otto Flakes Roman *Die Stadt des Hirns* sagt („Das Reflektive ist nichts, die anschauliche Gestaltung und die Durchblutung des Gedankengangs mit dem Affekt ist alles." In: „Reform des Romans", 1989 [1920], S. 140), könnte ebenso gut auf Musil gemünzt sein. Man könnte die Beschreiben vs. Erzählen-Polemik auch auf die Realismus-Debatte beziehen, aber der Begriff ,Realismus' ist in diesem Zusammenhang wohl kaum angebracht.

An erster Stelle lenkt der ziemlich weit hergeholte Vergleich mit dem Unterwasserschwimmen ("es ist ihr Zauber, daß sich der Zuschauer zwischen den Dingen des Lebens gleichsam mit offenen Augen unter Wasser umherschwimmen sieht", GW 7: 518f.) die Aufmerksamkeit auf das Ausfallen der akustischen Dimension in Zeitlupenaufnahmen. Aber im Gegensatz zu der vom Erzähler suggerierten Objektivität und Wissenschaftlichkeit, handelt es sich in diesem Text gerade nicht um eine unpersönliche *camera eye perspective*: was wir zu Gesicht bekommen, ist keine „Ebene letzter Faktizität"[11] oder Objektivität, sondern einen stark transformierenden Blick auf die Wirklichkeit, der gerade auf die Kontextabhängigkeit von Bedeutung aufmerksam machen möchte. Der Vergleich mit dem Unterwasserschwimmen steht also mutatis mutandis für den (gegenüber der Ur-Fassung von 1926 noch verstärkten) Wegfall der Figurenperspektive (sowohl der Perspektive des stellvertretenden Beobachters als der der beobachteten Figuren), wobei der Erzähler in die (1926 noch nicht ganz, 1936 schon deutlich historische) Rolle des eindeutig extradiegetischen[12] Stummfilmkommentators schlüpft ("In der Folge ist ein solcher Versuch beschrieben", GW 7: 519).

In der neuen Fassung von 1926 wird nämlich die Auktorialität erheblich verstärkt. In *Triëdere!* (1926) werden die aus der Wahrnehmung abgeleiteten Schlussfolgerungen noch einigermaßen – in direkter und erlebter Rede – an die Perspektive des Wahrnehmenden zurückgebunden (z.B. „da sagte sich der Mann mit dem Glas", GW 7: 581); die endgültige Fassung wird zu einem quasi-wissenschaftlichen Experiment depersonalisiert. Einerseits werden z.B. die Personal-pronomina zurückgedrängt, andererseits wird die positive Selbstein-schätzung der Passanten 1926 noch mit mehr Einfühlung und Sympathie übernommen; davon zeugen einige eminent poetische Umschreibungen wie „der geschweifte Glanz des hohen Herrenhutes" (GW 7: 580; mit einer Hypallage – nicht der Glanz ist geschweift,

---

11 Vgl. Hake 1998, S. 204.

12 Unter extradiegetisch wird verstanden, dass der Erzähler nicht zur Welt der Fiktion gehört. Das ist bei einem Stummfilmkommentator deutlich der Fall. Musil bedient sich hier natürlich einer zwischengeschobenen, intradiegetischen Fokalisator-Figur, aber bedeutenderweise wird kaum die Illusion eines selbständigen, individuellen Bewusstseins konstruiert – die Individualität dieser Figur wird im Vergleich zur ersten Fassung sogar noch reduziert.

sondern der Hut hat einen Schweif, der glänzt – und mehrfacher Alliteration), „das verfeinerte Verhalten der Frau" (GW 7: 579; mit Alliteration), „Harmonie der Feschheit" (GW 7: 581). In der Fassung letzter Hand wird dieses Selbstbild viel abrupter demontiert (z.B. „Harmonie der Brutalität", GW 7: 522).

Man kann hier Steve Dowdens Kritik an der seiner Meinung nach veralteten Erzählperspektive in manchen Passagen von Thomas Manns *Buddenbrooks* in Erinnerung rufen. Es gestaltet sich nämlich die „transcendental anonymity of the narrator", „projected from within the nothingness of a disembodied anonymity"[13]. Gibt sie in *Triëdere* Anlass zu „a pretended Olympian vantage from which to smile down in smug self-satisfaction at foolish characters"[14]? Alles sieht danach aus, nur kommt es jetzt darauf an zu sehen, wie gerade ein solcher Standpunkt dafür argumentieren kann, dass es nur aktive, beteiligte, situierte, beschränkte Beobachter geben kann.

Eine erste Relativierung enthält die Beobachtung der zwei müßigen und sich langweilenden Beamten, „die mit den Fingern an die Scheiben trommelten und auf die Straße hinabsahen" (GW 7: 519), eine Spiegelung und eine Relativierung des eigenen „Müßiggangs" des Wahrnehmenden, so dass der Fokalisator kein blinder Fleck bleibt. Dass die Selbstgefälligkeit des Erzählers auf diese Weise durch kleine Textsignale relativiert wird, ist Ausdruck der Tatsache, dass Ironie für Musil keine „Geste der Überlegenheit", sondern „eine Form des Kampfes" (GW 7: 941) ist, denn natürlich kann *Triëdere* auch als eine Gebrauchsanleitung für Musils Ironie gelesen werden. Es soll weiter gezeigt werden, wie die verkürzende, isolierende Perspektive des Fernglases gerade die Aufmerksamkeit für soziale Codierung und für den aktiven Charakter der „Be-Deutung" schärfen möchte.

Bankrott der Physiognomie

Der Vorwurf, dass dieser Text ein metaphysisches Beherrschungs-wissen zur Schau trage, das zu einer Ontologisierung einer einzigen privilegierten Wirklichkeit „hinter der Fassade" führe, erweist sich als

---

13 Dowden 1986, S. 139.
14 Ebd., S. 138.

vorschnell; die „andere Wahrnehmung" hat mit anderen Gründen zu tun. Bedeutsam ist in dieser Hinsicht der relative Bankrott der Physiognomie und der Expressivität bei Musil. Bei Lavater ist die Physiognomie „die Kunst, das innere Wesen eines Menschen an seinem äußeren zu erkennen" ("Physiognomik", in: *Brockhaus*, 1992: 149f). Dabei handelt es sich um eine eher primitive, aber historisch ungeheuerlich erfolgreiche Organisationsform des Wissens: stark typologisierend vertraut sie darauf, aus dem charakteristischen (physiologischen) Erscheinungsbild eines Menschen auf die innerliche Essenz einer Persönlichkeit schließen zu können. „Physiognomie" setzt stark die Lesbarkeit und die Transparenz der Welt voraus und huldigt auch einer sehr mimetischen Auffassung von Bedeutung, nämlich einer Motivierung der Bedeutung aufgrund eines 1:1-Verhältnisses.

Dieses Paradigma der Expressivität wird in Musils Welt der „Eigenschaftslosigkeit" tendenziell außer Kraft gesetzt. Expressivität läuft nämlich den Grundsätzen von Musils „Eigenschaftslosigkeit" zuwider, der Auffassung also, dass infolge Modernisierung und Transformation des sozialen Gewebes in der Großstadt eine Multiplizierung der Kontexte, der Funktionszusammenhänge, in denen man sich bewegt, entsteht, in der die Einheit der Persönlichkeit in eine Vielzahl von Rollen aufgelöst wird, die mehr untereinander als mit der „Person" zusammenhängen. Das Subjekt wird also vor allem von seiner Umgebung produziert, direkte Handlungsintentionalität verschwindet in Konventionen und sozialen Codierungen, seine Eigenschaften sind im Grunde „Allerschaften" (GW 8: 1237), die in konsensabhängigen präformierten Tüten zusammengehalten werden müssen.[15] Menschen bleiben daher bei Musil häufig gesichtslos, oft ist von einer großen Veränderlichkeit und einer Inkongruenz zwischen Physiognomie und Sprechen die Rede, von „Gebärde[n] und Worte[n]

---

15 „[...] daß unser Charakter wie ein Pulver auseinanderfallen könnte, wenn wir ihn nicht in eine öffentlich zugelassene Tüte stecken" (GW 7: 521). In der ersten Fassung des Textes lautet es noch stärker auf den Roman bezogen, „daß *unsere Eigenschaften* wie ein Pulver auseinanderfallen würden, wenn wir sie nicht in solche Tüten stecken könnten." (GW 7: 580) Die zentrale Gefäß-Metapher (*container metaphor*) bleibt allerdings identisch.

die irgendwo neben ihr vorbeikamen und doch noch sie waren."
(*Vereinigungen*, GW: 184)[16]

> Er hält kein Ding für fest, kein Ich, keine Ordnung; weil unsere Kenntnisse sich
> mit jedem Tag ändern können, glaubt er an keine Bindung, und alles besitzt den
> Wert, den es hat, nur bis zum nächsten Akt der Schöpfung, wie ein Gesicht, zu
> dem man spricht, während es sich mit den Worten verändert. (MoE 154)

Der Mensch kann also die Bedeutung seiner sozialen Äußerungen,
seiner (Körper)Sprache nicht mehr kontrollieren. Einen absurden
Gipfelpunkt erreicht diese Kontingenz (das Auch-anders-möglich-
Sein) von Gesichts- und Körperausdrücken beim variablen Menschen
in der Skizze „*Der Mensch ohne Charakter*" (ebenfalls aus *Nachlaß
zu Lebzeiten*).

> Schon an seiner äußeren Erscheinung fiel auf, daß, sobald er zu sprechen anfing,
> jedes Glied seines Körpers eine andere Lage einnahm; die Augen wichen zur Seite
> aus, Achsel, Arm und Hand bewegten sich nach entgegengesetzten Richtungen,
> und mindestens ein Bein federte im Kniewinkel wie eine Briefwaage.
> (GW 7: 538)

„Der Mensch ohne Charakter", der über eine rein situationell
bestimmte Identität und daher über eine maximale Disponibilität
verfügt, strebt eine der singulären Situation angepasste Nuanciertheit
an, die jedoch in den kanonisierten Ausdrucksformen, der Allgemein-
heit von Rollenverhalten, Skripts und Szenarien keinen Ausdruck
finden kann: „die Mundwinkel werden gleichzeitig hinauf- und
hinabgezerrt, die Stirn finster gerunzelt und hell beglänzt, der Blick
will sich zur gleichen Zeit strafend hervorstürzen und beschämt
zurückziehen: und das ist sehr unangenehm, denn man tut sich
sozusagen selbst gegenseitig weh." (GW 7: 536) Habitualisierung und
Intuition geben allgemeine Vorschriften, aber Musil kompliziert diese
spezifischen Situationen, indem er „Umstände" (ein Schlüsselbegriff
in Musils Bedeutungstheorie) hinzufügt, die ein dermaßen *anderes*

---

16 Vgl. auch: „wie jene seltenen Mienen in Gesichtern, die gar nicht mit diesen,
   sondern mit irgendwelchen anderen, plötzlich jenseits alles Geschehenen
   vermuteten Gesichtern zusammenhängen" (GW 6: 195). Genau diesen Satz zitiert
   Musil anonym im MoE (385).

Handeln erfordern, dass die *Einheit* der Persönlichkeit und des Gefühls auf Anhieb in Frage gestellt wird:

> Aber was sollen wir tun, wenn die angebetete Frau unmittelbar, nachdem sie unsere Gefühle mit Füßen getreten hat, die Tür ihres Zimmers zuschlägt, so daß sie unser seelenvoller Blick nicht erreicht? Oder wenn zwischen dem Schurken, der die Waisen mißhandelt, und uns ein Tisch mit kostbaren Gläsern steht? Sollen wir *die Tür einschlagen*, um dann durch das Loch *einen sanften Blick* zu werfen; und sollen wir *sorgfältig* die teuren Gläser abräumen, ehe wir *zum empörten Schlag ausholen*? (GW 7: 536; Hervorhebungen G.M.)

Die chiastische Zusammenführung der Handlungssequenzen „Tür einschlagen / sanften Blick werfen" und „sorgfältig abräumen / zum empörten Schlag ausholen" hebt die Aporie nachdrücklich hervor. Der Text enthält somit *ex negativo* ein Plädoyer für eine andere Subjektauffassung, eine höhere Disponibilität, die sich nicht in einer Rolle, einem Charakter einsperren lässt.

Physiognomie ist in der Musil-Forschung eine relativ umstrittene Angelegenheit. Karl Corino beispielsweise sieht Musil als Physiognomiker.[17] Musils Texten scheint aber eher ein grundsätzlicher Zweifel an der Möglichkeit innezuwohnen, ein physiognomisches Profil der Wirklichkeit sowie ihrer Verfremdung aufstellen zu können. Dass Musil auch in *Triëdere* nicht die Gefahr läuft, in Physiognomik zu verfallen, geht – so unwahrscheinlich das vielleicht klingt – auch aus der voyeuristisch-psychologisierenden Beobachtung des weiblichen Körpers hervor. Dass es sich im suggestiven Satz „Rings darum öffneten und schlossen sich, aufgeregt von jedem Schritt, unerwartet viele wispernde Fallen im Kleid" (GW 7: 520) um sexuelle Symbole[18] handelt, kann nicht geleugnet werden. Nur ver-stößt die Art und Weise, wie in der Beschreibung Bedeutung als zeitlos und unveränderlich monumentalisiert wird, gegen die bei Musil übliche Betonung von Wandelbarkeit und Situationalität: die Terminologie ironisiert hier deutlich eine psychologisierende Perspektive, die zu Monumentalisierung des weiblichen Körpers neigt: „*unverwüstliche Bedeutung* menschlichen Kuppelbaus", „*ureinfache* Hügeln, aus denen die *ewige* Landschaft der Liebe", „*ewige*, sich gleich bleibende

---

17 Corino 1988, S. 488.
18 Vgl. Lethen 1986, S. 216.

Werte" (GW 7: 520), während Musil üblicherweise Wandlungsfähig-keit und Kontingenz betont. Des Weiteren werden auf nahezu penet-rante Weise die deutliche Intentionalität und Expressivität betont: „Impulse", „verkündeten dem gewöhnlichen Auge", *„wispernde* Fal-ten", *„verrieten* heimlich [auch hier die Konnotation eines geheimen, exklusiven Wissens]", „was nicht gezeigt wird" (ebda.). Im Gegensatz zu dieser Suggestivität bleibt die Wahrnehmung an der physiologi-schen Oberfläche, das (phallische gefärbte) Expertenwissen wird in Frage gestellt:

> Es war aber überraschend, wie bald sich solche kennerhafte Neugierde unter der unverrückbaren und offenbar etwas boshaften Ruhe des Triëderblicks verflüch-tigte und bloß noch als Gefackel und Geflacker zwischen den ewigen, sich gleichbleibenden Werten ausnahmen, die keine Psychologie brauchen. (ebda.)

Musil war ein Schüler der empirisch orientierten, experimentellen, mit Motorik und psycho–technischen, praktischen Tests arbeitenden Oberflächenpsychologie (im Gegensatz zur psychoanalytischen Tiefenpsychologie). Er war zu Lebzeiten ein leidenschaftlicher Gegner der Psychoanalyse; in der *NzL*-Skizze *Der bedrohte Ödipus* wirft er ihr „Familialismus"[19], Neigung zu Totalisierung, Kausalitäts-denken und das therapeutische, aufklärerische Element vor: „Wo Es war, soll Ich werden." Auch in dieser Hinsicht bleibt *Triëdere* nicht innerhalb einer auf das Entziffern von Unbewusstem oder Verborge-nem ausgerichteten Semantik.

Konkurs des Paradigmas der Expressivität

Führen wir nochmals die Passantin vor Augen, die in ihre Kleidung sehr viel Symbolik investiert hat. Das Symbolsystem der Kleidung ist wie kein anderes repräsentativ, es drückt das „unantastbare Ansehen der Trägerin" sowie „das Lob des Schneiders" (GW 7: 520) aus, ist also in zweifachem Sinn Zeichen der Distinktion und Eigenheit. Diese Eigenheit ist jedoch nur eine Projektion: Es stellt sich als

---

19 Er antizipiert damit zumindest ansatzweise die weitaus bekanntere Analyse von Deleuze und Guattari in: *Capitalisme et Schizophrénie 1. L'Anti-Oedipe* (1972), siehe Kapitel „Psychoanalyse et familialisme".

verhängnisvoll heraus, diese Eigenheit gerade in feinen Distinktionen anzulegen, die eigentlich nur Eigenschaften des „Feldes" sind,[20] konventionalisierte Formen und Zeichen, die an sich völlig arbiträr und ständig der Veränderung ausgesetzt sind. Dass auf ähnliche Weise auch Fassaden nicht länger der Distinktion dienlich sind, hat damit zu tun, dass das starre soziale Gewebe, in dem sie früher ihre unveränderliche Bedeutung zugewiesen bekamen, sich zu einer Polykontexturalität vielfältiger Beziehungen verändert hat. In einer funktional differenzierten Gesellschaft, die durch „Vielfältigkeit" (GW 8: 1382), Flüchtigkeit und Flexibilität gekennzeichnet wird, wird eine solche, an starre soziale Hierarchisierung gebundene Repräsentativität der Tendenz nach dysfunktional.

> Ein Haus machen täuscht eine Schauseite vor, hinter der sich nichts mehr befindet; die sozialen und persönlichen Verhältnisse sind nicht mehr fest genug für Häuser, es bereitet keinem Menschen mehr ein ehrliches Vergnügen, Dauer und Beharrung nach außen darzustellen. Früher einmal hat man das getan und durch die Zahl der Zimmer und Diener und Gäste gezeigt, wer man sei. Heute fühlt fast jeder, daß ein formloses Leben die einzige Form ist, die den vielfältigen Willen und Möglichkeiten entspricht, von denen das Leben erfüllt ist. (MoE 895)

Trotzdem strengen manche sich noch an, die Fassade aufrechtzuerhalten, was manchmal zu absurden „Verzerrungen" führt (wie schon Graf Leinsdorfs Versuch, „die Haut eines breit bequemen Landschlößchens über das auf bürgerlich beengtem Grundriß hochgeratene Gerüst des Stadthauses zu spannen", MoE 91). Eine solche eindeutige Lesbarkeit der Welt setzt jedoch ein autorisiertes Universum voraus, mit anderen Worten, ein Universum, in dem die Motivierung der Zeichen noch von verbindlichen Sinngebungssystemen wie Tradition, Religion und Moral oder von einem verbindlichen sozialen System gewährleistet wird; die Form des Hutes ist arbiträr (daher „etwas Wahnsinnsähnliches", GW 7: 521), aber beruht auf Konsens, wird „nach schöner Sitte" (ebda.) getragen. Musils Konkursantrag und Entzauberung sozial und moralisch kodierter Beziehungen gründet auf den ausschlaggebenden

---

20 „Figuren gesichtslos wie auf Bildern Auguste Mackes, Skizzen aus sozialen und sprachlichen Stereotypen; selbst die ,feinen Unterschiede' (Bourdieu) sind differentielle Effekte des Feldes, nicht der Inkommensurabilität von Personen." (Böhme 1988, S. 308).

Unterschied zwischen Bedeutung und Wert. Der deutsche Soziologe Max Weber definiert Kultur wie folgt: „Die ‚Kultur' ist ein vom Standpunkt des Menschen aus mit Sinn und Bedeutung bedachter Ausschnitt aus der sinnlosen Unendlichkeit des Weltgeschehens."[21] Musil scheint ersterer Komponente, dem „moralischen Kredit", der Symbolisierung, der *Wertung*, die wir den Objekten geben, die ihnen nicht immanent ist, aber durch Institutionalisierung und Tradition gewährleistet und/oder auferzwungen wird, kündigen zu wollen. Er führt die *Bedeutung* von Phänomenen auf ihre situationelle (und daher prinzipiell variable) Beschaffenheit zurück und illustriert dadurch die Unmöglichkeit von Kontextabgrenzung. In finanzieller Terminologie:

> Zwischen unseren Kleidern und uns und auch zwischen unseren Bräuchen und uns besteht ein verwickeltes moralisches Kreditverhältnis, worin wir ihnen erst alles leihen, was sie bedeuten, und es uns dann mit Zinseszins wieder von ihnen ausborgen; darum nähern wir uns auch augenblicklich dem Bankerott [sic], wenn wir ihnen den Kredit kündigen. (GW 7: 521)

Musil verteidigt dabei die Einsicht, dass Zeichen ihre Bedeutung in einem bestimmten Kontext erhalten und dass sie daher unendlich rekontextualisiert werden können. Die Reduktion der ehrwürdigen Fassade eines Adelspalastes ist also ihrerseits nur Produkt eines bestimmten Kontextes, einer Konfiguration mit beschränkter Geltung, eines Paradigmas und ist ihrerseits ein Beispiel der unumgänglichen Tendenz zu Holismus, zur Verkürzung, zur Dekomplexierung.

Ikonen der Moderne?

Auch andere Versuche der Festschreibung und Motivierung von Bedeutung werden mit Ambivalenz und Mehrdeutigkeit konfrontiert. Es stellt sich also heraus, dass die Phänomene, die der Mann mit dem Triëder wahrnimmt, nicht rein zufällig sind. Im Grunde genommen handelt es sich um Ikonen der Modernität, die in ihrer Ambivalenz gezeigt werden. So figuriert die *Straßenbahn* als Symbol des technologischen Fortschritts, weist aber gleichzeitig auf Paradoxien der

---

21 Weber 1988a: 180.

Modernisierung hin. Musils Straßenbahn ist ein Kommentar zu einer anderen berühmten Straßenbahn aus der Modernitätsanalyse, nämlich aus der Analyse Max Webers. In seiner berühmten Rede *Wissenschaft als Beruf* (1917) gibt Max Weber das Beispiel einer Straßenbahn als Paradigma der Rationalisierung in der arbeitsteiligen Gesellschaft.

> Wer von uns auf der Straßenbahn fährt, hat – wenn er nicht Fachphysiker ist – keine Ahnung, wie sie das macht, sich in Bewegung zu setzen. Er braucht auch nichts davon zu wissen. Es genügt ihm, daß er auf das Verhalten des Straßenbahnwagens rechnen kann, er orientiert sein Verhalten daran, er glaubt daran.[22]

Mit diesem Beispiel zeigt Weber, dass Fortschritt von einer entgegengesetzten Bewegung der Irrationalität begleitet wird: der Höhlenmensch kannte seine Instrumente besser. Dieses Unwissen erscheint bei Musil in Form einer Rückkehr des verdrängten „Bestialischen" und „Dämonischen" (GW 7: 521), die Dinge gewinnen erneut eine mythische, „unerklärliche" (GW 7: 520) Autonomie. Musils Verfremdung der Straßenbahn bedient sich der Metapher der Schachtel. Um den Assoziationsraum dieser Metapher genauer zu bestimmen, in dem „eine unerklärliche Gewalt diesen Kasten plötzlich zusammendrückte wie eine Pappschachtel", um danach „die alte vertraute rote Schachtel wieder in Ordnung" zu sehen, „als wenn ein Fächer geöffnet und geschlossen wird" (GW 7: 520), empfiehlt es sich, auf eine andere Straßenbahn-Szene aus dem *Mann ohne Eigenschaften* zurückzugreifen, in der dieselbe Metapher vorkommt:

> *Die leuchtende, schaukelnde Schachtel, in der er fuhr, kam ihm [Ulrich] wie eine Maschine vor, in der einige hundert Kilogramm Menschen hin und her geschüttelt werden, um Zukunft aus ihnen zu machen.* Vor hundert Jahren sind sie mit ähnlichen Gesichtern in einer Postkutsche gesessen, und in hundert Jahren wird weiß Gott was mit ihnen los sein, aber sie werden als neue Menschen in neuen Zukunftsapparaten genau so dasitzen, – fühlte er und empörte sich gegen dieses wehrlose Hinnehmen von Veränderungen und Zuständen, die hilflose Zeitgenossenschaft, das planlos ergebene, eigentlich menschenunwürdige Mitmachen der Jahrhunderte, *so als ob er sich plötzlich gegen den Hut auflehnte*, den er, sonderbar genug geformt, auf dem Kopf sitzen hatte. Unwillkürlich erhob er sich und legte den Rest des Weges zu Fuß zurück. (MoE 360)

---

22 Weber 1995, S. 18.

Der plötzliche, absurde Widerstand gegen den Hut hat mit der Tatsache zu tun, dass der Hut prototypisch ein sozial motiviertes, ikonisches Zeichen ist, ein Accessoire bürgerlicher Identität; Arbeiter dagegen tragen eine Kappe. Der Hut ist daher „eins mit dem Ganzen des Mannes von Welt und Macht, durchaus ein nervöses Gebilde, ein Körper-, ja sogar ein Seelenteil", GW 7: 521; an anderer Stelle nennt Musil den Hut „die herausgestülpte dritte Gehirnhälfte" MoE 1600), aber die Röhrenform des Huts ist an sich völlig arbiträr. Sie ist nichtsdestotrotz konventionell bestimmt, weil Bestandteil einer damals zwingenden sozialen Konvention (auch Musil ist auf Fotos selten ohne Hut sichtbar.)

Die Assoziation Straßenbahn – Schachtel verläuft über das *tertium comparationis* der universell einsatzfähigen Gefäß-Metapher, die im Roman noch vom unmittelbaren Ko-Text unterstützt wird, wo nämlich vom „größeren Menschenbehältnis der Stadt" (MoE 360) die Rede ist. Die Szene ist charakteristisch für Musil: sie verrät Widerstand gegen das rein Zufällige und zugleich sozial Konventionalisierte der Wirklichkeit, aus der Erfahrung heraus, dass sich hinter dem augenscheinlichen Fortschritt ein peinlicher Stillstand und Status quo verbirgt. Vielleicht enthält diese Reaktion auch eine Form des aristokratischen Individualismus gegenüber dem kollektiven Geschehen; sehr häufig verlassen Musils Helden vorzeitig und ohne Jacke das Theater oder die Straßenbahn.[23] Der Anstrich einer Phantasie der Distanz, eines Urlaubs vom Leben ist also sicherlich vorhanden.

Ein anderes Beispiel für Ikonen, kollektive Symbole, die in der Folge zersetzt werden, geben die Beamten ab, die vom Beobachter bei ihrem Müßiggehen ertappt werden. *Beamte* und *Bürokratie* dienen in vielen Genealogien der Modernität (man denke an Siegfried Kracauers *Die Angestellten*, 1929) als Modell für die „Arbeitsteilung" und die funktionale Differenzierung der auf Zweckrationalität und Organisation basierenden modernen Gesellschaft. Max Weber hat auf die Paradoxe der Modernisierung hingewiesen und seine Befürchtung ausgesprochen, dass die „Entzauberung der Welt"[24] zu einem „stählernen

---

23 Z.B. „wie einem Mann, der vor dem letzten Akt aus dem Theater tritt, um einen Augenblick Luft zu schöpfen, die große dunkle Leere mit den vielen Sternen sieht und Hut, Rock, Aufführung zurückläßt, um davonzugehen." (MoE 745)

24 Weber 1995, S. 19.

Gehäuse, eine[m] Gehäuse der Hörigkeit"[25] führen würde, zu einer menschlichen Maschinerie, in der für individuelle Bewegungsfreiheit kein Raum mehr sein würde. Diese irreversible Entwicklung führe zu einer unverwüstlichen, von Beamten dirigierten Gesellschaft, die letztlich zu einer „Polarnacht von eisiger Finsternis und Härte"[26] entarten würde. Bei literarischen Modernisten wie Kafka (*Der Prozess, Das Schloss*) und auch bei Heimito von Doderer (im glänzenden 11. Kapitel der *Dämonen* mit dem Titel „Die Allianz") wird Bürokratie ebenfalls als etwas Undurchschaubares, Lebensbedrohendes dargestellt. In *Triëdere* jedoch sind die so gefürchteten Beamten relativ harmlos: „es war fünfzehn Uhr, und [...] weit und breit kein Beamter mehr zu erblicken" (GW 7: 519); die Verbleibenden langweilen sich am Fenster, obwohl auch hier die die Individualität einschränkende Gefangenschaft und der „geheiligte" (GW 7: 519), ersatzreligiöse, sinnstiftende Charakter dieser modernen Sinngebungs-Organisation latent im Hintergrund stehen. Auch Musil hat sich mit dem Phänomen der Bürokratie intensiv auseinander gesetzt: Anhand der für den MoE zentralen Parallelaktion lässt er keine Gelegenheit aus, sich über sie zu belustigen (obwohl er am Fall Hans Sepp auch deren destruktive Folgen aufzeigt)[27].

Man könnte also sagen, dass Musil in *Triëdere* gerade Webers pessimistische Thesen über den modernen, erstickenden Beamtenstaat relativiert. Weber warnt vor der den Prozess der Modernisierung begleitenden Zunahme der Zweckrationalität auf Kosten der Wertrationalität. Später hat ein anderer Theoretiker der Modernität, Habermas, in der expliziten Nachfolge Max Webers, die Dichotomie von System und „Lebenswelt" als These aufgestellt[28], wobei die

---

25 Weber 1988b, S. 150–152.
26 Ebd., S. 449, „Politik als Beruf".
27 „Wer hatte Hans Sepp die Kennzeichnung politisch unverläßlich eingebracht? [...] Durch einen Zwischenfall war der Akt H.S. ohne jede besondere Absicht ins Laufen gekommen; da sich H.S. beim Militär befand, mußte sein Akt ins Justizministerium, von dort ins Kriegsministerium, von dort zum Korpskdo. usw., u. es läßt sich denken, daß er durch die verschiedenen Einlaufs- und Absendungsvermerkungen, Präsentierungsstempel, Behandlungsbestätigungen u. die Zusätze diensthöflich überreicht, abgetreten, zur Berichterstattung hieramts nichts bekannt u. dgl. ein gefährliches Aussehen bekam." (MoE 1607)
28 Habermas 1981, S. 226–227.

Gesellschaft als System zwar von Zweckfunktionalität bestimmt wird, in der Sphäre der Lebenswelt Sinn noch immanent vorhanden ist, insgesamt aber eine „Kolonisierung der Lebenswelt" zu befürchten sei. Es ist wichtig, hier Musils eher an Luhmann anlehnende Position zu konturieren: Während Habermas vor einer Kolonisierung der Lebenswelt mit einem Objektgenitiv warnt, will Musil Lebenswelt als eine wohlwollende, aber naive Domestizierung einer schon längst funktional differenzierten Gesellschaft entlarven. Die aktive Isolierung im Triëdere bewirkt ein Aussetzen der üblichen sozialen und moralischen Codes (Wertrationalität)[29], das sich mit dem effektiven Brüchigwerden der Traditionen und der Austauschbarkeit der Kontexte deckt. Durch die Übersetzung in anonyme Kraftfelder (Zweck-Mittelfunktionalität) plädiert Musil nicht für eine unmögliche Wertefreiheit, sondern für eine flexiblere Moral, die sich den Tatsachen anschmiegt und der kontextspezifischen Codierung und Veränderlichkeit von Bedeutung Rechnung trägt.

Musil diagnostiziert zusammen mit Weber eine Situation, in der traditionelle Interpretationsrahmen wie Tradition („Überlieferung", GW 7: 521), Religion und Familie ihre Geltung verloren haben, und in der ein Sinndefizit entsteht, von dem wir heutzutage sehen können, dass es sich nicht um einen Mangel an oder Abwesenheit von Sinn handelte (wie im Nihilismus üblicherweise angenommen wurde), sondern um einen Überschuss von möglichen Sinnangeboten und von Verweisungen auf weitere Möglichkeiten infolge von Pluralisierung. Die Metaphorik der *Wände* weist darauf hin und bildet auch im MoE

---

29 „wenn man die Welt nicht mit den Augen der Welt ansieht, zerfällt sie in sinnlose Einzelheiten, die so traurig getrennt voneinander leben wie die Sterne in der Nacht" (GW 6: 298). Vgl. noch „die ungeheure, mitten in das Weltbild hineingeschobene, von einem erkenntnisfröhlichen Geschlecht bloß nicht beachtete Einsamkeit der bloßen Tatsachen, der Zufälle, dessen, was nichts als Ereignis ist, tut sich schon nach wenigen Schritten vom Wege auf und der Erkenntnisheilige blickt in die unbegrenzt visionäre Wüste." (GW 8: 991) Drevermann verbindet mit Recht mit dem Zerfall der synthetischen Wahrnehmung keine Entfremdungsperspektive: „die Wirklichkeit, die in der Ordnung von scheinbar festen Teilen besteht, passt nicht in eine Welt, die wissenschaftlich die Unstabilität aller Teile erkannt hat" (Drevermann 1972, S. 145).

in diesem Sinne einen roten Faden.[30] Auch die Erwähnung der „Möglichkeiten" im Rahmen der Mode und der anschließende Zusatz sprechen in dieser Hinsicht Bände: „wie willig folgen wir dabei den *Führern*" (GW 7: 521) ist natürlich eine politisch aufgeladene Aussage im Kontext von 1936; die anschließende Relativierung „den Führern, die eigentlich nur erschrocken voranfliehen", enthält gleichzeitig eine Abgrenzung gegenüber einer Menge zeitgenössischer politischer Theorien, die die Überzeugung zum Ausdruck brachten, dass die politische Sackgasse und das Sinndefizit von einem neuen zentralen Sinngeber, einer starken, autoritären Persönlichkeit behoben werden könnten (ich denke hierbei an den Dezisionismus Carl Schmitts, an die charismatische Persönlichkeit bei Max Weber, an die Idee der Entschlossenheit bei Heidegger).

Medialität und Ideologiekritik

Was genau suggeriert nun der triëdernde Blick, der das Moment der Produktion mitreflektiert (wie im Beispiel der Demontage der Schrauben aus dem MoE), die die enorme Komplexitätsreduktion in jedem Gleichgewicht ans Licht bringt, die bei jedem wirklichen Objekt die Möglichkeiten sieht, die es ausschließt (im besten Sinne der Romantik)?

An erster Stelle handelt es sich um die soziale Konstruktion der Wirklichkeit, wobei die einfachsten Perzeptionen, Handlungen, Gewohnheiten eine soziologische und moralische Codierung enthalten. Gleichzeitig wird darauf hingewiesen, dass die starre Monosemierung auf einer enormen Komplexitätsreduktion beruht, die nur einen Teil der normativ gültigen, rationalen Wirklichkeit abdeckt und daneben einen arbiträren und irrationalen Rest übrig lässt.

---

30 Vgl. MoE 153: „Da war etwas in ihm, das hatte nirgends bleiben wollen, hatte sich die Wände der Welt entlang gefühlt und gedacht, es gibt ja noch Millionen anderer Wände." Schon im Gespräch mit dem Sozialisten Schmeißer sagt Ulrichs Vorläufer Anders, dass er sich „nicht für Ihre große Idee begeistern möchte, weil ich weiß, daß sie in 100 Jahren auch eine hinderliche Wand sein wird. Ich möchte mir wenn ich könnte eine Menschheit mit beweglichen Wänden ausdenken." (MoE 1630).

Die nachdrückliche Betonung der Medialität und Vermitteltheit jeder Wahrnehmung bietet die Gelegenheit, erneut die Frage aufzuwerfen, ob Musil tatsächlich ein Ideologiekritiker innerhalb des von Sloterdijk und Niklas Luhmann[31] kritisierten Paradigmas des Ent- hüllungszynismus und der moralistischen „Mobilisierung" (Sloterdijk) ist. Musils Text nimmt insgesamt in dieser Hinsicht eine eher ambivalente Position ein: Insofern er zeigt, dass Menschen an Medien und Wahrnehmungs–schemen partizipieren, deren Ursprung sie nicht reflektieren können, die aber von einer ästhetischen Sensibilität gestört und entautomatisiert werden können, befindet er sich auf der Seite von Adornos Ideologiekritik. Die vielen Gefäß-Metaphern – „Pappschachtel" (GW 7: 520), „als einen sackartigen Raum erfaßt" (GW 7: 521), „in eine öffentliche Tüte stecken" (ebda.) – in der anderen Wahrnehmung könnten eine ideologiekritische Interpretation verstärkt nahe legen[32]: in diesem Sinne weisen sie auf das Zwingende der sozialen Rollen, die der Persönlichkeit im Wege stehen, was mit der Verfremdung/Authentizität-Dichotomie konform geht, die auch die Analyse der „Eigenschaftslosigkeit" selbst erschwert. Andererseits aber wird bei Musil die Wirklichkeit in einer Perspektive der Kontingenz und der aktiven Beobachterabhängigkeit situiert, so dass die Bedeutung von Phänomenen nicht physiognomisch feststeht und die medialen Zusammenhänge nicht zwangsmäßig die (ideologischen) Folgen zeitigen, die sie intendieren. Insofern die Dinge also nicht notwendigerweise ideologischen Konsens, sondern auch Dissens zur Folge haben, insofern nicht von vornherein entschieden ist, dass der Beobachter die Wahrheit hinter dem ideologischen Schein sehen kann ("die Dinge hängen wohl so zusammen, aber auch anders", das

---

31 „Die kritische Soziologie hatte Attitüden des Besserwissens angenommen. Sie gerierte sich als konkurrierender Beschreiber mit tadelfreien moralischen Impulsen und besserem Durchblick." (Luhmann 1997, S. 1115)

32 Vgl. auch sehr subtil: „dessen Socken wie der Hals einer Ringeltaube gestreift waren" (GW 7: 522). Das winzige Detail erinnert an die gestreifte Kleidung des Häftlings, stellt Mode als Zwangssystem heraus; der Zusatz des tertium comparationis, an sich überflüssig, ordnet sich den sehr oft unangebrachten Tiervergleichen bei Musil und insbesondere auch in *Triëdere* zu. Hier wird wohl mit der Konnotation „stolz(ierend)es Tier" gespielt; daher entsteht ein Kontrast zwischen positiver Selbsteinschätzung und faktischer ideologischer Gefangen- schaft (Aber wer hält wen gefangen? Wer befindet sich hinter der Sperre des Glases?).

flackerige Licht der „Aufklärung", usw.), neigt Musil zum Lager Luhmanns.[33] Der Verweis auf die „wenige[n] Wände" (GW 7: 521), der sowohl beim „Pferch" (GW 7: 521) als auch bei der Straßenbahn ("seine Wände stießen immer schräger gegeneinander", GW 7: 520) einen deutlichen Bildbruch zur Folge hat, ist bei Musil immer ein Zeichen für das „künstliche Abschneiden anderer Möglichkeiten"[34]. Der kartonierte Charakter der Mauern weist also auf das Wackelige und das Unbeständige der sozialen Institution; wer Musil liest, bekommt wohl häufiger diese „Kulissenhaftigkeit" der Wirklichkeit zu spüren, „die kulissenhafte Unsicherheit der Straßenwände" (MoE 652), die jeden Augenblick umfallen können.[35]

Der Zurückhaltung, mit der in der zweiten Interpretation nicht länger eine richtige Wirklichkeit gegenüber der Entfremdung affirmiert wird (wie das im Falle Adornos noch möglich war), entspricht auch die Tatsache, dass die aufklärerisch-pädagogische Intention, die in der ersten Fassung noch vorhanden war, auf auffällige Weise zurücktritt. So wurde unter anderem die Pointe geändert: In der ersten Fassung werden andere „Reformpläne, die den Menschen schöner, weiser, intuitiver, seelenvoller, schwingender, dynamischer, rapider und wesentlicher" machen möchten (GW 7: 581), zwar (in der Parataxe heterogener und entgegengesetzter Begriffe) ironisiert, aber schließlich erhofft sich der Erzähler davon dieselben einschneidenden Änderungen und „darf wohl auch dieser [Reformplan] empfohlen werden." (ebda.) Die direkte Empfehlung liegt auch im Ausrufezeichen im ursprünglichen Titel *Triëdere!*: Aus diesem Imperativ spricht die aufklärerische Intention einer praktischen Erziehung des „Menschen" (GW 7: 581) auch dieses Wort figuriert noch quasi unreflektiert im Text. In der endgültigen Fassung ist das Ausrufe-

---

33 „Die Massenmedien scheinen in allen Programmbereichen nicht auf Erzeugung einer konsensuellen Realitätskonstruktion abzuzielen – oder wenn dies, dann ohne Erfolg. Ihre Welt enthält und reproduziert Meinungsverschiedenheit in Hülle und Fülle." (Luhmann 1995, S. 126).

34 Luhmann 1984, S. 60. Vgl. MoE 153: „Da war etwas in ihm, das hatte nirgends bleiben wollen, *hatte sich die Wände der Welt entlang gefühlt und gedacht, es gibt ja noch Millionen anderer Wände.*" (Kursivierung G. M.).

35 „Die Straßenwände wanken wie Kulissen, hinter denen etwas auf das Stichwort wartet, um herauszutreten." (MoE 73).

zeichen verschwunden,[36] es kommt auch im Text die Empfehlung nur noch resignativ vor: „Vielleicht empfiehlt man es aber gerade darum vergeblich." (GW 7: 522) Auch der Wegfall der direkten Anrede „Unser Freund" gehört in den Zusammenhang einer Verunpersönlichung und einer größeren Zurückhaltung im Engagement.

Zweitens handelt es sich in diesem Text um die Position des Subjekts: der Text konfrontiert das Aufklärungsideal, das selbstbewusste Subjekt, das holistisch in seinem ganzen Handeln als Vertreter einer einzelnen übergreifenden Handlungsrationalität und „Menschlichkeit" auftritt, mit einem Subjekt, dessen Handeln funktional und situativ bestimmt ist und in unterschiedlichen Beobachtungssystemen eine andere Bedeutung annimmt. Der Text aktiviert dazu einerseits anachronistische Subjektvorstellungen, z.B. anhand der subtilen Feudalmetapher: der Hut „krönte" das Haupt des Mannes.[37] Es handelt sich um eine feudale, vormoderne, heroische Subjektvorstellung, die die „Einheit" (GW 7: 580) des Subjekts betont, eine Einheit, die der Text jedoch andererseits auch entstellt (vgl. das intendierte „Wohlwollen", hinter dem sich im Kontext des Triëders eine egoistische Selbstbehauptung verbirgt).

Lethen zufolge gerät Musil dabei in einen performativen Widerspruch, denn die Subjektivität des Wahrnehmenden selbst bleibt unproblematisiert; der souverän handelnde Beobachter verfügt unproblematisch über alles, was den Menschen gerade abgesprochen wird; Musils Habitus sei „die physiognomische Gestalt eines sich selbst für unerschütterlich haltenden Ich-Pols."[38] Lethen ist davon überzeugt, dass Musil „den Effekt der reinen, durch keine Ideologie verschattete Wahrnehmung erzeugen will."[39] Wenn man Ideologie dahingehend definiert, dass „ein Diskurs [...] dadurch ideologisch [wird], dass sein Aussagesubjekt das von ihm konstruierte narrative Schema nicht als kontingente Struktur reflektiert und mit anderen Strukturen konfron-

---

36 Das Wort könnte daher jetzt auch als Mehrzahl von Triëder aufgefasst werden, was z.B. die niederländische Übersetzung von Ton Naaijkens [Musil 1987, „Binoculairs"], jedoch wohl kaum berechtigt, auch tatsächlich tut.
37 Vgl. schon Hake 1998, S. 326.
38 Lethen 1986, S. 208.
39 Ebd., S. 213.

tiert"[40], so geht Musils Text jedoch andere Wege. Der „Absturz vernünftiger, gewohnter Beziehungen in einen Trichter der Verkürzung" (GW 7: 519) übernimmt in der Formulierung einfach die (sich auch schon in den Termini „Fluchtpunkt", „Fluchtlinie" materialisierende) Dynamik und Bewegung der perspektivischen Verkürzung als *Aktivität*, die sich hinter dem augenscheinlich Statischen verbirgt. Die (verdeckte) Selbstthematisierung des Wahrnehmungsaktes bringt ans Licht, dass jede Wahrnehmung Komplexitätsreduktion ist. Die Gewalt, die in der Wirklichkeit wahrgenommen wird, ist – entgegen der Einschätzung des Wahrnehmenden („alles so deutlich an dem Ding, und nicht etwa persönlich bloß in seinem Auge", „wirklich") – zum Teil ein Effekt der Wahrnehmung selbst. So heißt es bei der Beschreibung der Fassade mit Representativitätsfunktion, die Fluchtlinien „spülen weg"; in Wirklichkeit aber werden sie aktiv „vom Auge weggespült". Das Auge verzerrt die Linien relativ gegenüber dem eigenen Standpunkt. Musil übernimmt diese Dynamisierung in der aktiven Terminologie, projiziert sie aber auf den Gegenstand selbst: Das „Verschwinden der Linien" – „eine unerklärliche [!] Gewalt drückte diesen Kasten plötzlich zusammen." Auch das Fremdwort „Triёder" scheint dies betonen zu wollen: aus dem Griechischen kommend (treis: drei; hedra: Fläche) lenkt das „dreiflächige", prismatische Binokel die Aufmerksamkeit auf die prismatische „Brechung" (Prisma heißt wortwörtlich: „das Zersägte, das Zerschnittene"): die im Text verwendete Terminologie („durchschnitten", „zusammenfalten von Flächen", ein Fernglas verwendet einen „Fangspiegel") projiziert die Wirkung der Wahrnehmung auf das Wahrgenommene. Die „perspektivische Verkürzung" ist nicht etwas, das der Mensch objektiv wahrnimmt (wie er annimmt, um „Herr im eigenen Haus" bleiben zu können), sondern etwas, das er aktiv den Dingen auferlegt:

so, wie sich allenthalben die sichtbaren Verhältnisse für das Auge verschieben, *daß ein von ihm beherrschtes Bild entsteht*, worin das Dringende und Nahe groß erscheint, weiter weg aber selbst das Ungeheuerliche klein, *Lücken sich schließen* und endlich das Ganze eine ordentliche glatte Rundung erfährt, tun es eben auch die unsichtbaren Verhältnisse und werden von Verstand und Gefühl derart

---

40 Zima 1992, S. 60.

verschoben, daß unbewußt etwas entsteht, worin man sich *Herr im Hause fühlt.* *Diese Leistung ist es also, sagte sich Ulrich, die ich nicht in wünschenswerter Weise vollbringe.* (MoE 649; Hervorhebungen G.M.)

Anders gesagt: Der „Herr im Hause" (Freud) ist für Musil nicht der distanzierte, reflektierende Beobachter, sondern derjenige, der sich seiner Perspektivierung nicht bewusst ist.[41]

Drittens wird es Musil, einem Schriftsteller, dem immer wieder vorgeworfen wurde, zu intellektualistisch zu sein, wohl wichtig gewesen sein, zu zeigen, dass nicht nur der Verstand abstrahiert, sondern dass all unsere Sinne sehr intellektualistisch sind, dass sie zu einem großen Teil auf *Gewohnheitsbildung, Routinisierung,* Dekomplexierung und Ökonomisierung beruhen, dass auch sie also begrifflich sind. „Bekanntlich sehen wir, was wir wissen." (M 8: 1146) Die Begrifflichkeit des Wahrnehmens liegt in der Neigung zur Zusammenfassung auf einen vorgefassten Begriff, eine Idee hin. Auf diese Problematik, auf den Apriori-Charakter jeder Wahrnehmung und die ihr immanente Neigung zur Dogmatik verweist auch die abschließende Bemerkung über die Theaterbesucher, die mit dem Opernglas „nicht das Unbekannte suchen, sondern die Bekannten." (GW 7: 522)

Der Modernismus übernimmt die Aufgabe der „Entbegrifflichung der Welt"[42] und der Revisualisierung. Aber die Utopie des nicht-ideologischen, „reinen Sehens", der „Pinselstriche des reinen Augen-blicks" (wie Paul Valéry, ein zeitgenössischer und geistesverwandter Modernist noch affirmieren konnte) kommt für Musil wohl nicht in Betracht: Seiner Meinung nach sind Ideologie und Unreflektiertheit unumgänglich und sogar notwendig: „wir müssen gelegentlich auch blind oder halbblind handeln, oder die Welt stünde still." (*Über die Dummheit*, GW 8: 1290)

---

41 Vgl. MoE 645: „das Bewußtsein vermag nicht, das Wimmelnde, Leuchtende der Welt *in Ordnung zu bringen*, denn je schärfer es ist, desto grenzenloser wird, wenigstens vorläufig, die Welt; das Selbstbewußtsein aber tritt hinein wie ein Regisseur [Film!] und *macht eine künstliche Einheit des Glücks daraus.* Ulrich beneidete diesen Mann [einen Wirklichkeitsmenschen] um sein Glück." (Hervorh. G.M.).

42 Jauss 1975, S. 289.

Die Zuspitzung durch das Triëder macht aber die perspektivische Verzerrung auf hyperbolische Weise sichtbar. Es gibt daher keinen strikten Gegensatz zwischen „normaler" und theoretisch codierter Wahrnehmung: der Text zeigt, dass auch die in zeitgenössischen Lebensphilosophien massiv prämierte, anscheinend unmittelbare, sinnliche Wahrnehmung ihre Bedeutungszuweisung aus einem Code bezieht; diese Codierung wird gerade sichtbar, wenn die selbstverständlichen, konventionalisierten Interpretationsrahmen verfremdet werden („die Welt ist einfach komisch, wenn man sie vom technischen Standpunkt ansieht", MoE 37) bzw. effektiv brüchig geworden sind (vgl. oben).

Auch Musil will aus der Neigung zur Begrifflichkeit befreien, aber er geht darin einen Sonderweg, der sich sehr konkret im Text und im Sprachgebrauch niederschlägt. Musil verlagert die „Entbegrifflichung der Welt" in diesem Text vor allem auf die konkrete Sprache. Unreflektierter Umgang mit Sprache ist nämlich eine Form der Ideologie schlechthin: „Wir gebrauchen unsere Sprache so wie der Tausendfuß seine Füße, über die er nicht einen Augenblick nachdenken darf, wenn ihn nicht auf der Stelle der Schlag rühren soll." (GW 7: 693) In *Triëdere* selbst gibt es mehrere Beispiele dafür, wie die Monosemierung von feststehenden Redensarten und Wendungen durch Verschiebung und Rekontextualisierung entstellt und zersetzt wird:

So nimmt der komplexe Satz über den „Zinseszins" einfach die Redewendung „Bedeutung *verleihen*" buchstäblich und führt das Bildfeld mit komplizierter finanzieller Terminologie („Zinseszins", „ausborgen", „Kredit kündigen") weiter. Auch das „weltanschauliche Werkzeug" (GW 7: 520) spielt mit der Oszillation zwischen „Philosophie" und konkreter „Welt-Anschauung." Weiter handelt es sich zwar um eine „alte, vertraute rote Schachtel" (GW 7: 520), aber die despektierliche Wendung „alte Schachtel" klingt wie auch immer an. Vor allem die Wendung „Gefackel und Geflacker" liefert einen interessanten Beleg für die aktive Zersetzung von Begriffen: das „Gefackel" als Ausdruck bedeutet „unentschlossen zögern", ist also metaphorisiert worden. Der Zusatz „Geflacker" dagegen verweist auf die konkrete Isotopie „Licht, Flamme, Kerze, Feuer". Dadurch entsteht eine Oszillation zwischen beiden Bedeutungen, in der Kombination mit Geflacker entsteht eine unfreiwillige Rückführung auf das Bildfeld der Kerzenflamme. Darin liegt erneut eine Selbstrelativierung: Das Expertenwissen, das das „Licht der Wahrheit" zu werfen prätendiert, ist also bloß ein wackliges, schüchternes, zögerndes, tentatives Flämmchen: Die Formulierung konfrontiert das Ruhige und Unverrückbare des Ingenieursblickes mit einem Moment der Unsicherheit.

Mit Lethen können wir schließen, dass Musil der festschreibenden Diskursivierung nicht ausweicht. Das Trieder selbst ersetzt bloß die eine Monosemierung durch eine andere, vielleicht noch aggressivere. Die aggressive metaphorische Diskursivierung wird jedoch in Schach gehalten durch die vielen Oxymora: z.B. „persönliche[] Grimassen" (GW 7: 522), „Zähnefletschen der Liebenswürdigkeit" (NzL 86), „Harmonie der Brutalität" (GW 7: 521) und die Chiasmen, die gleichsam die verfremdende Perspektive syntaktisch an die Normalität zurückkoppeln, nebeneinander stellen, ohne eine Hierarchie aufzustellen. Die Aggression des Trieders macht die Gewalttätigkeit der alltäglichen Attribution, ihr aktives Zurechtstutzen, durch Vergrößerung sichtbar. (Ich verwende den Begriff „Attribution" im Sinne von Zuschreibung von Eigenschaften und Wertschätzung). Auf diese Weise geht *Trieedere* über die Deviations-Theorien des Russischen Formalismus hinaus, die nur darauf zielen, den Stein steiniger zu machen und letztlich einer Form des Essentialismus verhaftet bleiben, die Musils Multiperspektivismus völlig abgeht.

Schlussfolgerung

Welche Position bezieht nun Musils Text in der Debatte um Ideologiekritik und Epistemologie? Dass es Musil nicht um Szientismus, Faktizität, Objektivität, Eigentlichkeit geht, muss offenbar betont werden: Scholz zufolge will Musil in *Trieedere* „den Blick für das Eigentliche der Dinge, das durch die Konvention völlig verdeckt worden ist, wieder öffnen."[43] Aber auch mit dem Gegenteil einer „über alles Subjektiven hinausgehenden objektiven Wirklichkeitserfahrung"[44], nämlich der intuitionistischen Befreiung einer

---

43 Scholz 1978, S. 51.
44 Ebd., S. 49.

subjektiven Perspektive, die eine nicht-entfremdete „Wesensschau" erlaubt, hat es kein Auslangen. Hake fasst diese geänderte Attitüde prägnant zusammen: „es hat sich nicht das Erschrecken des Betrachters gesteigert; er hat offensichtlich mit dergleichen bereits gerechnet."[45]

Während Adorno die Kunst als apophatisches Residuum der Nicht-Instrumentalität betrachtet, verzeichnet Musil die Unumgänglichkeit dieser Instrumentalität. *Triëdere* schlägt sich also in eine der Kritischen Theorie entgegengesetzte Schneise: die Kunstwahrnehmung, die ästhetische Sensibilität behauptet keine Befreiung von Instrumentalität, sondern es wird unerbittlich der unumgängliche Anteil der Instrumentalität im normalen menschlichen Benehmen nachgewiesen.[46]

---

45 Hake 1998, S. 133.
46 Eine frühere, auf Niederländisch verfasste Version dieses Aufsatzes ist erschienen als: Martens 2001. Der Autor dankt dem FWO-Flandern für das Forschungs-assistenten-Stipendium, in dessen Rahmen dieser Text geschrieben werden konnte.

Alexander Honold (Berlin)

Das andere Land
Über die Multikulturalität Kakaniens

Musil „anders"? Ich muss gestehen, dass mich der Titel zunächst ein
wenig stutzig gemacht hat – denn er lässt offen, wovon sich dieser
andere Musil denn abheben soll. Vermutlich ist mit dem Motto Musil
anders die Überzeugung ausgedrückt, dass es sinnvoll und an der Zeit
ist, diesen hochgeschätzten Klassiker der Moderne auf neuen Pfaden
zu erkunden, anders als bisher also. Eine verständliche Erwartung, die
aber voraussetzt, dass wir Musil und die Musilforschung der letzten
Jahrzehnte als feste Größen verbuchen können, vor deren Hintergrund
man sich jetzt wagemutig ins Neuland zu stürzen habe.

Tatsächlich ist es nach der großen Musil-Renaissance der siebziger
und achtziger Jahre, die zwischen dem hundertsten Geburtstag und
dem fünfzigsten Todestag des Dichters eine Fülle von akademischen
und literarischen Ereignissen hervorbrachte, im vergangenen
Jahrzehnt wieder merklich ruhiger geworden um diesen Autor. Das
erstaunt, ist es doch jetzt erst möglich, sich umfassend mit dem auf
elektronischer Basis verfügbaren Nachlass auseinanderzusetzen – was
allerdings offenbar die Angelegenheit einer spezialistischen Minder-
heit geblieben ist. Selbst für neuere Dissertationen zum *Mann ohne
Eigenschaften*, dessen Beliebtheit als intellektuelle Herausforderung
im umgekehrten Verhältnis zur Popularitäts- und Rezeptionskurve
dieses Romans unter normalsterblichen Lesern zu stehen scheint, ist
die philologische Sichtung des Nachlassmaterials kein Thema. Wohl
aber lässt sich ein anderer Trend ablesen aus den Arbeiten etwa von
Christoph Hoffmann (1997), Christian Kassung (2001) und Claus
Hoheisel (2002); sie rücken, stärker als das in früheren Interpretationen der Fall war, Musils *chef d'œuvre* konsequent in den Kontext
der zeitgenössischen Physik und Mathematik. Der *Mann ohne
Eigenschaften* wird dabei als Roman behandelt, der mit literarischen

Mitteln zur Entwicklung der Wahrscheinlichkeitstheorie und Thermo-
dynamik oder zu dem Problem der Heisenberg'schen Unschärfe-
relation Stellung bezieht. Gelegentlich wird dabei Musils Kenntnis-
stand und die Avanciertheit seiner naturwissenschaftlichen Positionen
ein wenig überschätzt. Nicht anders als frühere Interpreten neigen
auch die naturwissenschaftlich orientierten dazu, ‚ihren' Musil zum
Zeitgenossen zu machen, wie sich an Stichworten wie „Entropie" oder
„Chaostheorie" erkennen lässt.

Doch sind solche möglicherweise anachronistischen Brechungen
kein grundsätzlicher Einwand gegen Versuche, die Werke Musils im
Lichte neuerer Erfahrungen und aktueller Fragestellungen zu
untersuchen. Denn wie sonst ließe sich mit Gewinn und guten
Gründen „Musil anders" lesen, wenn nicht durch die Anreicherung der
Lektüre mit solchen Gesichtspunkten, die in früheren Stadien der
Rezeption und der Forschung noch keine oder eine sehr viel geringere
Rolle spielten als heutzutage? – Um einen ebensolchen Anachronismus nun handelt es sich auch bei meinem Vorschlag, die von Musil
geschilderte Welt Kakaniens mithilfe der landläufigen und nicht
unumstrittenen Devise von der „Multikulturalität" zu beleuchten. Um
einen allerdings kalkulierten Anachronismus, der sich der Spannungen
durchaus bewusst ist, die zwischen dem Habsburger Vielvölkerstaat
und den heutigen Debatten über multikulturelle Gesellschaftsformen
und Lebensstile bestehen. Dennoch scheint es mir lohnend, im Lichte
der gegenwärtigen politischen und kulturwissenschaftlichen Diskussionen um Ethnizität, Inter- und Multikulturalität auch die historisch
entlegenen und so ganz anderen – wiederum das rätselhafte Adjektiv –
die so ganz anderen und ganz eigenen Verhältnisse in Musils
Kakanien neu zu befragen. *Musil anders*, so lege ich mir also unser
gemeinsames Thema für meinen Gebrauch zurecht, das kann auch
bedeuten: *das Andere* bei Musil zu erkunden, die Rede über den oder
die Anderen, das Anderssein und seine Spuren bei Musil
herauszuarbeiten.

Es gibt grundsätzlich zweierlei Namensformen, unter denen in
Musils Texten einige jener Phänomene in Erscheinung treten, welche
die Kulturwissenschaft mit dem geräumigen Begriff der Alterität
belegt. In besonders prominenter Position finden sie sich in Musils
Hauptwerk, so dass kaum eine Arbeit umhinkann, sie thematisch

aufzunehmen und interpretatorisch aus ihnen etwas zu machen. Ich meine den titeltragenden Begriff der „Eigenschaft" und die im zweiten Teil des Romans nicht minder herausragend plazierte Formel vom „anderen Zustand". Eigenschaft und anderer Zustand, nicht von ungefähr umfassen sie die ganze Spannweite und auch Spannung, die in dem Verhältnis von Identität und Alterität, von Eigenem und Fremdem liegt. Nicht minder bezeichnend ist, dass Musil beide Terme in einer gebrochenen, verrätselten Weise ins Spiel bringt. Das Einzige, was sich vom anderen Zustand mit Gewissheit aussagen lässt, ist – den vielen, teils sehr emphatischen Auslegungsversuchen zum Trotz, die Musils suggestive Formel gefunden hat – kaum mehr als seine tautologische Qualität, „anders" zu sein. Der andere Zustand ist Überschreitung oder auch Negation, ohne dass gesagt würde, wovon. Diese begriffliche Unterbestimmtheit oder gar Leere wiederum verbindet ihn mit dem Prädikat des Protagonisten, „ohne Eigenschaften" zu sein. Die Titelfigur, also auch das Thema des Romans, ist „der Mann", *sans phrase* oder eben: ohne Eigenschaften, was nur dann kein Selbstwiderspruch ist, wenn dabei die Eigenschaft der Männlichkeit ausgeblendet wird, auf die aber Musils Romanheld Ulrich durchaus erheblichen Wert legt. Der Mann, von dessen Männlichkeit abstrahiert werden kann, ist *der Mensch*. Im lateinischen *homo* – und den aus ihm abgeleiteten romanischen Bildungen – sind Mann und Mensch homonym; lange Zeit zogen Philosophie und Anthropologie für ihre Aussagen über den Menschen schlechthin tatsächlich nur männliche Menschen in Betracht, um sodann die Geschlechtsspezifik ihrer Beobachtungen zur Universalie erklären zu können. Immer schon ist in die Aussagen über ‚den Menschen' das Phantasma eingeschrieben, das Wesen der eigenen Gattung ohne Ansehung des besonderen Exemplars und seiner *differentia specifica* ergründen zu können.

Doch steht am Beginn des anthropologischen Nachdenkens über die Menschen, ihre Sitten, Gebräuche, Institutionen und Zeichenformen nicht das Verstehen, sondern das Erstaunen. Kultur ist erkennbar nur als fremde Kultur, als Lebensweise der anderen. Die Frage nach ‚dem Menschen' zu stellen, setzt die Erfahrung von Andersheit voraus, und genau dieses, wie man sagen könnte, ethnographische Apriori[1] hat Musil in den verschiedenartigsten Konfigurationen seiner Texte immer wieder modelliert. Dass er einen seiner frühen Helden schlicht Homo nennt, ist ein deutlicher Hinweis auf die anthropologische Dimension dieser literarischen Versuchsanordnung. Was in der Novelle *Grigia* geschildert wird, ist lesbar als das Protokoll einer schrittweisen und unumkehrbaren Reise zum Anderen schlechthin, das in der Bergbäuerin Grigia seine Verkörperung findet. Noch weiter zurückreichend in der Werkchronologie, lässt sich an den *Verwirrungen des Zöglings Törleß* ein vergleichbares Muster erkennen. Wie die Reise Homos ist auch die Internatszeit des jungen Törleß eine Ausnahmesituation, die geographisch in einer Randregion Kakaniens angesiedelt ist; und wie Homo erlebt auch Törleß seine Beziehung zu einer fremd und bäuerisch charakterisierten Frau als Initiation in ein anderes Leben, in ein Leben als Anderer. Seine verwirrenden Erfahrungen mit Božena und mit den sadistischen Knabenspielen in der Dachkammer führen Törleß dazu, eine Art Tagebuch zu beginnen, dem er die Überschrift *De natura hominum* gibt (GW 6: 88) – wiederum ein sprachlich präziser Hinweis auf den anthropologischen Modellcharakter der geschilderten Fremd-Erfahrungen. Der als treibende Kraft der nächtlichen Grausamkeiten auftretende Beineberg erklärt: „Aber ich denke mir mein Leben anders" (GW 6: 58) und spricht damit aus, was den Grenzüberschreitungen dieser Versuche am lebenden Menschen als ästhetisches Motiv zugrunde liegt.

In Musils Hauptwerk ist die anthropologische Chiffre der Menschennatur in dem „Mann" des Titels aufgehoben, während die Wendung „ohne Eigenschaften" den Brückenkopf zur Welt des anderen darstellt und damit auch zur ‚Veranderung' des Selbst. Die ästhetische Moderne, auf die Musils Konzept des negativen Helden fußt, formierte sich um 1900 als ein enger Zwilling der ethnographischen Moderne. Die Erfahrungen kultureller Fremdheit und die Strategien literarischer Verfremdung sind einander verschwistert. Erst wenn es möglich geworden ist, zu denken und zu sagen: „Ich ist ein anderer", kann auch der so wichtige ethnographische Umkehrschluss gezogen werden: Der Andere ist ein Ich.

---

1   Vgl. hierzu Honold 1995a.

Einem Vorläufer Ulrichs, des Mannes ohne Eigenschaften, ist der ethnographische Impuls der Selbsterkundung durch Veranderung bereits im Eigennamen ablesbar. In jener frühen Entwurfsphase des Romans nämlich sollte der Protagonist „Anders" heißen. Ein irritierender Name, denn er weist stets von seinem Träger fort, statt auf ihn hinzulenken.[2]

„Anders" zu heißen, bereitet dem Helden demnach dasselbe tautologische Schicksal, das später dem Begriff des anderen Zustands beschieden ist. Und er verkörpert zugleich die Paradoxie, ohne bestimmbare Eigenschaften zu sein. Wie auch immer man die Identität des Helden zu fixieren versucht, er wird stets ‚anders' heißen. Im Eigennamen des Protagonisten artikuliert sich dessen Weigerung, mit dem Eigenen übereinzustimmen; und gleichzeitig ist der Name treffender Ausdruck für jene Haltung der Dissidenz, mit der der Held seiner Mitwelt gegenübersteht. „Bei Anders hatte es die spezifische Form des die Welt anders denkens," heißt es in Musils Disposition.[3] Bemerkenswert ist auch, dass schon in diesem Entwurf Mitte der zwanziger Jahre dem negativ bestimmten Eigennamen der Hauptfigur als Schauplatz ein gleichfalls negativ bestimmtes, unwirkliches Wien zugeordnet wird: „Er ist in Wien, weil Wien unwirklich ist. Irgendwie das Gefühl, hier am Platz zu sein."[4] Inwiefern Wien und das von dieser Hauptstadt repräsentierte Staatsgebilde die vom Protagonisten gesuchten Effekte des Unwirklichen und Anderen beherbergen, begründet sodann die Endfassung des Romans in ihrem berühmten „Kakanien"-Kapitel. Kakanien wird hier vorgestellt als das Land ohne Eigenschaften, als ein Staat, der nicht „ist", sondern sich selbst nur noch mitmacht. „Man handelte in diesem Land", so beteuert dieser Exkurs sibyllinisch, „immer anders, als man dachte, oder dachte anders, als man handelte." (MoE 34)

Kakanien ist das *andere Land*, zu dem es kein eines oder erstes mehr gibt, und insofern die Urmutter aller Alteritätserfahrungen, die den Musil'schen Figuren zustoßen. Wo andere Nationen ihren Nationalcharakter haben, hat Kakanien eine Leere, die Musil als

---

2   Hierzu ausführlich Honold 1995b.
3   Musil, Nachlassmappe 7/10/048.
4   Ebd.

„passive Phantasie unausgefüllter Räume" (MoE 34) beschreibt –
kunstvoller und nichtssagender zugleich kann man sich der Verpflich-
tung kaum entziehen, beim Erzählen auch von etwas Bestimmtem zu
erzählen. Oft übersehen allerdings wird an Musils so ironisch
federleicht daherkommender Kakanien-Satire, dass sich hinter ihren
scheinbar weltlosen Paradoxien und Tautologien eben doch eine
historisch unterfütterte, einlässliche Charakterskizze Österreichs und
seiner Verfassung zwischen 1867 und 1917 verbirgt. So unternimmt
das Kakanien-Kapitel im *Mann ohne Eigenschaften* eine Zeitreise
zurück in jene vielbesungene Habsburger Ära, als Böhmen noch bei
Österreich war – und infolgedessen in gewisser Weise tatsächlich am
Meer lag, wie es ihm geographisch großzügige Dichter von
Shakespeare über Ingeborg Bachmann bis Volker Braun immer
wieder nachsagten. „Gletscher und Meer, Karst und böhmische
Kornfelder gab es da", hilft Musil unserer Erinnerung nach, „Nächte
an der Adria, zirpend von Grillenunruhe, und slowakische Dörfer, wo
der Rauch aus den Kaminen wie aus aufgestülpten Nasenlöchern stieg
und das Dorf zwischen zwei kleinen Hügeln kauerte, als hätte die Erde
ein wenig die Lippen geöffnet, um ihr Kind dazwischen zu wärmen."
(MoE 32f.) Begünstigte Landstriche also, deren Schönheit mit
leibhaften oder gar animalischen Zügen ausgestattet wird, und die von
solch unterschiedlichem Gepräge sind, dass sie sich beim besten
Willen nicht zu einem Gesamtbild oder eben dem Porträt eines
sogenannten Nationalcharakters fügen lassen wollen. Die schiere
Unermesslichkeit der von diesem Fabelreich überstrichenen Räume
schlägt sich in einer landschaftlichen und kulturellen Disparität nieder,
die das Zurücklegen größerer Entfernungen innerhalb Kakaniens zur
Zeitreise werden lässt; von der Betriebsamkeit der Metropole in die
Verlassenheit menschenleerer Provinzposten, von der Leitvorstellung
einer „überamerikanischen Stadt" in die träge Beharrlichkeit des
Erdverwurzelten.

Wenn ein so heterogenes Gebilde als Ganzes zu agieren hatte, dann
stand die Vielzahl und Vielfalt seiner Glieder naturgemäß im
umgekehrten Verhältnis zur Geschwindigkeit seiner Fortbewegung.[5]

---

5   Vgl. dagegen zum „Fortschritts"-Topos der Geschwindigkeit im MoE: Gnam
    1999.

Sein ideeller Musil'scher Gesamtrhythmus schreitet voran im Tempo eines mäßigen Andante, welches sich aus dem beständigen Widerstreit von Impuls und Beharrung ergibt. Natürlich rollten auf den Straßen Kakaniens auch Automobile, räumt Musil ein,

> aber nicht zuviel Automobile. Man bereitete die Eroberung der Luft vor, auch hier; aber nicht zu intensiv. Man ließ hie und da ein Schiff nach Südamerika oder Ostasien fahren; aber nicht zu oft. Man hatte keinen Weltwirtschafts- oder Weltmachtsehrgeiz; man saß im Mittelpunkt Europas, wo die alten Weltachsen sich schneiden; die Worte Kolonie und Übersee hörte man an wie etwas noch gänzlich Unerprobtes und Fernes. (MoE 33)

Die weltpolitische Rolle dieses alten Österreichs gegen Ende des 19. Jahrhunderts war widersprüchlich, seine Lage verzwickt. Zwar stellte Kakanien im Zentrum Europas zweifellos noch immer eine der imperialen Großmächte dar, doch besaß es, anders als seine Nachbarn im Westen, keine territorialen Schutzgebiete oder Rohstoffreserven in überseeischen Gefilden. Zwar unterstanden dem kakanischen Viel-völkergebilde etliche Nationen und Ethnien, die das Habsburger-regiment als Apparat einer politischen, wirtschaftlichen und kulturellen Unterdrückung erlebten, die von kolonialen Verhältnissen nicht weit entfernt war; das bekannte Wort vom „Völkerkerker" deutet es an. Doch war dieser supranationale Verband andererseits kaum in der Lage, die partiellen Nationalismen und Insurgentenbewegungen tatsächlich effektiv zu unterdrücken, und musste sich daher mehr an fundamentaler Opposition gefallen lassen als andere europäische Imperialmächte.

Den kleinsten gemeinsamen Nenner des Landes bildeten, wenig verwunderlich, Militär und Verkehrswesen, denn sie allein reichten bis in die letzten Winkel und sorgten für eine gewisse Einheitlichkeit. „So oft man in der Fremde an dieses Land dachte", konstatiert der rückblickende Erzähler, „schwebte vor den Augen die Erinnerung an die weißen, breiten, wohlhabenden Straßen aus der Zeit der Fußmärsche und Extraposten, die es nach allen Richtungen wie Flüsse der Ordnung, wie Bänder aus hellem Soldatenzwillich durchzogen" (MoE 32). Die unermessliche Weite des Territoriums steht in auffälligem Kontrast zur Gemächlichkeit, mit der sich Zivilverwaltung und Militärposten anschicken, es zu beherrschen und zu erschließen.

In der Eröffnungsszene der *Verwirrungen des Zöglings Törleß* wird mit wunderbarer lakonischer Knappheit eine kleine Bahnstation beschrieben, deren Vorbild in dem mährischen Städtchen Hranice (Weißkirchen) zu suchen ist, in dem Musil selbst einige Internatsjahre verbracht hatte.

> Endlos gerade liefen vier parallele Eisenstränge nach beiden Seiten zwischen dem gelben Kies des breiten Fahrdammes; neben jedem wie ein schmutziger Schatten der dunkle, von dem Abdampfe in den Boden gebrannte Strich. Hinter dem niederen, ölgestrichenen Stationsgebäude führte eine breite, ausgefahrene Straße zur Bahnhofsrampe herauf. Ihre Ränder verloren sich in dem ringsum zertretenen Boden und waren nur an zwei Reihen Akazienbäumen kenntlich, die traurig mit verdursteten, von Staub und Ruß erdrosselten Blättern zu beiden Seiten standen. (GW 6: 7)

Während sich der Schienenweg scharf und fest über die staubige Erde legt, droht außerhalb seines Einzugsbereiches das Ungebahnte, die Ödnis rasch verwehender Spuren. Wo selbst die Vegetation derart zu kämpfen hat, gegen Dürre und Tristesse, scheint bald die Steppe zu beginnen.

Mit knappsten Mitteln gelingt es Musil im *Törleß*, die Verlorenheit eines vorgeschobenen Streckenpostens einzufangen, und mit ihr jene Distanz, die zwischen diesen Rändern der Doppelmonarchie und ihrer kaiserlichen Zentralgewalt klaffte. „Von Zeit zu Zeit, in gleichen Intervallen, trat der Bahnhofsvorstand aus seinem Amtszimmer heraus, sah mit der gleichen Wendung des Kopfes die weite Strecke hinauf nach den Signalen der Wächterhäuschen, die immer noch nicht das Nahen des Eilzuges anzeigen wollten, der an der Grenze große Verspätung erlitten hatte" (GW 6: 7). Nichts war aufregender als die Ankunft der Eisenbahn, sowohl des Schienennetzes selbst als auch der mit Sehnsucht erwarteten Züge, die wie Botschafter der Metropole empfangen wurden. Durch die dürftigen Kulissen verschlafener Provinzbahnhöfe wehten, für ein paar kurze Momente am Tag, die glanzvollen Namen weitentfernter Bestimmungsorte: Paris oder Moskau, Venedig, Triest und Konstantinopel. Der träge vor sich hindämmernde Bahnabschnitt, über den sich die Schmutz- und Staubschichten jahrelangen Wartens gelegt haben, führt in eine Welt, die von der Zivilisation aus zwar erreicht werden kann, aber nur der

Möglichkeit nach mit ihr verbunden ist. Die Landstriche ringsum, ohne die Bahn wären sie nichts als Verlassenheiten, *deserta*. – Aus größerem Abstand hat Joseph Roth der überkommenen Institution des Bahnhofsvorstehers ein Denkmal gesetzt, das den skurrilen Habitus der auf Abruf bereitstehenden, passiven Pflichterfüllung mit der Aura des Entschwundenen umhüllt. Roths *Stationschef Fallmerayer* ist ein Bild für viele seines Schlages; Jahre verbringt er damit, an einem unbedeutenden Haltepunkt der Wiener Südbahn den vorbeibrausenden Nachtzügen Richtung Triest und Venedig nachzuschauen – bis sich eines Nachts im Frühjahr 1914 eine jener Katastrophen ereignet, die im Rückblick zu Vorzeichen des Weltkriegs werden.

Zwar spricht auch Musil leicht verklärt vom entschwundenen Kakanien als einem „Staat, der in so vielem ohne Anerkennung vorbildlich gewesen ist", doch lässt seine Schilderung deutlich genug die Risse und Bruchstellen jener labilen Konstruktion hervortreten. Dem Scharfsinn des Wortkünstlers stellt sich die mit dem Weltkrieg zusammengebrochene k. und k.-Monarchie als der erste Staat dar, der „an einem Sprachfehler zugrundegegangen ist" (MoE 445). Die Karriere, die Musils ex post gebildeter Terminus Kakanien machte, zeigt, wie recht er hatte mit diesem Befund. Denn nicht Österreich war der Identitätskern dieses Gebildes, sondern seine k. und k.-Struktur, die linguistische Schizophrenie einer Bindestrich-Beziehung. Seit dem Verfassungsausgleich mit Ungarn 1867 bildete das kaiserlich-königliche Österreich die Hälfte einer Doppelmonarchie, deren andere, ungarische Hälfte sich mit ihrer kulturellen Eigenständigkeit offensichtlich sehr viel leichter tat. Auch hier galt zwar, dass die ‚andere' Reichshälfte die Voraussetzung für die Identität der eigenen darstellte („Der Österreicher kam nur in Ungarn vor und dort als Abneigung", MoE 170), doch geriet eben diese interkulturell plausible Wechselbestimmung im kakanischen Dualismus in die Krise. Das „österreichisch-ungarische Staatsgefühl", so versucht Musils Erzähler die verzwickte Situation zu ordnen, „bestand nicht etwa aus einem österreichischen und einem ungarischen Teil, die sich, wie man dann glauben könnte, ergänzten, sondern es bestand aus einem Ganzen und einem Teil, nämlich aus einem ungarischen und aus einem österreichisch-ungarischen Staatsgefühl, und dieses zweite war in

Österreich zu Hause, wodurch das österreichische Staatsgefühl eigentlich vaterlandslos war." (MoE 170)

Während die Ungarn sich innerhalb des Vielvölkergefüges als eigene Kulturnation definieren konnten, so insinuiert diese Erklärung, war dies den Bewohnern der österreichischen Reichshälfte verwehrt, da sie zur kulturellen Distinktion sich allenfalls nach ihrer jeweiligen Teilnation hätte klassifizieren können, was letztlich die Preisgabe des übergreifenden habsburgischen Herrschaftsanspruches bedeutet hätte. Tatsächlich hatte von den fünf Nationalitäten, deren Siedlungsgebiet vollständig oder überwiegend innerhalb der Reichsgrenzen lag – Ungarn, Tschechen, Slowaken, Slowenen und Kroaten – einzig das Königreich Ungarn mit dem Verfassungsausgleich von 1867 politische Souveränität erlangt. Zog man dieses kulturell vergleichsweise klar konturierte Gebilde also ab, worin bestand dann eigentlich das kakanische Österreich? Nach offizieller Sprachregelung aus den „im Reichsrat vertretenen Königreichen und Ländern", doch weil diese hölzerne Formel kaum jemand über die Zunge brachte, geschweige denn sie in sein Herz zu schließen vermochte, konnte man es ihm nicht verübeln, bemerkt Musil, „wenn er sich lieber nach seiner Umgangssprache kurz als Deutscher, Italiener, Ruthene, Tscheche usw. bezeichnet".[6] Zu dieser Feststellung, die in leicht abgewandelter Form in das 98. Kapitel des Romans Eingang fand (vgl. MoE 451), gelangte Musil bereits zu Lebzeiten des alten Kakaniens, in einem jener Artikel, die er in den letzten beiden Kriegsjahren als Redakteur für die Bozener Soldatenzeitung verfasste.

Die Unaussprechlichkeit des von einer höchst fragilen Konstruktion zusammengehaltenen Staatsgebildes ist notabene nichts anderes als ein Problem des Eigennamens und damit der Eigenschaft – womit sich Kakanien tatsächlich als ein kollektives Double des Protagonisten erweist. Die charakterologische Handschrift Ulrichs wird bekanntlich bereits bei der Wahl seines Domizils und seiner Inneneinrichtung auf eine entscheidende Probe gestellt. Über sein sogenanntes „Schlößchen" erfahren wir, dass es „einst ein vor den Toren liegender Sommersitz gewesen war, der seine Bestimmung verlor, als die Großstadt über ihn hinwegwuchs" (MoE 13). Zum

---

6   *Soldatenzeitung* 1917; zit. nach Giovannini 1987/88, S. 91.

Fremdkörper in der umgebenden Großstadtszenerie geworden, ist dieses Anwesen geradezu ein Emblem jener Ungleichzeitigkeit des Gleichzeitigen, die durch die Interferenz verschiedener Geschichts-, Kultur- und Sozialformen auf ein und demselben Fleck entsteht. Auch der eklektische Baustil des Schlösschens ist ein Spiegelbild heterogener Zeiten und Stilrichtungen, was es prädestiniert zum Wohnort einer multiplen und insofern eigenschaftslosen Persönlichkeit: „seine Traggewölbe waren aus dem siebzehnten Jahrhundert, der Park und der Oberstock trugen das Ansehen des achtzehnten Jahrhunderts, die Fassade war im 19. Jahrhundert erneuert und etwas verdorben worden" – spätestens hier ahnen wir, dass es sich bei dem Hause Ulrichs um eine fast maßstabsgetreue historische Allegorie Kakaniens handeln muss, und Musil fährt fort: „das Ganze hatte also einen etwas verwackelten Sinn, so wie übereinander photographierte Bilder; aber es war so, daß man unfehlbar stehen blieb und ,Ah!' sagte." (MoE 12)

Nur konsequent erscheint es angesichts dieses stilistischen und funktionalen Pluralismus, dass Ulrich auf den von einer Modezeitschrift verhängten Charaktertest: „Sage mir, wie du wohnst, und ich sage dir, wer du bist" damit reagiert, dass er, wie es diplomatisch heißt, „die Einrichtung seines Hauses einfach dem Genie seiner Lieferanten" überlässt, „in der sicheren Überzeugung, daß sie für Überlieferung, Vorurteile und Beschränktheit schon sorgen würden." (MoE 20f.) Der Kompromiss zwischen widerstreitenden Anforderungen und stilistischen Richtungen kann nicht durch ästhetisches Räsonnement gebildet werden, sondern nur durch völliges Gewährenlassen – eine erzkakanische Lösung also. Nicht nur dem architektonischen Eklektizismus der Wiener Ringstraßenära hat Musil damit ein Denkmal gesetzt, er zieht darüber hinaus eine ästhetische Analogie zwischen diesem verwackelten Sinn übereinander photographierter Stiltraditionen und der kulturellen Heterogenität des kakanischen Staatsgebildes. In dem 1919 erschienenen Aufsatz *Der Anschluß an Deutschland* sieht Musil die Gründe für den Untergang Kakaniens in der Kombination von mangelnder Modernisierungsdynamik und fehlender Integration seiner disparaten Nationalitäten. „Wäre Österreich ein Staat von so großem Tempo gewesen", wie es der deutsche Nachbarstaat in der zweiten Hälfte des 19. Jahrhunderts

bei seiner Industrialisierung hatte gewinnen können, „so hätte es
vielleicht die Interessen seiner Völker in einem dynamischen
Gleichgewicht verschmelzen können", spekuliert Musil, um dann zu
schlussfolgern: „da es schwerfällig und schlecht ausbalanciert war *und*
langsam fuhr, fiel es vom Rad."[7] Unmittelbar nach Kriegsende und
Niederlage also schätzte Musil die kakanische Gemächlichkeit längst
nicht so positiv ein wie in den vorhin zitierten Passagen des Kakanien-
Kapitels.

Die Erfahrungen der Kriegsjahre bilden für Musils Anatomie
Kakaniens den entscheidenden Ansatzpunkt. „Bin ich Österreicher?"
hatte er seine oben zitierte Glosse für die *Soldatenzeitung* betitelt –
was für eine Frage, noch dazu im Kriegszustand, dem ‚anderen
Zustand' schlechthin. Gerade im Kriege aber entfaltete sich das
Nationalitätendilemma des österreichischen Staatsgefühls in seiner
vollen Schärfe, denn an vielen Fronten sahen sich die grenznahen
Nationalitäten in einen Kampf gegen ihre eigenen nationalkulturellen
Zugehörigkeiten hineingezogen. Insbesondere an der italienischen
Front lag die Gefahr des Irredentismus nahe, und auf dieses Problem
richteten sich auch Musils Propagandabestrebungen bei seiner Arbeit
für die *Soldatenzeitung*. Die ideologische Mobilmachung konnte sich
im Unterschied zu den europäischen Nationalstaaten eben nicht auf
nationale Identität stützen, sondern nur auf die „Erziehung zum Staat",
so die Überschrift eines anderen Beitrags der *Soldatenzeitung*. In
einem weiteren, 1917 verfassten Zeitungsartikel versucht Musil das
Phänomen der Ungleichzeitigkeit in einem Bild zusammenzufassen,
das zwar die strukturelle Überalterung Kakaniens und die Disparität
seiner geschichtlichen Kulturen nicht verleugnet, sie aber in ein
wohlwollendes Licht treten lässt – und die dabei eingesetzte
Metaphorik kommt der Beschreibung von Ulrichs Gartenschlösschen
schon erstaunlich nahe. Die „Gegenwart", so Musils Vergleich, „ist
ein bejahrter Kasten, dessen Grundmauern fast so alt sind wie die Zeit,
während seine Wände von jeder Generation verändert wurden, die ihre
Um- und Anbauten machte, soweit es ihr nötig schien, bis endlich die
heutige Gestalt herauskam."[8]

---

7   Musil, *Der Anschluß an Deutschland*. In: GW 10: 1038.
8   *Soldatenzeitung* 1917; zit. nach Giovannini 1987/88, S. 93.

Nimmt man das mit dieser Metaphorik entworfene Modell Kakaniens beim Wort, geht es nicht mehr um Propaganda oder militärische Vorwärtsverteidigung – die Devise kann nur noch lauten, sich in diesem Durcheinander noch einigermaßen kommod einzurichten, während es bereits in sich zusammenfällt. Erkenntnisse oder gar Empfehlungen für die multikulturelle Integration sind von der Fallgeschichte Kakaniens durchaus nicht zu erwarten, wohl aber Einsichten und Aufschlüsse in das historische Schichtengefüge seiner kulturellen Interferenzen. Ein wie mir scheint analytisch recht weitreichendes Modell der soziokulturellen Situation dieses Vielvölkerstaates hat Musil in den Ansätzen und Entwürfen zur Schilderung der Stadt Brünn entwickelt, der Heimat seiner Jugendjahre. In der Endfassung des Romans spielt Brünn als Kindheitsort und Vaterstadt Ulrichs den Gegenpart zur Residenzstadt Wien, ein Hort verdrängter Erinnerungen. Das an handlungsentscheidender Stelle plazierte Telegramm vom Ableben seines Herrn Vaters wird Ulrich jene Reise in die Vergangenheit aufnötigen, die zur Wiederbegegnung mit der Schwester führt und damit den Gesellschaftsroman schlagartig in eine Kammerspielsituation umwandelt. Doch wie Brünn als ein räumlicher Katalysator für die vergessene Schwester fungiert, so sollte es der Konzeption nach am Ende des Romans auch für die politische Situation Kakaniens eine anamnetische Bedeutung haben – als emblematischer Schauplatz der kakanischen Kulturkonflikte und „Herd" des Weltkrieges.

Im später verworfenen *Nationen*-Kapitel ist Brünn der Ort vehementer Demonstrationen gegen die Parallelaktion. Zu längeren Ausführungen über die Stadt sollte es zwischen den Geschwistern und General Stumm von Bordwehr anlässlich der Figur des Dichters Friedel Feuermaul kommen (einer recht unfreundlich geratenen Karikatur Franz Werfels), der, so Musils Entwurf, in Brünn „als Sohn eines reichen Tuchkommissionärs geboren" wurde; die Stadt wird von Musil gerne als „Tuch- und Garnstadt" oder „Spinn- und Webstadt" apostrophiert,[9] womit nicht nur ihre für kakanische Verhältnisse relativ weit fortgeschrittene Industrialisierung angedeutet ist, sondern auch eine assoziative Nähe zur Verwebung dieses Schauplatzes in das

---

9   Musil, Nachlassmappe 7/01/052.

textile Motivgeflecht des Romans geschaffen wird. In einem ausführlichen Kapitelentwurf aus dem Nachlass fungiert Brünn als die *kakanische Stadt* schlechthin, seine Verwerfungen und Konflikte sind die eines multiethnischen, historisch vielschichtigen und sozial höchst disparaten Nationalitäten- und Klassengefüges. „Dieses Br. [Brünn]", so führt das Nachlass-Kapitel aus,

> war um das Jahr 1890 herum, wo der junge Fm. [Feuermaul] geboren wurde, eine sonderbare Stadt. Um eine alte, häßliche auf einem Berg liegende Festung herum, deren Kasematten in der 1. Hälfte des 19. Jahrhunderts als Staatsgefängnis gedient hatten u. berüchtigt waren, lag ein alter, wenn auch längst vermauerter Stadtkern, von dem nicht allzu zeitgemäßen Geschäftsbetrieb wohlhabender Bürger erfüllt; um diesen Kern breiteten sich im Ring die Fabriksviertel, große, schmale, schmutzige Häuserschachteln mit unzähligen Fensterlöchern, aufgefädelt längs einiger gewundener, breiter, schlecht gehaltener Straßen u. einem Gewirr von Nebengäßchen, hohe graue Kamine ragten als traurige Flaggenmaste darüber hinweg; wo sich das dann ins Land verlor, begann schwarzbraune, fette fruchtbare Erde, geduckte Dörfer, in einer Zeile die Landstraße begleitend u. in den Farben des Regenbogens angestrichen, fremd reizvolles Bauernland, aus dem die Fabriken ihre Arbeiter, Männer u. Frauen, sogen, u. weites Rübenland, das Großgrundbesitzern gehörte.[10]

Von außergewöhnlichem Reiz ist dieses Fragment, da hier ausdrücklich Phänomene der Industrialisierung und Modernisierung in den Blick genommen und in ihren Auswirkungen auf Stadtbild und Siedlungsstruktur beleuchtet werden. In einer Randbemerkung notiert Musil, die geschilderten Verhältnisse führten in Brünn zu einem „Nebeneinander, wie es für Kakanien typisch" sei. Das bedeutet: Die Spuren unterschiedlicher Zeiten sind als diachrone Dimension in einem synchronen Raum präsentiert, eben als unverbundenes Nebeneinander einer Gleichzeitigkeit des Ungleichzeitigen. Wiederum erinnert das beschriebene Weichbild der Stadt an die kompositorische Eklektik der Wohnung des Mannes ohne Eigenschaften, nur diesmal nicht schichtweise vom Gewölbe zur Belletage aufsteigend, sondern in peripherem Wachstum, wie es in der europäischen Stadtentwicklung vom Spätmittelalter bis ins 19. Jahrhundert das häufigste Muster war, von innen nach außen fortschreitend wie Jahresringe.

---

10 Musil, Nachlassmappe 7/01/052.

Handel, Industrie und Agrikultur sind in konzentrischer Topographie der bürgerlich-wohlhabenden Stadt und ihrem symbolischen Kern angelagert, als ringförmig segregierte Areale von Fabrikflächen und umliegendem Bauernland.

In der Druckfassung des Romans erscheint, als hierzu komplementäre Vorstellung der Heimatstadt Ulrichs, die soziale und kulturelle Disparität Brünns in einem physiognomischen Bilde dargestellt. Ein Bild, das sich zum Porträt gerade nicht runden will und das deshalb, einmal mehr, das Signum der Eigenschaftslosigkeit, der sich selbst dekomponierenden Andersheit trägt. „In ihrem Wesen", so also die Beschreibung Brünns zu Beginn des Zweiten Buches,

> lag [...] etwas Heimatlos-Koloniales. Ein ältester Kern deutschen Bürgertums, der vor Jahrhunderten auf slawische Erde geraten war [...], aber über diese Vergangenheit hatte sich in der Zeit der absoluten Verwaltung das große Aufgebot einer kaiserlichen Statthalterei gelagert mit seinen Zentralämtern der Provinz, mit den Haupt- und Hochschulen, den Kasernen, Gerichten, Gefängnissen, dem Bischofssitz, der Redoute, dem Theater, allen Menschen, die dazugehörten, und den Kaufleuten und Handwerkern, die sie nach sich zogen, so daß sich schließlich auch noch eine Industrie zugewanderter Unternehmer anschloß, deren Fabriken Haus an Haus die Vorstädte füllten und das Schicksal dieses Stücks Erde in den letzten Menschenaltern stärker beeinflußt hatten als alles andere.

Soweit Musils chronologisch-topographische Skizze, nun aber folgt ihre abschließende physiognomische Quintessenz: „Diese Stadt hatte eine Geschichte, und sie hatte auch ein Gesicht, aber darin paßten die Augen nicht zum Mund oder das Kinn nicht zu den Haaren, und über allem lagen die Spuren eines stark bewegten Lebens, das innerlich leer ist." (MoE 671f)

Zum „Schauplatz erbitterter Kämpfe",[11] wie es das in den Weltkrieg führende finale Szenario des Romans vorsah, konnte Brünn vor allem deshalb werden, weil es die Kakanien-typischen Nationalitätenkonflikte in besonders dichter Weise beherbergte. Wenn man, so Musil, von Offizieren und Beamten absah, „lebten [...] beinahe ebensoviel Tschechen wie Deutsche in dieser Stadt, und außerdem war sie die Hauptstadt einer Provinz, in der doppelt soviel Tschechen

---

11 Musil, Nachlassmappe 7/01/058.

als Deutsche lebten".[12] Geschichtliche Überlieferungen betrachteten diese kulturelle Überlappung nicht als Chance, sondern vorwiegend als Antriebskraft zu religiösen und kulturellen Aggressionen. „Man konnte in den Schulen dieser Stadt lernen, daß hier der Türkenprediger Kapistran gegen die Hussiten gepredigt habe, zu einer Zeit, wo gute Österreicher auch in Neapel geboren werden konnten"[13] – was den kulturellen Abgrenzungsversuchen, bei aller Militanz, einen ebenso verzweifelten wie lächerlichen Anstrich verleiht. In einer späteren Fassung der Skizze dieser kakanischen Stadt lässt Musil die groteske Austauschbarkeit der Nationallegenden noch drastischer hervortreten. „Natürlich war", so heißt es dort, „die Stadt ebenso auch in die stolzen hussitischen Erinnerungen der Tschechen verflochten und in die selbständigen geschichtlichen der Ungarn […], und es fehlte in den nichtdeutschen Schulen der Stadt keineswegs an Hinweisen darauf, daß diese Stadt nicht deutsch sei und daß die Deutschen ein Diebsvolk seien, das sich sogar fremde Vergangenheiten aneigne." (MoE 1444)

Was aber kann, unter solchen Voraussetzungen, die Formen des alltäglichen Gemeinschaftslebens der Menschen dann noch zusammenhalten? Wenn Kultur eine Art gemeinsamer Teppich ist, aus vielerlei Fäden von verschiedensten Seiten zugleich geknüpft und fortgewoben, so verdient die kulturelle Melange dieser Musil'schen Web- und Spinnstadt als ziemlich fadenscheinig bezeichnet zu werden. Nur in einem Punkte deutet Musils schonungslose Anatomie der kakanischen Stadt eine Form jener Hybridität an, die in der gegenwärtigen Interkulturalitätsdebatte eine so prominente und positive Rolle spielt. Das Medium, in dem die Kulturen sich aufeinander zubewegen, in welchem Effekte der Vermischung sich am ehesten bezeugen, ist – wenig verwunderlich – die Sprache. „Wenn man sagen dürfte, zwei Sprachen nicht zu sprechen, sei schon ein gewisses Zeichen von Kultur, so würde Diotima hier besondere Funde zur österreichischen Kultur machen können, denn die kleinen Leute dieser Stadt sprachen weder tschechisch noch deutsch, sondern ein

---

12 Ebd.
13 Musil, Nachlassmappe 7/01/052.

selbsterfundenes Gemisch aus deren Teilen."[14] Geburt, Schicksal und Ende Kakaniens, und erst recht die skurrilen Episoden dazwischen, erweisen sich einmal mehr als die Folge eines Sprachfehlers. Eines Fehlers allerdings, zu dem es, wie zum Musil'schen Fabelland mit Namen „Kakanien", das korrekte Wort, das *mot juste* niemals gegeben hat.

---

14 Musil, Nachlassmappe 7/01/061.

Ursula Reber (Wien)

Einen Gedanken fassen
Bemerkungen zu ‚Geist und Seele' mit Hilfe von Musil,
unter Zeugenschaft Nietzsches

> Der Irrsinn ist bei Einzelnen etwas Seltenes, – aber bei Gruppen, Parteien,
> Völkern, Zeiten die Regel. *(Jenseits von Gut und Böse* IV 156; KSA 5: 100)[1]

Wollte man den über 1000 Seiten starken Roman *Der Mann ohne
Eigenschaften* auf eine Grundstruktur reduzieren, seine ‚Matrix'[2] an-
geben, könnte sich dabei ergeben: „Einen Gedanken fassen". Das
Bedürfnis sämtlicher Figuren, einen Gedanken zu denken ist so
dringlich, dass der Protagonist Ulrich ernsthaft zur Begründung des
„Generalsekretariats für Genauigkeit und Seele" schreitet. Aber an
keiner Stelle im gesamten Roman kommt es zu der angestrebten
Kombination von „Genauigkeit und Seele", der Gedanke gewinnt
nirgends Gestalt, sondern hüllt sich weiterhin in der Kombination von
„Geist und Seele" in unterschiedliche Masken und Verkleidungen,
deren wichtigste die nationale Idee und die der unzulänglichen, darauf
folgenden Reaktion der Parallelaktion sind. Hans Sepp, die Figur des
nationalen Mystikers, wird beim Ringen um einen Gedanken im
Zentrum stehen. Ich werde anhand dieser und weiterer Musil'scher
Figuren zu zeigen versuchen, was den nationalistischen Denktypus
vom nichtnationalistischen unterscheiden könnte, aber auch worin sich
diese Figuren inklusive des Erzählers und des Protagonisten gleichen.

    Mit Musil (und unterdessen einem Gemeinplatz) gehe ich davon
aus, dass Nationalität und Nation zwei unter vielen menschlichen

---

1   Alle Nietzsche-Zitate folgen der *Kritischen Studienausgabe* (Nietzsche 1999).
2   Riffaterre 1978.

Konstruktionen sind,[3] die der Identitätsbildung und dem Denken in Einheiten dienen. Zugleich werden die so gedachten und ins Leben gerufenen Einheiten hierarchisch um ein Herrschaftszentrum des „Ich/Wir" angeordnet.[4] Der Typus des Nationalisten gibt sich als ein narzisstischer Mensch, der „auf die Exaktheit des Denkens verzichte[t], die für [ihn] nur eine geringe Versuchung bedeutet, und dann mit Hilfe einer angeblichen ‚Gefühlserkenntnis' für die Befriedigung des Gemüts, die ‚notwendige' Harmonie und Rundung des Weltbilds doch nur einen Allgeist, eine Weltseele oder einen Gott erfinde[t], der nicht mehr ist als die akademische Kleinbürgerlichkeit, aus der er stammt, im besten Fall eine Überseele, die die Zeitung liest und ein gewisses Verständnis für soziale Fragen bekundet." Eine reiche Seele ohne geistige Form und Denkkategorien, zeichnet den Nationalisten aus, „ein gestaltloser Gefühlsüberschuß, aus dessen Gallerte neben allen anderen Formen des Gesundbetens, -tanzens und

---

3   Vgl. Musil, *Der Anschluss an Deutschland [März 1919]*. In: GW 8: 1033–1042. –
    „Denn die Nation ist ja weder eine mystische Einheit, noch eine ethnische, noch
    auch geistig wirklich eine Einheit – [...] – wohl aber ist sie als Sprachgemeinde
    ein natürlicher Leistungsverband, das Sammelbecken, innerhalb dessen sich der
    geistige Austausch zunächst und am unmittelbarsten vollzieht. Diese
    geistesorganisatorische Bedeutung der Nation bleibt auch für den weitest
    gesteckten Humanismus und Kommunismus bestehn; höchstens könnte man aus
    Mißverständnis des Worts gegen sie einwenden, daß Geist nicht organisiert
    werden soll, sondern unbestimmbar wächst [...]. Und da der Geist einer Nation
    nicht über ihr schwebt wie über einem Diskutierklub, sondern sich verwirklichen
    will, so bedarf er dazu eines einheitlichen materiellen Apparats." (GW 8: 1035). –
    Vgl. außerdem Musil, *Die Nation als Ideal und Wirklichkeit [Dezember 1921]*. In:
    GW 8: 1059–1065. – Weiterhin wird im gesamten *MoE* v.a. durch die Figur
    Leinsdorf davon gesprochen, dass Geisteshaltungen wie Nationalitätsbewusstsein,
    Staatstreue etc. (notfalls) *erfunden* werden müssen. Vgl. dazu in der umfassenden
    Studie zum Nationalismus bei Musil Bringazi 1998, v.a. S. 71ff. u. S. 207ff.
4   Zu Musil als Post/Colonial Theoretiker *avant la lettre* cf. Jonsson 2000, S. 240ff.
    Ich würde ergänzen: mit verbleibenden „Befangenheitssymptomen". Bei aller
    Hellsichtigkeit, die Musil in Sachen des gesellschaftlichen Konstruktivismus und
    subtiler Herrschaftsbeziehungen bezeugt, verlässt er doch ebensowenig wie
    Nietzsche gewisse kategoriale Vorstellungen, zu denen auch in seinem Fall
    Varianten von „Geist und Seele" sowie der „Erfahrung" gehören.

der korsettlosen Menschenwürde auch der Modernismus seine Nahrung zieht."[5]

Hinsichtlich der Übertragbarkeit des literarischen Kakaniens auf das geschichtliche Österreich[6] lässt sich – trotzdem sie schon längst vollzogen ist – gleichwohl streiten. Die Geografien, die Musil im MoE entwirft, sind fiktiver Natur: Nicht von Österreich, sondern von „Kakanien" ist die Rede, das kaiserliche Oberhaupt dieses Landes wird nicht namentlich genannt etc. Nichtsdestotrotz wird der Name „Kakanien" von der kaiserlich-königlichen Monarchie, die als Habsburger-Monarchie existierte, hergeleitet und die „beste[] Bürokratie" (MoE 32) in Europa verortet, Konstellationen und Kräfteverhältnisse der Vorkriegszeit nachgezeichnet. So wundert es nicht, dass die „fiktive Geografie" Kakaniens in nachfolgenden Zeiten zu einer ‚imaginären Geografie' wird und nicht nur in die vergleichende Analyse Kakaniens und Österreichs Eingang findet, sondern auch in diverse kursierende Vorstellungen einer „Versuchs-station Europa" oder Mitteleuropa, in deren Regionen das von Musil liebevoll geschilderte Versagen des plurinationalen und kaiserlich-bürokratischen Kakaniens zu einer aufgrund einer Kette unglücklicher Zufälle und von Fremdverschulden untergegangenen, glorreichen Vergangenheit umgedeutet werden. Diese Umkehrung jener glor-reichen Vergangenheit findet nicht nur in die imaginären Geografien der historisch-soziologischen Wissenschaften, sondern sogar in eine utopische Zukunftsplanung Eingang. Der MoE kann insofern gemeinsam mit einer Reihe weiterer literarischer Werke, die auf eine liebevolle und subtil-ironische Art vom Verlust einer wie auch immer als groß gedachten Vergangenheit wie Roths *Radetzkymarsch*, Zweigs *Die Welt von Gestern*, aber auch Doderers *Strudlhofstiege* als Diskurs-Knotenpunkt angesehen werden, der nicht nur seinerseits Realien in die Fiktion transportiert, sondern auch in der Umkehrbewegung Fiktionen in die Realität entlässt. Zahlreiche Arbeiten über Mittelost- oder Zentraleuropa transportieren die im gebrochenen intertextuellen Dialog mit der historischen Lebenswirklichkeit gewonnene Vorstel-

---

5 Vgl. Musil, *Das Geistliche, der Modernismus und die Metaphysik*. In: GW 8: 987–992, S. 989.
6 Vgl. dazu *pars pro toto* Jonsson 2000, S. 217ff.

lungswelt „Kakanien" in diese zurück. Die Beschreibung der Vielschichtigkeit und Ausdifferenziertheit gesellschaftlicher Rollen und ihrer widersprüchlichen Identifikationsangebote[7] greifen auf die „zehn Charaktere" in einer Art zurück, die auf ihre Weise an eine „symbolische Deckung" denken lassen. Eine Sicht auf die Moderne, resp. die „kakanische", die systemische Darstellungsweisen mit der Kategorie der ‚Erfahrung' vermischt, indem auf Grund mehr oder weniger literarischer Texte (ich zähle in diesem Zusammenhang auch Nietzsche unter die „Literaten") von der allgemeinen Bewusstseinslage einer anwachsenden (problematischen) Differenzierung und Disgregation ausgegangen wird – die allerdings dadurch, dass sie in einem ganz bestimmten elitären Diskurs von Schriftstellern und Philosophen verbalisiert wird, keineswegs auf eine kollektive Befindlichkeit oder einen kollektiven Identitätsumbruch hindeuten muss – geht m.E. einen Schritt hinter den Lehrmeister Musil zurück, der dieses Empfinden wohlweislich als ein immer wieder Herzustellendes entsprechenden Figuren wie Clarisse, Meingast etc. zuordnet. Andererseits besteht hier auch die Gefahr, unwillentlich dem sympathischen, aber hoch autoritären,[8] in unterschiedlichste, in der Auflösung befindliche Herrschaftsdiskurse eingebundenen Leinsdorf[9] mit seinem nostalgischen Blick auf eine nur scheinbar überschaulicher strukturierte und weniger „differenzierte" monarchische Vergangenheit Recht zu geben.

Nietzsches Texte bilden Hintergrund und Subtext nicht nur für diese Analyse, die sie in der Gestalt von Zitaten begleiten werden und unkommentiert Musils Text und meine unzulänglichen Worte dazu erhellen mögen, sondern auch für den *Mann ohne Eigenschaften* selbst. Zwischen dem Essay-Roman und den Nietzscheanischen Aphorismen und Invektionen besteht ein auffälliger struktureller Zusammenhang, der über eine Intertextualität zwischen dem MoE und

---

7 Vgl. bspw. Csáky 2000a, v.a. S. 3, und Csáky 2000b; vgl. auch die Quelle Le Rider 1990.
8 Vgl. Bringazi 1998, S. 72f. u. S. 212ff.
9 Ebda., S. 100f.

Nietzsches Schriften als Denksystem hinausgeht.[10] Er äußert sich in der Wahl der Figuren, die Denk- und Habitustypen abgeben, wie sie durch Nietzsche vorgegeben sind, aber auch im schriftstellerischen Verfahren,[11] das invektive Blitzlichter auf eng abgegrenzte Felder wirft und diese „Momentaufnahmen" lose in Wiederholungen mit übergreifenden Kontexten verbindet sowie im direkten kontextuellen Zugriff auf Zeitgenossen (deren Ähnlichkeit mit den Figuren weder zufällig noch unbeabsichtigt ist), die als Folie für kleine Lehrstücke dienen.[12]

Die grössten Ereignisse und Gedanken – [...] – werden am spätesten begriffen: die Geschlechter, welche mit ihnen gleichzeitig sind, e r l e b e n solche Ereignisse nicht, – sie leben daran vorbei. Es geschieht da Etwas, wie im Reich der Sterne. (*Jenseits von Gut und Böse.* IX. 285; KSA 5: 232)

---

10 Eine Einflussstudie legt Brooks vor; er legt schlüssig dar, dass die Figur Ulrich die Perfektion des Nietscheanischen musizierenden Sokrates als Inbild der Versöhnung zwischen rationalisitisch-wissenschaftlichem und ästhetischem Trieb sei. Insofern läge mit dem *MoE* der Versuch vor, Nietzsche zu Ende zu schreiben, bzw. die Umsetzung seiner Ästhetik in das Objekt. Vgl. Brooks 1989.

11 Die „Wahlverwandtschaften" gehen über die Ähnlichkeit zwischen Aphorismus, Traktat und Essay hinaus und betreffen v.a. die Frage des ‚Stils', der bei Nietzsche bekanntermaßen eine komplexe Form wertenden Schreibens betrifft und mit der *actio in distans* in Verbindung steht, und der von Musil in seiner ‚mathematischen' Diktion aufgegriffen wird. Inwieweit auch die Musil'sche „taghelle Mystik" zum dionysisch-dunklen Dithyrambus wird, könnte ein Nebenthema dieses Beitrags sein, das aber nicht explizit komparativ ausgeführt wird. Insgesamt steht eine umfassende Untersuchung in ‚Stil'-Fragen noch aus; wichtige und ertragreiche Vorarbeiten finden sich bei: Dresler-Brumme [2]1993. – Ohne Bezug auf Nietzsche liefert wichtige Beiträge zur Kategorie der nicht-ratioiden Schreibweise des Essayismus in Bezug auf psychoanalytisches Wissen: Monti 1999. Zudem möchte ich auf den Ansatz von Márta Horváth verweisen, die die strukturelle Ähnlichkeit im Begriff der ‚Umkehrung' [der Werte] aufsucht. Vgl. Horváth 2003.

12 Noch auffälliger sind die intertextuellen Zusammenhänge in den *Essays und Reden*. Nicht nur nimmt Musil häufiger auf den ‚Vater' im Sinne der Bloom'schen „anxiety of influence" Bezug (GW 8: 1019; Musil, *Mathematische Moral: Das Erbe Nietzsches*. In: GW 7: 899 et pass.), sondern lehnt sich in Thematik, ‚Denkhorizont' und Stil bis zum Zitat an das Vorbild an.

‚Kakanien' bezeichnet weniger ein Land oder einen Staat, schon gar keine Nation, sondern ein bestimmtes kulturelles Verhalten, eine gesellschaftliche Situation in bestimmten Strukturen, die Musil die Entweder-Und-Oder-Struktur nennt, und einerseits den Adel, andererseits die bürokratisch organisierte Form der Mittelmäßigkeit zu ihren Grundpfeilern erklärt, die „Genie und geniale Unternehmungssucht an Privatpersonen, die nicht durch hohe Geburt oder einen Staatsauftrag dazu privilegiert waren, als vorlautes Benehmen und Anmaßung [empfand]. [...] Und in Kakanien wurde überdies immer nur ein Genie für einen Lümmel gehalten, aber niemals, wie es anderswo vorkam, schon der Lümmel für ein Genie." (MoE 32f.)

Kakanien als unentschiedene Gesellschaft, die allem Neuen gegenüber von Misstrauen erfüllt ist,[13] gibt die Folie für den Musil'schen Figurenreigen in seinem Ringen um den Gedanken ab. Der Darstellungsmodus entwickelt sich in Absetzung zum Bild einer typischen amerikanischen Großstadt,[14] in der sich alles in hektischer Betriebsamkeit befindet und jedes Gesellschaftsmitglied einem persönlichen Ziel ewig zustrebt, aus dem Leitbild einer modernen Lebensform also, die sich stets am Puls der Zeit, im Herzen des Zeitgeistes befindet.

---

13 Vgl. die Essays *Politik in Österreich, Buridans Österreicher* und *Der Anschluß an Deutschland.* – „Es gibt wenig Länder, die so leidenschaftlich Politik treiben, und keines, wo Politik bei ähnlicher Leidenschaft so gleichgültig bleibt wie in diesem; Leidenschaft als Vorwand. Nach außen ist alles so sehr parlamentarisch, daß mehr Leute totgeschossen werden als anderswo, und es stehen alle Räder alle Augenblicke wegen der nächstbesten Parteidrehung still; [...]. Aber alles ist halb wie eine Konvention, ein Spiel nach Übereinkommen. [...] Es könnte ein großer, wenn auch erst negativer Idealismus darin gesehen werden. Das Tun legt diese Österreicher nie ganz auf sein Niveau fest. [...S]ie haben die passive Phantasie unausgefüllter Räume und gestatten eifersüchtig einem Menschen alles, nur nicht den seelisch so präjudizierenden Anspruch auf den Ernst seiner Arbeit." (Musil, *Politik in Österreich [Dezember 1912].* In: GW 8: 992–995, S. 992f.). – Es braucht diese Belegstelle kaum, die in anderen Worten denselben Inhalt wiedergibt, der in der vielzitierten *MoE*-Stelle Kakanien zugeschrieben wird, um zu zeigen, dass für Musil der Abstraktionsgrad vom ‚realen' Österreich zum literarischen System ‚Kakanien' ein geringer war.

14 In den Essays stellt Musil den österreichischen Staat samt seiner kulturellen Eigenheiten dem Deutschen gegenüber, der entsprechend die Attribute der Fortschrittlichkeit, Sachlichkeit und nüchternen Betriebsamkeit übernimmt.

Der Zeitstrom mit seinem Zeit-Geist bildet in Musils Text eine eigene Entität, die von einer seltsamen Art Leben beseelt ist und den aktiven Part im historischen Geschehen übernommen hat, wohingegen die „behandelten" Individuen sich nur einbilden, sie könnten seine Richtung und Modalität lenken oder stoppen. Die Umkehrbewegung scheint um den Preis der gesellschaftlich-politischen Unentschlossenheit nur in Kakanien möglich zu sein:

> Es war nach seiner Verfassung liberal, aber es wurde klerikal regiert. Es wurde klerikal regiert, aber man lebte freisinnig. Vor dem Gesetz waren alle Bürger gleich, aber nicht alle waren eben Bürger. Man hatte ein Parlament, welches so gewaltigen Gebrauch von seiner Freiheit machte, daß man es gewöhnlich geschlossen hielt; aber man hatte auch einen Notstandsparagraphen, mit dessen Hilfe man ohne das Parlament auskam, und jedesmal, wenn alles sich schon über den Absolutismus freute, ordnete die Krone an, daß nun doch wieder parlamentarisch regiert werden müsse. (MoE 33f.)

Als Effekt dieser seltsam ungeklärten Mischverhältnisse nennt der Text eine zu sublimen Zeremoniellen gesteigerte allgemeine Abneigung eines jeden gegen jeden, die so bestimmend ist, dass sie zum Gemeinschaftsgefühl werden kann und aus der Außenperspektive für den „Volkscharakter" Kakaniens gehalten wird,

> [a]ber das war falsch; und es ist immer falsch, die Erscheinungen in einem Land einfach mit dem Charakter seiner Bewohner zu erklären. Denn ein Landesbewohner hat mindestens neun Charaktere, einen Berufs-, einen National, einen Staats-, einen Klassen-, einen geographischen einen Gechlechts-, einen bewußten, einen unbewußten und vielleicht auch noch einen privaten Charakter; er vereinigt sie in sich, aber sie lösen ihn auf[.] (MoE 34)

Deshalb hat jeder Erdenbewohner auch noch einen zehnten Charakter, der nichts ist als die passive Fantasie unausgefüllter Räume. Gerade dieser Schwebezustand des Unernsten und Vorläufigen aber sei das Charakteristikum Kakaniens, das es mit großer Fatalität als einziges Nicht-Merkmal verfolge, so dass sich das Paradox aufstellen lässt, dass die kakanische Identität in ihrem Nicht-Vorhandensein liegt, in dem alles möglich wäre, aber nicht oder zumindest nicht unwiderruflich ist.

Von einem postmodernen Standpunkt aus, den der gedankliche Ausflug über die neun Charaktere, die sich um einen zehnten als Leerstelle gruppieren, nahe legt, erscheint dieses Land als wahres Utopia, das unterschiedlichsten Lebensentwürfen ihre jeweilige Existenz erlaubt, bei einem hohen Bewusstseinsgrad, nicht festgelegt zu sein auf bestimmte Rollenfunktionen, sondern im Gegenteil stets alles neu ordnen und ein Leben auf Widerruf leben zu können.

> Das, was heute in Europa „Nation" genannt wird und eigentlich mehr eine res facta als nata ist (ja mitunter einer res ficta et picta zum Verwechseln ähnlich sieht–), ist in jedem Falle etwas Werdendes, Junges, Leicht-Verschiebbares[.] (*Jenseits von Gut und Böse* VIII 251; KSA 5: 194)

Aber es lässt sich nicht behaupten, dass hier eine echte Utopie vorläge, denn Wort für Wort destruiert der Text sich selbst. Dieses fortgeschrittenste aller Staatsgebilde in seiner negativen Freiheit, Nichts zu sein, charakterisiert sich als die Erfüllung eines gewissen Verständnisses von „Moderne", das auf Komplexität und Differenzierung gesellschaftlicher Teildiskurse beruht und eine hohe, reflexive Handlungskompetenz erfordert. Kakanien bietet in seiner Entweder-Und-Oder-Struktur, die Demokratisierung und Individualisierung fordert, für den Großteil der sich ‚mediopassiv' verhaltenden Kakanier[15] keine Lebensgrundlage. Die Planung des jeweils „nächsten Schrittes", das Leben „ohne Eigenschaften" verlangt nicht die Suche nach einem ‚Ereignis', das die permanente Krisensituation in einen neuen stabilen Zustand überführen könnte, sondern stete Aufmerksamkeit und Reaktionsgeschwindigkeit. Stattdessen aber bereitet dieser Zustand mitsamt seinem auf ihn folgenden Bedürfnis, einen

---

15 Musil zeichnet einen Schnitt durch fast alle Gesellschaftsschichten, vom Adligen Graf Leinsdorf über den bürgerlichen Beamten Tuzzi, über die Intellektuellen Ulrich, Meingast und Walter und den Bankdirektor Fischel bis in die untere, kleinbürgerliche Schicht, der z.B. Hans Sepp entstammt. Gleichwohl darf nicht übersehen werden, dass die Protagonisten, aus deren Perspektiven Kakanien in seinem Zustand, seiner Lage und seiner Verfasstheit gezeichnet wird, ausnahmslos den Oberschichten entstammen; ein Merkmal, das der MoE mit den anderen Verlust-Romanen teilt, denn nur, wer Macht, Herrschaft, Besitz, Stellung und Ansehen im Rahmen einer staatlich-gesellschaftlich geregelten und gesteuerten Gemeinschaft genießt, kann deren Verlust beklagen.

Gedanken zu fassen, für eine nationalistisch-schwärmerische Denkweise gerade den rechten Nährboden.

> Was ist zuletzt die Gemeinheit? – Worte sind Tonzeichen für Begriffe; Begriffe aber sind mehr oder weniger bestimmte Bildzeichen für oft wiederkehrende und zusammen kommende Empfindungen, für Empfindungs-Gruppen. Es genügt noch nicht, um sich einander zu verstehen, dass man die selben Worte gebraucht: man muss die selben Worte auch für die selbe Gattung innerer Erlebnisse gebrauchen, man muss zuletzt seine Erfahrung mit einander gemein haben. [...S]o entsteht daraus Etwas, das „sich versteht", ein Volk. (*Jenseits von Gut und Böse* IX 268; KSA 5: 221)

Die karnevaleske „Beliebigkeit" Kakaniens erscheint als große Chance oder als schlimmer Fehler. Alle Figuren gehören der dem Fiktiven verhafteten Geistesart an, aber abgesehen vom Protagonisten Ulrich gerät sie ihnen nur zum Pränationalismus und zum direkten Zulaufen auf Krieg als äußerstem Ereignis.[16] Graf Leinsdorf, „der wahre Erfinder der Parallelaktion", nennt diesen Staatsgeist „Realpolitik", was nichts anderes bedeutet, als grundsätzlich anders zu handeln, als man denkt. Das bedeutet eine Anstrengung, die fatal endet: Zunächst in der Begründung der „Parallelaktion", die nichts anderem dient, als dem, eine Plattform zu schaffen, aus der heraus ein Gedanke entstehen soll:

> Indes bestand die Parallelaktion eigentlich damals noch gar nicht, und worin sie bestehen werde, wußte selbst Graf Leinsdorf noch nicht. Wie sich mit Sicherheit sagen läßt, war das einzige Bestimmte, was ihm bis zu jenem Zeitpunkt eingefallen war, eine Reihe von Namen.
> Aber auch das ist ungemein viel. Denn so bestand in diesem Zeitpunkt, ohne daß irgend jemand eine sachliche Vorstellung zu haben brauchte, schon ein Netz

---

16 Innerhalb einer Psychologie der Massen bzw. des Versuchs der Ursprungserklärung eines (dt.) Nationalgefühls verweist Musil ernsthaft auf das „Ereignis Krieg". Vgl.: Musil, *Die Nation*, v.a. GW 8: 1060 u. GW 8: 1088ff. Cf dazu Zöchbauer 1996, vgl. außerdem Jonsson 2000, S. 260ff. – Dass der Krieg geeignet ist, ein mystisches nationales Einheits- oder Einsseinserlebnis zu stiften, begegnet auch im MoE selbst. Krieg wird daher von den allermeisten Figuren als das ‚Ereignis' schlechthin gesucht; einer der wenigen, der sich anders verhielten, ist wohl Graf Leinsdorf, wodurch er sich umso mehr als (negativer) Unzeitgemäßer, Nicht-Zeitgeistiger zu erkennen gibt.

von Bereitschaft, das einen großen Zusammenhang umspannte; und man darf
wohl behaupten, daß dies die richtige Reihenfolge ist. Denn erst mußten Messer
und Gabel erfunden werden, und dann lernte die Menschheit anständig essen; so
erklärte es Graf Leinsdorf. (MoE 137)

In Folge entsteht die Spiegelung der sich separierenden Nationalitäten
aus der nicht-existenten Parallelaktion, ein grandios geplanter und be-
scheiden verwirklichter Masken- und Kostümumzug „Seiner Völker"
als Historienbild mitsamt einer auf den Krieg vorausdeutenden
Militärparade.[17]

Die gebildete Dame Diotima, die es sich zur Aufgabe gemacht hat,
Geist und Seele Kakaniens *in personam* zum Zweck einer inneren
Erneuerung des Reichs in ihrem Hause zu versammeln, übernimmt die
ihr namentlich prädestinierte bzw. post-destinierte Aufgabe, dem
Gedanken der Parallelaktion zur Geburt zu verhelfen; allerdings will
sie sich nicht mit einem bloßen Gedanken zufrieden geben, sondern
verlangt gleich nach der Idee. Unter Aussparung der gegenwärtigen
Zustände sieht sie alle Möglichkeiten nur in einer partiellen, ihrer
eigenen Gesellschaftsschicht entstammenden, kulturellen Vergangenheit, die sich mit Etikette, Salon[18], und diskursiver Vorherrschaft von
Großbürgertum und Beamtenadel umschreiben lässt: Diese gelte es
durch die Wiederholung in der Zukunft wiederzubeleben.

Die Priesterin der Liebe, Diotima, verliebt sich in den deutschen
Industriellen und Hobbyphilosophen Paul Arnheim, an dem sie
mitsamt ihrer vagen Idee von „Weltösterreich" und seinem „Friedenskaiser" scheitert, in die sich unter Musils Feder die Idee vom Einen,
Wahren-Schönen-Guten „prosaisch" als Verkörperung weltlicher
Herrschaftsverhältnisse und -demonstrationen verwandelt hat. Mit ihr
verliebt sich der österreichische „Humanismus" in den modernen
Geist Reichsdeutschlands; in ihrer Gestalt versucht Österreich, sich
mit dem fortschrittlichen Deutschland zum nationalen großdeutschen
Gebilde zu vereinigen, ja bietet sich nachgerade zur Vergewaltigung
an. Aber diese Liebe scheitert, weil Österreich-Diotima schon mit
Tuzzi-Tirol verheiratet ist und sich von ihm nicht ehrenhaft scheiden
lassen kann.

---

17 Vgl. Bringazi 1998, S. 211 u. 215f.
18 Vgl. Turk 2001; vgl. auch Bringazi 1998, S. 145f.

Auf eine ununterbrochene Reihe guter Ahnen bis zum Vater herauf darf man mit
Recht stolz sein, – nicht aber auf die Reihe; denn diese hat Jeder. (*Menschliches,
Allzumenschliches* I 456; KSA 2: 295)

In Hans Sepp figuriert sich der neue Geist, der von Nationen und
ihrem innersten Wesen spricht. Dieser Zeitgeist ist circa 20 Jahre alt,
kommt aus einem durchschnittlichen, kleinbürgerlichen Elternhaus,
hat eine schlechte Haltung, Pickel und Akne im Gesicht und fühlt sich
zu Höherem berufen, durch die Gnade der Geburt und diejenige einer
ziellos brennenden Seele. Obwohl dieser Geist entsprechend der
Figur, in die er gefahren ist, lächerlich, inkompetent und allenfalls
rührend ist, insofern er etwas von der Ungebärdigkeit und dem Trotz
eines pubertierenden Kindes an sich hat,[19] bleibt es dabei nicht,
sondern dieser kindisch-ungestalte Sinn spielt sich als Heilmittel auf
und reißt das Geschehen an sich, indem er mit Kategorien arbeitet, die
nicht diskutabel, sondern „faktisch" sind:

HS, wenn er Umschau hielt, was ihn auszeichnen könnte, besaß nichts als seinen
deutschen Namen u. diesen lernte er erst spät für mehr ansehn als ein Geschenk
des Zufalls, an dem Tage, wo er die Ansicht kennen lernte, daß deutsch sein
adelig sein heißt. Von diesem Tag an trug er einen Adelsnamen [...]

Deutsch zu heißen, wenn man deutsch fühlt, war dagegen in der völkischen
Jugend Österreichs etwas seltenes. Die Freunde, durch die H. in die Bewegung
eingeführt wurde, hießen Vybiral und Bartolini. Es hatte etwas von einer
symbolischen Deckung (?), von dem Wunder der Sichtbarwerdung des Geistes an
sich, wenn man H. u. noch dazu mit dem Namen der Familie S. hieß.
HS fühlte sich auserkoren u. in Ermangelung eines Badezimmers erwarb er das
Ideal der Rassereinheit. (MoE 1511f.)

Die multinationale Zusammensetzung der österreichischen, v.a. der
Wiener Bevölkerung findet in dieses Zitat mit den tschechischen bzw.
italienischen Namen der Kompatrioten Hansens pointierten Eingang
und gibt außerdem Aufschluss über den konstruktiv-narrativen
Charakter der Nationalität, die eben in erster Linie nicht darin besteht,
dass biologisch-rassisch ein einheitlicher Genpool vorläge, sondern

---

19 Vgl. Musil, *Kunst und Volk.* In: GW 7: 907–910, S. 908: „Hypothese: der
   ‚ungebildete' Mensch bleibt auf der Kindheitsstufe. In der Tat reagiert er nur auf
   grobe Sentimentalität, groben Edelmut u dgl."

darin, dass gemeinsame Geschichten erzählt werden, die eine Gemeinschaft und Verwandtschaft überhaupt erst stiften. Das Narrativ der ‚Überlegenheit der deutschen Rasse' als Konglomerat von Charakter, Mentalität, und Kultur ist offensichtlich geeignet, einen Zusammenhang zwischen Deutschnamigen, Tschechisch- und Italienischnamigen zu stiften. Die Geschichten, die zur Identitäts-bildung erzählt werden, betreffen v.a. Kulturelles. Hans Sepp weiß sehr genau um die Interaktion unterschiedlicher Kulturen, doch das Prinzip der kulturellen Agonalität, die unweigerlich zur Hege-monialität führt, veranlasst ihn zu der kühnen Schlussfolgerung, dass Kakanien sich an Deutschland anschließen müsse, um dieser Hegemonialität der (hybriden) germanischen Kultur gerecht zu werden. M.a.W. ist ein doppelter Kurzschluss zu beobachten, dass einerseits Kulturenvielfalt innerhalb eines kulturell-sozialen Darwinis-mus notwendig und förderlich ist, bis zu einem Punkt des Umkippens in Dekadenz, die der klaren Hegemonialität *einer* Kultur widerspricht, dass andererseits die Fülle der Inhalte der siegreichen Hegemonial-kultur wiederum aus der Interaktion herausgenommen und in einen kulturell-rassischen Nativismus überführt werden: Was durch fremd-kulturelle Einflüsse gewonnen ist, war immer schon germanisch. Hierdurch entsteht auf dem allerengsten Raum des obigen Zitats, innerhalb zweier Sätze ein Paradox, das sich in der erzählten Wirklichkeit sofort in seinem Verstoß gegen den ‚Satz des Widerspruchs' enthüllt. Dem dient auch die Fortsetzung mit dem Ausdruck der „symbolischen Deckung", die eröffnet, dass die Regel nur in der Ausnahme bestehe. Hans Sepp, der zwei deutsche Namen trägt, bildet innerhalb der Gruppe der Deutschnationalen die absolute Ausnahme und bestätigt kurioserweise dadurch deren „Wahrheit": Sein sich mit der Ideologie deckender Name gewinnt Ereignis-charakter. Das führt dazu, dass Hans Sepp stellvertretend für seine Kameraden mit jenem fortschrittlichsten Merkmal Kakaniens, dem Misstrauen gegen die eigene und alle fremden Personen, bricht und sich zu Recht als Messiasfigur versteht. Das Ereignis seines doppelt deutschen Namens ruft ihn als Protodeutschen erst in die Wirklichkeit, konstruiert ihn also. In der Ungeklärtheit des Subjekts eines ‚Ereignisses'[20] aber kann sich in ontologischer Verkennung diese Art der Konstruktion nur als Natur-Ereignis und Epiphanie darbieten. Hierdurch wird die Frage nach einem Ereignis-Subjekt hinfällig, gewinnt doch der sich selbst als Deutscher schaffende Hans Sepp zentralen messianischen Status (Schöpferkraft), die längst schon in diesem zufälligen Namen begründet scheint und somit die Nation der Deutschen aus seiner Verkörperung wieder in etwas von jeher Gegebenes überführt. Das ,Ereignis' als Konstruktion hebt sich folglich selbst auf und macht sich selbst in seinem Geschehen unmöglich, – es ist immer schon passiert oder „Seinesgleichen geschieht".

> Die deutsche Seele hat Gänge und Zwischengänge in sich, es giebt in ihr Höhlen, Verstecke, Burgverliesse; ihre Unordnung hat viel vom Reize des Geheimnissvollen; der Deutsche versteht sich auf die Schleichwege zum Chaos. Und wie jeglich Ding sein Gleichniss liebt, so liebt der Deutsche die Wolken und Alles, was unklar, werdend, dämmernd, feucht und verhängt ist: das Ungewisse, Unausgestaltete, Sich-Verschiebende, Wachsende jeder Art fühlt er als „tief". Der Deutsche selbst i s t nicht, er w i r d, er „entwickelt sich". (*Jenseits von Gut und Böse* VIII 244; KSA 5: 185)

Die Kraft des Nein-Sagens wird benannt, um Hansens Erfolg zu begründen, der als mickrige Figur ja nur verkörpert, was in Form einer allgemein sich organisierenden nationalen Bewegung der Parallel-aktion zur Feier und Bestätigung kakanischer Werte den Garaus macht. Das Nein-Sagen enthebt der Argumente, die in einer Beweis-führung sich nur mit Mühe aneinander ketten ließen,[21] um den Zufalls-adel des Deutsch-Seins zu erklären, geschweige denn, zu begründen, was genau deutsch zu fühlen hieße.

Deutsch-Sein und Fühlen gibt sich aus dem Mund Hans Sepps als Nationalreligion, als Mystik der Gene und der schlichten Tugend.

---

20 Vgl. zum Zusammenhang zwischen Ereignis, Subjekt und Nationalgefühl bzw. Nationskonstitution auch Bringazi 1998, S. 56ff.

21 Vgl. Musils „Soliloquia" mit Spengler im Stile Nietzsches *Erster Unzeitgemäßen Betrachtung* über David Strauß, in denen er den Untergangs-Philosophen nicht nur der Bürgerlichkeit, sondern der schlampig-formlosen und nicht-ratioiden Denkungsart zeiht: „Die vorgeführten, ohne lang suchen zu müssen aus vielen herausgegriffenen Beispiele sind nicht Irrtümer in Einzelheiten, sondern *eine Art des Denkens!*" (In: Musil, *Geist und Erfahrung*. In: GW 8: 1044).

Überdruss am schwülstig-bunten Feiern der Multikulturalität, Multi-
funktionalität und Multipersonalität des klassischen Kakaniers äußert
sich hier und schwört auf Einfachheit, Askese und Reinheit, ohne dass
ihre Verkünder allerdings von den Lieblingsvorstellungen des
Jahrhunderts, „Geist" und „Seele", lassen könnten. Hier bricht die
Huldigung gegenüber allem Nichtrationalen, Quasi-Transzendenten
durch. Die positive Theologie, die in der Verneinung der Gegebenheiten programmatisch entsteht, erteilt keinerlei Aufschluss über die
Herkunft ihrer Werte-Skala.[22] Der Trick besteht darin, aus Individual-
bezeichnungen, diejenigen einer Gattung zu machen, eine konkrete
Bezeichnung in ein Abstrakt-Allgemeines zu überführen. Nur so kann
aus der Individualseele eine Volksseele werden, aus dem individuellen
Intellekt der nationale Charakter. In diesem verneinenden Charakter,
der einen Zeit-Geist-Seelen-Nationalismus hervorbringt, widerspiegelt
sich derselbe erklärtermaßen übernationale Herrschaftsdiskurs, der im
Hause Leinsdorf und Tuzzi geführt wird und der die beiden Nationen
(Deutsch-Kakanier und Ungarn) und die kakanischen „Stämme" bzw.
„unerlösten Nationen" (= Nationalitäten) über die Erziehungsinstanz
Kakanien zusammenhalten soll. Die Anhänger des seelenvollen –
wenn auch nicht geistreichen – Nationalismus eignen sich das
Vokabular und die symbolischen Welten dieses herrschenden
Diskurses an. Was bei diesem uneigentlichen Reden ausgeblendet
wird, ist die soziologische Grundlage: dass das fehlende Badezimmer
eben nicht durch Rassenreinheit ersetzt werden kann.

> Was das Ahnen-machen betrifft: so nimmt hier unser Begriff „Stil" seinen
> Ausgangspunkt. Vor Allem kein Gedanke! Nichts ist compromittirender als ein
> Gedanke! sondern der Zustand v o r dem Gedanken, das Gedräng der noch nicht

---

22 Man könnte natürlich auch sagen, dass er sich selbst und niemand anderem
   darüber Rechenschaft geben kann, wie er zu diesen Erkenntnissen gelangt ist.
   Wiederum passen Musils Worte für Spengler auch auf Hans Sepp: „Will man
   nicht annehmen, daß eine gemeinsame Kultur auch Affe, Steinmensch,
   Archimedes und Panther verbindet, so bleibt wohl nichts anderes übrig als ein
   gemeinsames Regulativ anzunehmen, das außerhalb der Subjekte liegt, [...] kurz
   gerade jene *Mischung* subjektiver und objektiver Erkenntnisfaktoren, deren
   Trennung die mühselige Sortierarbeit der Erkenntnistheorie ausmacht, von der
   sich Spengler dispensiert hat, weil sie dem freien Flug der Gedanken ganz
   entschieden hinderlich ist." (In: Musil, *Geist und Erfahrung*. In: GW 8: 1045).

geborenen Gedanken, das Versprechen zukünftiger Gedanken, die Welt, wie sie war, bevor Gott sie schuf – eine Recrudescenz des Chaos... Das Chaos macht ahnen... (*Der Fall Wagner* 6; KSA 6: 24)

Trotz des Hangs zum Mystischen ist Hans Sepp kein Mensch, der zur Kontemplation fähig wäre, sondern ein „Tatmensch". Aber auch zur Tat reicht das unbestimmte Drängen nicht, so dass es immer nur beim Wort bleibt. Symptomatisch für das Unausgereifte und Ziellose des Hans Sepp'schen Wesens ist seine Beziehung zu Gerda, innerhalb derer es in keinem Fall zum unter allen Umständen hinausgeschobenen Geschlechtsakt kommt. Dabei bleibt unklar, ob dies nach einer Taktik erfolgt, denn die unbefriedigten, erotisch-aggressiven Gefühle wandern anschließend stets ins Allgemeine, Germanische, Göttliche, wo sie sich in der Unendlichkeit ihrer Unbestimmtheit entleeren. Als körperliche Reaktion hingegen ersetzt der Tränenfluss den Samenerguss.

An der Oberfläche scheint dies der „Différance-Philosophie" Ulrichs zur Steigerung der Affekte, zum Leben in wahrer Leidenschaft zu ähneln, genau so, wie Hansens Status als ewiger Student und Müßiggänger demjenigen Ulrichs als Generalsekretär der Parallelaktion, also einer ausgesprochen redundanten Stellung, zu gleichen scheint.

Wir glauben etwas von den Dingen selbst zu wissen, wenn wir von Bäumen, Farben, Schnee und Blumen reden und besitzen doch nichts als Metaphern der Dinge [...], und das ganze Material worin und womit später der Mensch der Wahrheit, der Forscher, der Philosoph arbeitet und baut, stammt, wenn nicht aus Wolkenkukuksheim, so doch jedenfalls nicht aus dem Wesen der Dinge. (*Über Wahrheit und Lüge im aussermoralischen Sinne* 1; KSA 1: 880f.)

Schlimmer als die tatenlose Tatkraft sind Hans Sepps unbedingter Glaube an das Wort, den Namen und seine Verfallenheit an Symbolwelten. Entsprechend seiner Eigenart zu glauben, sein mehr als zufälliger Name sei geeignet, ihn zu adeln, ist er allgemein geneigt, Worte als direkte Spiegel der Sachen zu nehmen. Alles wird ihm zur Sprache, wenn es nur genug Symbolkraft in sich zu fassen vermag, in Sepps Kosmos – wenn es nur unbestimmt genug ist:

[E]r kam auf sein Lieblingswort Symbol für diese und andere übernatürlich aufge-
richtete Zeichen des Lebens zu sprechen und schließlich auf das germanische, den
Trägern versprengten Germanenbluts zugeeignete Erlebnis, solches zu schaffen
und schauen; auf diese Weise einer sublimen Variante nach dem Muster „Gute
alte Zeit" gelang es ihm, bequem zu erklären, daß das dauernde Ergreifen des
Wesenhaften der Vergangenheit angehöre und der Gegenwart entzogen sei, [...].
(MoE 557)

Sind Hans und Gerda zwei kitschige, verliebte Jugendliche, die ihr
elementares Bedürfnis nach Liebe und familiärer Zugehörigkeit auf
eine Nation als wahre Großfamilie ausdehnen und dabei vom Blut fa-
seln und ihrer erhabenen Gesinnung – eine rührselige Groteske, die
allenfalls belächelt werden sollte mitsamt ihrer nationalen Bewegung
– oder worum handelt es sich hier? Halten wir uns an Hermann
Brochs Definition von Kitsch,[23] ist dies das radikal Böse, nicht nur,
weil Hans und Gerda mit ihren über zwanzig Jahren keine Jugendlichen mehr sind und über diese Phase des *heavy petting* zu Ehren
Gottes und der Gemeinschaft der Menschen längst hinaus sein sollten,
sondern wegen der neuen Unmittelbarkeit der Sprache und dem Glauben an Symbol und Allegorie. Einsinnigkeit, Gerechtigkeit, Wahrheit,
Aufrichtigkeit und der Sinn für Höheres werden bemüht, und niemand
merkt, dass es sich um eine Travestie handelt oder hat es sofort wieder
vergessen. Vergessen auf Grund der Leinsdorfschen Realpolitik, die
auf dem Prinzip der Masken und des „unzureichenden Grundes" beruht.

Was also ist Wahrheit? ein bewegliches Heer von Metaphern, Metonymien, An-
thropomorphismen kurz eine Summe von menschlichen Relationen, die, poetisch
und rhetorisch gesteigert, übertragen, geschmückt wurden, und die nach langem
Gebrauche einem Volke fest, canonisch und verbindlich dünken: die Wahrheiten
sind Illusionen, von denen man vergessen hat, dass sie welche sind, Metaphern,
die abgenutzt und sinnlich kraftlos geworden sind[.] (*Ueber Wahrheit und Lüge* 1)

Das Spiel mit Allegorie und Symbol, Mittelbarkeit und Unmittelbarkeit wird auf vielfältige Weise betrieben. Prof Lindner etwa gibt sich
dem Kampf gegen die geistige und körperliche Laschheit hin, wozu
ihm bemerkenswerterweise dieselben Begriffe und Tugenden, die

---

23 Broch, Hermann: *Das Böse im Wertsystem der Kunst*. In: Broch 1975, S. 119–
   157, besonders „Der Kitsch", S. 147–154.

auch Hans Sepp benutzt, ihre Dienste leisten. Die Begriffe ‚Reinheit‘, ‚Moral‘, ‚Liebe‘, ‚Geist‘ und ‚Seele‘ stellen sich so als Universalien der Mehrdeutigkeit heraus, als im Grunde vollkommen leere Worte, die sich jedem Kontext so einschmiegen, als hätten sie da immer schon gestanden. Lindner betätigt sich wie Hans als Erzieher. Auch er hat seine Sünderin Eva gefunden, aus der er Maria herausschälen will und zusätzlich einen Sohn. In Zeiten der Tat geht es wohl nicht anders, als dass die Pädagogik als experimentelle Geisteswissenschaft in einer diskursiven Formation auftaucht,[24] und mit ihr Versuche zur „Erziehung des Menschengeschlechts" oder der Nation angestellt werden.

Clarisse ist wohl die genialste aller Allegoriekünstler,[25] die pausenlos eine Akzidenz mit der Sache verwechselt und über die ausgefallensten und abseitigsten Ähnlichkeiten nach dem neuen Menschen sucht.

> Die Doppelworte waren Zeichen dafür, verstreut in der Sprache wie Äste, die man knickt, oder Blätter, die man auf den Boden streut, um einen heimlichen Weg finden zu lassen. [...] Eine doppelte Sprache bedeutet aber ein doppeltes Leben. [...] Das waren merkwürdige Beziehungen zwischen den Dingen und dem Ich, so daß etwas, das man tat, seine Wirkung hatte, wo man sie nie vermutet hätte, und je weniger sich Clarisse darüber aussprechen konnte, desto lebhafter entfalteten sich innen die Worte und gingen rascher, als sie einzusammeln waren. (MoE 922f.)

---

24 Zu Begriff und Metapher der Wasseroberfläche, an der Formationen auftauchen, vgl. Foucault [8]1997.

25 Zur Genese der Clarisse-Figur und ihren zwei Seiten der Genialität/Epigonalität cf: Jakob 1987. Jakob beurteilt v.a. auf Grund der frühen Entwürfe und Clarisse-Studien Musils die Sprachexperimente als genialischen Versuch zur ‚anderen Wirklichkeit‘ vorzustoßen, der zunächst – nicht mehr in der publizierten Fassung, wo Clarisse zu Gunsten Ulrichs Weg scheitern muss – dem dialogischen und essayistischen Verfahren Ulrichs bzw. Ulrich/Agathes gleichwertig ist. Grundlage und Folie für Clarissens Versuche auf die radikale Art des Wahnsinns zu diesem Zustand vorzustoßen, bilden Nietzsches Stücke zum Wahnsinn als genialischem Vermögen.

Hier wird alles zu Sprache, die ganze Welt ist gegliedert in einen Text aus semiotischen Ähnlichkeitsbezügen, die nach Deutung verlangen, nach einer unablässigen Produktion von Subtexten, die sich nicht auf Rede und Gedanken beschränken, sondern auch den Körper ergreifen und so zur blinden Tat drängen.

> Gut deutsch sein heisst sich entdeutschen. – Das, worin man die nationalen Unterschiede findet, ist viel mehr, als man bis jetzt eingesehen hat, nur der Unterschied verschiedener C u l t u r s t u f e n und zum geringsten Theile etwas Bleibendes [...]. Desshalb ist alles Argumentiren aus dem national-Charakter so wenig verpflichtend für Den, welcher an der U m s c h a f f u n g der Ueberzeugungen, das heisst an der Cultur arbeitet. (*Menschliches, Allzumenschliches* II 323; KSA 2: 511)

Auf den ersten Blick scheint sie nicht viel zu verbinden, den Jüngling Hans, der über das dritte Semester nicht hinauskommt, und den erfolgreichen Industriellen Arnheim, der *en passant* die Gattung des Sachbuches erfindet, der also nicht Nichts, sondern stets und immerwährend etwas, irgendetwas produziert. Doch in diesem Irgendetwas ist er genauso beliebig wie Hans Sepp. Ein Mann, der zwanglos die Ölindustrie mit Hilfe von Sokrates und Plato begründet und die Notwendigkeit des Besitzes und die Technisierung von Militär und Wirtschaft[26] auf den Grund einer mystischen Seele zurückführt, befindet sich auf derselben stillosen Verwirrungsebene wie Hans Sepp, der sich auf Namen und Blut beruft. Im Falle Arnheims sind es Besitz und Bildung, die zweckfrei in ungutem Sinne, unordentlich nebeneinander und übereinander im überfüllten Innern gelagert sind.[27] Ebenso wie Hans Sepp unterliegt auch dieser Erfolgsschriftsteller der Macht des Wortes. Die Worte „Geist und Seele" sind es, die ihn zu Diotima führen und das Werk einer leidenschaftlichen Liebe tun. Diese Worte sind es auch, die wie bei Hans und Gerda, die körperliche Erfüllung der Liebe verhindern. Geist und Seele wollen von beiden transnational verstanden sein, als Genialität, die keine Rücksicht auf Blut und

---

26 Zu Arnheim als dem Prototypen des Kolonialisten vgl. Jonsson 2000, S. 229 u. S. 245.

27 Arnheim, der innerhalb des MoE den Platz Rathenaus einnimmt, wirkt auf Ulrich ähnlich ambivalent anziehend/abstoßend wie Rathenau auf Musil. Vgl.: Musil, *Anmerkungen zu einer Metapsychik*. In: GW 8: 1015–1019.

Boden nimmt, doch unverhoffterweise wird aus ihnen ein Loblied Österreichs und der Antrag auf ein Friedensjahr für „Weltösterreich".[28]

Eine letzte Figurierung dieses „Weltgeistes" will ich noch besprechen: den wahnsinnigen Mörder Moosbrugger,[29] an dem sich das Geschehen entzündet und mit dem es endet. Moosbrugger wird zum Mörder, irr nach den Maßstäben der Rationalität, aber in seiner Janusgesichtigkeit aus einfacher, bärenhafter Gutmütigkeit und wahnsinniger Verschlagenheit mit einer großen Vernunft gesegnet in den Augen derjenigen, die an den Zusammenhang aller Dinge glauben.

Moosbrugger ist der Tatmensch Hans Sepp in Konsequenz: Er setzt seine unmittelbare Anschauung, den direkten sinnlichen Reizzustand, ohne Reflexion in die Tat um. Seine anschauende Erkenntnis führt zum unmittelbaren Handeln unter Umgehung der allseits verhassten Rationalität.[30] In dieser ‚intuitiven' Unmittelbarkeit wird Moosbrugger tatsächlich jedes Schauen, jedes Handeln zum Ereignis, das eruptiv in seinen Körper einbricht und ihn zur Tat benutzt.[31]

Der paranoide Mörder Moosbrugger als Streit- und Beobachtungsobjekt von Justiz und Medizin, Salons und Wissenschaft, an dem die Diskussion um Zurechnungsfähigkeit und Unzurechnungsfähigkeit lawinenartig losbricht, verkörpert darüber hinaus den Unort Kakanien selbst.[32] Wie könnten sich Kakaniens Todeskrämpfe deutlicher aussprechen, als im Falle Moosbrugger, dem in der Tat verschiedene Realitäten gleichberechtigt nebeneinander stehen. Er ist sein eigenes Produkt, sein eigener Richter und sein eigenes Opfer als Ergebnis im negativen Sinne der Entweder-Und-Oder-Struktur, und als eigentliches Verbindungsstück zwischen allen Gruppierungen im MoE

---

28 Zum Zusammenhang zw. Affekten / Erotik und den großen Ideen bei Arnheim u. Diotima vgl. Bringazi 1998, S. 201f.

29 Zu Moosbrugger als der Verkörperung des Unbewussten (nicht nur der Kakanier, sondern i.A.) vgl.: Pott 1987, S. 53.

30 Vgl. Musil, *Der mathematische Mensch*. In: GW 8: 1007: „Wir plärren für das Gefühl gegen den Intellekt und vergessen, daß Gefühl ohne diesen – abgesehen von Ausnahmefällen– dick wie ein Mops ist."

31 Vgl. Bringazi 1998, S. 246f.

32 Zu den symbolischen Körpern Kakaniens, Moosbrugger und Ulrich: Jonsson 2000, S. 231.

zugleich der bedeutsame, zentrifugale zehnte, um den sich die neun anderen Charaktere des Kakaniers zentrieren.

Clarisse fordert Gerechtigkeit für Moosbrugger, dann ein Nietzsche-, dann ein Ulrichjahr, – welche Kette von Missinterpretationen hat bis dahin geführt? Wie kann Moosbrugger über den Grafen Leinsdorf siegen, während Ulrich, der *homo vere theoreticus* zusieht?

> G e w a g t e V e r g l e i c h u n g e n. – Wenn die gewagten Vergleichungen nicht Beweise vom Muthwillen des Schriftstellers sind, so sind sie Beweise seiner ermüdeten Phantasie. In jedem Falle aber sind sie Beweise seines schlechten Geschmackes. (*Menschliches, Allzumenschliches* II 139; KSA 2: 613)

Das Projekt „Kakanien" ist gescheitert, nicht nur in der Verkörperung Moosbrugger, nicht nur im Widerstand gegen die Parallelaktion und nicht nur durch den Verrat des Deutschen Arnheim an der österreichischen schönen Seele Diotima, sondern auch in Ulrich und Agathe, dem Spiegelbild-Paar zu Arnheim/Diotima.[33] Der eklatante Mangel an Form oder Stil des Geistes bei reichem, aber undifferenziertem Inhalt der Seele, der verblüffende, doch schauspielerische Wille zu Identität und Einheit, in einer undurchdachten Experimentalstimmung, die aus Menschen Menschenmaterial macht und eine alles konterkarierende Gedankenträgheit bzw. ‚Mediopassivität' verbinden über alle Ideologien hinweg den Nationalisten mit dem adeligen Altkakanier. Die Reihe vom Grafen Leinsdorf über Moosbrugger und Nietzsche bis zu Ulrich ist so willkürlich nicht, sie besitzt eine innere Folgerichtigkeit, die nicht nur Clarisse erkennen kann.

Die unterschiedlichen Gruppen, die sich im MoE zusammenfinden, suchen alle miteinander nach einem zündenden Gedanken, der Einheit und Wahrheit stiften soll. Alle aber erfinden zuerst mit Leinsdorf Messer und Gabel, bevor sie essen lernen, bzw. verwechseln Einsicht mit Intuition,[34] aus der autoritär-ideologische Gemeinschafts-Narrationen entstehen, die auf Grund ihres hohen Abstraktheitsgrades mehr Individuen exkludieren denn inkludieren. Leinsdorf kämpft den aussichtslosen Kampf, die Deutschösterreicher über die slawischen

---

33 Vgl. Bringazi 1998, S. 48.
34 Vgl. Musil, *Geist und Erfahrung*. In: GW 8: 1053ff.

Völker zu gewinnen, ein Gesamt-Narrativ für zwei Exklusiv-Narrationen zu erfinden, im festen Glauben daran, dass sich hieraus das Ereignis der Gemeinschaftlichkeit politisch konservativ entlade.[35] Das Maskenspiel der National–diskurse, das er zum Wohle einer transnationalen Gesellschaft mitspielt, wird als Spiel und Zeichenreigen, der etwas anderes meint, als er zeigt, für Ernst genommen. Moosbrugger, der Kakanien, dem Nicht-Land, der Nicht-Nation und dem Nicht-Staat als purer inhaltsfreier Ereignishaftigkeit einen skurrilen Körper verleiht, gibt tatsächlich das geeignete Feierobjekt für die Parallelaktion ab,[36] doch das Wahnsinnige und Mörderische dieses Kakaniens, längst zu einem pathologischen und juristischen Fall geworden, kann eben nur den Todeskampf eines Konstruktes, nicht aber „Weltösterreich", kann nur einen interesselosen und kakanisch ‚mediopassiven', aber keinen „Friedenskaiser" repräsentieren.

Bleibt Ulrich als Mann hinter den Kulissen, Generalsekretär der geheimnisumwitterten und legendären Parallelaktion? Er bleibt, soll er doch den Alternativ-Kakanier verkörpern,[37] der auf seine Weise ebenfalls die zehnte Charakter-Leerstelle einnimmt. Der neue Mensch

---

35 Vgl. Turk 2001, S. 3. – Ich meine allerdings, dass das alltägliche „Seinesgleichen geschieht" mit dem „großen Ereignis", das man nicht bemerkt hat, zusammenfällt. Das Ereignis hängt in seiner Größe vom Publikum, von denen, die es wahrnehmen, ab, um zu einem solchen werden zu können. Ein Ereignis, das kaum einer bemerkt, fällt im ironischen Stil ebenso unter die Kategorie „Seinesgleichen geschieht".

36 Eine andere Sicht auf Moosbrugger, die aber ähnliche Intentionen der erzählerischen Experimentalstation MoE hat, hat Cometti 1987, insbes. S. 165ff. Cometti hebt darauf ab, dass im MoE nur der Schein des Erzählens bleibt. Eine der Aussagen des Romans sei die Allgemeingültigkeit des Versagens des Narrativen. Insbesondere interpretiert Cometti die Parallelaktion als Pseudoaktion, die Moosbrugger-Affäre als Pseudoereignis, weil sie durch die vollkommene Abwesenheit von Referenten, die erzählend eingeholt würden, bestimmt sind.

37 Vgl. Bringazi 1998, der von Ulrichs „Imprägniertsein" gegen die nationalistische Schollenmystik spricht und auf Ulrichs Wanderer-Dasein verweist. Der Gestus des Nicht-Sesshaften und Wanderers, der mit dem Wanderer Zarathustra eng zusammenhängt und eine moderne Form des ‚Weltbürgers' darstellt, ist allerdings wiederum vom Eingebundensein in privilegiert-abundante Positionen abhängig und streng auf ein männliches, reiches, intellektuelles Subjekt in traditionellem Sinn zugeschnitten. – Vgl. dazu außerdem Jonsson 2000, S. 200ff.

ohne Eigenschaften aber erliegt der *contagio* der Formlosigkeit, er diskutiert mit Hans Sepp, er paktiert mit Arnheim, er schläft mit Gerda und er erliegt Diotima. Im Moment des Ereignisses, dem Zusammenballen der Massen erlebt er existenzialistischen Ekel und macht sich auf seine ganz persönliche Suche nach seinem eigenen Ereignis, „eine[m] längst gewordenen kritischen Zustand der ganzen Person, der endlich umschlägt, wobei der aktuelle, vermeintlich zündende Gedanke gewöhnlich nur der Explosionsblitz ist, der das große innere Umreagieren begleitet."[38]

Auf diese Weise landet Ulrich bei seinem ausgestülpten Innern, der Schwester Agathe, seiner verkörperten Krisis, und als Doppelwesen im „verzauberten Garten" (1094) der Erkenntnis, mit sich selbst Gespräche über „Geist und Seele" führend, mit sich selbst in Liebe ohne geschlechtlicher Vereinigung. Die Narrative, die Ulrich in diesem Garten und in diesem Haus in seiner narzisstischen Ein-Zweisamkeit mit seinem *double* heraufbeschwört und erzählt, seine „ratioïde Lehre"[39] einer Liebesmystik speisen sich aus denselben Bedürfnissen und Vorstellungen von „Geist und Seele", einem „Stirb-und-Werde"-Einssein wie diejenigen Hansens, Diotimas, Arnheims. Ulrich/Agathe soll einen Alternativ-Weg aufzeigen mit der „tag-hellen" – und dennoch zutiefst ‚dionysischen' – Mystik, die sich streng bemüht, Transzendenz ohne Zentrum zu betreiben.[40] Ich halte es allerdings für keinen Zufall, dass der Erzähler einen Prof. Lindner benötigt, um die oppositionelle Alternative von Kapitel zu Kapitel, von Dialog zu Dialog und von Skizze zu Skizze sichtbar zu machen. Die Unmöglichkeit der dezentralisierten Utopie ähnelt der mittelalterlichen *aventuire*, Ulrich und Agathe im Gemüsegarten sind genauso unmöglich wie Tristan und Isolde in der Liebesgrotte. Marke hat zwar das Geschlecht gewechselt und nennt sich nun Diotima, die über ihren Späher und Botschafter General Stumm v. Bordwehr ihren Partner in die weltliche Sphäre zurückholt, während Tristan als Agathe in Lindner eine Isolde Weißhand zu finden glaubt, – doch

---

38 Musil, *Geist und Erfahrung. Anmerkungen für Leser, welche den Untergang des Abendlandes entronnen sind [März 1921]*. In: GW 8: 1042–1059, S. 1054.

39 Vgl. Musil, *Der mathematische Mensch*. In: GW 8: 1004–1009.

40 Zu Ulrich als „Lebensphilosoph" und zur (falschen) Dialogstruktur vgl. Jonsson 2000, S. 200ff.

wiederum ist es die Ausrichtung auf das ‚Ereignis' (jetzt in narratologischer Hinsicht), die eine Darstellung der vollendeten Harmonie nicht erlaubt. Ulrich/Agathe handeln in Opposition zur „Außenwelt", während sie sich dem Ereignis, das in ihrer Konstellation nur die geschlechtlich-körperlich-liebende Vereinigung sein könnte, verweigern, indem sie reden. Die Rede, der Dialog, der nach sokratischem Vorbild eher ein didaktischer Monolog ist, verschafft den Aufschub und erhält den Schwebezustand zwischen der klassischen, auf das Vorwärts-Treiben des Plots gerichteten Erzählung und der statischen Zustandsbeschreibung aufrecht. Aus einer anderen Perspektive gibt die Konstellation der Zwei und des Dritten ein rudimentäres gesellschaftliches System wieder. Auf einer simplifizierten Ebene ist Eines alles, Zwei die unvollkommene Diversität und macht die Drei Viele und ein soziales System aus. Der Dritte lauert immer am Rande des Gartenzauns, er ist als Bezugspunkt der Zweiheit notwendig. Auch deshalb benötigen Ulrich/Agathe ihre professoralen und großbürgerlichen Substitute, die als Störfaktoren beide wieder zu Einem zusammenführen.

Auf seine Art erweist sich Ulrich als Zeitgenosse Sepps und Diotimas in seiner Anstrengung, den national affizierten Gedanken oder die Idee, die sie fassen wollen, nicht zu fassen. Seine Experimentalstation im Gemüsegarten ähnelt in der zeitlichen Entrückung fatal dem dezentralisierten Kakanien; das (göttliche) Zentrum der (augustinischen) Liebesmystik ersetzt Ulrich zwar nicht durch eine Nation oder durch „Weltösterreich", sondern durch Nichts, aber dieses Nichts an einer transzendenten Stelle bleibt weiterhin in vielfältigen Beziehungen zu seiner Umgebung, so dass es jederzeit eruptiv und ereignishaft nicht durch Erkenntnis, sondern durch einen Prof. Lindner etc. ersetzt wird. Das Nichts an zentraler Stelle bringt eben nicht Etwas hervor, sondern wiederum Nichts bzw. formlose Missgebilde, so wie der manichäische Demiurg.

Wolfgang Müller-Funk (Wien)

Der Mann ohne Eigenschaften:
Erinnerungstextur und Medium
kulturwissenschaftlicher Sondierung

Mythos als methodische Falle

Der Habsburgische Komplex beinhaltet eine systematische
methodische Falle, insofern jene nachträglichen Sinnstiftungen, die
sich auf ihn beziehen, als authentische Quelle gelesen werden.[1] Tatsächlich sind aber die meisten der großen Romane und Werke zu
diesem Thema – in der historischen Spannweite zwischen Roths
Radetzkymarsch und Doderers *Wasserfälle von Slunj* – fünfzehn bis
(beinahe) fünfzig(!) Jahre nach dem Verlöschen des dynastischen
Vielvölkerreiches geschrieben worden. Die synchronen und die
diachronen Selbstbilder der Monarchie decken sich nicht nur nicht,
sondern stehen in einem interessanten Kontrast zueinander: Die
zeitgenössischen Reaktionsbildungen, Gleichgültigkeit, Ablehnung
oder spöttische Hinnahme der Monarchie, vertragen sich zunächst
schlecht mit einem Selbstbild, das die utopischen Potentiale der
Monarchie im Hinblick auf die historische Zukunft emphatisch
hervorkehrt.[2] Es reaktualisiert eine narrative romantisch-universalisti-
sche Matrix, wie sie etwa in Novalis *Christenheit*-Fragment und beim
späten Friedrich Schlegel aufscheint: Das vergangene Österreich wird

---

1 Vgl. Müller-Funk, Plener, Ruthner 2002 sowie die Internetplattform
www.kakanien.ac.at .
2 Vgl. zum Beispiel Heer 1998, S. 98–163. Heer zitiert etwa aus einem Aufsatz des
Journalisten Edmund Wengraf *Österreich im neunzehnten Jahrhundert*, in dem es
unter anderem heißt: „Die ganze hundertjährige Entwicklungslaufbahn Österreichs hat keine anderen Stationen als solche, die Verluste bezeichnen, militärische, politische, finanzielle, moralische Verluste. Marengo ist die erste, König-
grätz die letzte verlorene Schlacht des Jahrhunderts."

zum utopischen Bild eines zukünftigen Europas. Dieses nachgereichte Selbstbild bezieht sich zwar thematisch auf die Monarchie, dient aber der Identitätsversicherung in einem ganz anderen Umfeld: der Abgrenzung von Deutschland, der im Kern konservativen Ablehnung des Nationalsozialismus und der Konstruktion einer Identität, die den schmerzhaften Verlust von Größe kompensiert. Größe verpflichtet, auch verlorene. Damit einher geht der melancholische Einspruch gegen den Lauf der Geschichte, melancholisch durchaus im Sinne Freuds: es bedeutet, die Unfähigkeit, sich von seinem kollektiven Liebesobjekt, der Monarchie also, zu trennen.[3] Eine mögliche Antwort auf Verlust und Niederlage ist stets: Melancholie. Melancholie bedeutet stets Surplus an Erinnerung, Unfähigkeit zu vergessen, Überhang an Geschichte. An dieser Stelle tritt nebenbei die tiefe Ambivalenz des Wechselspiels von Erinnern und Vergessen zutage.[4]

So unterschiedlichen Autoren wie Musil, Werfel, Roth, Zweig und Doderer ist eines gemeinsam: dass ihr Bild der Monarchie mit den Erinnerungstableaus von Jugend und Kindheit verbunden ist; die eigene Erinnerung, deren transzendentale Voraussetzung Maurice Halbwachs zufolge der soziale Bezugsrahmen eines kollektiven Generationsgedächtnisses darstellt,[5] ist mit den letzten Dekaden der Monarchie untrennbar verbunden. Kultur, Heimat und Kindheit besitzen eine erstaunliche Überschneidungsfläche: der Rückbezug auf die Kindheit geht Hand in Hand mit der Rekonstruktion einer symbolischen Welt, die Identität verbürgt und auf die Wertkrise reagiert, die von Horváth bis Broch einen durchgängigen Zug der

---

3   Freud 1992. „Die Melancholie ist seelisch ausgezeichnet durch eine tief schmerzhafte Verstimmung, eine Aufhebung des Interesses für die Außenwelt, durch den Verlust der Liebesfähigkeit, durch die Hemmung jeder Leistung und die Herabsetzung des Selbstgefühls, die sich in Selbstvorwürfen und Selbstbeschimpfung äußert und bis hin zur wahnhaften Erwartung von Strafe steigert." (ebd., S. 174) Im Kern steckt dabei die Unfähigkeit, sich vom verlorenen Liebesobjekt zu trennen. Im Fall der Monarchie kommt indes eine merkwürdige ‚differance' hinzu: dass das Liebesobjekt erst eines im Gefolge der zeitlichen Verschiebung und der nachträglichen Repräsentation im Erinnerungsnarrativ wurde.
4   Weinrich 1997.
5   Halbwachs 1985.

österreichischen Zwischenkriegsliteratur ausmacht.[6] So wird die eigene „Welt von Gestern" zur Folie für die Konstruktion einer ganzen Epoche: die Kindheit, aus der man vertrieben ist, und die untergegangene Welt der Monarchie bilden dabei zwei Seiten einer Erinnerungsmünze – vorne die eigene Kindheit, hinten der Doppeladler:

> Wenn ich versuche, für die Zeit vor dem Ersten Weltkrieg, in der ich aufgewachsen bin, eine handliche Formel zu finden, so hoffe ich am prägnantesten zu sein, wenn ich sage, es war das goldene Zeitalter der Sicherheit. Alles in unserer tausendjährigen österreichischen Monarchie schien auf Dauer gegründet und der Staat selbst der oberste Garant dieser Beständigkeit.
> [...]
> Niemand glaubte an Kriege, an Revolutionen und Umstürze. Alles Radikale, alles Gewaltsame schien bereits unmöglich in einem Zeitalter der Vernunft.[7]

Beide, Kindheit und Monarchie, werden erinnert, weil sie unwiederbringlich verloren sind. Die Vorstellung von der behüteten Kindheit schlägt auf die Monarchie zurück und lässt sich als *longue durée* von Friedfertigkeit und Vernunft erscheinen. So ist etwa bei Zweig, Doderer und Roth die narrative Eigenwilligkeit erzählter Kindheit in ihre literarische Konstruktion, in ihr Narrativ der untergegangenen Monarchie eingeschrieben. Roth hat dies am radikalsten bewerkstelligt, indem er dem entrückten Kaiservater in Schönbrunn den Helden von Solferino zur Seite stellt: zwei imaginierte, entrückte Väter erzeugen zusammen das Bild von einer Welt, die unter sanfter patriarchaler Obhut steht und die symbolische

---

6 Vgl. Broch 1978, S. 726.
7 Zweig 1998, S. 15.

Ordnung der Welt gewährleistet.[8] Roths Text lässt sich als ein später
Gründungsmythos lesen: Die Errettung des Kaisers erhält nicht etwa
eine bestehende symbolische Ordnung, sondern stiftet eine neue; die
Tat des tapferen slowenischen Militärs verwandelt diese und verleiht
ihr ein völlig neues Gepräge; sie ist die entschiedene Tat zu historisch
ungünstiger Stunde – *kairos* im *a-kairos*, die die Monarchie in einen
Vielvölkerstaat verwandelt.[9] Wer anders sollte denn für diese zustän-
dig sein als jene „Groß-Väter", die auch Freud und Lacan zufolge die
Welt des Über-Ich und das Reich des Symbolischen repräsentieren,[10]
eben jene Welt, in der die Frau „n'existe pas"? Diese Konstruktion
hallt noch in Musils Roman *Der Mann ohne Eigenschaften* nach; zwar
ist der Roman von einer stattlichen Anzahl weiblicher Objekte
männlicher Begierde bevölkert, aber der traditionelle Ort der Frau, der

---

8   Roth 1987, S. 347–661. Roths Roman wird von zwei Motiven durchzogen, die für
    die beschworene Dauer der Monarchie stehen: dem allsonntäglich in der
    mährischen Bezirksstadt W. leise variiert eingeübten Radetzkymarsch sowie vom
    Doppelbild des Kaisers und seines mythischen Retters, des Großvaters von Carl
    Josef. Am Ende stellt sich heraus, dass der Enkel zu ‚schwach' ist, diesem Vorbild
    zu entsprechen. Der Zerfall der symbolischen Ordnung ist hier weniger einer
    andrängenden Moderne, sondern der frühen Degeneration des Geschlechtes der
    Trotta geschuldet, das sich durch Carl Josephs liederlichen Lebenswandel und
    seine Obsession für die Frauen manifestiert. Zugleich aber ist diese Welt des
    Vaters, des symbolischen Nachlassverwalters des Helden von Solferino, übrigens
    ganz ähnlich wie Sandor Marais *Glut* ein männlich-einsames Totenreich, der um
    den Kult des Kaiser- und Ahnenbildes, dem österreichischen Parademarsch und
    anderen Reliquien kreist. Kritisch gesprochen ist die Monarchie in dieser
    retrospektiven Konstruktion schon ‚tot', als sie noch existiert.
9   Vgl. jüngst zum Gründungsmythos: Bourdieu 2001.
10 Freud 1994, S. 88: „Man heißt diesen Zustand ‚schlechtes Gewissen', aber
    eigentlich verdient er diesen Namen nicht, denn auf dieser Stufe ist das
    Schuldbewußtsein offenbar nur Angst vor dem Liebesverlust, ‚soziale' Angst.
    Beim kleinen Kind kann es niemals etwas anderes sein, aber auch bei vielen
    Erwachsenen ändert sich nicht mehr daran, als daß an Stelle des Vaters oder
    beider Eltern die größere menschliche Gemeinschaft tritt. Darum gestatten sie sich
    regelmäßig, das Böse, das ihren Annehmlichkeiten entspricht, auszuführen, wenn
    sie nur sicher sind, daß die Autorität nichts davon erfährt oder ihnen nichts
    anhaben kann, und ihre Angst gilt allein der Entdeckung." Vgl. in diesem
    Zusammenhang, wie die Geschwister auf Betreiben Agathes, die hier die Rolle
    der Eva spielt, das Gesetz des (toten) Vaters durch das Ritual der Obszönität und
    durch die Testamentsfälschung gleichsam außer Kraft setzen.

Platz der Mutter bleibt leer;[11] der Inzest-Mythos[12], das moderne kulturelle Material in der noch geordneten symbolischen Welt von Gestern, streicht dies grell heraus.

Vergangenheit als Kindheitsmärchen und Schuldgefühle gegenüber den 1918 symbolisch ermordeten Vätern: Vielleicht sind das Momente, die es rechtfertigen, von einem Habsburgischen Mythos in der Literatur zu sprechen, dessen Anfänge Claudio Magris indes bereits in der zweiten Hälfte des 18. Jahrhunderts ortet, womit er eigentlich die oben angesprochene Differenz zwischen der synchron erfahrenen und der mythisch erinnerten Monarchie zum Verschwinden bringt. Denn für die Mehrzahl der Autorinnen und Autoren, die im Zeitraum zwischen 1866/67 und 1918 schrieben, war dieser Mythos keineswegs zentral, dominant oder irgendwie attraktiv. Das einzige Projekt, das universalistische Narrativ im Sinn einer Einheit in der Vielfalt zu präsentieren, das *Kronprinzenwerk*, krankt nicht nur an seiner offenkundig bemühten politischen Korrektheit, sondern auch daran, dass es keine renommierten und repräsentativen Autoren der jeweiligen ,österreichischen' Kulturen versammelt.[13] Während also das Werk von Autoren, deren Kindheit und Adoleszenz in die letzten Jahrzehnte des Kaiserreichs fallen, sich aus der großen Erzählung des untergegangenen Reiches speisen, das, wie Robert Musil schon im Dezember 1912 schrieb, ein „Weltexperiment sein könnte" (GW 8: 993) und gegen dessen unverdiente Auslöschung *post festum* historisch Einspruch erhoben wird, hat für die Zeitgenossen eine Generation zuvor diese Monarchie keinerlei hervorstechende

---

11 Spengler 1972, S. 680: „Das Urweib, das Bauernweib ist die Mutter. Seine ganze von Kindheit an ersehnte Bestimmung liegt in diesem Worte beschlossen. Jetzt aber taucht das Ibsenweib auf, die Kameradin, die Heldin einer ganzen weltstädtischen Literatur vom nordischen Drama bis zum Pariser Roman."

12 Der Inzest, zur Jahrhundertwende vor allem in Gestalt der Geschwisterliebe, ist das von der patriarchalen Kultur Ausgeschlossene und Verbotene. In der Form der Geschwisterliebe manifestiert sich darin aber auch der Kampf gegen den Vater der Horde. In diesem Sinn sind Ulrich und Agathe „Verbrecher". Zugleich aber ist der Inzest das Symptom kultureller Auflösung, weil das Verbot Kultur konstituiert. Der Inzest ist die radikalste Form dessen, was Spengler „die Wahl der ,Lebensgefährtin'" nennt (Spengler 1972, S. 680). Vgl. auch: Erdheim 1992.

13 Vgl. Zintzen 1999.

symbolische und narrative Qualität. So wird der Untergang des
österreichischen Abendlandes, das bislang in seiner Funktion als
„Katechon" (Schmitt)[14] den Prozess der Geschichte aufgehalten hatte,
zur negativen Folie für Herzls Zionismus.[15]

Man kann diese retrospektive und nostalgische Rekonstruktion der
Monarchie mit dem Begriff des Mythos belegen;[16] solche Motive
lassen sich durchaus finden, ebenso wie aus der Welt des Märchens:
Roth, der die Monarchie vornehmlich aus dem Blickwinkel der
Peripherie konstruiert, erzählt von ihr mit dem Gestus eines ironisch
vorgetragenen Märchens, womit er auch dessen eigentlich historische
Ortlosigkeit anzeigt.[17] Die mythische Zuschreibung aber leidet darunter, dass der Begriff durch den Gebrauch moderner Medien, die von
der Erfindung und Zerstörung von Geschichten mit mythischen
Motiven leben, selbst unspezifisch und unscharf geworden ist: Sissy
an sich ist so wenig wie Marilyn Monroe ein ‚Mythos'. Wesentlich
exakter ist es, diese literarisch zum Teil hochkarätige Literatur zum
Habsburgischen ‚Komplex', die keineswegs als ‚authentische' Dokumentation der Epoche zu lesen ist, als Erinnerungskonstrukte zu lesen,
als Texte, deren ästhetische Eigenart an Mnemotechniken des
Erinnerns geknüpft sind, die den Ausgangspunkt einer frei schweifen-
den historischen Phantasie bilden: Die jüngste Vergangenheit neu und
ganz subjektiv zu schreiben als die Welt von Gestern, aus der man
vertrieben ist. Die Literatur zum Habsburgischen „Komplex" ist das
Werk von Schriftstellern, die symbolisch heimatlos geworden sind
und deren Produktivität aus der schmerzhaften Erfahrung herrührt,
dass sie nicht nur aus der Kindheit vertrieben sind (was naturgemäß
das Schicksal aller Erdenbürger darstellt), sondern auch aus dem

---

14 Schmitt 1981, S. 80.
15 Herzl 1902, S. 5ff.
16 Zum Zusammenhang von Mythos und Erinnerung vgl. Mülller-Funk 2002: 87–
    145. Verknappt gesprochen ist der Mythos eine Form des Erzählens, die dessen
    subjektives und zeitlich dynamisches Moment löscht und dadurch die
    Veränderung der Erinnerung entlang der historischen Zeitachse zu unterbinden
    trachtet.
17 Claudio Magris verwendet den Begriff Mythos ebenfalls in diesem schwammigen
    und unpräzisen Sinn der Verklärung, vgl. Magris 2000. Zu Joseph Roth, vgl.
    ders., ebd., S. 303–314; Müller-Funk 1989.

symbolischen Umfeld, das dieser Sinn verlieh. Ihr spezifisch mythisches Element ist aus diesem doppelten Verlust gespeist und es hängt ganz offenkundig auch damit zusammen, dass Erinnerung nicht beliebig abrufbares Informationsmaterial darstellt, sondern selbst narrativ organisiert ist.[18] Literatur wird – etwa bei Roth und Zweig – zum Medium einer melancholischen Trauer, die nicht enden will und die durch sie am Leben erhalten wird.

Arbeit der Erinnerung

Die Erinnerungskonzepte von Maurice Halbwachs und Sigmund Freud haben, ungeachtet ihrer gegenläufigen Ausgangspunkte, eines gemeinsam: so sehr diesen Theorien etwas Überholtes anhaftet, so sehr scheint es doch unvermeidlich, auf sie zu rekurrieren, wenn man den Diskurs eröffnen will. An ihnen vorbeizugehen, beschädigt den Zugang zum Thema und unterminiert eine Reflexion, die hier Rückbezug auf einen Diskurs meint.

Halbwachs konstruiert das kollektive Gedächtnis bekanntlich als ein synchrones. Dessen Mündlichkeit verweist zum einen auf die Subjektivität und die Unmittelbarkeit des Erfahrenen, zugleich aber verbürgt die Sprachlichkeit den sozialen Rahmen des stets individuell Erinnerten, die Bedingung der Möglichkeit. Dieses kollektive Gedächtnis ist subjektiv und ‚objektiv‘, das heißt verlässlich, weil es an die Kontrolle der Zeitgenossenschaft geknüpft ist. Wie für Freud spielt auch für Halbwachs kaum eine Rolle, dass Erinnerung stets in Bewegung ist: eine narrative Konstruktion, die auf der Zeitachse operiert und sich immer wieder neu überformt, aktualisiert. Im Zeitalter von Szientismus sozialisiert, sind sie noch ganz von der Verlässlichkeit und Objektivität der Wissenschaft und ihrer Gegenstände überzeugt.

Freud mag in seiner Sichtweise des Menschen ein Skeptiker gewesen sein, er ist es nicht im Hinblick auf die begrenzten Möglichkeiten der Selbsterkenntnis selbst, als die sich die Psychoanalyse letztendlich erweist. Wie Halbwachs so geht auch der

---

18 Müller-Funk 2002, S. 87–103.

Autor des *Wunderblocks* davon aus, dass die Spuren der Erinnerung, wie schwach auch immer, so doch in einer stabilen Form in die Matrix der Erinnerung eingeschrieben ist.[19] Noch die Lacan'sche Auffassung des Unbewussten als einer Sprache huldigt einem solchen Objektivismus.[20]

Es geht um die Verlässlichkeit nicht nur der eigenen Methode, sondern auch der Gegenstände. Nicht zuletzt wollte Halbwachs das diachrone Gedächtnis auf den Raum familiärer Traditionen begrenzt wissen, weil es hier gleichsam empirisch verifizierbare Quellen gibt: die eigenen Erlebnisse im Medium oraler Narrativität. In das kollektive Gedächtnis hat er nämlich die beiden nachwachsenden Generationen einbezogen. Wessen Großeltern und Eltern etwa noch in der Monarchie aufwuchsen, der lebt, wenn auch indirekt, dank mündlicher Weitergabe von erlebter Lebensgeschichte im kollektiven Erinnerungsraum des alten Österreich, obschon er kein ,eigenes' Erleben daran knüpfen kann, lediglich das höchst indirekte der Erzählungen seiner Eltern und Großeltern.[21] Wie Jan Assmann aber auch andere kritisch angemerkt haben, verfährt Halbwachs nicht konsequent. Er setzt nämlich jene symbolische Ordnung der Dinge, die über ein kulturelles Gedächtnis vermittelt ist, das nicht an individuelle Rückerinnerung geknüpft ist, als gegeben voraus: Die zeitgenössische Erinnerungsgemeinschaft erfindet die symbolischen Räume wie die realen niemals von einem Nullpunkt aus neu, sondern sie ist gleichsam in sie hineingeworfen, auch wenn sie an deren Modifikation aktiv mitwirkt.[22]

Umgekehrt aber kristallisiert sich das kollektive Gedächtnis der Zeitgenossenschaft medial aus. Seit den medialen Revolutionen verfügen wir über ein ganzes Waffenarsenal von materialisierten

---

19 Freud, Sigmund: *Notiz über den Wunderblock (1925)*. In: Freud 1992, S. 311–318. Der Vergleich mit Wachstafel und Wunderblock legt nahe, dass die Gedächtnisspur so unveränderbar ist wie jene im Wunderblock. Eine dynamische Auffassung des Gedächtnisses als narrativer Konstruktion muss hingegen davon ausgehen, dass die Spur sich im komplizierten Prozess von Vergessen und Erinnern selbst noch einmal verändert.

20 Lacan 1987, S. 14.

21 Vgl. Halbwachs 1985, S. 117–121.

22 Assmann 1988, S. 9–19.

Erinnerungshilfen: schriftlich fixiertes Ego-Dokument, Tonband, Video, Bilderalbum – jede Familie ist so ein kleines kulturelles Archiv geworden. Aber diese Erinnerungshilfen sind selbstredend nicht neutral, sie stellen Formungen des Materials dar, die je nach der Logik des medialen Genres auch noch divergieren und den symbolischen Erinnerungsraum (oder auch das Feld der Erinnerung) dementsprechend ästhetisch unterschiedlich aufbereiten, auch wenn die narrativen Grundmuster dahinter einigermaßen stabil sein können.[23]

Literatur, das heißt publizierte Texte mit einem ausgewiesenen und allgemein anerkannten ästhetischen Wert, stellt dabei eine historische Form dar, solchen Erinnerungsräumen eine allgemeine Bedeutung zuzuweisen, die über den persönlichen und damit begrenzten Rahmen hinausweist. In der Terminologie von Halbwachs ließe sich sagen, dass Literatur jenen unsichtbaren sozialen Rahmen sichtbar werden lässt, der Erinnerung ermöglicht.[24] Zugleich aber, und über Halbwachs hinaus – formt sie über das kollektive Gedächtnis im familialen Bereich hinaus einen historischen Bezugsrahmen für nachfolgende Generationen. Was die Kulturwissenschaften von den Sozialwissenschaften unterscheidet, ist, dass erstere die Gesellschaft stets – bereits seit Vico – als eine Einheit von Lebenden und Toten begreifen.[25] Das katholische Ritual, das jede Messe in diesem Sinn versteht, macht nur explizit, was jeder Gesellschaft, auch der modernen, traditionsentlasteten, zugrunde liegt, ein symbolisches Wechselspiel zwischen den Lebenden und den Toten.

Was nun die Literatur zum Habsburgischen Komplex charakterisiert, ist, wie schon erwähnt, die Engführung von Autobiographie und Geschichte: die Geschichte wird nach dem Muster der Autobiographie geformt, die mit dem Verlust des symbolischen Vaters endet (oder auch anhebt). Umgekehrt erhält die Autobiographie eine herausgehobene historische Position, weil sie mit einem dramatischen geschicht-

---

23 vgl. Borsò 2001, S. 23–53.
24 Halbwachs 1985, S. 3: „als ich zum ersten Mal in London war – vor Saint Paul und Mansion House, auf dem ‚Strand' oder in der Umgebung von Court's of Law – brachten mir viele Eindrücke die Romane von Dickens in Erinnerung, die ich in meiner Kindheit gelesen hatte: so ging ich mit Dickens spazieren."
25 Vico 2000, S. 51f.

lichen Ereignis verknüpft ist.[26] Aus dieser spezifischen Gemengelage entsteht ein Typus von Erinnerungsliteratur, der zwar an kollektive Gedächtnisakte gebunden ist und zugleich doch darüber hinausweist, indem er einen symbolischen Erinnerungsraum etabliert, der weit über den Tod der biologischen ‚privaten' Erinnerungsgemeinschaften hinausreicht und identifikatorisches Material für die Nachgeborenen liefert. Dieser Erinnerungsraum ist aber nicht – wie sollte es auch sein – auf die Monarchie bezogen – sondern auf die jeweilige Gegenwart, auf die sich laufend verschiebende „Erzählzeit"[27]: die erste Republik, Exil und innere Emigration, zweite Republik.

Dass die Erinnerung einer bestimmten Generation eine derartige kulturelle Bedeutung erlangen kann, ist wie der produktive Schmerz des Erinnerns, dessen Logik Freuds Konzept des Traumas und Nietzsches Idee von Verletzung und Narbe bis heute gültig beschrieben haben,[28] geknüpft. Erinnerung wird da zum Problem, wo Brüche auftreten, die im Privaten wie im Insgesamt der Gesellschaft auftauchen. Das republikanische Frankreich zwischen 1870 und 1914, das zutiefst verunsicherte und marginalisierte Österreich nach dem *finis Austriae*, das militärisch und moralisch geschlagene, gespaltene und geteilte Deutschland sind daher fruchtbare Untersuchungsfelder und –Zeiträume, an denen sich die konstruktive Logik des Bruchs und der Verstörung studieren lässt, jener Elemente der Diskontinuität, ohne die die schmerzhafte Psychophysik der Erinnerungsarbeit nicht denkbar wäre. Im Fall von Halbwachs ist es eigentlich erstaunlich, dass ihm die prekäre Privilegierung seiner Zeit entging. Denn schon die Verlustanzeige, die Marcel Prousts Titel beinhaltet, weist zumindest in ihrem historischen Aspekt darauf hin, dass der Verlust,

---

26 Halbwachs 1985, S. 34–39.
27 Ricœur 1988.
28 Nietzsche, Friedrich: *Vom Nutzen und Nachteil der Historie fürs Leben.* In: KSA 1, S. 248: „Betrachte die Heerde, die an dir vorüberweidet: sie weiss nicht was Gestern, was Heute ist, springt umher, frisst, ruht, verdaut, springt wieder, und so vom Morgen bis zu Nacht, von Tage zu Tage, kurz angebunden mit ihrer Lust und Unlust, nämlich an den Pflock des Augenblickes und deshalb weder schwermüthig noch überdrüssig. [...] Er [der Mensch, W.M.-F.] wundert sich auch über sich selbst, das Vergessen nicht lernen zu können und immerfort am Vergangenen zu hängen: mag er noch so weit, noch so schnell laufen, die Kette läuft mit."

der eine scharfe Bruchlinie zwischen Gestern und Damals setzt, durch das Medium der Literatur – wie auch der Titel des letzten Buches sinnfällig macht – kompensiert und rückgängig gemacht wird. Elias Canetti hat das Schriftstellern als den Tod-Feind, den Feind des Todes, bestimmt, das mag ganz generell seine Gültigkeit besitzen. Im Fall des autobiographischen Narrativs meint es aber – und derlei „Rettung" ist verfänglich in ihrem tröstend-beschwichtigenden Gestus – die symbolische Rettung des real unwiederbringlich Verlorenen. So spiegelt die Rettung des Kaisers in Roths *Radetzkymarsch* die symbolische Rettung der kaiserlichen Epoche und damit auch der Zeit der eigenen Kindheit.

Das letzte Jahr: 1913

Robert Musil ist jener Autor aus diesem Erinnerungskomplex, der sich dieser Gefahr stets bewusst ist und dessen scharfe Beobachtung immer wieder die erinnerungslogische Nostalgisierung unterläuft. Pointiert gesprochen, ist sein Werk zunächst nicht als sinnstiftendes literarisches Rettungswerk der verlorenen Zeit konzipiert, sondern als eine Zeitdiagnose der Moderne, die ihr historisches Material aus den symbolischen Beständen der Monarchie bezieht. Aber die unbarmherzige Logik, die dem Zeitlichen inhärent ist, verwandelt das Buch unaufhörlich in den Typus einer Suchgeschichte, die noch einmal eine untergegangene Epoche und ihre Prototypen ins Licht rückt. Das lässt sich übrigens ganz schön an einer Figur wie dem Grafen Leinsdorf verdeutlichen, der mit fortschreitender Dauer – trotz oder gerade wegen seiner Antiquiertheit – zum historischen Sympathieträger wird, weil er, anders als Ulrich aber doch an einem entscheidenden Punkt ähnlich wie dieser, die Haltlosigkeit und Gefährlichkeit der realen und symbolischen Weltverbesserer durchschaut.

Sich die zeitlichen Strukturen und Bezüge zu vergegenwärtigen, ist aufschlussreich. Diese sind im Hinblick auf die erzählte und erinnerte Zeit eindeutig durch das erste Kapitel gesetzt: „Es war ein schöner Augusttag des Jahres 1913." (MoE 9) Es lohnt sich darüber nachzudenken, warum im Roman dieser Zeitpunkt gewählt wurde. Ein Grund sticht in die Augen: dieses Jahr ist das Jahr, bevor der Krieg ausbrechen wird, und mit dem Kriegsausbruch sollte der Roman auch enden: denn er ist die im Doppelsinn „zündende" Idee, die der Parallelaktion immer gefehlt hat und die durch die immer gewichtigere Präsenz des Industriemoguls Arnheim und des Generals Stumm von Bordwehr vorbereitet wird. Aber diese Zeitwahl – der letzte friedliche Sommer vor der Katastrophe, die sich vielleicht auch in der Unglückszahl 13 ankündigt – setzt eine erzählstrategische Konzeption voraus und zugleich in Gang. Denn ohne dass es explizit gemacht würde, ist doch ein heimliches Einverständnis in diese narrative Rhetorik eingeschlossen: Der unscheinbare Erzähler und der Leser wissen bereits, wie die Geschichte ausgehen wird, nämlich katastrophal. Demgegenüber sind die Figuren im Roman mehr oder minder ahnungslos. Der Typologie Northrop Fryes entsprechend[29] befinden wir uns in der ironischen Situation, in der der Leser den Helden an Weltwissen überlegen ist, wobei natürlich eine gewisse Hierarchie unübersehbar ist: Skeptiker wie Ulrich, der Mann ohne Eigenschaften, schneiden vor dem Hintergrund der späteren Ereignisse besser ab als die glühende Idealistin Diotima.

Während die erzählte Zeit als das letzte Jahr vor der Katastrophe benannt ist, bleibt die Erzählzeit unbestimmt. Damit der Roman funktioniert, ist es indes notwendig, dass sie auf 1918+ festgelegt ist. Tatsächlich beginnt Musil die ersten Arbeiten am Roman im Jahr 1919. Obschon die Schilderung des Großstadtlebens und die Statistiken zu Eingang des Romans aus der Ebene der Erzählzeit herrühren, schafft der erzählerische Duktus am Anfang mit der Wahl des Imperfekts und jenen bewusst eingesetzten retrospektiven Einlagen genug freie Zeit für den Akt des Schreibens, verändert aber gleichwohl die Lesart des Romans, der mehr und mehr zum Erinnerungsmonument wird. Je länger der Schreibprozess dauert, um so mehr erhöht sich der Druck, die ganze Geschichte von ganz vorn neu zu erzählen, weil sich der Standort des Erzählers verschoben hat.

Das Jahr 1913 könnte aber auch gewählt sein, weil der Akt der Sozialisation abgeschlossen ist und sich der Vater, der ähnlich absent ist wie der *pater patriarum*, nur schriftlich anwesend ist, als eine Stimme, die den erwachsen-unerwachsenen Sohn, der alle Schritte für

---

29 Frye 1957, S. 33f.

seine gesellschaftliche Sozialisation unternommen hat und doch in innerer Rollendistanz verharrt,[30] mahnt. Parallel dazu auch die Abwesenheit der Mutter, und zwar auf beiden Ebenen: der politischen wie der privaten. Der Mann ohne Eigenschaft leistet der väterlichen Aufforderung, in den Kreis der patriotischen Projekteure, auch ohne weiteres Folge, ohne jedoch vom Sinn der Parallelaktion je wirklich überzeugt zu sein. Nur so erklärt sich die narrative Rhetorik des Textes, die Stimme des Erzählers und den Fokus der Hauptfigur aufeinander bezieht.[31] Aus der Perspektive des teilnehmenden Beobachters lässt sich distanziert und doch vor Ort berichten. Erst im Fall des Testaments erweist sich Ulrich – und auch nur wegen der energischen Intervention der plötzlich auftauchenden Schwester – als unfolgsamer Sohn seines Vaters. Der Protagonist des Romans ist also wie sein manifester Autor – im Unterschied zu Autoren wie Roth und Doderer – zum Zeitpunkt der erzählten, d. h. erinnerten Zeit bereits erwachsen. Dem entspricht die mnemotechnisch wichtige Tatsache, dass das Ende der Adoleszenz und das Ende der Monarchie im Falle Musils nicht zusammenfallen.

Im Hinblick auf das Gesamtwerk und auf die Biographie des Autors lassen sich Mutmaßungen anstellen, warum 1913 als erzählte Zeit gewählt wurde. Ein Blick in das veröffentlichte Werk Musils macht deutlich, welch eine bemerkenswerte Wende Musil um diese Zeit vollzogen hat, eine Wende hin zu den großen panoramischen Fragen von Kultur, Geschichte und Politik. Das frühe Prosawerk *Die Verwirrungen des Zöglings Törleß* steht unter dem Vorzeichen erzählter Jugend und lässt höchst indirekt die Welt der Monarchie anklingen, etwa in den Herkunftsmilieus der Prostituierten, in der spezifischen Atmosphäre des Internats und der Topographie des Bahnhofs, der eine Richtung markiert: „Eine kleine Station, die nach Rußland führt." (GW 6: 7) Im Frühwerk ist Musil peinlich darauf bedacht, Literatur – in Konkurrenz zu den aufstrebenden Psychowissenschaften – als Medium minuziöser Detailbeobachtung von seelischen Regungen und Konditionierungen einzusetzen. Das gilt im

---

30 Wobei Ulrich sich auf Nietzsche beruft, der empfohlen habe, „um der Freiheit des Inneren willen gewisse äußere Regeln zu achten" (MoE 794f).
31 Ball 1997, S. 142–160.

Übrigen auch für die beiden 1908 fertiggestellten Frauenstudien (*Die Versuchung der stillen Veronika sowie Die Vollendung der Liebe*), die einen ganz ähnlichen exemplarischen und experimentellen Charakter besitzen. Aus Sicht des Autors besteht nach dem *Törleß* kein Bedarf, Kindheitserinnerungen in derart forcierter Form fortzuschreiben. Es gibt zwar im späteren *opus magnum* durchaus solche Reminiszenzen, die noch dem impressionistischen Geist Prousts und auch Maeterlincks verpflichtet sind – die Abwendung von dem belgischen Postromantiker ist übrigens ein wichtiges Indiz für meine These von einer literarischen Wende Musils. Denn diese Erinnerungen an eine verlorene Zeit sind fortan in einen völlig neuen kulturellen Kontext gestellt, erfolgen aus einem kulturell, geschichtlich und politisch geweiteten Bezugsrahmen. Zu diesen Erinnerungen gehören die Figur des Jugendfreundes Walters und seiner Frau Clarisse, „dieses halbe Kind mit seiner Feuersbrunst des Glaubens an die Zukunft von uns dreien" (MoE 54), die Figur der Tante Janes (MoE 453–459), „die vergessene Schwester" (MoE 671) und die gemeinsame Kindheit, Ulrichs Rückblicke auf seine gescheiterte intellektuelle Karriere und die sich daraus ergebenden *querelles* mit dem abwesenden Vater, vor allem aber *Die vergessene, überaus wichtige Geschichte mit der Frau des Majors* (MoE 120–126). All diese Episoden haben den Sinn, als kleine Fluchten Gegenweltlichkeit zu begründen zur offiziellen gesellschaftliche Bühne des Lebens, die durch das Umfeld der Parallelaktion gleichsam allegorisch abgesteckt ist: Leidenschaft, *unio mystica*, Wahn, Inzest. Sie thematisieren die Frage, wie sich unter historisch ‚ver-rückten' Verhältnissen den eigenen intellektuellen und emotionalen Ansprüchen gemäß leben lässt, die Ulrich einmal scherzhaft bei einer Sitzung der Parallelaktion vorträgt: als Forderung nach Generalrevision und Gesamtbilanz des Einzelnen wie der gesamten Kultur.

    In gewisser Weise lässt sich Ulrich als der in die Jahre gekommene Protagonist des ersten Romans, *Törleß*, lesen. In dieser soziokulturellen Lesart ergibt das ein Bild von Sozialisation, das für die Schicht, der Musil angehörte, nicht untypisch war: Internat, Militär und Bordell bilden dabei die tragenden Säulen männlicher Sozialisation, an die sich Schule und Beruf anschließen. Wenn *Der Mann ohne Eigenschaften* im reifen Sommer des Jahres 1913 einsetzt und sich nur hin und wieder retrospektive Rast gönnt (im Hinblick auf die Jugendliebe, auf die Schwester und auf die Militär- und Studienzeit), dann auch deswegen, um sich auf einen zentralen Zeitpunkt zu beziehen, auf den hin der Autor sich selbst neu orientiert hat. In *nuce* enthalten die beiden veröffentlichen Essays *Politik in Österreich* (Dezember 1912) sowie *Politisches Bekenntnis eines jungen Mannes. Ein Fragment* (November 1913) bereits all jene Motive, die für den unvollendeten epochalen Roman zentral bleiben werden: nicht zuletzt etwa geht es um die innere Unentschlossenheit, der Musil mit der Selbstbeschreibung als eines „konservativen Anarchisten" eine höchst paradoxe Konfiguration geschaffen, die er für symptomatisch und prototypisch hielt, weshalb er sich selbst für eine im durchaus ironischen Sinn repräsentative Figur der Epoche halten musste, die aristokratischen Gestus mit Außenseitertum verbindet:

> Ich habe mich nie für Politik interessiert. Der politisierende Mensch, Abgeordneter oder Minister, erschien mir wie ein Dienstbote in meinem Haus, der für die gleichgültigen Dinge des Lebens zu sorgen hat; daß der Staub nicht zu hoch liegt und daß das Essen zur Zeit fertig sei. Er erfüllt seine Pflicht so schlecht wie alle Dienstboten, aber solange es angeht, mischt man sich nicht ein. Las ich zuweilen Programme einer politischen Partei oder die Reden des Parlaments, so wurde ich in der Ansicht nur bestärkt, daß es sich hier um eine ganz untergeordnete menschliche Tätigkeit handle, der nicht im geringsten erlaubt werden dürfe uns innerlich zu bewegen. Ganz zugrunde lag allem dem aber ein altes Vorurteil, das ich hatte. Ich weiß nicht, wann ich es erwarb und welchen Namen ich ihm geben soll. Mir gefiel unsere Welt. Die Armen leiden; in tausend Schatten bilden sie eine Kette von mir abwärts zum Tier. Und eigentlich am Tier vorbei, noch weiter abwärts, denn keine Tierart lebt unter so untierischen Bedingungen wie manche Menschen unmenschlich leben. Und die Reichen gefielen mir wegen ihrer Unfähigkeit ihren Reichtum seelisch bedeutsam auszunützen, wodurch sie so komisch sind wie jene Insekten, die in der Luft schillern und in der Nähe betrachtet, ein haariges, blödes Säckchen von Leib haben und ein dünnes, armes Stengelchen von Nerv darin. (GW 8: 1010)

In den Ritzen dieser widersprüchlichen und einigermaßen sinnlosen Welt ohne Richtung und Ziel gibt es den Sonderbeobachter, den konservativen Anarchisten. Er ist konservativ, weil sein äußeres Verhalten im Einklang mit der bestehenden Ordnung steht und er nicht an eine prinzipielle Veränderung zu glauben vermag, und er ist anarchistisch, weil er keiner der Legitimationen von Macht und

Herrschaft, die sich Menschen anmaßen, glaubt und diese durch seine Dekonstruktivkraft unterminiert. Aber immerhin bezieht sich der selbstbezügliche Artikel auf einen Anderen, die Person, die man früher war, vor diesen Reflexionen. So spaltet schon dieser Text Identität, indem er einen Zeitbruch vornimmt: jene Spaltung, die auch in der unaufhebbaren Kluft zwischen Erzählzeit und erzählter Zeit zum Tragen kommt. Die Verbindungslinien, die zwischen ihnen bestehen, konturiert das, was wir heute recht aufgeregt Identität nennen.

Könnte sich das Jahr 1913 nicht auf jenen unpolitischen Sonderbeobachter beziehen, der die Menschen wie Insekten sieht, angeregt, aber gleichmütig, und der zugleich sich selbst bespiegelt und zu seinem Erstaunen herausfindet, dass er selbst ein interessantes Exemplar einer vorübergehenden Zeit ist, ein Mensch etwa, der das Heraufkommen der Demokratie als unvermeidlich ansieht: weder als besonders erschreckend noch als besonders anziehend, sondern einfach als historischen unvermeidlichen Vollzug eines politischen Projekts. Die Strenge der Selbstreflexion gebietet es, sich selbst, diesen haltlosen Menschen selbst unvoreingenommen und leidenschaftslos als ein „Geschöpf der Demokratie" zu erblicken. Das retrospektive Selbstbild, das viele Züge Ulrichs antizipiert, ist spiegelbildlich zu jenem eigentümlichen Gebilde, das die Folie für Musils kulturelle Befunde abgibt:

> Es liegt etwas Unheimliches in diesem hartnäckigen Rhythmus ohne Melodie, ohne Worte, ohne Gefühl. Es muß irgendwo in diesem Staat ein Geheimnis stecken, eine Idee. Aber sie ist nicht festzustellen. Es ist nicht die Idee des Staates, nicht die dynastische Idee, nicht die einer kulturellen Symbiose verschiedener Völker (Österreich könnte ein Weltexperiment sein), wahrscheinlich ist das Ganze wirklich nur die Bewegung zufolge Mangels einer treibenden Idee, wie das Torkeln eines Radfahrers, der nicht vorwärtstritt. (GW 8: 993)

Es gibt nichts Geheimnisvolleres als die unheimliche Leere des Geheimnislosen. Was Musil 1913 prospektiv auf den späteren Roman hin unternimmt, ist die Ausweitung seines methodischen Sensoriums, seiner Psychologie mit literarischen Mitteln, auf große kulturelle Gebilde. Er dringt mit seiner künstlichen Figur Ulrich in die Innenräume der Macht ein, um ihre innere Brüchigkeit zu erweisen.

Noch bevor sie untergegangen ist, besteht sie nur als eine
Ansammlung „unausgefüllter Räume" (GW 8: 993), als eine Welt
ohne zwingende Realität. Die symbolische Implosion geht der realen
voran: Ein staatliches Gebilde kann auf einige Zeit ohne hinlänglichen
Grund existieren, wenn es keiner bemerkt, sogar sehr lange. Die
Voraussetzungen für den Roman sind also schon vor dem Ersten
Weltkrieg gelegt, von der Motivlage bis zum epistemologischen
Ausgangspunkt, wie er sich in der Erzählform und der Fokusbildung
des Romans niederschlagen wird: Unwirklichkeit des literarischen
Untersuchungsgegenstands und unbeteiligter Gleichmut. Die beson-
dere Unwirklichkeit des unheimliches Staates, die mit den spannenden
Krisenlagen exponierter Individualität korrespondiert, lässt schon bei
Lebzeiten dessen Archäologie sichtbar werden und die innere Freiheit
des Gleichmütigen ist jener Blick, mit dem sie korrespondiert. Die
Leere erzeugt symbolische Wirbel und lässt ideologische Pfauenräder
sichtbar werden. Musil sieht die österreichische Kultur fast ausschließlich vor diesem Hintergrund, und was die Anstrengungen der
modernen Symbolfabrikanten so lächerlich erscheinen lässt, ist, dass
sie in ihrer Gewichtigkeit nicht die Bodenlosigkeit wahrnehmen, auf
der sie agieren.

Massenwahn – Herr und Knecht

Kulturtheoretisch relevant mag der Leser Musils Befunde im Roman
und an seinen Rändern insofern finden, als die Erzählung des
Untergangs des österreichischen Imperiums eingebettet ist in die
Geschichte eines kulturellen Zerfallsprozesses, der bereits in einem
frühen Kapitel, genau dem 16. *Eine geheime Zeitkrankheit* (MoE 56–
60) thematisiert wird. Der Erzähler, der wenigstens zu Anfang mit
Ulrich in die Welt des Romans blickt, nähert sich seinem Befund sehr
vorsichtig und indirekt, weil es sich bei diesen kulturellen
Stimmungen um etwas sehr schwer Greifbares handelt, das sich nur
mit Metaphern und Vergleichen umschreiben lässt:

> Etwas Unwägbares. Ein Vorzeichen. Eine Illusion. Wie wenn ein Magnet die
> Eisenspäne losläßt und sie wieder durcheinandergeraten. Wie wenn Fäden aus

einem Knäuel herausfallen. Wie wenn ein Zug sich gelockert hat. Wie wenn ein Orchester falsch zu spielen anfängt. (MoE 57f.)

Was hier beschrieben und aus der gemeinsamen Erinnerung der Jugendfreunde an eine glänzende Zukunft wahrgenommen, wird, ist die letztendlich dramatische Veränderung der angestammten symbolischen Ordnung am Vortag der weltpolitischen Katastrophe. All diese Bilder beschreiben die unsichtbaren Prozesse, der Dezentrierung und des Zerfalls verbindlicher Ordnungsgefüge, in Metaphern der physikalischen Ordnung, der musikalischen Aufführung, des Gewebes. Es ließe sich geradezu behaupten, dass Musils Roman den grandiosen Versuch darstellt, selbst ein Magnetfeld zu schaffen, das die Eisenspäne physikalisch ordnet und wenigstens im utopischen Feld des Romans den Zerfall der symbolischen Formen[32] in einer durchaus konsistenten Form beschreibt. Als Symptome der neuen Haltlosigkeit, die die alte Kultur und ihre symbolischen Bestände durchdringt und zersetzt, konfigurieren „Menschen, die früher bloß an der Spitze kleiner Sekten gestanden haben" (MoE 57), Bilder des Sports, der den Triumph moderner Massenkultur ankündigt, der Motorradfahrer mit dem „Ernst eines brüllenden Kindes", das strumpfbandentblößte Bein einer berühmten Tennisspielerin oder das massierte „Frauenfleisch" einer Schwimmerin, als „wäre" es „enthäutet und hinge auf einem Haken" (MoE 59).

Der eigenschaftslose Athletiker Ulrich ist dabei, und das macht die Ambivalenz des Romans aus, Teil dieser geheimnisvollen Zeitkrankheit; das betrifft übrigens auch den respektlosen Blick auf die Nacktheit des sexualisierten Körper, der, wie Pierre Bourdieu meint, im Gefolge des neuzeitlichen Rationalismus selbst zum Beobachtungsgegenstand wird[33] und den Ulrich durch den fiktiven Blick des Kirchenvaters Thomas von Aquino in Augenschein nimmt, um den Bruch herauszustreichen, der mit solchen Bildern vollzogen wird. Ein weiteres Symptom der Krise der alten patriarchalen symbolischen Ordnung ist das Auftauchen eines neuen gesellschaftlichen Phänomens: der vornehmlich nationalen Masse, die mehrmals als

---

32 Cassirer 1994, S. 1–52.
33 Vgl. Anm. 9.

Störenfried und Gegner der Parallelaktion auftritt, zuletzt, wenn Leinsdorf sich zu einer Visite in die Stadt B. begibt, aus der auch Ulrich herstammt. Die Masse wird bei Broch wie Musil zum Krisensymptom, das General Stumm von Bordwehr, dem im Roman die Perspektive ungeschminkter Offenheit zukommt, auf das Fehlen von ultimativer Autorität zurückführt. Damit solche umtriebigen und irrationalen Massen nicht entstehen, „braucht die Menschheit ja auch eine starke Führung." (MoE 1020)

Das Pech ist nur, dass die Möglichkeit solcher Lenkung im symbolischen Bereich abhanden gekommen ist. Insoferne vertritt der General in der historischen Langzeitperspektive eine weniger realistische Perspektive als Ulrich und Leinsdorf, dessen Realpolitik des Lavierens von den politischen, gesellschaftlichen und kulturellen Gegebenheiten ausgeht und der weder an die Erlösung noch an eine praktisch-militärische Ordnung glaubt, die dem General vorschwebt.

Musils Sichtweise der modernen Kultur stimmt im Kern mit der Brochs überein, wie er sie am Beispiel der in Deutschland angesiedelten „Schlafwandler-Trilogie" und in seiner *Massenwahntheorie* vorführt. Und auch in Brochs Romanen fehlen nicht – auf einer durchschnittlichen, nicht-intellektuellen Ebene – die desorientierten Menschen: der „romantische" Offizier Pasenow, der am Konflikt zwischen individuellen Wünschen und den Geboten gesellschaftlicher „Uniform" zerbricht, der hilflose rebellische Anarchist Esch, der als Mitglied einer Sekte endet, und der sachliche Huguenau, der vom allgemeinen Werteverfall und von der zunehmenden Bedeutungslosigkeit der Welt triumphiert. Werteverfall meint dabei, weit über ein moralisches Urteil hinaus, das Unvermögen einer Gesellschaft, symbolische Formen zu schaffen, die Ordnung, Orientierung und Welthaftigkeit ermöglichen, das, was Broch etwas sperrig als „Irrationalerweiterung" bezeichnet.[34] Diese „Werte", die Broch wie übrigens auch Cassirer im Sinn hat, sind symbolische Formen der Aneignung, die es dem Menschen erst gestatten, in der Welt zu sein und eine Welt zu haben. Die Panik, die am Ende auch die Menschen in Musils Roman ergreift, ist eine Reaktionsbildung auf den Verlust

---

34 Broch 1979, S. 14. Gemeint ist offenkundig die symbolische Bearbeitung des Irrationalen (Bedürfnisse, Begehren) durch die Kunst.

einer Kultur, symbolische Formen auszubilden. Beide Autoren folgen, ganz unabhängig von ihrem intellektuellen Temperament und ihren ästhetischen Präferenzen, einem großen Narrativ: der Geschichte vom Untergang einer Kultur. Dass beide eifrige Leser von Oswald Spenglers *Untergang des Abendlandes* gewesen sind, spielt dabei nur eine untergeordnete Rolle. Es ist die narrative Matrix, die in der Kultur ihrer Zeit verfügbar und allseits präsent war.

Auch Musils Ironie kann nicht verdecken, dass dieses Narrativ einen exklusiven und überlegenen Erzähler benötigt, dem das Glück der Übersicht in turbulenten, unübersichtlichen Zeiten zufällt. Der kulturelle Befund einer aus den Fugen geratenen Kultur konvergiert mit dem Zustand eines Imperiums, das geheimnisvoll leer in seinem inneren Bestand ist und das nicht über jenen heroisch-melancholischen Gründungsmythos verfügt, den Roth ihm in retrospektiver Erinnerung (warum man soll Geschichte nicht erfinden? heißt es einmal bei Musil) angedichtet hat.

Es lässt sich nun zeigen, dass der Nationalismus übrigens ebenso wie Sozialismus, Pazifismus als hypertrophe, panische Reaktionsbildungen auf die „geheimnisvolle Zeitkrankheit" gesehen wird, auf den dreifachen Mangel: den Mangel an Charakter auf der individuellen Ebene, den Mangel an Zusammenhalt auf der politischen Ebene, und als Mittellage und umfassende Disposition: den Mangel an Kohäsion auf der symbolisch-kulturellen Ebene. Der Nationalismus wird, etwa in dem Kapitel 108 *Die unerlösten Nationen und die Wortgruppe Erlösen* in der Reihe der säkularen Erlösungsreligionen angesiedelt, die im Kontrast zu den kosmopolitischen Idealen der Parallelaktion über ein wirkungsmächtiges symbolisches Arsenal verfügen, der Zeitkrankheit auf allen drei Ebenen zu begegnen. So erklärt der Ordnungsfanatiker General Stumm von Bordwehr, eine im Musil'schen Figurenensemble eher unterbelichtete und unterschätzte Figur, der sich – die Erzählperspektive ist, wie so oft im Roman verschliffen – Gedanken über die Unruhe der geistigen Menschen macht:

So waren sie schließlich überzeugt, daß die Zeit, in der sie lebten, zur seelischen Unfruchtbarkeit bestimmt sei und nur durch ein besonderes Ereignis oder einen ganz besonderen Menschen erlöst werden könne. Auf diese Weise entstand damals unter den sogenannten geistigen Menschen die Beliebtheit der Wortgruppe Erlösung. Man war überzeugt, daß es nicht mehr weitergehe, wenn nicht bald ein Messias komme. Das war je nachdem ein Messias der Medizin, der die Heilkunde von den gelehrten Untersuchungen erlösen sollte, während deren die Menschen ohne Hilfe krank wurden und sterben; oder ein Messias der Dichtung, der imstande sein sollte, ein Drama zu schreiben, das Millionen Menschen in die Theater reißen und dabei von voraussetzungslosester geistiger Hoheit sein sollte: und außer dieser Überzeugung [...] gab es natürlich auch noch das einfache und in jeder Weise unzerfaserte Verlangen nach einem Messias der starken Hand für das Ganze. So war es eine recht messianische Zeit, die damals kurz vor dem großen Kriege, und wenn selbst ganze Nationen erlöst werden wollten, so bedeutet das eigentlich nichts Besonderes und Ungewöhnliches. (MoE 520)

Beinahe unbemerkt ist die synchrone Stimme des Generals von der Stimme des nachzeitigen Erzählers substituiert worden. Während Graf Leinsdorf ebenso wie Ulrich nicht an eine rettende Idee glaubt, traut sich der General durchaus zu, Ordnung in die Welt zu bringen.

Die Parallelaktion, die trotz realer historischer Vorbilder ein ins Gleichnishafte überhöhter *fake*, ist genau in diesem Mittelbereich angesiedelt. Sie ist, Zentrum einer höchst durchkalkulierten epischen Architektur, als ein kulturelles Rettungswerk installiert, das zugleich – vergeblich – die ins Rutschen geratenen politischen Gegebenheiten stabilisieren soll. Aber zu ihrem widersinnigen Effekt gehört, dass sie befördert, was sie verhindern soll. Dadurch, dass sie die symbolischen Formen zum Thema macht, kommen die auseinander strebenden nationalen Interessenlagen und die Diffusion der kulturellen Werte recht eigentlich erst zum Vorschein.

Symbolische Macht

Der wirklich oder auch nur scheinbar arglose General, der neben Arnheim immer mehr die Fäden der Parallelaktion zieht, stößt in seiner Not, die Zeit zu verstehen, die er mit seinen Zeitgenossinnen und Zeitgenossen teilt, auch auf Freud und Marx. Die doppelte satirische Absicht, die sich sowohl gegen Marx und Freud als auch

gegen die mechanische Systematik der Wissensaneignung durch den
General richtet (womit Musils Essayismus wie aller Essayismus zuvor
die Feindschaft gegen den Logozentrismus des Systems erneuert), darf
nicht darüber hinwegtäuschen, dass der Roman selbst so etwas wie
einen ökonomischen Unterbau hat. Dieser wird sichtbar, wenn die
ökonomischen Motive Arnheims und des Generals freigelegt werden,
sich an der Parallelaktion zu beteiligen: Während er zärtlich mit
Diotima über Ideale und moderne Liebe parliert, wird um Ölfelder in
Galizien (warum eigentlich Galizien?), um Truppenaufmarschpläne
und Armeelieferungen verhandelt und gestritten.

Aber das ist im Kontext des Romans ein wenn auch für die
Pervertierung der Parallelaktion wichtiges Detail am Rande. Viel
entscheidender ist, dass die Ordnung, die da korrodiert, eine
herrschaftlich verbürgte ist. Herrschaft lässt sich nämlich daran
bemessen, wie es ihr gelingt, Ordnung zu schaffen und durchzusetzen,
auch symbolische. In den Begriff der Ordnung ist von vornherein das
Moment der Macht eingeschrieben, wie der General unverblümt
feststellt: Der Zusammenbruch der symbolischen Ordnung und der
Untergang der zuweilen matt in Glanz und Eleganz erstrahlenden
spätpatriarchalen Gesellschaft sind zwei Seiten ein und derselben
Medaille. Symptomatisch dafür ist auch die unwillige Reaktion des
Grafen Leinsdorf auf die tschechischen und die deutschnationalen
Nationalisten, die für ihn kaum mehr sind als ungezogene und unreife
Kinder, die nichts von der Welt verstehen (das ist übrigens auch,
zuweilen ins Sarkastische gesteigert, die Manier, mit der Ulrich in der
Auseinandersetzung mit Gerdas deutschvölkisch-messianischen
Freunden verfährt). So steht dem Nationalismus des Volkes – was
übrigens auch Roth nicht leugnet – stets der Kosmopolitismus des und
der Herrn gegenüber.[35] Im Kapitel 120 *Die Parallelaktion erregt
Aufruhr* sowie im späteren Kapitel 49 aus dem Nachlass (MoE 1120;
1867) werden der Leser und die Protagonisten des Romans, Leinsdorf
und Ulrich, mit der Epiphanie der Massen konfrontiert, die gegen die
Parallelaktion protestieren, die immer einer Seite unpatriotisch
erscheinen muss. Leinsdorfs Reaktion verkörpert die Würde des

35 Roth 1976, S. 120–139.

Herrn, der um die „Einheit von Besitz und Bildung" – einem durchgängigen Stichwort im Roman – weiß:

> ‚Die Rache des Volks!' sagte Graf Leinsdorf, der einen Augenblick hinter Ulrich getreten war, mit großem Ernst, als ob das ein so feststehendes Wort wäre wie das tägliche Brot. ‚Aber was schreien sie eigentlich? Ich kann es bei dem Lärm nicht verstehen.' (MoE 629)

Das ist der kultivierte Ekel vor dem schlechten Benehmen des Kollektivs, den später auch jene Intellektuelle pflegen werden, die vom noblen Habitus des Adels fasziniert sind. Die zweite Reaktion, die an die Verachtung der Masse anschließt, ist eine Machtphantasie:

> Er sah in die dunkle Bewegung unter dem Fenster, und eine Erinnerung an seine Offizierszeit erfüllte ihn mit Verachtung, denn er sagte zu sich: ‚Mit einer Kompagnie Soldaten würde man diesen Platz leerfegen!' (MoE 629)

Entscheidend ist aber, dass gerade diese Gewaltlösung ausgeschlossen ist; es bleibt nur die Möglichkeit, sich realpolitisch durch die sich gegenseitig neutralisierenden nationalistisch aufgewühlten Massen durchzulavieren. Ekel, Verachtung und Haltung, sind drei Kardinaltugenden, die im Falle bedrohter Herrschaft angezeigt sind:

> ‚Ich muß hier ausharren, um dieser Empörung die Stirne zu bieten,' begann Se. Erlaucht ‚darum kann ich nicht fort! Aber sie müßten eigentlich so schnell wie möglich zu ihrer Kusine gehen, ehe sie noch über die Vorgänge erschrickt und vielleicht einem unserer Journalisten eine Äußerung gibt, die augenblicklich nicht am Platze ist.' (MoE 633)

So geht der Mangel an symbolischer Ordnung unweigerlich mit dem Zerfall der paternalistischen Herrschaftsformen einher, die in einer komplizierten Diplomatie die ethnischen Antagonismen auszubalancieren trachten, weil das Verbot, das traditionelle Machtwort des Vaters gegenüber unmanierlich-kindlichen Untertanen, sich zunehmend als unwirksam, ja sogar als schädlich und gefährlich herausstellt.

Wie sehr Musils Roman dem Thema der symbolischen Formen eine fast materialistische Unterlage gibt, zeigt sich auch an dem allegorischen Paar Diotima/Arnheim. Während Diotima das geschönte

Selbstbild der Austria verkörpert, leiht Arnheim einer ebenso stilisierten borussischen Eigen- und Innenansicht seine Gestalt, die indes durch die ironische Stimme des Erzählers und den Blick Ulrichs gebrochen werden. Beiden sind, Anleihe aus dem Theater und der Oper des späten 18. Jahrhunderts, ein Dienerpaar zugeordnet, das auf die unterschiedliche Herrschaftslogik des wilhelminischen Kaiserreiches und der Donaumonarchie verweist. Rahel, die dankbare Dienerin, die die ausrangierte (Unter-)Wäsche der Herrin tragen darf, ist das ostjüdische Kind aus der innereuropäischen Peripherie der Monarchie, während Soliman, trotz der Allusionen aus der österreichischen Geschichte, dem Wilhelminischen Magnaten und Schöngeist Arnheim zugeordnet ist, der ein Reich mit weitgespannten Ambitionen repräsentiert, das sich in seinem Wunsch nach einem Platz an der Sonne auch Ländereien gesichert hat,[36] aus denen die Solimans kommen, die zum Exerzierfeld eines humanistisch-imperialistischen Zivilisationsdiskurses und –narrativs werden: Untertanen, die so unmündig sind wie Kinder, Ordnung beibringen, reale und symbolische. Arnheims sublimes, assimiliertes Westjudentum wiederum steht mit dem Ostjudentum Rahels in einem benennbaren, mit dem humanistischen Imperialismus verwandten Gegensatz: Zivilisation und Unterentwicklung. Gewiss, Musil hat mit dem erfolgreichen jüdischen Geldmenschen und Schöngeist Arnheim eine im Nachhinein nicht unproblematische Figur geschaffen, obschon ihm eine antisemitische Intention fernlag. Indem sein Roman aber die realen Machtverhältnisse nicht vergisst, beschreibt das ironische Gleichnis von der Parallelaktion und ihrem fatalen Ende ein Dilemma, das bei den meisten anderen Autoren, die literarische Erinnerungsarbeit an der Monarchie betrieben, ausgespart geblieben ist: Zur „unmöglichen" Konstruktion der 1866 aus dem deutschen Herrschaftsbereich ausgeschlossenen Monarchie gehört nämlich, dass dieses Staatsgebilde politisch, ökonomisch und militärisch in hohem Maße vom Deutschen Reich abhängig war, herabgestuft auf eine Souveränität zweiter Klasse. Diejenigen, die die Rahels beherrschen, müssen sich den Auftritt jener gefallen lassen, die erstere als Adjutanten ihrer weltherrschaftlichen Pläne zu gebrauchen wissen und

---

36 Honold/Simons 2002.

die die Solimans als kostbare Besitztümer dieser Ambitionen in ihrem Tross führen. Ohne dass Musil Partei ergriffe für die Herrschenden, ist sein komplizierter Roman, der das lose und locker gewordene kulturelle Gewebe seiner Zeit durchleuchtet, ein Werk, das aus der Perspektive der Herrschenden geschrieben ist. Dabei ist noch einmal die zeitliche Differenz zwischen Erzählzeit und erzählter Zeit durchschlaggebend. Denn zum Zeitpunkt des Erzählens sind jene Protagonisten bereits des Großteils ihrer Macht ledig geworden, die sich in der erzählten Zeit auf kluge wie auf unkluge Weise zu erhalten trachten und die damit automatisch zu bitteren wie zu schmerz-stillenden kulturellen Erinnerungen gerinnen.

Die umsichtige Realpolitik Leinsdorfs wie die Ordnungsideen des Generals oder Ulrichs zurückhaltende Skepsis vermögen gegen die Wucht der politischen und kulturellen Veränderungen nichts auszurichten. Der Leser weiß, dass die Massen die Oberhand behalten werden und dass ihre Siege die Niederlage einer Staatlichkeit bedeuten, die sich urplötzlich auf ein provinzielles Dasein zurück-geworfen sieht. Es ist dieser Schock, der jede literarische Erinnerungs-arbeit an diesem Thema zur Gedächtnispolitik macht.

Literaturverzeichnis

Verwendete Siglen

MoE   Musil, Robert: *Der Mann ohne Eigenschaften*. Hg. von Adolf
     Frisé. Reinbek bei Hamburg: Rowohlt 1996.

GW   Musil, Robert: *Gesammelte Werke in neun Bänden*. Hg. von Adolf
     Frisé. Reinbek bei Hamburg: Rowohlt 1978 (= GW 1–9).

Tb.   Musil, Robert: *Tagebücher*. Hg. von Adolf Frisé. 2 Bde. Reinbek
     bei Hamburg: Rowohlt 1983.

Briefe   Musil, Robert: *Briefe 1901–1942*. Hg. von Adolf Frisé. Reinbek
     bei Hamburg: Rowohlt 1981.

Nachlass Musil, Robert: *Der literarische Nachlaß. CD-ROM-Edition*. Hg. v.
     Aspetsberger, Friedbert, Eibl, Karl und Frisé, Adolf. Reinbek bei
     Hamburg: Rowohlt 1992.

Sonstige Primärliteratur

Aichinger, Ilse: *Die größere Hoffnung*. Frankfurt a.M.: Fischer 1979.

Aristoteles: *Rhetorik*. Übersetzt, mit einer Bibliographie, Erläuterungen und einem
  Nachwort von Franz G. Sieveke. München: UTB 1980.

Broch, Hermann: *Briefe*, 3 Bde., hrsg. von P. M. Lützeler, Suhrkamp Frankfurt a.M.
  1981.

Broch, Hermann: *Die Schlafwandler*. Frankfurt a.M.: Suhrkamp 1978.

Broch, Hermann: Einige Bemerkungen zum Problem des Kitsches. In: *Schriften zur
  Literatur 2. Theorie. Kommentierte Werkausgabe, hrsg. von Paul Michael
  Lützeler*. Frankfurt a.M.: Suhrkamp 1975. S. 119–157.

Broch, Hermann: Ethische Konstruktion in den Schlafwandlern. In: *Die
  Schlafwandler. Eine Romantrilogie. Kommentierte Werkausgabe*, Hrsg. von
  Paul Michael Lutzeler. Bd. 1. Frankfurt a.M.: Suhrkamp 1978.

Broch, Hermann: Massenwahntheorie. Beiträge zu einer Psychologie der Politik. In:
  Kommentierte Werkausgabe. Hrsg. von Paul Michael Lützeler. Bd. 12.
  Frankfurt a.M.: Suhrkamp, 1979.

Döblin, Alfred: Reform des Romans. In: *Schriften zur Ästhetik, Poetik und Literatur*.
  Olten/Freiburg im Breisgau: Walter-Verlag 1989 [1920]. S. 135–153.

Gellert, Christian Fürchtegott: Die Fliege. In: Ders.: *Werke*. Hg. von Gottfried
  Honnefelder. Frankfurt a. M. 1979. I, 114 f.

Gernhardt, Robert: *Reim und Zeit & Co. Gedichte Prosa Cartoons*. Stuttgart: Reclam
  2000.

Gsaller, Harald: Stilleben mit Fliege. In: Ders.: *Zack*. (Buch ohne Seitenangaben).
  Linz: Blattwerk 1995.

Jandl, Ernst: Das Röcheln der Mona Lisa. In: Ders.: *Autor in Gesellschaft. Aufsätze und Reden.* München: Luchterhand 1999. (= Gesammelte Werke, Bd. XI), S. 203–290.

Jandl, Ernst: der gelbe hund. In: Ders.: *der gelbe hund, selbstportrait des schachspielers als trinkende uhr.* München: Luchterhand 1997b (= Gesammelte Werke, Bd. VIII).

Jandl, Ernst: die bearbeitung der mütze. In: Ders.: *verstreute gedichte 5, der versteckte hirte, die bearbeitung der mütze.* München: Luchterhand 1997a (= Gesammelte Werke, Bd. VII).

Jandl, Ernst: Letzte Gedichte. München: Luchterhand 2001.

Jonke, Gert: *Erwachen zum großen Schlafkrieg. Erzählung.* Salzburg, Wien: Residenz 1982.

Jonke, Gert: *Insektarium.* Salzburg: Jung und Jung 2001.

Keller, Gottfried: Die kleine Passion. In: Ders.: *Die Leute von Seldwyla. Gesammelte Gedichte.* München: Winkler 1961, S. 870/871.

Kräftner, Hertha: *Das blaue Licht. Lyrik und Prosa.* Hg. von Otto Breicha und Andreas Okopenko mit einem Nachwort von Peter Härtling. Darmstadt und Neuwied: Luchterhand 1981.

Lessing, Gotthold Ephraim: *Sämtliche Schriften.* Hg. von Karl Lachmann. 3. Aufl., besorgt durch Franz Muncker. Bd. 10. Stuttgart: Göschen 1894.

Lukian: Lobrede auf die Fliege. In: *Werke in drei Bänden.* Hg. von Jürgen Werner und Herbert Greiner-Mai. Berlin, Weimar: Aufbau-Verlag 1981. Bd. II, S. 464–469.

Mayröcker, Friederike: *brütt oder die seufzenden gärten.* Frankfurt a. M.: Suhrkamp 2000.

Morgenstern, Christian: *Alle Galgenlieder.* Leipzig: Insel 1938.

Mörike, Eduard: So unter meiner Lieblingsfichte saß ich jüngst [...]. In: Ders.: *Werke in zwei Bänden.* Hg. von Herbert G. Göpfert. München, Wien 1964. Bd. I, S. 171 f..

Nietzsche, Friedrich: Ueber Wahrheit und Lüge im aussermoralischen Sinne. In: *Sämtliche Werke. Kritische Studienausgabe in 15 Einzelbänden.* Bd. 1. Hg. v. G. Colli und M. Montinari. München, Berlin, New York: dtv/deGruyter 1988, S. 873–890.

Nietzsche, Friedrich: Also sprach Zarathustra I–IV. In: *Sämtliche Werke. Kritische Studienausgabe (KSA) in 15 Einzelbänden.* Bd. 4. Hg. von G. Colli und M. Montinari. Berlin/New York: De Gruyter/dtv 1988.

Nietzsche, Friedrich: *Sämtliche Werke. Kritische Studienausgabe in 15 Einzelbänden.* Hg. von G. Colli und M. Montinari. Berlin/New York: De Gruyter/dtv 1988 (= KSA).

Rilke, Rainer Maria: *Sämtliche Werke.* Hg. von Ernst Zinn. Bd. 1. Wiesbaden: Insel 1955.

Roth, Joseph: Die Büste des Kaisers. In: Ders., *Leviathan. Erzählungen.* München: dtv 1976. S. 120–139.

Roth, Joseph: *Radetzkymarsch. Romane.* Bd. 1. Köln: Kiepenheuer&Witsch 1987. S. 347–661.

Scheler, Max: *Der Genius des Krieges und der Deutsche Krieg.* 3. Aufl. Leipzig: Verlag der weißen Blätter 1917.

Schmidt, Arno: Der sanfte Unmensch. Einhundert Jahre Nachsommer. In: Ders.: *dya na sore. Gespräche in einer Bibliothek.* Frankfurt a. M.: S. Fischer 1989, S. 195–229.

Schopenhauer, Arthur: *Der handschriftliche Nachlaß.* Hg. von Arthur Hübscher. München: dtv 1985.

Schopenhauer, Arthur: *Sämtliche Werke.* Hg. von Arthur Hübscher. 2. Aufl. Wiesbaden: Brockhaus 1948.

Vico, Giambattista: *Die neue Wissenschaft über die gemeinschaftliche Natur der Völker (1744, Übersetzung von Erich Auerbach).* Berlin, New York: de Gruyter, 2000.

Waggerl, Karl Heinrich: Lob der Wiese. In: Walter Weiss, Sigrid Schmid (Hg.): *Zwischenbilanz. Eine Anthologie österreichischer Gegenwartsliteratur.* Salzburg. Residenz 1976, S. 275–276.

Wittgenstein, Ludwig: Philosophische Untersuchungen. In: Ders.: *Ludwig Wittgenstein: Tractatus logico-philosophicus, Tagebücher 1914–1916, Philosophische Untersuchungen* Frankfurt a. M.: Suhrkamp 1984 (= Werkausgabe, Bd 1). S. 225- 580.

Zuckmayer, Carl: *Als wär's ein Stück von mir. Horen der Freundschaft.* Frankfurt a. M.: S. Fischer 1997 [= Carl Zuckmayer: *Gesammelte Werke in Einzelbänden.* Hrsg. von Knut Beck und Maria Guttenbrunner-Zuckmayer, Bd. 16].

Zweig, Stefan: *Die Welt von Gestern. Erinnerungen eines Europäers.* Frankfurt a.M.: Fischer 1998.

Sekundärliteratur

Allemann, Beda: *Ironie und Dichtung.* Pfullingen: Neske 1956.

Allesch, Christian G.: *Geschichte der psychologischen Ästhetik. Untersuchungen zur historischen Entwicklung eines psychologischen Verständnisses ästhetischer Phänomene.* Göttingen: Hogrefe 1987.

Arntzen, Helmut: *Musil-Kommentar. Bd. I: Musil-Kommentar sämtlicher zu Lebzeiten erschienener Schriften außer dem Roman „Der Mann ohne Eigenschaften".* München: Winkler 1980.

Arntzen, Helmut: Robert Musil. *Der Mann ohne Eigenschaften.* In: *Romane des 20. Jahrhunderts,* Band I, Philipp Reclam Stuttgart 1993 (= Reclam Universal-bibliothek 8808), S. 195–235.

Arntzen, Helmut: *Satirischer Stil. Zur Satire Robert Musils im „Mann ohne Eigenschaften".* Bonn: Bouvier 1960.

Arntzen, Helmut: *Satirischer Stil in Robert Musils „Der Mann ohne Eigenschaften".* Bonn: Bouvier ³1983.

Assmann, Jan: Kollektives Gedächtnis und kulturelle Identität. In: Assmann, Jan und Tonio Hölscher (Hg.): *Kultur und Gedächtnis.* Frankfurt a.M.: Suhrkamp 1988.

Bal, Mieke: *Narratology. Introduction to the Theory of Narrative.* 2nd edition. Toronto: TUP 1997, S. 142–160.

Balázs, Béla: *Schriften zum Film.* Hrsg. Von Helmut H. Diederichs, Wolfgang Gersch und Magda Nagy. Bd. I: *Der sichtbare Mensch, Kritiken und Aufsätze 1922–1926.* München/Berlin / Budapest: Carl Hanser u.a. 1982, S. 58.

Barthes, Roland: *Mythen des Alltags.* Frankfurt a.m.: Suhrkamp 1964.

Baudrillard, Jean: *Agonie des Realen.* Berlin: Merve 1978.

Bausinger, Wilhelm: *Studien zu einer historisch-kritischen Ausgabe von Robert Musils Roman „Der Mann ohne Eigenschaften".* Reinbek: Rowohlt 1964.

Berger, Ingrid: *Musil mit Luhmann: Kontingenz – Roman – System.* München: Wilhelm Fink, 2004. (= Musil-Studien; Bd. 34).

Biebuyck, Benjamin: *Die poietische Metapher. Ein Beitrag zur Theorie der Figürlichkeit.* Würzburg: Königshausen & Neumann 1998.

Bisschops, Ralph: *Die Metapher als Wertsetzung. Novalis, Ezechiel, Beckett.* Frankfurt: Peter Lang, 1994. (Duisburger Arbeiten zur Sprach- und Kulturwissenschaft, 23).

Bleuler, Ernst: *Lehrbuch der Psychiatrie.* Berlin: Springer, 1923.

Böhme, Hartmut: *Anomie und Entfremdung. Literatursoziologische Untersuchungen zu den Essays Robert Musils und seinem Roman „Der Mann ohne Eigenschaften".* Kronberg a. Ts. 1974 (= Skripten zur Literaturwissenschaft 9).

Böhme, Hartmut: Eine Zeit ohne Eigenschaften. Robert Musil und die Posthistoire. In: *Natur und Subjekt.* Frankfurt a.M.: 1988, S. 308–333.

Bonacchi, Silvia: *Robert Musils Studienjahre in Berlin 1903–1908.* Beilage 1 zu: *Musil-Forum,* Saarbrücken 1992.

Bonacchi, Silvia: *Die Gestalt der Dichtung. Der Einfluß der Gestalttheorie auf das Werk Robert Musils.* Bern u.a.: Lang 1998.

Borsò, Vittoria: *Gedächtnis und Medialität:* Die Herausforderung der Alterität. In: Borsò, Vittoria et al. (Hg.): *Medialität und Gedächtnis. Interdisziplinäre Beiträge zur kulturellen Verarbeitung europäischer Krisen.* Stuttgart: Metzler, 2001.

Bourdieu, Pierre: *Meditationen. Zur Kritik der scholastischen Vernunft.* Frankfurt a.M.: Suhrkamp 2001.

Bringazi, Friedrich: *Robert Musil und die Mythen der Nation. Nationalismus als Ausdruck subjektiver Identitätsdefekte.* Frankfurt a.M. u.a.: Peter Lang 1998.

Brockhaus Enzyklopädie in vierundzwanzig Bänden. Bd. 17. Mannheim 1992. S. 149–150.

Brooke-Rose, Christine: *A Grammar of Metaphor.* London: Secker & Warburg 1965.

Brooks, Daniel J.: *Musil's Socratic Discourse in* Der Mann ohne Eigenschaften. *A Comparative Study of Ulrich and Socrates.* New York u.a.: Peter Lang 1989 (= American University Studies. Ser. I: Germanic Languages and Literature 81).

Bühler, Karl: Über das Sprachverständnis vom Standpunkt der Normalpsychologie aus. In: *Bericht über den III. Kongreß für experimentelle Psychologie vom 22. bis 24.4.1908.* Leipzig: Barth 1909, S. 94–130.

Cassirer, Ernst: *Philosophie der symbolischen Formen. Erster Teil: Die Sprache.* Darmstadt: Wissenschaftliche Buchgesellschaft, 1994.

Castex, Elisabeth / Hille, Anneliese: *Dokumentation des Nachlasses Robert Musils. Einführung und Erläuterungen.* Wien: ÖNB 1980.

Cometti, Jean-Pierre: ,*Es gibt Geschichte und es gibt Geschichten... Mit der Zeit aber geschieht immer das gleiche'.* Übers. v. Ulrike Sprenger. In: Strutz, Josef (Hg.): *Robert Musils „Kakanien" – Subjekt und Geschichte. Festschrift für Karl Dinklage zum 80. Geburtstag. Internationales Robert-Musil-Sommerseminar 1986 im Musil-Haus, Klagenfurt.* München: Fink 1987 (= Musil-Studien 15), S. 145–163.

Corino, Karl: *Robert Musil. Leben und Werk in Bildern und Texten.* Reinbek bei Hamburg: Rowohlt, 1988.

Coseriu, Eugenio: Lexikalische Solidaritäten. In: *Poetica* 1/3 (1967), S. 293–303.

Csáky, Moritz: Ethnisch kulturelle Heterogenität und Moderne. Wien und Zentraleuropa um 1900. In: http://www.kakanien.ac.at/beitr/fallstudie/MCsáky1.pdf, 2000a.

Csáky, Moritz: Pluralistische Gemeinschaften. Ihre Spannungen und Qualitäten am Beispiel Zentraleuropas. In: http://www.kakanien.ac.at/beitr/fallstudie/MCsáky2.pdf, 2000b.

Dahan-Gaida, Laurence: Die Wärmetheorie bei Robert Musil. In: *Musil-Forum* (19/20) 1993/4: S. 117–131.

Danes, Frantisek: Zur linguistischen Analyse der Textstruktur. In: Hoffmann, Ludger (Hg.): *Sprachwissenschaft. Ein Reader.* Berlin/New York: de Gruyter 1996, S. 591–597.

de Angelis, Enrico: *Der späte Musil. Über den Schlußband des* Mann ohne Eigenschaften. Pisa: Jacques e i suoi quaderni 1997.

de Certeau, Michel: Practices of Space. In: Blonsky, Marshall (Hrsg.): *On Signs.* Baltimore: Johns Hopkins University Press 1985, S. 122–145.

De Man, Paul: Die Rhetorik der Zeitlichkeit. In: Ders.: *Die Ideologie des Ästhetischen.* Frankfurt a. M.: Suhrkamp 1993, S. 83–130.

De Man, Paul: Lesen (Proust). In: Ders.: *Allegorien des Lesens.* Aus dem Amerikanischen von Werner Hamacher und Peter Krumme. Frankfurt a.M.: Suhrkamp 1988, S. 91–117

Derrida, Jacques: Die weiße Mythologie. Die Metapher im philosophischen Text. In: Ders.: *Randgänge der Philosophie.* 2. Auflage. Wien: Passagen 1999, S. 229–290.

Derrida, Jacques: *Grammatologie.* Übersetzt von Hans-Jörg Rheinberger und Hanns Zischler. Frankfurt a.M.: Suhrkamp 1998.

Dirven, René: The Metaphoric in Recent Cognitive Approaches to English Phrasal Verbs. In: *metaphorik.de* 01 (2001), S. 39–54.

Döring, Sabine A.: *Ästhetische Erfahrung als Erkenntnis des Ethischen. Die Kunsttheorie Robert Musils und die analytische Philosophie.* Paderborn: mentis 1999.

Dowden, Stephen D.: *Sympathy for the abyss: a study in the novel of German modernism, Kafka, Broch, Musil, and Thomas Mann.* Tübingen: Niemeyer 1986.

Dresler-Brumme, Charlotte: *Nietzsches Philosophie in Musils Roman „Der Mann ohne Eigenschaften".* *Eine vergleichende Betrachtung als Beitrag zum Verständnis.* Wien, Köln, Weimar: Böhlau ²1993 (= Literatur in der Geschichte. Geschichte in der Literatur 13).

Drevermann, Ingrid / Bauer, Sybille: *Studien zu Robert Musil.* Köln/Graz: Böhlau 1966.

Duhamel, Roland: *De Rand van Gruwen. Over het Nihilisme,* Garant Leuven und Apeldoorn: Garant 2002.

Ehrenfels, Chr. v.: Ueber „Gestaltqualitäten". In: Vierteljahrsschrift für wissenschaftliche Philosophie 14, 1890, S. 249–292.

Eibl, Karl: *Die Entstehung der Poesie.* Frankfurt: Insel, 1995.

Eisele, Ulf: Ulrichs Mutter ist doch ein Tintenfaß. Zur Literaturproblematik in Musils ,Mann ohne Eigenschaften'. In: Renate von Heydebrand (Hrsg.), *Robert Musil.* Darmstadt: Wissenschaftliche Buchgesellschaft 1982.

Eisenhauer, Gregor: Die Fliege, die Kunst und der Tod. Zur Geschichte eines humoristischen Motivs. In: *DVJs* 68 (1994), S. 364–390.

Erdheim, Mario: Heimat, Geborgenheit und Unbewusstheit. In: Müller-Funk, Wolfgang: *Neue Heimaten, neue Fremden. Beiträge zur kontinentalen Spannungslage.* Wien: Picus 1992. S. 39–52.

Erdmann, Karl Otto: *Die Bedeutung des Wortes. Aufsätze aus dem Grenzgebiet der Sprachpsychologie und Logik.* Leipzig: Haessel 1900.

Fanta, Walter: *Die Entstehungsgeschichte des ,Mann ohne Eigenschaften' von Robert Musil.* Wien: Böhlau 2000.

Fanta, Walter: „Heiligsprechungen und eine Hinrichtung – Zum Kapitel über Robert Musil, S. 155–202". Rezension zu: Marcel Reich-Ranicki. Sieben Wegbereiter. Schriftsteller des Zwanzigsten Jahrhunderts (2002). In: *Fachbuch Archiv Literaturhaus Wien* (2002), http://www.literaturhaus.at/buch/fachbuch/rez/reichranicki/.

Foerster, H.v. / Pörksen, Bernhard: *Wahrheit ist die Erfindung eines Lügners. Gespräche für Skeptiker.* Carl Auer Systeme Verlag, 1998.

Foucault, Michel: *Die Archäologie des Wissens.* Übers. v. Ulrich Köppen. Frankfurt a.M.: Suhrkamp ⁸1997.

Freij, Lars W.: ,Türlosigkeit'. Robert Musils „Törless" in Mikroanalysen mit Ausblicken auf andere Texte des Dichters. Stockholm: Almqvist & Wiksell 1972.

Freud, Sigmund: *Das Unbehagen in der Kultur (1930) und andere kulturtheoretische Schriften.* Hrsg. von Alfred Lorenzer und Bernhard Görlich. Frankfurt a.M.: Suhrkamp 1994.

Freud, Sigmund: Trauer und Melancholie. In: *Das Ich und das Es. Metapsychologische Schriften. Eingeleitet von Alex Holder.* Frankfurt a.M.: Fischer 1992. S. 171–198.

Fricke, Gerhard: *Gefühl und Schicksal bei Heinrich von Kleist.* Berlin: Juncker und Dünnhaupt 1929.

Fritz, Walter: *Kino in Österreich. Der Stummfilm 1896–1930.* Wien: Österr. Bundesverlag 1981, S. 96ff.

Frye, Northrop: *Anatomy of Criticism.* Princeton: Princeton UP, 1957.

Furet, François: *Le passé d'une illusion*. Paris: Laffont/Calmann-Lévy 1998 [1995].

Giovannini, Elena: Der Parallel-Krieg. Zu Musils Arbeit in der „Soldatenzeitung". In: *Musil-Forum* 13/14 (1987/88), S. 88–99.

Gittell, Ross und Avis Vidal: *Community Organizing: Building Social Capital as a Developmental Strategy*. Thousand Oaks, CA: Sage Publications 1998.

Gnam, Andrea: *Die Bewältigung der Geschwindigkeit. Robert Musils Roman „Der Mann ohne Eigenschaften" und Walter Benjamins Spätwerk*. München: Wilhelm Fink 1999.

Greenblatt, Stephen: Culture. In: Lentricchia, Frank; McLaughlin, Thomas (Hg.): *Critical terms for literary study*. Chicago: University of Chicago Press 1995, S. 225–232.

Haardt, Alexander: *Husserl in Russland. Phänomenologie der Sprache und Kunst bei Gustav Spet und Aleksej Losev*. München: Fink 1993.

Habermas, Jürgen: *Theorie des kommunikativen Handelns*. 2 Bde. Frankfurt a.M.: Suhrkamp 1981.

Hagmann, Franz: *Aspekte der Wirklichkeit im Werke Robert Musils*. Bern: Lang 1969.

Hake, Thomas: *Gefühlserkenntnisse und Denkerschütterungen. Musils Nachlaß zu Lebzeiten*. Bielefeld: Aisthesis 1998.

Halbwachs, Maurice: *Das kollektive Gedächtnis*. Frankfurt a.M.: Fischer 1985. S. 48–55.

Hall, Murray G.: Musil – Ein Gründungsmitglied der „Gesellschaft der Filmfreunde Österreichs". In: *Musil-Forum* 1 (1976), S. 26–28.

Heald, David: ‚All the world's a stage'. A central motif in Musil's ‚Mann ohne Eigenschaften'. In: GLL 27 (1973/74), S. 51–59.

Heer, Friedrich: *Der Glaube des Adolf Hitler. Anatomie einer politischen Religiosität. Mit einem Vorwort von Brigitte Hamann*. Esslingen und München: Bechtle ²1998. S. 93–163.

Heftrich, Eckhart: *Musil. Eine Einführung*. München/Zürich: Artemis 1986.

Herzl, Theodor: *Altneuland*. Wien O.J. 1902. S. 5ff.

Hester, Marcus B.: *The Meaning of Poetic Metaphor. An Analysis in the Light of Wittgenstein's Claim that Meaning is Use*. The Hague/Paris: Mouton 1967.

Hillebrand, Bruno (Hg.): *Nietzsche und die deutsche Literatur*, Bd. I, Tübingen: Deutscher Taschenbuch Verlag/Max Niemeyer 1978 (= dtv WR 4333), S. 140.

Hitler, Adolf: *Mein Kampf*. 636.–640. Aufl. München: Zentralverlag der NSDAP 1941.

Hochstätter, Dietrich: *Sprache des Möglichen. Stilistischer Perspektivismus in Robert Musils „Der Mann ohne Eigenschaften"*. Frankfurt a.M.: Athenäum 1972.

Hörisch, Jochen: Jenseits der Gutenberg-Galaxis. Zur Genealogie und Funktion der neuen Medien. In: *Universitas – Zeitschrift für interdisziplinäre Wissenschaft* 54 (1999), S. 551–562.

Hoffmann, Christoph: ‚Der Dichter am Apparat'. *Medientechnik, Experimental-psychologie und Texte Robert Musils 1899–1942*. München: Fink 1997.

Hoffmeister, Werner: Die erlebte Rede im Werk Robert Musils. In: W. H.: *Studien zur erlebten Rede bei Thomas Mann und Robert Musil*. Den Haag: Mouton 1965, S. 86–159.

Hoheisel, Claus: *Physik und verwandte Wissenschaften in Robert Musils Roman* Der Mann ohne Eigenschaften. *Ein Kommentar.* Diss. Univ. Bochum 2002.

Honnef-Becker, Irmgard: *"Ulrich lächelte".* Techniken der Relativierung in Robert Musils Roman *"Der Mann ohne Eigenschaften".* Frankfurt a.M. u.a.: Lang 1991.

Honold, Alexander / Simons, Oliver (Hg.): *Kolonialismus als Kultur. Literatur, Medien, Wissenschaft in der deutschen Gründerzeit des Fremden.* Tübingen und Basel: Francke 2002.

Honold, Alexander: „Diese neue Eigenschaft der Trennbarkeit": Eigennamen bei Robert Musil. In: *Poetica.* Bd. 27 (1995), Heft 1–2, S. 149–186.

Honold, Alexander: Auf dem Fliegenpapier: Robert Musil im Ersten Weltkrieg. In: *Literatur für Leser 4* (1997), S. 224–239.

Honold, Alexander: Die ethnographische Situation. In: *kultuRRevolution* Nr. 32/33 (1995): *Traurige Tropen – Exotismus,* S. 29–34.

Horváth, Márta: Das Gewebe des Gemeinwesens und die Gestalt des Menschen. Zu Nietzsche und Musil. In: Endre Hárs, Wolfgang Müller-Funk, Magdolna Orosz (Hg.): *Verflechtungsfiguren. Intertextualität und Intermedialität in der Kultur Österreich-Ungarns.* Frankfurt a.M.: Lang, 2003, S. 97–112.

Hüppauf, Bernd-Rüdiger: *Von sozialer Utopie zur Mystik. Zu Robert Musils „Der Mann ohne Eigenschaften".* München, Salzburg: Fink 1971.

Irle, Gerhard: *Der psychiatrische Roman.* Stuttgart: Hippokrates 1965. (= Schriftenreihe zur Theorie und Praxis der Psychotherapie 7).

Iser, Wolfgang, *Das Fiktive und das Imaginäre. Perspektiven literarischer Anthropologie.* Frankfurt: Suhrkamp 1991

Jaensch, Erich Rudolf: Die Völkerkunde und der eidetische Tatsachenkreis. In: *Zeitschrift für Psychologie* 91 (1923), S. 343–348.

Jakob, Michael: Von der „Frau ohne Eigenschaften" zum „Mann ohne Eigenschaften". Anmerkungen zu „Clarisse". In: Strutz, Josef (Hg.): *Robert Musils „Kakanien" – Subjekt und Geschichte. Festschrift für Karl Dinklage zum 80. Geburtstag. Internationales Robert-Musil-Sommerseminar 1986 im Musil-Haus, Klagenfurt.* München: Fink 1987 (= Musil-Studien 15), S. 116–133.

Jauss, Hans Robert: Negativität und Identifikation. Versuch zur Theorie der ästhetischen Erfahrung. In: *Positionen der Negativität,* München: Wilhelm Fink Verlag 1975, S. 263–340.

Jochems, Helmut: Der Blick aus dem Fenster: Sprach- und Literaturdidaktisches zu einem Erzählmotiv. In: *Literatur in Wissenschaft und Unterricht* 20 (1987), S. 141–153.

Jonsson, Stefan: *Subject Without Nation. Robert Musil and the History of Modern Identity.* Durham, London: Duke UP 2000 (= Post-Contemporary Interventions).

Kaes, Anton (Hg.): *Kino-Debatte. Texte zum Verhältnis von Literatur und Film 1909–1929.* Tübingen: Niemeyer 1978.

Kaiser-El-Safti, Margret: *Die Idee der wissenschaftlichen Psychologie. Immanuel Kants kritische Einwände und ihre konstruktive Widerlegung.* Würzburg: Königshausen & Neumann 2001.

Kaiser-El-Safti, Margret: Robert Musil und die Psychologie seiner Zeit. In: Pott, Hans-Georg (Hg.): *Robert Musil – Dichter, Essayist, Wissenschaftler.* München: Fink 1998, S. 126–170.

Kassung, Christian: *EntropieGeschichten. Robert Musils „Der Mann ohne Eigenschaften" im Diskurs der modernen Physik.* München 2001.

Knaap, Ewout van der: Musils filmischer Blick. Notsignale auf dem Fliegenpapier. In: *Poetica* 30 (1988), S. 165–178.

Knobloch, Clemens: *Geschichte der psychologischen Sprachauffassung in Deutschland von 1850 bis 1920.* Tübingen: Niemeyer 1988.

Kochs, Angela: *Chaos und Individuum. Robert Musils philosophischer Roman als Vision der Moderne.* München: Karl Alber Freiburg 1996.

Kraft, Herbert: *Musil.* Wien: Zsolnay, 2003.

Kremer, Detlef: Die endlose Schrift: Franz Kafka und Robert Musil. In: Grimminger, Rolf et al. (Hg.): *Literarische Moderne: Europäische Literatur im 19. und 20. Jahrhundert.* Hamburg: Rowohlt 1995, S. 425–452.

Krommer, Axel / Kümmel, Albert: Ordnung verlangt nach Zerrissenwerden. Skizze einer informationstheoretischen Deutung des Mann ohne Eigenschaften. In: *Musil-Forum* 19/20 (1993/4): S. 158–164.

Kümmel, Albert: *Das MoE-Programm. Eine Studie über geistige Organisation.* München: Wilhelm Fink 2001.

Kurth, Ernst-Norbert: *Metaphernübersetzung. Dargestellt an grotesken Metaphern im Frühwerk Charles Dickens in der Wiedergabe deutscher Übersetzungen.* Frankfurt a.M.: Lang 1995.

Kurz, Gerhard: Die schwierige Metapher. In: *DVjS* 4/52 (1978), S. 544–557.

Lacan, Jacques: *Die vier Grundbegriffe der Psychoanalyse. Das Seminar XI.* Weinheim, Berlin: Quadriga, 1987.

Laermann, Klaus: *Eigenschaftslosigkeit: Reflexionen zu Musils Roman* Der Mann ohne Eigenschaften. Stuttgart: Metzler 1970.

Landmann, Michael: *Die absolute Dichtung. Essays zur philosophischen Poetik.* Stuttgart: E. Klett 1963.

Langen, August: *Anschauungsformen in der deutschen Dichtung des 18. Jahrhunderts. Rahmenschau und Rationalismus.* Jena: Diederichs 1934.

Le Rider, Jacques: *Das Ende der Modernität. Die Wiener Moderne und die Krisen der Identität.* Wien: ÖBV 1990.

Lefèvre, Eckhard: Theatrum Mundi: Götter, Gott und Spielleiter im antiken Drama. In: Franz Link u. Günter Niggl (Hg.), *Theatrum Mundi. Götter, Gott und Spielleiter im Drama von der Antike bis zur Gegenwart.* Berlin: Duncker und Humblot 1981.

Leitgeb, Christoph: Die konkrete Form der Ironie: Gebrochene Rahmen. In: *Sprachkunst XXXII* (2001), S. 93–112.

Leitgeb, Christoph: Ironische Lebensläufe. In: Oswald Panagl, Walter Weiss (Hg.): *Noch einmal Dichtung und Politik. Vom Text zum politisch-sozialen Kontext, und zurück.* Böhlau. Wien 2000. S. 221–236.

Leitgeb, Christoph: Ein Weg zum „Heimweg". Über Textstruktur und Nachlaßfassungen eines Kapitels aus Robert Musils Roman „Der Mann ohne Eigenschaften". In: Christoph Leitgeb / Richard Reichensperger: *Grillparzer und Musil. Studien zu einer Sprachstilgeschichte österreichischer Literatur.* Hg. von Walter Weiss. Winter. Heidelberg 2000. 235–266.

Lethen, Helmut: Eckfenster der Moderne. Wahrnehmungsexperimente bei Musil und E.T.A. Hoffmann. In: Josef Strutz (Hg.): *Robert Musils ‚Kakanien' – Subjekt und Geschichte. Festschrift für Karl Dinklage.* München: Fink 1987, S. 195–229.

Lévi-Strauss, Claude: *Das wilde Denken.* Frankfurt a.M.: Suhrkamp 1982.

Lin, Nan / Cook, Karen / Burt, Ronald S. (Hg.): *Social Capital: Theory and Research.* New York: Aldine de Gruyter 2001.

Liste des schädlichen und unerwünschten Schrifttums. Stand vom 31. Dezember 1938 und Jahreslisten 1939–1941, unveränderter Neudruck Vaduz: Topos Verlag 1979.

Luhmann, Niklas: Wahrheit und Ideologie. In: *Soziologische Aufklärung.* Bd. I. Opladen: Westdeutscher Verlag 1984. S. 54–65.

Luhmann, Niklas: *Die Realität der Massenmedien.* Opladen: Westdeutscher Verlag 1995.

Luhmann, Niklas: *Die Gesellschaft der Gesellschaft,* Frankfurt a.M.: Suhrkamp 1997.

Luhmann, Niklas : *Vertrauen: Ein Mechanismus der Reduktion sozialer Komplexität,* Stuttgart: Lucius & Lucius 2000.

Luserke, Matthias: Gestalt- und gegenstandstheoretische Implikate im Denken Robert Musils. In: *Gestalt Theory* 10 (1988), 4, S. 274–289.

Lyotard, Jean-François: *Das postmoderne Wissen. Ein Bericht.* Hg. von Peter Engelmann. Wien: Passagen Verlag 1999.

Mach, Ernst: *Die Analyse der Empfindungen und das Verhältnis des Physischen zum Psychischen.* 4. Aufl. Jena: Gustav Fischer 1903.

Magris, Claudio: *Der habsburgische Mythos in der Literatur.* Neuauflage. Wien: Zsolnay 2000.

Martens, Gunther: *Ein Text ohne Ende für den Denkenden. Zum Verhältnis von Literatur und Philosophie in Robert Musils Der Mann ohne Eigenschaften.* Frankfurt a.M.: Lang 1999.

Martens, Gunther: Robert Musils observaties van de moderniteit: tekststrategieën in *Triëdere.* In: *Handelingen der Koninklijke Zuid-Nederlandse Maatschappij voor Taal- en Letterkunde en Geschiedenis,* LIV (2001). Hg. Rita Beyers. Brussel 2001. S. 43–67.

Mehigan, Tim: „Robert Musil, Ernst Mach und das Problem der Kausalität". In: *Deutsche Vierteljahresschrift für Literaturwissenschaft und Geistesgeschichte* 71 (1997), S. 264–287.

Mehigan, Tim: *Robert Musil.* Stuttgart: Reclam 2001.

Mehigan, Tim: *The Critical Response to Robert Musil's* The Man without Qualities. Rochester: Camden House, 2004.

Metzger, Wolfgang: *Psychologie. Die Entwicklung ihrer Grundannahmen seit der Einführung des Experiments.* Wien: Krammer [6]2001.

Michel, Karl-Marcus: Die Utopie der Sprache. Zu Robert Musils Roman „Der Mann ohne Eigenschaften". In: *Akzente* 1, S. 23–35.

Monti, Claudia: Musils Bemerkungen zur „wissenschaftlichen" und „dichterischen" Psychologie: Die Hypothese einer nichtratioïden Psychoanalyse. In: Daigger,

Annette / Schröder-Werle, Renate / Thöming, Jürgen (Hg.): *West-östlicher Divan zum utopischen Kakanien. Hommage à Marie-Louise Roth*. Berlin u.a.: Peter Lang 1999, S. 373–387.

Mukařovský, Jan: Über die Dichtersprache. In: Ders.: *Studien zur strukturalistischen Ästhetik und Poetik*. München: Hanser 1974 [1940], S. 142–199.

Mukařovský, Jan: Zur Semantik des dichterischen Bildes. In: Ders.: *Studien zur strukturalistischen Ästhetik und Poetik*. München: Hanser 1974 [1940], S. 200–206.

Müller, Marika: *Die Ironie. Kulturgeschichte und Textgestalt*. Würzburg: Königshausen & Neumann 1995.

Müller-Funk, Wolfgang / Plener, Peter / Ruthner, Clemens (Hg.): *Kakanien revisited. Das Eigene und das Fremde in der österreichisch-ungarischen Monarchie*. Tübingen und Basel: Francke 2002.

Müller-Funk, Wolfgang: *Die Kultur und ihre Narrative. Eine Einführung*. Wien und New York: Springer, 2002.

Müller-Funk, Wolfgang: *Joseph Roth*. München: C. H. Beck 1989.

Müller-Seidel, Walter: *Versehen und Erkennen*. Köln: Böhlau 1961.

Ortony, Andrew: Beyond Literal Similarity. In: *Psychological Review* 86/3 (1979), S. 161–180.

Petersen, Klaus: *Die „Gruppe 1925": Geschichte und Soziologie einer Schriftstellervereinigung*. Heidelberg: Winter 1981.

Pietsch, Reinhard: *Fragment und Schrift. Selbstimplikative Strukturen bei Robert Musil*. Frankfurt a.M. u.a.: Lang 1988 (= Europäische Hochschulschriften 1; 1082).

Pott, Hans-Georg: *Robert Musil*, W. Fink München: Fink 1984 (= UTB 1287).

Pott, Hans-Georg: Musil und das Problem einer Ethik nach Freud. In: Strutz, Josef (Hg.): *Robert Musils „Kakanien" – Subjekt und Geschichte. Festschrift für Karl Dinklage zum 80. Geburtstag*. München: Fink 1987 (= Musil-Studien 15), S. 27–59.

Precht, Richard David: *Die gleitende Logik der Seele. Ästhetische Selbstreflexivität in Robert Musils ‚Der Mann ohne Eigenschaften'*. Stuttgart: M + P Verlag für Wissenschaft und Forschung 1996.

Reichensperger, Richard: *Robert Musils „Nachlaß zu Lebzeiten": Metaphorik, Ästhetik und Lebenswelt*. Salzburg: Diss. masch. 1993.

Reichensperger, Richard: Musils Sprachstil: Ein Forschungsbericht 1953–1993. In: *Sprachkunst* 25 (1994), S. 155–257.

Reichensperger, Richard: Sprache als Gesellschaftskritik. In: Christoph Leitgeb, Richard Reichensperger: *Grillparzer und Musil. Studien zu einer Sprachstilgeschichte österreichischer Literatur*. Hg. von Walter Weiss. Heidelberg: Winter 2000, S. 206–234.

Renner, Rolf Günther: *Die postmoderne Konstellation. Theorie, Text und Kunst im Ausgang der Moderne*. Freiburg i. Br.: Rombach 1988.

Requadt, Paul: Musils „Portugiesin". In: Ders.: *Die Bildersprache der deutschen Italiendichtung von Goethe bis Benn*. Bern/München: Francke 1962, S. 268–281.

Ricœur, Paul: *La métaphore vive*. Paris: Seuil 1975.

Ricœur, Paul: The Metaphorical Process as Cognition, Imagination, and Feeling. In: Sacks, Sheldon (Hg.): *On Metaphor*. London/Chicago: University of Chicago Press 1979, S. 141–157.

Ricœur, Paul: *Zeit und Erzählen*. Bd. 1. München: Fink, 1988.

Riemer, Werner: *Die Metaphorik Robert Musils*. Diss. Salzburg 1969.

Riffaterre, Michel: *Semiotics of Poetry*. Bloomington: Indiana UP 1978.

Rorty, Richard: *Kontingenz, Ironie und Solidarität*. Übersetzt von Christa Krüger. Frankfurt a. M.: Suhrkamp 1995.

Roth, Marie-Louise: *Robert Musil: Ethik und Ästhetik*. München: List 1972.

Rußegger, Arno: *Kinema mundi. Studien zur Theorie des ‚Bildes‘ bei Robert Musil*. Wien/Köln/Weimar: Böhlau 1996.

Rusterholz, Peter: *Theatrum vitae humanae. Funktion und Bedeutungswandel eines poetischen Bildes*. Berlin: Erich Schmidt 1970 (= Philologische Studien und Quellen 51).

Schiewer, Gesine Lenore: „Die Zersetzung der Gefühls- und Denkformeln". Sprache und Gestaltdenken in Musils erkenntnistheoretischer Konzeption. In: *Scientia Poetica. Jahrbuch für Geschichte der Literatur und der Wissenschaften*, Bd. 3/1999, S. 122–144.

Schiewer, Gesine Lenore: *Poetische Gestaltkonzepte und Automatentheorie. Arno Holz – Robert Musil – Oswald Wiener*. Würzburg: Königshausen & Neumann 2004.

Schmidt, Jochen: *Ohne Eigenschaften. Eine Erläuterung zu Musils Grundbegriff*. Tübingen: Niemeyer 1975.

Schmidt, Siegfried J: *Der Kopf, die Welt, die Kunst. Konstruktivismus als Theorie und Praxis*. Wien, Köln, Weimar 1992.

Schmitt, Carl: *Land und Meer. Eine weltgeschichtliche Betrachtung*. Hohenheim: edition maschke, 1981.

Schöne, Albrecht: Zum Gebrauch des Konjunktivs bei Robert Musil. In: *Euphorion* 55 (1961), S. 196–220.

Scholz, Ingeborg: *Studien zu Robert Musils Nachlass zu Lebzeiten. Bilder, Betrachtungen, Geschichten*. Hollfeld: Beyer 1978.

Seidler, Ingo: Das Nietzschebild Robert Musils. In: Hillebrand, Bruno (Hg.): *Nietzsche und die deutsche Literatur*. Bd. II. Tübingen 1978. S. 160– 185.

Šklovskij, Viktor: Die Kunst als Verfahren [1916]. In: Striedter, Jurij (Hg.): *Russischer Formalismus. Texte zur allgemeinen Literaturtheorie und zur Theorie der Prosa*. München: Fink 1971 (UTB 40), S. 3–35.

Soublin, Françoise / Tamine, Joëlle: Le paramètre syntaxique dans l'analyse des métaphores. In: *Poetics* 4 (1975), S. 311–338.

Spengler, Oswald: *Der Untergang des Abendlandes. Umrisse einer Morphologie der Weltgeschichte*. München: dtv 1972.

Strutz, Josef und Strutz, Johann (Hg.): *Robert Musil – Theater, Bildung, Kritik*. München: Fink 1985 (= Musil-Studien Bd. 13).

Turk, Horst: Diotimas Salon. In: http://www.kakanien.ac.at/beitr/fallstudie/HTurk1. pdf, 1999.

van Swieten, Gerhard: *Abhandlung von der Liebesseuche*. Frankfurt a.M., Mainz: 1777.

Wagner-Egelhaaf, Martina: *Mystik der Moderne. Die visionäre Ästhetik der deutschen Literatur im 20. Jahrhundert.* Stuttgart: Metzler 1989.

Weber, Max: *Gesammelte Aufsätze zur Wissenschaftslehre.* Tübingen: Mohr 1988a [1922].

Weber, Max: *Gesammelte politische Schriften.* Tübingen: Mohr 1988b [1921].

Weber, Max: *Wissenschaft als Beruf.* Stuttgart: Reclam 1995 [1919].

Weinrich, Harald: *Lethe. Kunst und Kritik des Vergessens.* München: C. H. Beck 1997.

Weinrich, Harald: *Linguistik der Lüge: Kann Sprache die Gedanken verbergen?* Heidelberg: Schneider 1966.

Weiss, Walter: Zur Metaphorik Robert Musils. In: Böschenstein, Bernhard / Roth, Marie-Louise (Hg.): *Hommage à Musil. Genfer Kolloquium zum 50. Todestag von Robert Musil* (= Musiliana; Bd. 1). Bern: Peter Lang 1995, S. 175–186.

Zeller, Rosemarie: ,Die Versuchung der stillen Veronika'. Eine Untersuchung ihres Bedeutungsaufbaus. In: Farda, Dieter F. / Karthaus, Ulrich (Hg.): *Sprachästhetische Vermittlung. Robert Musil Symposion Berlin 1980.* Frankfurt a.M./Bern: Lang, S. 135–153.

Zima, Peter V.: Ideologie und Theorie: Zum Verhältnis von ideologischen und theoretischen Diskursen. In: Salamun, K. (Hg.): *Ideologien und Ideologiekritik.* Darmstadt: Wissenschaftliche Buchgesellschaft 1992. S. 50–62.

Zingel, Astrid: *Ulrich und Agathe. Das Thema Geschwisterliebe in Robert Musils Romanprojekt ,Der Mann ohne Eigenschaften'.* St. Ingbert: Röhrig 1999.

Zintzen, Christiane (Hg.): *Die österreichisch-ungarische Monarchie in Wort und Bild. Aus dem Kronprinzenwerk des Erzherzog Rudolf.* Wien, Köln, Weimar: Böhlau 1999.

Zöchbauer, Paul: *Der Krieg in den Essays und Tagebüchern Robert Musils.* Stuttgart: Akad. Verl. Hans-Dieter Heinz 1996 (= Stuttgarter Arbeiten zur Germanistik 316. Unterreihe Salzburger Beiträge; 25).

Zymner, Rüdiger: *Uneigentlichkeit. Studien zur Semantik und Geschichte der Parabel.* Paderborn: Schöningh 1991.

Register

MUSILIANA

Herausgegeben von
Marie-Louise Roth und Annette Daigger

Pierre Béhar / Marie-Louise Roth (Hrsg.)
In Zusammenarbeit mit Annette Daigger

Musil an der Schwelle zum 21. Jahrhundert

Internationales Kolloquium – Saarbrücken 2001

Bern, Berlin, Bruxelles, Frankfurt am Main, New York, Oxford, Wien, 2005.
380 S.
Musiliana. Bd. 10
Herausgegeben von Marie-Louise Roth und Annette Daigger
ISBN 3-03910-614-7 br.
sFr. 95.– / €* 65.50 / €** 61.20 / £ 42.80 / US-$ 72.95

* inkl. MWSt. – nur gültig für Deutschland und Österreich   ** exkl. MWSt.

Das beginnende neue Jahrtausend war der Anlass, weshalb sich am internationalen Musil-Kolloquium in Saarbrücken 2001 Experten die Frage stellten, inwieweit nach der Musil-Renaissance der 80er Jahre des letzten Jahrhunderts der
Autor seine Aktualität noch wahren konnte. Vier Hauptthemen wurden behandelt: Die Zeitgenossenschaft Musils, die Musil-Rezeption in verschiedenen
Kulturbereichen, der Autor als Brückenschlag zwischen Anfang und Ende des
20. Jahrhunderts, sowie die Aktualität seiner Schriften.

Die Herausgeber: Pierre Béhar, geb. 1947 in Paris, Professor für deutschsprachige Literatur und Kultur an der Universität des Saarlandes, Leiter der Arbeitsstelle für österreichische Literatur und Kultur / Robert-Musil-Forschung an der
Universität Metz, Lehrbeauftragter für Zentraleuropäische Kulturkunde am Institut d'Etudes Supérieures der Universität Paris VIII und für internationale
Beziehungen an der Diplomatischen Akademie (Wien).

Marie-Louise Roth, Lehrstuhlinhaberin für neuere deutsche Literatur an der Universität des Saarlandes. Leiterin der Arbeitsstelle für Robert-Musil-Forschung
an dieser Universität. Ehrenpräsidentin der Internationalen Robert-Musil-Gesellschaft.

PETER LANG

Bern · Berlin · Bruxelles · Frankfurt am Main · New York · Oxford · Wien

Loredana Marini

Der Dichter als Fragmentist

Geschichte und Geschichten in Robert Musils Roman
Der Mann ohne Eigenschaften

Bern, Berlin, Bruxelles, Frankfurt am Main, New York, Oxford, Wien, 2002.
268 S.
Musiliana. Bd. 8
Herausgegeben von Marie-Louise Roth
ISBN 3-906768-67-8 br.
sFr. 65.– / €* 44.40 / €** 41.50 / £ 27.– / US-$ 49.95

* *inkl. MWSt. – nur gültig für Deutschland und Österreich* ** *exkl. MWSt.*

Ausgangspunkt der Untersuchung ist die kritische Auseinandersetzung mit der gängigen Betrachtung des Formbruchs als eines vom Totalitätsverlust abgeleiteten Phänomens. Dem gegenüber versucht die Autorin, ein Erklärungsmodell auszuarbeiten, das an die Tradition einer anthropologisch fundierten Ästhetik anknüpft, wie sie sich in der aristotelischen *Poetik* vorgebildet findet. Das Begriffspaar Ganzheit – Fragment wird im Kontext der modernen Problematik der Darstellbarkeit der Handlung reflektiert; von dieser Perspektive aus läßt sich auch die Narrativitätsfrage in Historik und Poetik neu stellen und für deren gegenläufige Entwicklung *pro* bzw. *contra* Erzählen eine Deutung versuchen. Im 2. Teil der Arbeit wird nach Gestaltung und Funktion des Fragmentarischen in Musils Roman gefragt. Auch hier ist die Handlungsproblematik in ihrer poetologischen und anthropologischen Dimension der Faden, an dem Geschichte und Geschichten untersucht werden. Dabei zeigt sich, daß die Spannung Integration – Desintegration konstitutiv für den *Mann ohne Eigenschaften* ist und von Musil gezielt als Strategie eingesetzt wird, um sinnbildenden Strukturen auf die Spur zu kommen.

Die Autorin: Loredana Marini, in Pavia (Italien) geboren, lebt seit 1973 in der Bundesrepublik Deutschland. Neben Übersetzer- und Dozententätigkeit Studium des Faches Deutsch als Fremdsprachenphilologie und der Romanistik in Heidelberg. Seit 1982 am Kunsthistorischen Institut der Universität Heidelberg tätig.

PETER LANG
Bern · Berlin · Bruxelles · Frankfurt am Main · New York · Oxford · Wien

Pierre Béhar (Hrsg.)

Glück und Unglück in der österreichischen Literatur und Kunst

Internationales Kolloquium an der Universität des Saarlandes
3.-5. Dezember 1998

Bern, Berlin, Bruxelles, Frankfurt am Main, New York, Oxford, Wien, 2003.
292 S., 1 Abb.
Musiliana. Bd. 9
Herausgegeben von Marie Louise Roth und Annette Daigger
ISBN 3-03910-025-4 br.
sFr. 78.– / €* 53.80 / €** 50.30 / £ 33.– / US-$ 59.95

* inkl. MWSt. – nur gültig für Deutschland und Österreich ** exkl. MWSt.

Die Besitztümer des Hauses Österreich weisen das eigenartige Merkmal auf, daß sie von der riesigen Grenze durchzogen wurden, die ein westliches, vom Glück gewiegtes Europa von einem östlichen, vom Unglück bedrohten Europa trennte. Nach Emil Cioran dehnte sich das Glück bis Wien aus; von Wien an herrschten nur noch Unglück, Blut und Tränen. Glück – und damit dessen Gegenteil – kann aber in einem doppelten Sinne verstanden werden. Auf der persönlichen Ebene lächelt Felicitas den Sterblichen zu, auf politischer Ebene beschert Fortuna ganzen Völkern Sieg und Wohlfahrt. Beide Ebenen stehen aber oft in engem Zusammenhang. Eben darin besteht das Eigenartige, ja vielleicht das Einzigartige an dieser österreichischen Beschäftigung mit dem Glück, nämlich die erstaunliche Fähigkeit, das Glück im Unglück selbst zu finden, dank einer Verwandlung und Verklärung des Unglücks durch dessen Bejahung (eine Haltung, für die die Marschallin am Ende des *Rosenkavalier* das vollendete Beispiel darstellt). WissenschaftlerInnen aus aller Welt, und nicht zuletzt aus den verschiedenen Teilen der ehemaligen Donaumonarchie, haben sich zusammengefunden, um die verschiedenen Aspekte der Problematik des Glücks und des Unglücks in den Ländern des Donaubeckens zu betrachten. Dabei entsteht ein nach Ländern, Zeiten und Dichterpersönlichkeiten sehr nuanciertes Bild.

PETER LANG

Bern · Berlin · Bruxelles · Frankfurt am Main · New York · Oxford · Wien